《民法典》颁布对保险业的影响

中国保险行业协会 ◎ 编著

中国金融出版社

责任编辑：王雪珂
责任校对：刘　明
责任印制：陈晓川

图书在版编目（CIP）数据

《民法典》颁布对保险业的影响/中国保险行业协会编著.—北京：中国金融出版社，2021.5

ISBN 978-7-5220-1195-0

Ⅰ.①民… Ⅱ.①中… Ⅲ.①民法—法典—影响—保险业—研究—中国　Ⅳ.①D923.04②F842

中国版本图书馆CIP数据核字（2021）第129713号

《民法典》颁布对保险业的影响
《MINFADIAN》BANBU DUI BAOXIANYE DE YINGXIANG

出版
发行　中国金融出版社

社址　北京市丰台区益泽路2号
市场开发部　（010）66024766，63805472，63439533（传真）
网上书店　www.cfph.cn
　　　　　（010）66024766，63372837（传真）
读者服务部　（010）66070833，62568380
邮编　100071
经销　新华书店
印刷　保利达印务有限公司
尺寸　169毫米×239毫米
印张　24.75
字数　366千
版次　2021年6月第1版
印次　2021年6月第1次印刷
定价　86.00元
ISBN 978-7-5220-1195-0
如出现印装错误本社负责调换　联系电话（010）63263947

编委会

主　编：邢　炜

副主编：马晓伟

编　委（以姓氏笔画为序）：

王　源　王西刚　任自力　刘清元　孙宏涛　李玉泉
李延昭　李政明　李祝用　佟　轶　沙银华　宋　凯
张　东　张卫东　张艳秋　邵　锋　范令箭　林　刚
林海权　岳　卫　周　勇　胡晓珂　姚　军　姚兆中
都星羽　聂　勇　聂　锐　贾林青　钱　珺　曹兴权
曹顺明　喻　丹　强文瑶　靳　毅　詹　昊　管晓峰
潘红艳　魏朦璐

其他编写人员：高　雅

前言 Preface

党的十八大以来，以习近平同志为核心的党中央把全面依法治国摆在突出位置，坚定不移地走中国特色社会主义法治道路，持续在法治轨道上推进国家治理体系和治理能力现代化。2020年5月28日，中华人民共和国第十二届全国人民代表大会第三次会议表决通过了《中华人民共和国民法典》（以下简称《民法典》），《民法典》将自2021年1月1日起施行。作为中华人民共和国成立以来第一部以"典"命名的法律、中国特色社会主义法律体系中的重要基础性法律，《民法典》的颁布将为我国民事法律制度开启一个全新的时代。

保险作为社会经济和风险管理的制度安排，本质是一种特殊的民商事经济活动。《民法典》作为民事领域的基本法、市场经济的基本法，势必将对保险行业产生重大而深远的影响。一方面，《民法典》将通过对市场主体、财产权属与利用、市场交易规则的规定以及其对既有保险法律的影响，为保险产品设计、保险合同订立、保险资产管理等具体的保险活动的开展提供直接的制度指引；另一方面，《民法典》也将通过对保险产品底层的经济活动的调整与作用，为保险活动的有序开展提供间接的制度保障。再者，在全面深化改革的大背景下，我国保险行业面临着转型升级的历史任务，在这一历史进程中，《民法典》也必将成为保险业深化改革的重要推手。

为响应中央学习宣传《民法典》的工作要求，深入研究《民法典》将对保险法律、保险业态以及保险争议解决产生的影响，帮助保险行业学习、理解《民法典》中关系保险业发展的主要条款与法律问题，中国保险行业协会组织业内保险公司、知名高校、知名律所的 20 余位专家共同编写《〈民法典〉颁布对保险业的影响》。

本书分为上、下两篇。上篇是《民法典》对保险法律的影响，主要探讨《民法典》颁布之后，将对现行《保险法》及其司法解释、保险合同制度、保险消费者保护制度以及保险法基本原则的适用与解释产生哪些影响。其中，既有对保险人说明义务与投保人告知义务、保险合同格式条款控制等《保险法》经典论题的新思考，又有对保险消费者个人信息保护、互联网保险合同等新兴热点问题的探讨。下篇是《民法典》对保险业态的影响，主要探讨《民法典》颁布之后，财产保险、人寿保险、保险资产管理以及保险中介行业将面临的机遇与挑战。其中，既有从人寿保险、保险中介等行业视角架构起的宏观研判，也有聚焦信用保证保险、交强险、责任险等具体险种的细致观察。

本书经过编者认真研究和仔细探讨，试图对保险行业学习和理解《民法典》有所贡献。我们衷心地希望本书的出版能为行业认真学习、准确理解、严格执行《民法典》树立诚信合法经营理念，加强保险法治建设，实现持续健康发展尽绵薄之力，同时也真诚地欢迎读者诸君批评指正并致以诚挚的谢意！

《〈民法典〉颁布对保险业的影响》编委会

二零二零年十二月

目录 contents

上篇 《民法典》对保险法律的影响 /001

❶ 《民法典》的颁布对《保险法》的影响 /003

潘红艳

❷ 《民法典》视角下保险合同制度的创新发展 /019

贾林青

❸ 《民法典》与保险人的说明义务 /040

李玉泉

❹ 《民法典》与投保人的如实告知义务 /052

李玉泉

❺ 《民法典》与保险合同法的适用
——以特别法优于一般法规则为切入点 /065

林海权　魏朦璐

❻ 《民法典》对保险合同解除权的重大影响 /080

詹昊　喻丹

❼ 《民法典》对《保险法》格式条款效力控制规则的影响 /095

曹兴权

❽ 《民法典》视野下保险合同格式条款内容规制研究 /112

孙宏涛

❾ 《民法典》与保险消费者个人信息保护 /131

任自力

❿ 《民法典》时代个人信息保护纳入《保险法》的必要性 /153

刘清元　佟轶

⑪ 论《民法典》的公平与《保险法》的公平 /167

李延昭 管晓峰

⑫ 《民法典》基本原则对保险法律适用的影响 /182

岳卫 强文瑶

⑬ 适用习惯对保险纠纷处理的影响 /195

林刚

下篇 《民法典》对保险业态的影响 /209

⑭ 浅析《民法典》对保险经营的影响 /211

张卫东 张东

⑮ 长寿时代背景下《民法典》对中国寿险业的影响 /225

靳毅 王源

⑯ 《民法典》诉讼时效的规定对保险业影响的研究 /239

沙银华

⑰ 实施《民法典》，重塑交强险 /255

李祝用 姚兆中

⑱ 《民法典》背景下信保业务的挑战与机遇 /267

胡晓珂

⑲ 《民法典》人格权单独成编与责任保险的发展机遇 /283

姚军 周勇

⑳ 《民法典》隐私权和个人信息保护对健康保险的影响探析 /296

聂锐 张艳秋

㉑ 《民法典》对我国互联网保险业务带来的影响与挑战 /314

王西刚

㉒ 《民法典》视阈下电子保单规制研究
——基于司法实践中电子保单"类案不同判"典型判例视角 /330

聂勇

㉓ 论《民法典》实施对保险资管合同效力的影响
——以违反部门规章、规范性文件中强制性规定为重点 /358

曹顺明 范令箭

㉔ 《民法典》时代我国保险中介行业的发展机遇 /372

李政明

上篇

《民法典》对保险法律的影响

01
《民法典》的颁布对《保险法》的影响

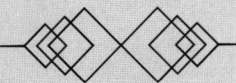

潘红艳[①]

[①] 潘红艳,吉林大学法学院副教授、金融与保险法制研究中心主任。

摘要： 作为中国法治文明进程的共同组成部分，我国《民法典》的编撰过程与《保险法》存在历史的交叠。在基本理念上，《民法典》与《保险法》和而不同："和"在于制度融合，在于《民法典》规定制度在《保险法》立法及其解释层面的基础作用。"不同"在于：《保险法》是专门调整保险关系的部门法，保险法律制度的内核与保险原理和保险经营直接衔接。《保险法》的各项制度应当是建立在符合保险原理的保险经营实践基础上的，同时对保险交易惯例予以特别遵从和体现。在《民法典》的法治背景下，切实的问题是保险部门与《民法典》的理念和制度层面的对接，以及在此基础上保险部门法具体制度的完善、解释和适用。《民法典》中的民事主体制度、合同制度、侵权制度与《保险法》均存在诸多维度的制度融合。

关键词： 《民法典》；《保险法》；立法进程；制度融合

2020年5月28日，中华人民共和国第十三届全国人民代表大会第三次会议通过《中华人民共和国民法典》，将自2021年1月1日起实施[①]。《民法典》的颁布和实施会给《中华人民共和国保险法》带来何种变化和影响？对我国《保险法》的立法完善、司法适用以及《保险法》理论的发展与完善会产生怎样的促进作用？有待分析解读。

一、《民法典》的编纂和《保险法》立法进程的重合

自1949年中华人民共和国成立后，党和国家曾于1954年、1962年、1979年、2001年先后4次启动民法制定和《民法典》编纂工作[②]。前两次由于不具备完善的法律背景，实际的法律编纂没有取得成功。改革开放初期的1979年的第三次编纂也因为《民法典》的编纂条件不充分而未实现。

---

① 参见王晨：《关于〈中华人民共和国民法典（草案）〉的说明》，载中国人大网，http://www.npc.gov.cn/npc/c35178/202005/9fed629352914c26abe10bedef1ed060.shtml，2020年9月3日访问。

② 参见《新中国民法典编纂历史沿革》，载中国人大网，http://www.npc.gov.cn/zgrdw/npc/lfzt/rlyw/2016-10/26/content_1999692.html，2020年9月3日访问。

此后，按照全国人大宪法和法律委员会（原全国人大法律委员会）在民法各领域"成熟领域先立法"的规定，我国颁布了许多民事法律，例如，《继承法》《民法通则》《担保法》《合同法》等。

随着保险市场日益扩大和保险需求日益增加，保险相关法律制度的缺失带来了一定程度的市场混乱，为了实现保险市场的健全化和规范化，1995年6月30日，我国第一部《中华人民共和国保险法》（以下简称《保险法》）在上述背景下公布，同年10月1日正式实施。就其特殊性而言，《保险法》采用将保险合同法的内容和保险业法的内容并同立法的方式。

2001年12月11日中国正式加入WTO，加入世贸组织时承诺在一定期限内开放保险市场。同年年底，国务院为履行上述承诺，废止了与承诺冲突的《上海外资保险机构暂行管理办法》（银发〔1992〕221号文印发），公布《外资保险公司管理条例》，按承诺逐步开放保险市场。同年，为履行加入世贸组织承诺，中国修改了《保险法》中的保险业法部分。

《保险法》的颁布和保险市场的开放，标志着中国保险事业从此进入现代化阶段，对保险业的监管也从"计划经济"模式走向"市场经济"模式。

与此同时，2001年全国人大常委会组织起草《中华人民共和国民法（草案）》（以下简称"草案"），草案作为法律，起草尚不充分，讨论后决定将继续以分别制定单行法的方式予以推进。2003年以来，《中华人民共和国物权法》（以下简称《物权法》）、《中华人民共和国侵权责任法》（以下简称《侵权责任法》）等法律相继出台，其中的《侵权责任法》与《保险法》中的责任保险制度有着重要而密切的联系。

由于保险合同法的部分需要修订的内容很多，因此在2002年10月28日《保险法》的第一次修正中，主要是针对保险业法的部分，保险合同法的部分大部分未进行修改[①]。在2009年2月28日的修订中，对保险合同法的部分进行了大量修改。随后是2015年4月24日的第三次修正。2014年10月，党的十八届四中全会明确提出编纂《民法典》。2015年3月，全

---

① 参见《我国保险法颁布及两次修改的历程》，载中国人大网，http://www.npc.gov.cn/zgrdw/huiyi/cwh/1104/2008-08/26/content_1446102.htm，2020年9月3日访问。

国人大常委会法制工作委员会牵头五家单位开始《民法典》的编纂工作，与此同时于同年4月完成了《保险法》的第三次修正即现行《保险法》版本。2016年6月，十二届全国人大常委会第二十一次会议初次审议了民法总则草案，标志着《民法典》编纂工作正式进入立法程序。

二、《民法典》和《保险法》在理念上的共同点和不同点

《保险法》中尤其是保险合同法的部分和《民法典》的规定存在很多理念上的共同点，同时也存在很多不同点。

（一）《民法典》和《保险法》调整的法律关系的特征

《民法典》与调整保险关系的《保险法》在理念上具有"和而不同"的特征。

所谓"和"，指的是两个制度相互融合、相互贯通。主要体现为民事相关法律的规定对《保险法》立法和解释方面的基础性作用。

所谓"不同"在于：《保险法》是专门调整保险关系的法律，《保险法》制度的基础与保险原理和保险经营直接相关，不同于调整平等主体的自然人、法人和非法人组织之间的人身关系和财产关系的《民法典》。《保险法》的各项制度应在符合保险原理的保险经营实践的基础上构建。同时对交易惯例，尤其对保险业的惯例予以遵从和体现。换句话说，《保险法》系独立的部门法，系商事单行法，并不是因为《保险法》和《民法典》基本理念的一致性，而是在立法、法律解释以及法律适用方面。《保险法》是对保险原理、保险经营法律制度的反映，制约和影响保险制度的功能发挥，同时应与保险原理保持一致。

（二）《民法典》和《保险法》法律关系特点的例证

以《保险法》第十六条第四款规定的适用为分析对象，对上述特征进行说明。

1. 没有如实告知的疾病和保险事故中的疾病没有因果关系的情况

人寿保险投保时，投保人对被保险人健康状况的相关情况必须履行告知义务。投保人不实告知中，过失或故意没有告知保险公司的疾病和保险事故发生时的疾病之间，没有因果关系，例如：投保时投保人已知被保险

人罹患胃溃疡但不实告知（故意不告知），几年后发生了保险事故，被保险人因肝癌住院进行了手术。

我国保险实践中，上述违反告知义务，投保2年以内发生保险事故，未告知疾病和实际发病的疾病没有同一性，因果关系也不存在时，投保人向保险公司申请赔偿的情况几乎全部被拒绝。其理由是，大多数保险公司以投保人不实告知、违反告知义务为由解除保险合同为保险惯例。另外，投保2年后发生保险事故，向保险公司申请赔偿，保险公司在除斥期间2年（《保险法》规定2年后保险公司不能解除保险合同）已经完成，不能解除合同的情况下，常以投保人故意不告知为由拒绝支付保险金。

保险投保者（被保险人）同保险公司诉诸司法，大部分都败诉，其原因在于民法相关规定的运用。

2.《保险法》的依据

法院判决的法律依据是《保险法》第十六条第四款的规定：投保人故意不履行基于事实的告知义务的情况下，保险人对保险合同解除前发生的保险事故，不承担赔偿损失或支付保险金的责任，并且也不返还保险费。根据该规定：

A. 投保人不实告知的事项和保险事故的结果没有因果关系，保险人也不承担损害赔偿或保险金支付的责任。

B.《保险法》第十六条第三款规定，保险人知道合同解除事由之日起30日内不行使时，前款规定的保险合同解除权消灭。合同成立日开始经过2年，保险人也不能解除合同。以上两种情形下，如果发生保险事故，保险人承担赔偿损失或支付保险金的责任。该规定中的2年除斥期间即使届满，保险公司不承担赔偿损失或支付保险金的责任的判例很常见。

3.《民法典》的规定

以这些判例作为根据，法源是《民法典》关于契约的规定。《民法典》第一百四十七条规定，基于重大误解实施的民事法律行为，当事人有向法院或仲裁机构请求撤销的权利；另外，该法第五百条规定，当事人在签订合同时，如果有如下所述情况，给对方造成损失的情况下，应该承担赔偿责任：……（二）故意隐瞒与订立合同有关的重要事实或者提供虚假情况。

根据上述规定，保险合同签订时，投保人不实告知，其结果（不实告知或者不告知的疾病和请求保险金的疾病的因果关系）不予考虑，法院可以依据保险人的请求撤销合同，且给保险人造成损失时投保人应该承担赔偿责任。

在中国，保险合同法是根据民事法律的相关规定制定的，但两者之间有很大的差异。上述事例，并非应遵循民事法律关于合同的规定，而是应遵循保险经营的原理立法。这是《保险法》和《民法典》"不同"的基础。

4. 以原始保险原理为依据的判定标准

比如说，订立保险合同时，投保人没有向保险人告知被保险人患有胃溃疡，1年后被保险人被诊断出肝癌，同不实告知的疾病之间没有因果关系的情况下，关于是否给付保险金验证保险原理。

保险公司对于保险对象的各种疾病，预测作为健康体的人的各种疾病的发病率，在计算保险费率时，综合精密地计算其预测率，得出不同疾病、不同险种的费率。如果将患病人群放到投保健康体群中，其比健康身体的预测发病率高，当全部的保险合同方都是健康体，但是指定疾病发病时，支付保险金的准备金不足，其对保险公司的经营有影响。

故附加给投保人告知保险契约者的法定义务。如果告知患有疾病，保险公司有拒绝投保或者提高保险费的选择余地。《保险法》规定即使投保成功，保险公司也可以以违反告知义务为由解除合同。该告知义务早已在《保险法》中规定。

分析上述的例子，健康身体的胃溃疡和预测肝癌的发病率分开预测，有分别的预测率，投保时如果没有告知胃溃疡，投保后没有发生保险事故，不支付保险金。但是投保时未患肝癌，1年后发病的情况下，与保险公司根据健康体预测的发病率是相同的，已经计入保险费。如果因肝癌发病，由于保险公司已经预留了保险准备金，因此给付保险金不会对保险公司的经营造成影响。

总之，如果带病签订保险合同，投保人违反告知义务，不告知被保险人已患疾病的情况下，发生的保险事故（应支付保险金的疾病）和不告知疾病没有因果关系，保险人应当给付保险金。

另外，存在上述同样的问题，如果签订保险合同已超过 2 年，即《保险法》规定的 2 年除斥期间已经届满，依据《保险法》相关规定，在这种情况下，不能解除保险合同。与上述的分析相同，保险公司应该给付保险金。

考虑到保险合同的双务性和投机性，保险公司也不能拒绝给付保险金。

5. 关于《保险法》和《民法典》的不同点的考虑

《保险法》第十六条第四款的正确解释是，投保人故意不履行告知义务，未告知事项和发生的保险事故没有因果关系，保险公司不能解除保险合同，有给付保险金的义务。受到民事法律的影响，保险法律的立法和司法早已同保险经营原理背离。

从立法论的角度来看，保险原理和保险经营原则至少应该对《保险法》制度的构造和解释产生影响而不可能与此背道而驰。原本，大陆法系国家将保险业的惯例作为《保险法》的法源予以尊重，称为惯例法。上述问题不是保险业的惯例，而是与实际的保险经营原理有关，应该在《保险法》中反映出来。如果不考虑保险合同法的原理，将民事法律中有关合同的法律构造和解释原封不动地引用到《保险法》的立法上，就会出现引用偏差的现象。

三、《民法典》和《保险法》的制度融合

在《民法典》的法治背景下，切实的问题是保险部门与《民法典》的理念和制度层面的对接，以及在此基础上保险部门法具体制度的完善、解释和适用。以现行《保险法》的规定，结合我国《民法典》的最新立法，在法律制度层面，我国保险法律制度需要进行以下方面的对接和调整。

（一）《民法典》民事主体制度与《保险法》主体制度的融合

我国《保险法》中规定主体包括两种类型，其一是作为保险合同当事人的保险人和投保人；其二是作为保险合同关系人的被保险人、受益人以及被保险人的继承人。我国《民法典》规定了民事主体的相关内容，体现在《民法典》第一编总则第一章基本规定第一条至第九条、第五十三条、

第一百一十三条等条文之中。我国《保险法》规定的主体制度可以从以下方面与《民法典》规定的主体制度加以对接。

1. 投保人规定的融合

我国《保险法》第十条第二款规定了投保人的内涵，投保人是指与保险人订立保险合同，并按照合同约定负有支付保险费义务的人。作为保险合同当事人，投保人应当同时满足与当事人相关的法律要求。我国《民法典》将民事主体分为自然人、法人和非法人组织。

符合投保人保险合同当事人要求的自然人应当是依据《民法典》第十七条和第十八条规定的完全民事行为能力人，即"十八周岁以上的自然人"和"十六周岁以上的未成年人，以自己的劳动收入为主要生活来源的，视为完全民事行为能力人"。

符合投保人保险合同当事人要求的法人应当是依据我国《民法典》第五十七条规定"具有民事权利能力和民事行为能力，依法独立享有民事权利和承担民事义务的组织"。

符合投保人保险合同当事人要求的非法人组织应当是依据我国《民法典》第一百零二条规定的"不具有法人资格，但是能够依法以自己的名义从事民事活动的组织"包括"个人独资企业、合伙企业、不具有法人资格的专业服务机构等"。

2. 被保险人和受益人规定的融合

依据我国《保险法》第十二条第五款规定，"被保险人是指其财产或者人身受保险合同保障，享有保险金请求权的人，投保人可以为被保险人"。从享有权利和接受保险金利益的主体要求出发，我国《民法典》规定的所有民事主体均可以成为《保险法》规定的被保险人，并无特别限制。

我国《保险法》第十八条第三款规定，"受益人是指人身保险合同中由被保险人或者投保人指定的享有保险金请求权的人，投保人、被保险人可以为受益人"与被保险人规定类似，受益人是接受利益和享有权利的主体，故此，《民法典》中规定的所有民事主体均可以成为符合我国《保险法》要求的受益人。但是，依据我国《保险法》第三十九条第二款规定，"投保人为与其有劳动关系的劳动者投保人身保险，不得指定被保险人及其近亲属以外的人为受益人"。此处的受益人应当仅限于自然人，而不包括法人和非法人组织。

3. 被保险人继承人规定的融合

我国《保险法》第四十二条规定，"被保险人死亡后，有下列情形之一的，保险金作为被保险人的遗产，由保险人依照《中华人民共和国继承法》的规定履行给付保险金的义务"。鉴于我国《民法典》已经将《继承法》的内容纳入第六编的规定之中，此处《保险法》的规定应作出相应的修改，将《继承法》替换为《民法典》第六编继承。

同时，被保险人继承人的范围应当依据我国《民法典》第六编第二章法定继承以及第三章遗嘱继承和遗赠的规定进行界定。依据我国《民法典》第一千一百二十七条规定，被保险人继承人包括：被保险人的配偶、子女、父母、兄弟姐妹、祖父母、外祖父母，以及依据我国《民法典》第一千一百三十三条规定由被保险人遗嘱以及遗赠确定的人。

4. 投保人具有保险利益人员规定的融合

我国《保险法》第三十一条规定，"投保人对下列人员具有保险利益：（一）本人；（二）配偶、子女、父母；（三）前项以外与投保人有抚养、赡养或者扶养关系的家庭其他成员、近亲属；（四）与投保人有劳动关系的劳动者"。

投保人的配偶是依据我国《民法典》第五编婚姻家庭第二章法定结婚条件、办理结婚登记的夫妻。投保人的子女、父母是依据我国《民法典》第六编继承第一千一百二十七条规定的子女"本编所称子女，包括婚生子女、非婚生子女、养子女和有扶养关系的继子女。本编所称父母，包括生父母、养父母和有扶养关系的继父母"。

与投保人有抚养、赡养或者扶养关系的家庭其他成员、近亲属是依据《民法典》第一千零四十五条规定"亲属包括配偶、血亲和姻亲。配偶、父母、子女、兄弟姐妹、祖父母、外祖父母、孙子女、外孙子女为近亲属。配偶、父母、子女和其他共同生活的近亲属为家庭成员"。

（二）《民法典》合同制度与《保险法》保险合同制度的融合

保险合同法是调整保险合同关系法律规范的总称，各国关于保险合同法的立法各不相同。我国在《保险法》中规定保险合同法的内容，共五十七条（第二章保险合同，第十条到第六十六条）。与我国《民法典》第三编合同对接，关涉以下制度融合的内容。

1. 保险合同成立生效制度的融合

我国《保险法》第十三条规定保险合同的成立与生效："投保人提出保险要求，经保险人同意承保，保险合同成立。保险人应当及时向投保人签发保险单或者其他保险凭证。……依法成立的保险合同，自成立时生效。投保人和保险人可以对合同的效力约定附条件或者附期限。"解释论上应将保险合同定性为"诺成合同"，立法论上采"不要式主义为原则，以意定要式主义为例外"与"不要物主义为原则，以意定要物主义为例外"。① 保险合同是一种诺成合同，它是根据保险人同投保人之间达成合意，也就是必须经过投保人提出加入保险的申请之要约，而保险人对投保人的要约进行审核之后，对该加入保险的要约表示承诺而成立的合同。这种根据当事人的要约和承诺而成立的合同，即"诺成合同"。保险合同的成立和生效遵循我国《民法典》第三编有关合同成立和生效的规定。保险合同的成立需要经过要约和承诺的过程，依据《民法典》第四百七十二条规定，"要约是希望与他人订立合同的意思表示，该意思表示应当符合下列条件：（一）内容具体确定；（二）表明经受要约人承诺，要约人即受该意思表示约束"。第四百七十九条规定，"承诺是受要约人同意要约的意思表示"。保险合同的成立和生效时间依据《民法典》第四百八十三条的规定应当为："承诺生效时合同成立，但是法律另有规定或者当事人另有约定的除外。"

2. 保险合同解除制度的融合

我国《保险法》第十五条、第十六条、第四十九条、第五十二条、第五十八条规定了保险合同解除制度，具体内容为：

（1）投保人保险合同解除权

依据我国《保险法》第十五条规定："除本法另有规定或者保险合同

---

① 樊启荣：《保险法诸问题与新展望》，北京大学出版社2015年版，第34页。

另有约定外,保险合同成立后,投保人可以解除合同,保险人不得解除合同。"

(2)投保人违反如实告知义务保险人合同解除权

依据我国《保险法》第十六条规定:"订立保险合同,保险人就保险标的或者被保险人的有关情况提出询问的,投保人应当如实告知。投保人故意或者因重大过失未履行前款规定的如实告知义务,足以影响保险人决定是否同意承保或者提高保险费率的,保险人有权解除合同。……"

(3)保险标的转让,危险程度显著增加,保险人合同解除权

依据我国《保险法》第四十九条第二款规定:"因保险标的转让导致危险程度显著增加的,保险人自收到被保险人或者受让人通知之日起三十日内,可以按照合同约定增加保险费或者解除合同。"保险人自解除合同之时不再承担保险责任,并且需要将未承保期间的保险费退还给投保人。

(4)合同有效期内,保险标的危险程度显著增加的,保险人合同解除权

依据我国《保险法》第五十二条第一款规定:"在合同有效期内,保险标的危险程度显著增加的,被保险人应当按照合同约定及时通知保险人,保险人可以按照合同约定增加保险费或者解除合同。保险人解除合同的,应当将已收取的保险费,按照合同约定扣除自保险责任开始之日起至合同解除之日止应收的部分后,退还投保人。"

(5)保险标的发生部分损失,保险人进行赔偿后,保险人合同解除权

依据我国《保险法》第五十八条规定:"保险标的发生部分损失的,自保险人赔偿之日起三十日内,投保人可以解除合同;除合同另有约定外,保险人也可以解除合同。合同解除的,保险人应当将保险标的未受损失部分的保险费,按照合同约定扣除自保险责任开始之日起至合同解除之日止应收部分后,退还投保人。"

我国《民法典》第五百六十二条至第五百六十六条规定了合同解除制度。依据《民法典》第五百六十二条和第五百六十三条规定,合同解除包括法定解除和约定解除。合同的约定解除包括当事人协商一致的解除以及当事人可以约定一方享有合同解除权的事由。解除合同的事由发生时,解

除权人可以解除合同。合同的法定解除是,发生法律规定的特定情形的,当事人可以解除合同:(一)因不可抗力致使不能实现合同目的;(二)在履行期限届满前,当事人一方明确表示或者以自己的行为表明不履行主要债务;(三)当事人一方迟延履行主要债务,经催告后在合同期限内仍未履行;(四)当事人一方迟延履行债务或者有其他违约行为致使不能实现合同目的;(五)法律规定的其他情形。我国《保险法》规定的保险合同解除情形均属于法定解除的范畴。

我国《保险法》有的规定了保险合同解除的法律后果,《保险法》第十六条、第四十九条、第五十二条、第五十八条规定的解除权;有的并未规定保险合同解除的法律后果,《保险法》第十五条规定的解除权。依据《民法典》第五百六十六条规定,合同解除发生以下法律后果,"合同解除后,尚未履行的,终止履行;已经履行的,根据履行情况和合同性质,当事人可以请求恢复原状或者采取其他补救措施,并有权请求赔偿损失。合同因违约解除的,解除权人可以请求违约方承担违约责任,但是当事人另有约定的除外。……"。《民法典》的这一规定可以作为我国《保险法》第十五条的基础,在细化投保人合同解除权法律后果制定具体的规则时可以参照该规定。

3. 保险合同撤销制度的融合

我国《保险法》中保险合同法部分规定有三处涉及保险欺诈的内容:第一,《保险法》第十六条第二款和第四款规定的投保人故意违反如实告知义务的保险欺诈,"投保人故意或者因重大过失未履行前款规定的如实告知义务,足以影响保险人决定是否同意承保或者提高保险费率的,保险人有权解除合同。……投保人故意不履行如实告知义务的,保险人对于合同解除前发生的保险事故,不承担赔偿或者给付保险金的责任,并不退还保险费";第二,《保险法》第二十七条规定的保险欺诈,"未发生保险事故,被保险人或者受益人谎称发生了保险事故,向保险人提出赔偿或者给付保险金请求的,保险人有权解除合同,并不退还保险费。投保人、被保险人故意制造保险事故的,保险人有权解除合同,不承担赔偿或者给付保险金的责任;除本法第四十三条规定外,不退还保险费。保险事故发生后,投保人、被保险人或者受益人以伪造、变造的有关证明、资料或者其他证据，编造虚假的事故原因或者夸大损失程度的，保险人对其虚报的部分不承担赔偿或者给付保险金的责任。投保人、被保险人或者受益人有前三款规定行为之一，致使保险人支付保险金或者支出费用的，应当退回或者赔偿"；第三，《保险法》第三十二条规定的保险欺诈，"投保人申报的被保险人年龄不真实，并且其真实年龄不符合合同约定的年龄限制的，保险人可以解除合同，并按照合同约定退还保险单的现金价值。……"。

依据我国《民法典》第一百四十八条和第一百四十九条规定，"一方以欺诈手段，使对方在违背真实意思表示的情况下实施的民事法律行为，受欺诈方有权请求人民法院或者仲裁机构予以撤销"，"第三人实施欺诈行为，使一方在违背真实意思表示的情况下实施的民事法律行为，对方知道或者应当知道该欺诈行为的，受欺诈方有权请求人民法院或者仲裁机构予以撤销"。依据《民法典》第一百五十二条第二款规定："当事人自民事法律行为发生之日起五年内没有行使撤销权的，撤销权消灭。"

根据美国《保险法》原理与实务，在保险合同以及其他领域中，可因当事人一方的虚假陈述或隐瞒而致使合同无效[①]。在我国《保险法》规定的符合欺诈构成要件的三种情形中，保险人仅存在解除权。因为行使撤销权（《保险法》中称为解除权，实为撤销权）的除斥期间的差异，会产生法律适用的问题，当事人在没有办法行使《保险法》中规定的解除权之后一段时间，依然享有《民法典》规定的撤销权。即可能产生《保险法》上的解除权与民法上的撤销权的竞合。[②] 对此类问题究竟该如何适用法律？是只适用《保险法》，排除适用民法的规定？还是两种法律规定并同适用？对此学界存在各种不同的观点，主要包括单独适用《保险法》说（或排除说、优先说）和重复适用说（或并存说）。

---

① ［美］肯尼斯·S. 亚伯拉罕：《美国保险法原理与实务》，韩长印等译，中国政法大学出版社2009年版，第17-19页。

② 夏元军：《论保险法上解除权与民法上撤销权之竞合》，载《法律科学》2010年第2期，第117页。

（1）单独适用《保险法》说

单独适用《保险法》说①是主张单独适用《保险法》的规定，不适用《民法典》的规定。其理由为，《保险法》有关保险欺诈的规定，是在民法有关无效或可撤销民事行为等规定的基础上对保险合同关系进行的特别调整。应当排斥使用民法中的基本规定，而适用《保险法》的特别规定。也有学者认为保险人缔约意思表示有瑕疵是肯定和明显的，解除保险合同是正当、合理的选择和救济。依据一般合同法理，这种意义上的保险合同解除与撤销在性质上并无二致。

该观点主要是从当事人双方利益均衡的角度进行考虑的：一方面，投保人、被保险人或者受益人负有诚实信用性质的义务，如果违反该义务，则从法律上赋予保险人合同解除权，以此对投保人、被保险人或者受益人加以制裁；另一方面，为避免保险人长期处于有利地位，设置了除斥期间的规定，以抑制保险人、被保险人或者受益人滥用权利事实：在保险事故不发生时，保险人接受投保人缴纳的保费，享有保费的利益；一旦保险事故发生，保险人则可以因投保人、被保险人或者受益人违反义务而拒绝给付保险金。一旦再适用民法的规定，则很有可能按照民法的规定，保险人可以解除保险合同，或导致该保险合同无效，《保险法》的利益均衡机制失灵，无法真正实现《保险法》设置各项制度的宗旨。

（2）重复适用说

重复适用说主张《保险法》与《民法典》的规定都适用。该观点认为，《保险法》的立法宗旨与民法的立法宗旨不同，并非普通法（一般法，上位法）同特殊法（单行法，下位法）之间的关系。因此，《保险法》中的各项义务制度是根据保险经营制度以及保险合同构造的特殊性而设置的。而《民法典》是对行为人实施民事行为进行的调整，如果该行为是基于行为人的欺诈行为时，则可宣布该行为无效或撤销该行为。《民法典》对实施意思表示时有缺陷的行为人（保险人）给予权利救济。因此，《保险法》

---

① 李庭鹏：《保险合同告知义务研究》，法律出版社2006年版，第158页。

和《民法典》可以选择适用。

从制度融合的角度，如果《保险法》的前述规定，同时符合《民法典》规定的欺诈的构成要件，应当重复适用《民法典》的规定。原因在于，虽然《保险法》是内在自洽的部门法，但是《保险法》所调整的保险关系属于私法社会关系的组成部分。《民法典》中有关欺诈的法律规定，关涉一般民事主体对民事法律行为后果的预知，关涉私法社会关系的稳定。而作为实施保险欺诈的投保人、被保险人或者受益人主体，属于典型的私法调整的一般民事主体的范畴。在《保险法》规定之外，仍然适用《民法典》有关欺诈的规定，有利于发挥法律的引导和教育功能，同时也符合民事主体对法律的一般认知。

从保险立法完善的角度，未来修订保险合同法相关内容时，应当考量《民法典》的规定，并与《民法典》有关欺诈的规定保持一致。

（三）《民法典》侵权责任制度与《保险法》责任保险制度的融合

《民法典》侵权责任制度与《保险法》的责任保险制度融合主要体现在责任保险法律制度之中。侵权责任与保险系统非常像一对双子星，它们在法律体系中各自独存又彼此依赖。一个多世纪以来，这两大系统相互影响着彼此的发展进程。如果没有对方与其并存和共同发展，另一方就不会成为今天这个样子[①]。责任保险是保险产品的重要组成部分，《保险法》第六十五条和第六十六条规定了责任保险的内容。第六十五条第四款规定，"责任保险是指以被保险人对第三者依法应负的赔偿责任为保险标的的保险"。与保险产品和保险实践对应，依法应负的赔偿责任主要是指侵权责任，也包括部分违约责任。承保范围是依据相应的侵权责任和违约责任确定的，侵权责任制度成为责任保险制度的基础。在法律适用和司法审判实践中，需要首先确定被保险人对第三者的侵权责任，然后在此基础上确定责任保险的赔付范围。

我国《民法典》第七编规定了侵权责任，与责任保险产品对按，在责

---

① Kenneth S. Abraham, *The Liability Century: Insurance and Tort Law from the Progressive Era to 9/11*, Harvard University Press, 2008, p.1.

任保险中应用较为广泛的是第四章产品责任、第五章机动车交通事故责任和第六章医疗损害责任等内容；分别对应产品责任保险、机动车第三者责任保险、医师责任保险等险种。

总之，《民法典》乃司法之基本法，于宏观上含涉司法各领域；就宏观领域而言，《保险法》应独立于《民法典》而发展，在国家主导、全民参与之立法下构建一个能够承保所有可保性风险的保险社会。而在《保险法》自身发展之微观层面，《保险法》应实现保险契约法与保险监管法分别立法之体例①。《民法典》的颁布和实施是商事立法和《保险法》进一步修改完善的新契机，《民法典》编撰的经验和立法理念的总结为《保险法》以及其他商事法律得以在法律解释、法律适用以及未来法律完善等方面提供了可资借鉴的路径。

---

① 樊启荣、张晓萌：《民法典编纂背景下我国保险法之发展——以保险法与民法诸部门法之关系为视角》，载《云南社会科学》2016年第1期，第110页。

02
《民法典》视角下保险合同制度的创新发展

贾林青[①]

[①] 贾林青,中国人民大学法学院教授。

《中华人民共和国民法典》是与人民群众的社会生活息息相关的基本法，它的颁布施行成为我国社会主义法制建设的重要内容，对民商事法律的建设发展具有重要意义。《保险法》作为民商事法律的组成部分，是《民法典》的下位法，其制度建设必然要接受《民法典》的影响。可见，《民法典》的颁发，为我国保险合同制度建设奠定了必要的法律前提，并为保险合同制度规则及其相关《保险法》理论的创新和发展提供了巨大的空间。

本文所提的保险合同制度规则及其相关《保险法》理论的创新发展，是在保持保险制度应有的法律本质和经济特征的基础上，根据我国社会主义市场经济发展对于保险市场的新需求，不仅进行《保险法》理论的创新，更是在保险制度规则的设计和制定上不能囿于传统的习惯和做法，墨守成规，而是针对解决保险市场面临的新问题，提出新的创新性理论，设计切实可行的新制度规则，为我国实现由保险大国向保险强国转变的目标提供科学的、有力的法律保障。

限于篇幅，笔者仅就保险立法的三个重要的保险制度发展问题谈谈看法，以求抛砖引玉。

一、遵循《民法典》之民事权利受法律保护的原则精神，统一明确规定保险关系各方参与者的法律地位，为公平保护各方保险当事人的权利提供法律依据

客观地讲，在现代民商事法律范畴内，除了《保险法》以外，民商事法律关系当事人的法律地位平等，在其他诸多民商事法律领域内是不成问题的，原因在于：现代民商法学均强调民商事活动的参与者都是相应的民商事法律关系的当事人，民商事法律平等地对各方当事人提供法律保护。正是在此意义上，《民法典》第三条规定了"民事权利及其他合法权益受法律保护"，成为《民法典》的首要原则。

究其原因，保护当事人的民事权利及其他合法权益是我国民法的基本精神，也是民商事立法的出发点和落脚点。该原则直接体现着《民法典》的立法目的，统领着《民法典》和整个民商事法律体系。这意味着民商事

法律体系作为一个以调整平等民商事主体之间的财产关系和人身关系为己任的法律部门，规范和调整多种多样的民商事活动时，其诸多法律规范是一个内在统一的、相互有机联系的法律系统。虽然，针对调整广泛的、繁复的民商事活动的需要，民商事法律体系中存在着诸多的内容不同、各自具有相对独立性的法律文件，但是这些法律规范对于很多共性问题需要存在内在的协调统一性[①]。其中，认定民商事活动参与者平等的法律地位，理应是民商事法律领域的一个基本的共性问题，用于体现民商事法律是以平等主体的当事人之间法律关系作为调整对象的基本特色。

不过，具体到《保险法》的理论和制度设计上，关于保险活动参与者法律地位的认定问题，却是特立独行，不同于其他民商事法律。现有的大多数《保险法》和保险学的书籍，谈及保险活动参与者的法律地位，并非统一使用当事人的概念，而是存在着当事人和关系人的不同称谓，即保险人和投保人是保险关系的当事人，而被保险人和受益人则为关系人[②]，赋予了保险关系的当事人和关系人不同的身份和地位，形成了《保险法》特有的保险主体分类。在此，笔者要强调的是，目前的《保险法》理论界和实务界普遍地将保险活动参与者划分为当事人和关系人绝不仅仅是一个单纯的理论问题，更是我国保险实务和保险审判中具有实际意义的法律适用问题。例如，2020年中至今引起各界关注和热议的"武汉金凤假黄金案"，

---

① 参见冯玉军主编：《完善以宪法为核心的中国特色社会主义法律体系研究》，中国人民大学出版社2018年版，第84页。

② 参见孙祁祥：《保险学（第五版）》，北京大学出版社2013年版，第47—49页，庄咏文主编.《保险法教程》，法律出版社1986年版，第56—60页；李嘉华主编：《涉外保险法》，法律出版社1991年版，第90页；魏华林主编：《保险法学》，中国金融出版社1998年版，第72页；朱铭来主编：《保险法学》，南开大学出版社2006年版，第47—52页；樊启荣：《保险法》，北京大学出版社2011年版，第39—41页；刘宗荣：《保险法（第四版）》，翰芦图书出版有限公司2011年版，第87—105页；江朝国：《保险法基础理论》，瑞兴图书股份有限公司2009年版，第149页（第五章当事人及利害关系人）；汪信君、廖世昌：《保险法理论与实务》，元照出版有限公司2006年版，第23—26页；傅廷中：《保险法论》，清华大学出版社2011年版，第34页；许崇苗、李利：《中国保险法原理与适用》，法律出版社2006年版，第181—205页（第五章）等。

其进入司法审判程序之后，作为当事方的 A 保险公司针对涉案的《财产保险合同》将原告（B 信托公司）列为受益人的案件情节，向某高级人民法院提起上诉，其上诉的观点之一便是，B 信托公司不享有诉权，所持上诉理由就是，B 信托公司"不是案涉保险合同的当事人"，只是作为接受案涉保险合同履行的人，并非合同的权利主体，无权依据案涉保险合同提起诉讼。

笔者无意在此讨论该案的是非曲直，仅就 A 保险公司的这一上诉观点及其上诉理由而言，不难看出，其所依据的《保险法》理论正是源自保险活动参与者存在着当事人与关系人的传统看法。这意味着保险关系的当事人与关系人，不只是称谓的不同，更是在保险关系中处于不同的法律地位，直接结果是权利主体身份的有无、民事权利的享有与否。

至于说，为什么保险活动的参与者要有当事人与关系人的区分，学者在各自的著述中只有只言片语，并没有进行详细的阐述。概括来讲，保险关系的当事人就是保险合同的签订人，而关系人则是"与保险合同有重要关系的人"①，具体而言，是指"虽然不是保险契约的主体，但保险契约的订立、保险契约效力的维持及保险事故的发生与之有利害关系之人"②。显然，《保险法》上区分保险活动参与者为当事人与关系人的看法是保险领域中的传统观点和主流观点，它是按照保险活动参与者对于保险活动的联系和影响而做出的划分。这一占主导地位的保险主体类型划分及其划分依据已经成为《保险法》理论上和保险实务中长期以来的通行认识，不过，它是否具有科学性、能否适应现代保险市场的发展需要都值得商榷。

笔者对此传统观点持完全不同的看法，保险活动的各方参与者均是保险关系的当事人，不应当、也没有必要区分为当事人与关系人③。因为，

---

① 孙祁祥：《保险学》，北京大学出版社 2013 年版，第 47 页；庄咏文主编：《保险法教程》，法律出版社 1986 年版，第 56 页。
② 刘宗荣：《保险法》，翰芦图书出版有限公司 2011 年版，第 87 页。
③ 贾林青：《保险法》，中国人民大学出版社 2020 年版，第 63—68 页。

按照上述《保险法》和保险学的论述，将保险活动参与者区分为当事人与关系人的观点，是建立在这些保险参与者与保险合同之间的联系和影响之上的，体现着各保险参与者参与保险活动时的经济联系，或者说是各保险参与者与保险活动之间经济联系的程度，却并不是其在法律层面的身份地位。不可否认，按照现代民法学理论，保险参与者与保险活动之间的经济联系是客观存在的社会物质关系，属于以物质为内容的社会经济关系，它是建立保险法律关系的前提和基础，但不是保险法律关系的本身。至于保险法律关系则是为了使此类社会经济关系的确立和发展和谐有序，国家运用民法和《保险法》来调整保险经济关系，"从而使受法律调整的社会关系获得了法律关系的性质"①，它是上升为意识形态上、由民事权利和民事义务，即保险权利和保险义务构成的思想意识关系。此类保险法律关系是以保险经济关系为基础的，并借助法律的效力来反映、确认、维护和实现保险经济关系的法律手段。它才应当是用来认定保险活动参与者的主体身份和主体地位的根据，而不应拘泥于保险参与者与保险经济关系之间的联系。秉持这一认定保险活动参与者的方法才是符合现代法律精神和现代民法思想的，能够为我国保险市场的有序发展提供更为科学的法律支持。

当然，着眼于保险法律关系，将保险参与者的主体身份统一为保险关系的当事人，是出于维护保险法律关系的法律效力，公平保护各方保险参与者合法权益的需要，而要实现此目标，运用这一方式来认定保险活动参与者身份地位时，就要落实两个要点。

一是强调各保险参与者的法律地位平等。无论是参与保险合同签订的保险人、投保人，还是取得和行使保险请求权的被保险人、受益人，均是这些保险主体参与保险活动的具体表现，其共性在于这些保险主体都是构成保险活动的一部分，均具有各自的角色地位和价值作用，是保险活动之目的得以实现的必要条件，故而，民法和《保险法》就应当赋予这些保险主体相互之间平等的法律地位，确认他们统一的当事人身份地位。由于

---

① 王利明主编：《民法》，中国人民大学出版社2008年版，第43页。

民商法的调整对象是平等民事主体之间的社会关系,即市场交易关系,而《保险法》专门涉及的保险活动恰恰是保险商品交换关系,从而需要强调各方保险参与者之间平等的法律地位,平等地接受法律的保护。统一认定各方保险参与者都是当事人,也就是切实落实保险关系当事人的平等性,避免因划分为当事人与关系人而产生对各方保险参与者形成的厚此薄彼的误解。

二是强调权利本位。"民商法被称为'权利法'或'保护权利的法律'"[①]的原因在于,民商法是以权利为本位的法律体系。在《民法典》的民事权利受法律保护原则的统领下,民商法的众多制度均立足于保护民事主体民事利益的需要,确立了一系列的民商事权利,对这些民商事权利施加平等的法律保护。《保险法》是民商事法律的具体部分之一,同样是以"保护保险活动当事人的合法权益"(《保险法》第一条)为己任。具体到保险关系,保险人、投保人、被保险人和受益人基于各自的角色地位,分别依照法律规定或者当事人的约定而享有一定的权利,承担各自的义务。《保险法》确认和保护这些权利,也就意味着保护各方参与者在保险关系中所具有的经济利益。可见,认定各方保险参与者均是当事人,便是实现对各方保险参与者在保险关系中的权利进行平等保护的必然需要。

然而,我国《保险法》仅仅是在首条中将"保护保险活动当事人的合法权益"列为其立法目的,但并未就哪些保险参与者是当事人作明文规定。鉴于此,笔者建议,《保险法》为贯彻《民法典》之民事权利受法律保护的原则精神,需要统一明确地规定:"保险关系的保险人、投保人、被保险人和受益人是保险关系的当事人,各自的权利受法律保护",从而,为公平保护各方保险当事人的权利和利益提供直接的法律依据。

---

① 王利明:《民商法研究(第四辑)》,法律出版社1999年版,第5页。

二、针对互联网保险产生的新需要，在《民法典》的合同订立规则基础上创新互联网保险合同的订立规则，为我国保险市场的深度发展提供应有的法律空间

众所周知，在整个《民法典》的1 260个条款中，有关合同之债的条款占据半壁江山。同时，由于民商立法的分工，我国《民法典》的第三编列举规定的19类有名合同中并不包含保险合同，而保险合同制度则是《保险法》的两大内部制度之一。不过，《民法典》与《保险法》之间存在的普通法与特别法的关系决定了《保险法》规定的保险合同规则优先得以适用，但《保险法》没有规定的，就应当适用《民法典》的规定。其中，有关保险合同的订立规则便是如此。特别是近年来随着现代信息技术在我国的迅猛发展，我国社会迅速进入了信息时代。具体来讲，互联网已经遍及大众生活的各个领域，影响着各个行业的生产经营，很大程度上改变了人们的生产和生活方式，直接影响到每个人的消费模式，保险市场自然不能置身事外。这促使互联网模式下的电子商务——以电子形式在信息网络上进行的商品交易和服务活动——的日益兴起，并逐步形成新兴的网络经济。2000年在瑞士达沃斯召开的世界经济年会就已经向全世界宣布互联网经济是世界经济的发展方向。为此，国务院提出了"互联网+"的概念，运用互联网技术的创新力量来引导和鼓励人们探索和拓展互联网在我国经济社会的适用空间，蓬勃兴起的"互联网+金融"作为"人类社会第四文明开始来临"[①]的标志之一，已经成为当今经济生活的重要组成部分。

构成我国"互联网+金融"一部分的互联网保险，就是采取网上金融服务形式的新型电子商务。自2005年4月1日中国人民财产保险股份有限公司签出国内第一张电子保单至今，以电子保单为代表的互联网保险业务已然为越来越多的保险公司所接受和运用，并作为保险服务的新模式推向保险市场，它的出现是对保险业传统营销模式的重大变革——运用互联

---

① 杨东、文诚公：《互联网+金融=众筹金融》，人民出版社2015年版，第5页。

网这一现代信息技术手段来开拓新的保险服务领域，向新的客户群体的新型保险需求提供新的保险服务活动。

经过十几年的发展，互联网保险的经营模式已经由初期单纯地通过网上投保、核保、缴费和生成电子保单或者由购买人持有自助式保险卡进行网上激活、核保和生成电子保单的方式开展传统保险产品的销售活动——实质上是保险人增加了一个传统保险产品的销售途径（笔者称其为互联网保险的初级阶段①），逐步上升为以互联网市场（互联网经济）作为保险服务对象而开展保险经营的形式。后者可以表现为泰康人寿保险公司与淘宝网联手于2013年11月推出新的互联网保险产品"乐业宝"②；更典型的则是以第一家互联网保险公司——众安在线财产保险股份有限公司于2013年9月经中国保监会批准，获准开业经营为标志。该保险公司借助网络技术直接与互联网交易相关的企业、家庭以及众多互联网市场的从业者建立保险关系，向这些保险需求者提供诸如"众乐宝"③之类的新型保

---

① 根据中国保险行业协会发布的《互联网保险行业发展报告》的统计，2011年至2013年，国内经营互联网保险业务的保险公司从28家增加到60家，年均增长率为46%，规模保费从32亿元增长到291亿元，三年间增幅达810%。

② "乐业宝"是泰康人寿保险公司与淘宝网联手于2013年11月推出并上线经营的，以电商平台上的卖家、客服小二等电子商务创业人群为对象的保险保障计划。它依托互联网运作，提供的是低成本、高保障的意外、医疗、养老的人身保险保障，填补了电商群体"无保险"的空白，对于淘宝网当时已达2 000万人的电商群体颇具吸引力。投保人只要每个月投入10元保险费，即可在保险事故（身故或者确诊罹患癌症）发生时获取一次性赔付10万元；每个月支出5元，住院时可享受每天50元的保障金额。而且，可以理赔的医院超过了3 000家，基本覆盖了全国的所有城市。

③ "众乐宝"是众安在线财产保险股份有限公司于2013年9月获准开业经营后不久的、向互联网市场推出的第一款互联网保险产品，全称"众乐宝—保证金计划"。它是向淘宝集市拥有的900多万，且有400多万家加入消保协议的卖家之履约能力提供保险保障，成为国内第一款针对电子商务领域开发的互联网保证金保险，是首款保证金保险，专为淘宝卖家定制。它具有收费低、额度高、周期长的特点。它的保险期限可以是半年期（1.85%费率）、一年期（3%费率）。因此，一年期的保险费只有18元，就可取代原本需缴纳1 000元到10 000元不等的消费者保证金，可以让投保人获得最长一年、最高20万元的保险保障额度。在发生维权纠纷需要保证金赔付的，先由保证金计划垫付，确保电商的经营不受影响，并提高这些电商的信誉度。

产品。相比而言，这类专门以互联网市场（经济）作为保险适用区域的、为参与互联网经营的电商所面临风险提供保险保障的保险产品，明显地有别于为传统的农业、工业及服务业等社会经济门类从事的生产经营和社会公众的日常生活消费领域提供的传统保险产品。这无疑是将互联网市场纳入保险业经营服务的范畴，扩展了现代保险服务的领域，笔者称其为"互联网的高级阶段"。

借助保险市场的上述实例，我们不难发现，无论是互联网保险的初级阶段，还是其高级阶段，其共同之处是借助现代互联网信息技术，使得出现于该特定领域内的保险经营活动实现了无纸化、即时性的特色，这既为参与互联网保险活动的当事人带来便捷的、高效率的市场经营效果，又催生了不同于传统保险领域的新规律和新的风险因素。这些风险因素对于参与互联网市场活动的当事人，尤其是互联网金融的消费者来讲，会产生重要的负面影响。因此，互联网保险作为现代社会经济活动中重要的保障机制，应当将这些风险因素纳入其保险保障的范围，并以此区别于传统的保险领域。

这意味着互联网保险对《保险法》的规范调整提出新的需求，形成《保险法》适用上的新问题，保险立法应当对此做出回应，才能满足互联网保险稳定、有序发展的要求。突出一点就表现在互联网保险模式下保险合同的订立方式。借助互联网技术实施的网上操作，保险参与者在投保环节上，是以网上点击操作形式取代了彼此面对面的签约，大大简化了保险合同的签约过程，提高了签约效率。但是，由此引发的法律问题就是直接影响着保险合同成立与生效的认定标准。这在《保险法》理论界和实务界争议颇大，存在着诸多观点，诸如收费说[1]、激活说[2]、预约和本约并存

---

[1] 收费说，认为利用互联网销售保险产品的保险公司收取了投保人缴纳的保险费，应当视为其同意承保。因此，相应的保险合同应自保险人收到保险费之时成立和生效。
[2] 激活说，提出互联网环境下订立保险合同过程中，投保人缴纳保险费属于签约所需的要约，而投保人按照保险人设计的签约步骤和操作流程完成操作过程，直到最终点击"同意"键进行确认激活或者将自助保险卡在互联网系统上激活时，为保险合同成立和生效的标志。

说[①]、买卖说[②]等。概括这些观点，其共性集中于，认定互联网环境下保险合同的成立与生效的时间标准，不应当适用《合同法》的一般规定，而需要重新设计认定的法律标准。

笔者认为，上述各观点是各有独特的视角和合同法理论的支持，不过，考虑到保险合同在互联网环境下订立，其成立与生效的标准仍然应当是以《民法典》的合同编有关保险合同成立与生效的一般性规定为基础。按照《民法典》的规定："合同是民事主体之间设立、变更、终止民事法律关系的协定"（第四百六十三条），强调双方当事人之间意思表示一致的"合意"。这意味着任何一个合同关系的建立，均须经过"当事人双方相互交换意思表示的过程，法律上称为要约和承诺"，最终达成协议的过程，[③]这自然包括保险合同。不过，保险关系当事人在互联网环境下订立保险合同并获取电子保单的方式，决定着其成立与生效必然不同于传统的合同订立，需要重新设计认定电子保单所涉保险合同成立与生效的法律规则，以此适应互联网保险领域的要求。具体而言：确认投保人网上投保或者持卡网上激活的行为构成承诺，由此生成的电子保单所涉保险合同自此成立与生效，称其为"承诺说"。

提出"承诺说"的观点，主要是根据互联网传输技术的操作特点，重新考虑《民法典》合同编第二章规定的要约和承诺在网上订立保险合同过程中的地位和作用。

首先，保险人利用网络技术所设计的，并且在网络上以销售为目的，提供给不特定的社会公众公开选择购买的包括具体保险险种内容的保险产品（格式化条款）以及网上投保的操作流程等，应当是一种以电子数据形

[①] 预约与本约说，则是主要针对电子保单范围内采取的自助保险卡模式，认为自助保险卡的交易（购卡交易）环节属于订立保险合同的预约，而电子交易双方各自在互联网上实施的激活自助保险卡和生成保险单的环节才是订立保险合同的本约，故应当认定生成保险单之时为保险合同的成立和生效。

[②] 买卖说，则是专门针对自助式保险卡而提出的观点，认为购买自助保险卡属于一个买卖合同的订立，该买卖过程完成之时就是其所涉及的保险合同的成立和生效的时间。

[③] 王家福：《中国民法学·民法债权》，法律出版社1993年版，第279页。

式表现的愿意出卖该保险产品的意思表示，理应认定为网上订立保险合同所需的"要约"。因为，保险人在网络上设计和公开销售的该保险产品的行为，虽然是向不特定的社会公众发出的一种意思表示。不过，该意思表示不应理解为一般的商业广告，更不应确认其为要约邀请。原因是，保险公司向不特定社会公众网上销售保险产品的行为具备了《民法典》第四百七十二条规定的要约条件，①该意思表示不仅包含了相应保险的基本（主要）条款和投保条件以及投保流程，并附有该保险产品的说明手册等内容，具备了相应的保险合同应有的具体、确定的条款内容。②该意思表示在网络设计上明确表示了如此意思：只要符合其设计要求的投保条件并按照网上投保流程来表达投保意思的，在网上推出该保险产品的保险人予以承诺，并受该承诺的约束。这意味着任何一个有意购买该保险产品的人，只要按照保险公司的投保条件、投保须知和投保流程上网操作，就可以成功完成网上购买保险的活动。因此，即使保险人是通过网上向不特定的社会公众发布其设计的保险产品的条款内容和网上操作流程，按照《民法典》第四百七十三条第二款的规定，应当认定该意思表示属于符合要约条件的商业广告，构成网上订立保险合同的要约环节，而不应当将其等同于《民法典》第四百七十三条第一款规定的要约邀请。原因是要约邀请不以订立合同为目的，而仅仅是一种事实行为，"是当事人订立合同的预备行为，在发出要约邀请时，当事人仍处于订约的准备阶段"①。

其次，与上述网上要约相对应的是，有意购买该保险产品的投保人，只要按照保险人网上发布的投保条件和投保流程进行网上操作，就可以成功地完成投保过程，并获取记载保险合同内容的电子保单。由此体现出投保人实施的购买电子保单的投保过程就是其完全同意保险人之要约的真实意思，构成《民法典》第四百七十九条所规定的承诺，则认定该投保人在网上购买电子保单的投保行为构成网上订立保险合同所需的承诺当属无疑。因为，投保人在网上购买电子保单时，只能在互联网终端上面对着保

---

① 王利明：《民商法研究（第四辑）》，法律出版社1999年版，第459页。

险人事先拟订好的格式化保险条款，并按照网上的操作流程逐步完成，处于被动的附和地位，表明其网上投保的过程中只能表达同意或者不同意的意思，可说是"受要约人以要约人希望的方式表示同意要约中所表示的条款"①。

显然，在上述网上订立保险合同的步骤中，保险人处于要约人地位，而投保人为承诺人，与习惯上面对面订立保险合同时，双方当事人的订约地位完全不同。但是，它与《保险法》第十三条第一款有关"投保人提出保险要求，经保险人同意承保"而体现的保险合同订立步骤并不矛盾。因为，该条规定只是体现出投保人与保险人之间订立保险合同所需的双方意思，表示对应的协商关系，并不意味着投保人提出保险要求必然在先，只能处于要约的地位，而保险人同意承保也并非必然在后的承诺。更何况，按照合同法理论，要约与承诺的地位本就不是固定不变的，往往会因实际情况的需要而发生身份和地位置换。因此，确认互联网环境下订立保险合同的，"保险人同意承保"表现为向不特定的人公开销售，并表示接受约束的意思表示，构成要约；与此相对应，"投保人提出保险要求"就表现为投保人按照操作流程在网上进行投保操作，并成功完成购买的意思表示，属于承诺。

因此，认定电子商务所涉保险合同的成立与生效时间，就必须与上述网上订立保险合同的运作特点相适应，并据此依法认定网上所订保险合同的成立与生效。具体而言，投保人是以承诺人的身份进行网上投保操作，则按照《民法典》第四百八十四条第二款、第四百八十三条以及第一百三十七条的规定精神，投保人按照保险人设计的投保条件和投保流程进行网上投保的数据电文进入到保险人（收件人）指定的特定系统的时间为投保人承诺生效的时间，只要在保险人设计的网上销售电子保单的意思表示中未就该电子保单的生效条件和生效时间作出特别要求的情况下，也就是其所获取的电子保单所涉保险合同的成立和生效之时。

---

① ［美］杰佛里·费里尔、迈克尔·纳文：《美国合同法精解》，陈彦明译，北京大学出版社2009年版，第143页。

三、为实现《民法典》侵权责任制度的立法宗旨，创新责任保险法律制度，实现责任保险的适用范围和社会功能的突破

侵权责任制度是民法重要的一部分，我国《民法典》将原有的《侵权责任法》吸收为其独立的第七编，彰显了侵权责任制度的法律价值。它不仅关系到民事主体的权益保护，也与责任保险的适用密切相关，即责任保险的适用正是以《民法典》第七编有关侵权责任的规定作为前提和判定是否承担保险责任的标准。

谈及责任保险与侵权责任制度紧密联系的契合点，就在于责任保险特有的风险转移机制能够将被保险人依法应当承担的侵权责任（所产生的民事赔偿责任）转移出去，由保险人依照责任保险合同的约定向第三人（受害人）予以履行，毫无疑问，由保险人替代履行被保险人的民事赔偿责任，实质上是强化了被保险人向第三人（受害人）履行民事赔偿能力，可以让第三人（受害人）获取充分的民事赔偿金额。借助责任保险的适用，增加了落实侵权责任制度立法目标的一个途径。应当说，责任保险的迅速发展与城市化、商业活动，尤其是制造业的增长以及私人与公共交通的增长密不可分①。由于近现代人类社会生活的范围不断扩展，人与人之间的交往更加日益复杂多样。同时，现代侵权责任法的规范调整也是日臻完善，形成方方面面的行为规则。它不仅有利于保护人们在各类社会活动中的权利和利益，也必然导致社会公众在日常的工作和生活中面临诸多行为规则的约束，因此，大家也必然涉及由于自己的过错甚至无过错状态下违反相关行为规则而侵害他人合法权益，要向受害人承担民事赔偿责任，这种承担民事责任的可能性就构成现代社会生活中的责任风险。可见，责任保险制度与侵权责任制度之间的联系是与生俱来的。一方面，责任保险的适用必须以侵权责任关系的存在为前提。因为，"责任保险之缘起，原在填补被保险人因过失侵害第三人权利而为损害所致之损失"，即"责任保

---

① ［美］所罗门·许布纳、小肯尼思·布莱克、伯纳德·韦布：《财产和责任保险》，陈欣等译，中国人民大学出版社2002年版，第384页。

险制度之设计，原来是针对侵权行为责任尤以汽车驾驶人对第三人之侵权行为及雇佣人之侵权行为之责任为主要领域"①。正所谓皮之不存，毛将焉附，失去了侵权责任制度，责任保险就失去前提条件而无从适用。无有被保险人实施侵权行为而依法应当承担的侵权责任，即使有责任保险也无法判断保险人是否应当承担保险责任。另一方面，责任保险的适用成为侵权责任制度得以贯彻的重要途径之一。如前所述，责任保险具有的风险转移功能为被保险人能够通过购买责任保险来转移其所面临的对他人承担法律责任的风险转移给保险人，达到用保险赔偿来填补被保险人因赔偿第三人（受害人）所致损害的结果。显然，保险人在责任保险项下的替代赔偿能够确保侵权责任制度之立法目标的实现。

当然，责任保险作为近代大机器工业社会的产物，是保险家族中的年轻成员，它自19世纪中期肇始于英国的铁路承运人责任保险（1855年）和马车第三者责任保险（1875年）至今，仅有150多年的历史。不过，出于满足民商事立法，尤其是侵权责任法日益完善发展的需要，责任保险在西方各国的发展十分迅速，特别是在侵权责任法十分发达的美国等国家，责任保险的适用范围广泛、险种丰富。仅以美国为例，由于美国的侵权责任法十分发达，美国社会公众又普遍地习惯于通过诉讼来追究侵权人的侵权责任，故而，美国社会上的责任风险可以说是无所不在，导致人们参与各种社会活动时，都可能面临诸如产品质量（食品安全）、生产安全、公众安全、职业责任等无法事先预料的各种潜在的责任风险，离不开责任保险的预先评估和事后的保险赔偿。因此，了解现代社会环境下产生各类责任风险的构成因素以及法律后果就显得非常重要，"只有掌握了风险的信息，才有可能识别出各种风险的来源，虽然有时只能对潜在损失的大小作出估计"②。可见，责任保险制度现身于各国保险市场是近现代社会经济发展的客观需要，表明其被置于保险市场是社会经济生活和侵权责任法律制度发展的必然现象。

---

① 樊启荣：《保险法》，北京大学出版社2011年版，第147–148页。
② ［美］所罗门·许布纳、小肯尼思·布莱克、伯纳德·韦布：《财产和责任保险》，陈欣等译，中国人民大学出版社2002年版，第368页。

相比之下，责任保险作为我国保险市场的一部分，其发展情况是怎样的？可以从两个角度加以分析评价。

第一个角度的分析，就是对应着侵权责任法规定的民事侵权责任而适用的基础类保险业务①的责任保险领域，在我国的发展不能尽如人意。责任保险在我国成为独立险种，最初是机动车辆第三者责任保险作为强制保险在全国各地的普遍适用。同时，在涉外保险范围内，陆续开办了船舶、飞机、汽车以及建筑安装工程的第三者责任保险、公众责任保险、产品责任保险和雇主责任保险等专门性责任保险。这些责任保险属于基础类保险业务，是经过了一定时间的适用，比较成熟，市场规模比较稳定，而且是针对民事侵权责任来提供保险保障的责任保险产品。不过，它们的总体发展在我国保险市场上占比仍然比较小，例如，《中国非寿险市场发展研究报告2013》提供的数据显示，国内财险市场排名前三位的中国人民财产保险股份有限公司、中国平安财产保险股份有限公司和中国太平洋财产保险股份有限公司三家2013年责任保险的保费收入在各主要险种保费收入中的占比是3%~4%，其位居各险种的第三、第四位；且这三家财险公司合计占责任保险市场份额超过60%②。可见，就我国责任保险市场的现状来看，此类传统的责任保险产品的发展在各财险公司之间是不平衡的。同时，各个责任保险产品之间的发展也是不平衡的，其中占绝大比例的是属于各类交通运输工具的第三者责任保险，而其他责任保险或者仅仅适用于特定范围之内，市场规模不大，使其难以达到预期的社会效果。这也意味着传统责任保险在我国尚有极大的发展潜力。

第二个角度的分析，就是新型责任保险的创新在我国责任保险领域劲头十足，表现出极大的生命力。伴随着中国社会主义市场经济和经济体制改革的深化发展，我国保险业亦与时俱进，处于创新发展的状态，其中，

---

① 根据原中国保监会发布的《保险公司业务范围分级管理办法》（保监发〔2013〕41号）规定，以保险业务的属性和风险特征为标准，将保险公司业务范围分为基础类业务和扩展类业务。责任保险属于基础类保险业务。

② 吴焰主编：《中国非财险市场发展研究报告2013》，中国经济出版社2014年版，第83–138页。

责任保险领域的变化是可圈可点的。诸如，先有出于加强建筑业的安全生产、减低工伤事故的发生率、保护建筑工人生命安全为目标，各地政府都在考虑引入商业保险机制，参与建筑工程责任的分散转移，并制定建筑工程责任保险法规用于规范建筑工程责任保险的运行。继而是 2015 年前后产生了以诉讼保全责任作为保险标的的诉讼保全责任保险，逐渐在各地各级法院得到接受和普及，终于，最高人民法院在 2016 年 10 月颁布的《关于人民法院办理财产保险案件若干问题的规定》(法释〔2016〕22 号)中明文将该责任保险确认为申请财产保全的担保方法之一[①]，确立了其在我国责任保险市场具有一足之地。如今，有的地方法院与商业保险公司合作，将用于依法赔偿救助对象的执行救助基金来购买执行(司法)救助保险[②]，达到扩大救助基金规模，确保执行(司法)救助目标的实现。而后，实践中又将其扩展为司法救助保险，使该保险的适用范围扩大为司法救助的全领域。从这个角度观察我国的责任保险市场，又因其强劲的创新性，展现出拓展市场的极大冲击力，甚至突破了传统责任保险的适用定式，创新性地扩展了责任保险的适用范围。

这充分说明，我国责任保险市场的发展仍然任重道远，也对法律环境提出了更高的要求，特别是如何有效地发挥《民法典》对责任保险市场的积极影响，实现责任保险市场的创新和飞跃。

笔者认为，应当与《民法典》紧密配合，建设具有先进性的责任保险制度。当前，有以下两项重点创新工作。

1. 保险立法要细化有关责任保险的规定，为保险产品的设计提供法律依据，促进责任保险产品与《民法典》侵权责任编相互对接，丰富传统保险产品领域的保障内容和产品类型，形成责任保险市场体系，助力《民法典》的贯彻落实。

---

① 笔者对此持有异议，认为诉讼财产保全责任保险是一种保险产品，具有向诉讼财产保全的受害人提供保险赔偿的保障功能，但它并非是保险人提供的担保。

② 笔者认为，司法救助保险的性质，就是以投保的法院和其他政府机构或执法部门为投保人、以司法救助对象为第三人的责任保险。

鉴于我国责任保险市场尚处于起步阶段，为改变我国责任保险市场发展不足的现状，国务院于 2014 年 8 月发布的《关于加快发展现代保险服务业的若干意见》（国发〔2014〕29 号，以下简称"新国十条"）将发展责任保险作为十大方面之一来加以阐述，从发挥保险的风险管理功能，完善社会治理体系的高度，提出了发展各类责任保险的规划，以便起到"充分发挥责任保险在事前风险防范、事中风险控制、事后理赔服务等方面的功能作用，用经济杠杆和多样化的责任保险产品化解民事责任纠纷"①。为此，需要根据我国社会经济发展的客观要求，构建科学合理的责任保险制度体系，用于满足社会发展的实际需要。当前，借《民法典》即将于 2021 年 1 月 1 日起施行的契机，对照《民法典》侵权责任编关于各类特殊侵权责任和一般侵权责任的类型划分和构成条件，思考现有责任保险产品的适用情况，寻找责任保险产品与《民法典》规定不相吻合的缺陷，分析市场普及率过低的原因，确立解决相应问题的方案。同时，重视新型责任保险产品的设计和推广适用，弥补针对《民法典》规定的侵权责任类型所存在的空白点。同时，也需要保险立法层面上的支持。笔者建议完善责任保险制度的立法建设，或者是在《保险法》中增加有关责任保险的规定，改变现行《保险法》中仅有 2 条责任保险规定的局面；或者是在《保险法》之外另行制定下位法——《责任保险条例》，对于责任保险制度做出全面规定。

当然，建立完善的责任保险制度规则，也需要正确认识责任保险制度对《民法典》侵权责任制度具有的促进作用，改变责任保险对《侵权责任法》具有负面影响的消极看法。因为，民法学界长久以来就对责任保险存在着质疑声音，认为：责任保险的适用和发展会对《侵权责任法》的预防功能产生减损的影响，其削弱了《侵权责任法》抑制侵权行为发生的作用②。该观点的理由是，责任保险制度将侵权行为的损害赔偿责任的承担者，由侵权行为人转变为保险公司，最终是分散给同一种危险制造者共同

---

① 《国务院关于加快发展现代保险服务业的若干意见》（国发〔2014〕29 号），《中国保险报》2014 年 8 月 14 日第 2 版。
② 韩长印、韩永强：《保险法新论》，中国政法大学出版社 2010 年版，第 296 页。

承担，形成损害赔偿责任社会化的效果，根本性地动摇了自罗马法以来确立的"谁侵权谁承担责任"的法律规则，它实际上是"将加害人从承担损害赔偿责任的枷锁中解放出来，这在某种程度上将侵权行为法对于加害行为的抑制功能大打折扣"①。其所产生的作用，是将侵权人从承担损害赔偿责任的法律约束效力之下予以解脱，削弱了《侵权责任法》对侵权行为的抑制作用。更有甚者的说法，责任保险的适用会助长保险领域"道德危险"的发生，让故意侵权的加害人逍遥法外。笔者不能同意这些诟病责任保险的观点，因为，该观点只是根据保险公司在责任保险合同中的设计内容而出现加害人免除支付民事赔偿金的表象，却未能透过现象认识到责任保险最终保护受害人的本质作用。剖析责任保险本质，才能够理解责任保险的适用机制在于利用保险服务的价格机制引导着其运行走向，是由一定社会领域内的多数侵权责任群体分散承担诸多个体侵权责任的理念。这一责任保险机制的适用结果，无疑是借助责任分担群体的经济能力来加强个体的侵权责任人向受害人履行赔偿责任的经济实力，因此，确实提升了侵权责任人向受害第三人履行民事赔偿责任的能力，从而增强了受害第三人获取民事赔偿的实际效果。可见，这是与《侵权责任法》树立的惩罚侵权责任人之侵权行为，保护受害第三人合法权益的目标完全一致，不仅未让侵权责任人逃避或者减轻所应承担的侵权责任，反而进一步确保侵权责任法惩罚侵权责任人，保护受害第三人的立法目的得到切实贯彻。因为，保险人借助责任保险单作出的承担保险赔偿责任的承诺只能理解为，保险人是依据责任保险合同约定来代表被保险人向受害第三人支付保险赔偿金，并非保险人取代被保险人赔偿第三人遭受的损失②。

2. 实现责任保险的理论创新，用于适应和引导我国责任保险实务的创新发展，提升和强化责任保险多层次、多方面的社会功能。

总结责任保险制度在各国的适用实践，可以发现其价值取向已经从

---

① 韩长印、韩永强：《保险法新论》，中国政法大学出版社2010年版，第296页。
② ［美］所罗门·许布纳、小肯尼思·布莱克、伯纳德·韦布：《财产和责任保险》，陈欣等译，中国人民大学出版社2002年版，第383页。

最初的注重保护被保险人利益转向强调保护受害第三人的利益，使得现代责任保险的独立性日益突出，展现责任保险制度发展中脱离民事责任而独立存在的趋势①。也就是说，随着责任保险在现代社会生活中适用范围的扩大，遍及各个社会领域。而强制责任保险的出现和适用，更让责任保险项下的保险责任独立于民事侵权责任之外，责任保险项下的受害人对保险人的直接请求给付保险赔偿制度的确立即例证。因为，现代责任保险的重点，是强调保险公司所应承担的保险赔偿责任或者定额给付责任，保险人所应承担保险责任的认定只是与受害人的损害结果相关联，逐渐地与被保险人依据《侵权责任法》是否承担民事赔偿责任已没有直接关系，表明现代责任保险制度以其补偿第三人损害的作用而具有一定的社会管理功能。

笔者对此观点持肯定态度，并认为要对责任保险制度进行创新，促使其向社会提供更为广泛的保险保障，并保持持续的生命力。不过，责任保险毕竟是保险市场经营的一部分，仍然要遵循保险市场运行的规律和习惯，故而，责任保险制度在独立发展中逐渐与侵权责任法发生脱离也就不足为奇。但是，这种分离只能是程度上的变化，不会发生根本性变化，即责任保险制度与侵权责任法之间不可能截然分开，究其原因，责任保险的构建和适用必须是建立在侵权责任基础之上，无有侵权责任也就不可能存在责任保险。这一不争的事实决定着侵权责任法成为责任保险的生命之源。

总结当前我国责任保险的发展实践，诸如上述的建筑工程责任保险、诉讼财产保全责任保险、执行（司法）救助保险等新型的责任保险产品完全是对责任保险的制度创新，具有重大的社会意义。具体表现是，上述新的责任保险险种已将其保险标的，突破了长期以来责任保险的保险标的限于民事赔偿责任的传统，而扩展到行政责任、司法审判责任、司法救助责任等领域。因为，上述的建筑工程责任保险所涉及的是各地政府对建筑行业安全生产的监督管理责任，理应纳入行政管理职责；诉讼保全责任保险

---

① 卞江生：《对于责任保险偏离民事责任趋势的几点看法》，载贾林青等主编《海商法保险法评论（第五卷）》，知识产权出版社2012年版。

所涉及的是相应的法院在诉讼保全阶段的司法审判职责。至于现被冠之以执行（司法）救助保险同样是责任保险的属性，理由是，该保险是由法院或者其他政府部门作为投保人运用司法救助基金来购买，将被救助对象列为责任保险关系之第三人的地位，它所涉及的是法院或者其他政府机关所承担的司法救助职责。

这种责任保险的突破性创新具有明显的社会意义，它是责任保险参与国家治理的具体表现，完全符合中国国情。因为，党的十一届四中全会确立实现国家治理体系和治理水平现代化的目标，需要通过全社会的参与来完成。而商业保险公司通过上述责任保险的介入参与，能够分担和减轻政府或法院履职各自承担的国家管理职能的压力，提高国家管理的效率，满足人民群众的实际需要。而从政府的角度上讲，它可以借助保险公司经营责任保险所提供的市场化服务，在公共服务领域提升社会管理效率。这意味着政府得以利用责任保险具有的化解社会矛盾和社会纠纷的功能作用，运用责任保险所包含的对价机制分别从事先风险预防、事中风险控制和事后理赔服务等各个环节实现化解社会纠纷，及时履行管理职责的社会效果。同时，责任保险能够让社会纠纷中作为受害第三者的社会公众得到及时有效的保护，尽快恢复稳定和谐的社会秩序。另外，责任保险的这种创新完全符合中国国情，借助商业保险来扩大相应社会资金的规模，弥补现有社会保障制度尚未完善之下的社会空缺，有利于社会民生的发展和提高。可见，责任保险的这种创新就是保险业参与社会资源再分配的具体内容，将国家财政资金或者其他社会资金向特定的行政管理或者司法审判领域、司法救助领域所涉及的特定人员进行支付，属于社会资源的再一次分配。

所以，大家应当面对责任保险在保险实践中的创新发展，在理论层面进行分析研究，建立具有中国特色的、创新性的责任保险理论，以便引导责任保险的制度立法和新型责任保险产品的设计。笔者的初步认识是，中国的责任保险制度的法律功能，不仅是向受害人进行保险补偿的保障，用于贯彻《民法典》之侵权责任编的规定，也兼有一定的参与社会管理的职能。这决定了我国的责任保险的保险标的不限于民事侵权责任，也应涵盖投保责任保险的行政机关、司法机关等依法所承担的行政管理职责、司法审判职责等。不过，也不必一看责任保险的"责任"二字就避而远之。在此，"责任"一词并不是指违反管理职责所要承担的法律责任，一般情况下，指的是作为投保人的行政机关、司法机关依法承担的行政职责、司法职责等。

03
《民法典》与保险人的说明义务

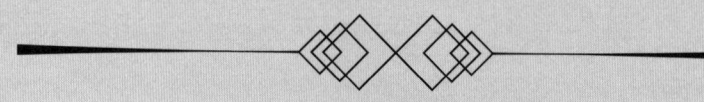

李玉泉[①]

[①] 李玉泉,法学博士、研究员、仲裁员,曾任中国人民保险集团公司执行董事、副总裁。

摘要：《民法典》对格式条款作了详细的规定，结合《保险法》的相关规定，本文从保险人说明义务的含义及其理论基础、范围、履行和违反的后果等方面作了系统的论述。保险人的说明义务是一种法定义务、先合同义务，包括一般条款的说明义务与免责条款的提示和明确说明义务两层含义。违反一般说明义务，法律未规定不利后果；违反免责条款明确说明义务，该条款不产生效力，属于强制性义务规范。保险人说明义务应当限于格式化保险条款，免责条款明确说明是保险人说明义务的核心，其范围应限定在保险人免责条款这一关系风险保障的重要内容。投保人、被保险人违反法定或约定义务，保险人因此享有合同解除权的条款应当排除在免责条款之外，保险人法定免责条款不必进行明确说明。本文对《民法典》和《保险法》司法解释相关规定的理解，对保险实务如何进一步规范和完善，提出了具体的意见和建议。

关键词：提示和说明义务；法定义务；免责条款；违反的后果

保险条款是比较典型的格式条款，保险合同也素有附合合同之称。《民法典》对格式条款作了详细的规定，主要体现在第四百九十六条、第四百九十七条和第四百九十八条。对照《合同法》第三十九条、第四十条和第四十一条关于格式条款的规定，第四百九十八条关于格式条款的解释规则与《合同法》第四十一条一致，未作修改；第四百九十六条关于格式条款提供方的义务及违反义务的法律后果、第四百九十七条关于格式条款无效情形的规定，均对《合同法》第三十九条、第四十条作了实质性的修改。《民法典》的这些新规定，将对保险合同产生重大影响，需要我们保险行业认真研究，尽早做好准备。本文主要从保险人的说明义务角度进行论述。

一、《民法典》第四百九十六条关于格式条款提供方的提示和说明义务及违反义务的法律后果的新规定

《合同法》第三十九条规定："采用格式条款订立合同的，提供格式条款的一方应当遵循公平原则确定当事人之间的权利和义务，并采取合理的

方式提请对方注意免除或者限制其责任的条款，按照对方的要求，对该条款予以说明。格式条款是当事人为了重复使用而预先拟定，并在订立合同时未与对方协商的条款。"该条规定为格式合同的订立提供了基本的法律依据，但对提示和说明的范围、方式、程度，特别是未尽提示和说明义务的法律后果没有明确规定。

《民法典》第四百九十六条规定："格式条款是当事人为了重复使用而预先拟定，并在订立合同时未与对方协商的条款。采用格式条款订立合同的，提供格式条款的一方应当遵循公平原则确定当事人之间的权利和义务，并采取合理的方式提示对方注意免除或者减轻其责任等与对方有重大利害关系的条款，按照对方的要求，对该条款予以说明。提供格式条款的一方未履行提示或者说明义务，致使对方没有注意或者理解与其有重大利害关系的条款的，对方可以主张该条款不成为合同的内容。"该条规定调整了条文顺序，在开宗明义地对格式条款进行界定的基础上，明确了提示和说明义务属于格式条款订入合同的条件，明确了未尽合理提示和说明义务的法律后果，强化了提示和说明所要达到的程度，即要使对方不仅注意条款的存在，还要理解条款内容，更有利于保护对方的知情权。《民法典》在"注意"的标准之外增加了"理解"的标准。也就是说，格式条款的提供方违反义务导致对方没有注意到格式条款，或者导致对方没有理解该格式条款，对方均可以主张该条款不成为合同的内容，即可以主张该条款未被订入合同。

二、保险人说明义务的含义及其理论基础

保险人的说明义务，也称条款说明义务，是指保险合同订立时，保险人应当将保险条款内容，尤其是保险人免责条款，对投保人进行陈述说明、提示和解释的义务。该义务源于《保险法》第十七条规定："订立保险合同，采用保险人提供的格式条款的，保险人向投保人提供的投保单应当附格式条款，保险人应当向投保人说明合同的内容。对保险合同中免除保险人责任的条款，保险人在订立合同时应当在投保单、保险单或者其他保险凭证上作出足以引起投保人注意的提示，并对该条款的内容以书面或

者口头形式向投保人作出明确说明;未作提示或者明确说明的,该条款不产生效力。"依据该条规定,条款说明义务包括两个层次的含义:一是一般条款的说明义务。即对保险合同条款的一般内容,保险人对投保人负有一般说明义务。二是免责条款的提示和明确说明义务。即对保险合同中免除保险人责任的条款,保险人首先应当向投保人进行合理提示,同时对其内容进行明确说明。这两个层次义务的强度是明显不同的。违反一般说明义务,法律未规定不利后果,此义务可视为一种倡导性规定[①];违反免责条款明确说明义务,该条款不产生效力,属强制性义务规范。与如实告知义务类似,条款说明义务也是一种法定义务、先合同义务,且该义务的履行不以投保人询问或提出请求为条件,是保险人主动行为。这是《保险法》对条款说明义务的特殊规定,与《民法典》和《合同法》"按照对方的要求,对该条款予以说明"不同,后者是被动性的。

条款说明义务的理论基础,可以从以下两个方面进行分析。

其一,最大诚信的要求,也是对最大诚信原则的发展。实践中,长期以来,最大诚信要求被单方面约束投保人和被保险人,尤其订约时投保人对保险标的重要事实的如实告知是保险合同成立以及保险机制正常运转的前提,早期的观念和实务十分强调投保人和被保险人的诚信。但从最大诚信的内涵看,无论当年曼斯菲尔德法官的阐述,还是英国《1906年海上保险法》的规定,都应该是针对投保人、被保险人与保险人的共同要求。随着时代的发展,自 20 世纪 80 年代开始,理论界和司法界开始真正重视保险人对投保人、被保险人所应负有的诚信义务[②]。我国有学者从当事人权利义务对等性、保险人特殊地位、保险作为一种商品及保险条款内容复杂

---

① 理论上有不同主张。有观点认为保险人应按照《合同法》的规定,适用缔约过失责任或重大误解撤销或变更合同规则。参见韩长印、韩永强:《保险法新论》,中国政法大学出版社 2010 年版,第 64 页。

② 20 世纪 80 年代末 90 年代初英国发生的 Skandia 案例,关于诚信义务适用于保险人或者说保险人也应履行告知义务的认识似乎才真正具有了实际意义,尽管初审法院的开创性判决并未得到上诉法院的支持。参见 John Lowry and Philip Rawlings, *Insurance Law*, Hart Publishing, 1999, p.91.

难懂四个方面论述了最大诚信约束保险人的依据①。在立法上，我国《保险法》更是走在了前沿。1995 年颁布施行《保险法》时即已规定了保险人的条款说明义务。我们可以遵循与如实告知义务同样的最大诚信的法理基础来分析该规定。正如保险人是基于信赖投保人对保险标的的如实告知而承保，投保人相当程度上也是信赖保险人对其保险产品的解释或说明而投保的。只有如此，双方订立的保险合同才是真实意思表示一致成立的。因此，可以说，针对保险人设立的保险条款的说明义务，是投保人对保险标的如实告知义务的对等规则。正如有学者所言，《保险法》设立这两个义务的目的"均在于平衡当事人之间的信息不对称，维护公平交易赖以实现的解除条件"②。有学者将我国《保险法》确立的保险人条款说明义务，尤其是免责条款的明确说明义务视为创新之举，发展和超越了最大诚信义务的传统规则，开世界保险立法之先河③。这未免言过其实了！实务中，对免责条款的范围，何为明确说明？争议非常大，纠纷非常多。

其二，格式条款规制的要求，以体现契约自由与实质公平的协调。众所周知，大多数保险合同内容主要体现为格式化和标准化的保险条款，通常都是保险人预先拟定好，单方面提供给投保人和被保险人的。鉴于格式条款的特点，民商立法向来对格式条款设定特殊调整规则，以规制弊端，平衡条款提供方和接受方的利益，追求形式上的契约自由与实质公平的协调。订约时的条款说明义务是格式条款规制的规范体系之一环。保险条款内容通常是：一、专业性比较强，保险人作为特许经营者，对保险条款的术语和含义更加了解；二、大多数保险条款由保险人预先制定，存在利用优势地位损害被保险人利益的可能，尤其是保险人免责条款更是与被保险人利益关系甚大。在保险合同订立时，由保险人对保险条款内容，尤其是免责条款在订约时进行解释说明，以供投保人和被保险人准确了解条款含义，进行缔约与否的选择，非常有必要。我国《保险法》第十七条规定的

---

① 梁鹏：《保险人抗辩限制研究》，中国人民公安大学出版社 2008 年版，第 29-31 页。
② 韩长印、韩永强：《保险法新论》，中国政法大学出版社 2010 年版，第 61 页。
③ 覃有土、樊启荣：《保险法学》，高等教育出版社 2003 年版，第 174 页。

保险条款说明义务，比《民法典》第四百九十六条规定的一般格式合同的说明义务更加严格，既不需投保人提出要求，同时要求说明的范围更广、形式更多，未说明的后果也不同。需要注意的是，《保险法》第十七条规定"保险人在订立合同时应当在投保单、保险单或者其他保险凭证上作出足以引起投保人注意的提示"，比《民法典》第四百九十六条"并采取合理的方式提示对方注意……"的要求程度更高。

三、保险人说明义务的范围

保险合同为投保人与保险人约定权利义务的协议。从法律行为讲，投保人不可能对合同内容一无所知；从交易成本考量，亦不必要对所有事项一一解说。《保险法》对保险人设定条款说明义务的范围无疑应当有必要的限定。结合立法、法理和保险惯例，条款说明义务的范围应该从以下几方面来理解。

第一，应当限于格式化保险条款。无论是一般说明义务，还是免责条款明确说明义务，其前提都是该合同是采用保险人提供的格式条款而订立。换言之，只有对格式化保险条款的内容才有条款说明义务适用的余地。如果保险合同中有关条款是当事人完全协商而成，如某些特约条款，投保人当然应当了解相关内容及其含义且已经接受，若仍使保险人承担说明义务，既无必要也有失公允。因此，对非格式化条款要求说明义务是没有法律和法理依据的。此外，如合同所使用的保险条款是投保人一方或保险经纪人提供，即使构成格式条款，但因非保险人提供，也不得由保险人再担负说明义务。

第二，一般说明义务，理论上包括保险条款的所有内容，但不具可操作性；免责条款明确说明是保险人说明义务的核心。按照《保险法》第十七条第一款的规定，保险人一般说明的内容并无任何限定，则除免责条款由第二款明确说明义务履行外，其他内容都应进行说明。然而由于不具可操作性，尤其是立法并未明确规定违反该义务的后果，实务中保险人或其业务人员几乎不会真正履行此义务。事实上，一般条款说明义务，从来都是形同虚设，法院也不会援引其作为审判依据①。此问题与其归咎于立法的漏洞，不如对条款说明义务进行体系化的合理解释。笔者认为，一般条款说明义务本来即为倡导性规定，保险人说明义务的着力点在于免责条款的明确说明。与如实告知的范围限定在保险标的的"重要事实"一样，保险人说明义务的范围也应限定在保险人免责条款这一关系风险保障的重要内容。

第三，免责条款的界定与除外。《保险法》第十七条第二款规定保险人应当作出足以引起投保人注意的提示，并明确说明的"免除保险人责任的条款"。对免责条款的内涵和外延的认定，向来是理论和实务难题，保险界、司法界分歧很大。不少人认为，应仅指保险条款中除外责任或责任免除部分的内容；也有相当一部分人认为，应包括任何可以实质性免除或减轻保险人赔付责任的条款，包括除外责任条款以及保险人可以援以终止、解除保险合同或减轻、免除保险责任的条款②。笔者认为，界定免责条款范围，应该先清楚保险条款的逻辑结构和免除保险责任条款的由来，不能简单地从文义出发，望文生义，应当结合明确的说明义务规则整体进行分析。

（1）免责条款的由来和本义。

在保险条款中既规定保险责任，又规定除外责任（Excluded risks, Exclusions），是国内外保险业的惯例。但还是有不少人难以理解：既然在保险责任中规定了保险人在何种条件下承担赔偿责任，那么未规定为保险责任的危险，保险人就可以不负保险责任，似无必要再规定除外责任。如果在除外责任中规定保险人在何种条件下不负赔偿责任，那么未规定为除外责任的危险发生，保险人就要支付赔款，何必再规定保险责任？事实上，这是一种误解。规定保险责任后，再规定除外责任，主要是保险条款的逻辑结构所致，其目的在于：一是剔除部分保险责任。这类除外责任中

---

① 梁鹏：《保险人抗辩限制研究》，中国人民公安大学出版社2008年版，第180页。
② 有些地方法院采取此种立场，如"福建省高级人民法院民二庭《关于审理保险合同纠纷案件的规范指引》"（2010年7月12日印发）第十七条。

规定的危险，本来已规定为保险责任，再规定为除外责任，是将其从保险责任中剔除。这也是保险业"除外责任优先"惯例产生的原因。二是某些危险本来不属于保险责任，也未规定为保险责任，但容易与保险责任相混淆，投保人有可能误以为属于保险责任。为了避免误解和将来发生争执，明确规定这些危险属于除外责任。纵观国际保险实践和惯例，免责条款就是指保险条款中的除外责任。我国在20世纪90年代制定《保险法》时，由于社会大众对保险不太了解，加上对保险公司经常以除外责任拒赔非常不满，1995年公布实施的《保险法》第十八条规定："保险合同中规定有关于保险人责任免除条款的，保险人在订立保险合同时应当向投保人明确说明，未明确说明的，该条款不产生效力"，而不是规定"除外责任条款"必须明确说明。2009年修订《保险法》时，又将表述修改为："对保险合同中免除保险人责任的条款，保险人在订立合同时应当在投保单、保险单或者其他保险凭证上作出足以引起投保人注意的提示，并对该条款的内容以书面或者口头形式向投保人作出明确说明；未作提示或者明确说明的，该条款不产生效力"（第十七条第二款）。因此，在我国对免责条款到底应该如何理解一直争议很大。保险业外的不少人认为，免责条款是指保险格式条款中的责任免除条款、免赔额、免赔率、比例赔付或者给付等免除或减轻保险人责任的条款。《最高人民法院关于适用〈保险法〉若干问题的解释（二）》（法释〔2013〕14号）也是持这样的观点（第九条第一款）。

（2）投保人、被保险人违反法定或约定义务，保险人因此享有合同解除权的条款应当排除在免责条款之外。

保险合同是投保人与保险人约定保险权利义务关系的协议。保险合同成立后，双方当事人均应按约履行自己的义务。《民法典》第五百零九条第一款、第二款规定："当事人应当按照约定全面履行自己的义务。当事人应当遵循诚信原则，根据合同的性质、目的和交易习惯履行通知、协助、保密等义务。"如《保险法》第十六条第二款规定："投保人故意或者因重大过失未履行前款规定的如实告知义务，足以影响保险人决定是否同意承保或者提高保险费率的，保险人有权解除合同。"《最高人民法院关于适用〈保险法〉若干问题的解释（二）》（法释〔2013〕14号）第九条第二款规定:"保险人因投保人、被保险人违反法定或约定义务,享有的合同解除权利的条款,不属于《保险法》第十七条第二款规定的'免除保险人责任的条款'。"[1] 因为合同解除条款虽然可能导致保险人不承担责任,但这是保险人解除保险合同的结果,而不是直接免除保险责任,故将其排除在免责条款外。与其他免责条款不同,投保人、被保险人违反法定或约定义务,保险人享有的救济权利,即违法或违约行为的不利后果,是由可归责的导致责任即不利后果的被保险人承担,此类条款本身构成对投保人、被保险人的行为约束,与免责条款意义不同,不应列入免责条款。因此,除解除权条款外,投保人、被保险人不履行法定或约定义务,保险人据以享有的减轻或免除保险责任的条款,应排除在免责条款之外。

(3)保险人法定免责条款不必进行明确说明。

如果免责条款只是将《保险法》或其他法律、行政法规中规定的保险责任免除或减轻的规定纳入合同条款,换言之,是法定条款的载入,其意不过是重申或强调,即使不载入合同,保险人亦可依法主张;保险人未进行明确说明,法定条款亦不能失去其效力。可见,这些法定免责条款,即使在一般意义上应进行提示和说明,但不应受"未明确说明即不产生效力"的规则约束。《最高人民法院关于适用〈保险法〉若干问题的解释(二)》(法释〔2013〕14号)也支持这种主张,而且更进一步认为"保险人将法律、行政法规中的禁止性情形作为保险合同免责条款的免责事由,保险人对此类条款作出提示后,投保人、被保险人或者受益人以保险人未履行明确说明义务为由主张该条款不生效的,人民法院不予支持"(第十条)。

四、保险人说明义务的履行

如前所述,一般条款说明义务为倡导性规定,实务中形同虚设,司法实践中也基本不关注其履行与否。保险人说明义务的履行集中在免责条款的明确说明义务上。明确说明义务其实包含两个步骤:一是免责条款的合

---

[1] 最高人民法院民二庭编著:《最高人民法院关于保险法司法解释(二)理解与适用》,人民法院出版社2013年版,第232页。

理提示。即对该条款在投保单、保险单或者其他保险凭证上作出足以引起投保人注意的提示。前面已提及，《保险法》的合理提示比《民法典》的要求更进一步，是以"足以引起投保人注意的提示"为标准的。二是对条款的内容以书面或口头形式进行"明确说明"。提示义务虽为《保险法》2009年修订时所增设，但学理上争议不大，实务上也易于掌握和操作。一般来说，在投保单、保险单或其他保险凭证上，对保险人免责条款，以足以引起投保人注意的文字、字体、符号、颜色或其他明显标志作出提示的，即可认为履行了合理提示义务。

条款明确说明义务的履行，则始终存在操作上的困难，究竟如何程度才算"明确说明"？客观标准还是主观标准？如何举证？可谓众说纷纭。关于说明程度的标准，学理上一般认为应当采用"理性外行人标准"，即具有一般知识或智力水平的普通保险外行人。如果保险人的解释说明能使这样的普通保险外行人了解条款含义，则视为达到明确说明要求。而在个案中也有必要适当兼顾具体被保险人的实际情况[①]。从实务角度上来说，应当有些相对明确的操作方法和认定标准供保险界、司法界判断和参考。否则，明确说明义务会成为"不可能完成的任务"，或被不适当地滥用。

针对实务上的困境，司法机关和保险监管机构都曾对明确说明义务的理解和认定进行过探索性解释，基本上形成提示、适当方式解释说明、以普通人理解程度为限等几个原则性标准[②]。为应对保险纠纷案件中面对明确说明义务履行举证上的被动，很多保险人在投保单上设计了"投保人声明"栏目，要求投保人签字盖章。"投保人声明"一般包含以下措辞："保险人已经将保险条款的内容，特别是免除保险人责任的条款，向我作了明确说明。我已经对该保险条款的内容充分了解，同意按该保险条款与保险

---

① 梁鹏：《保险人抗辩限制研究》，中国人民公安大学出版社2008年版，第201页。
② 《最高人民法院研究室关于对〈保险法〉第十七条规定的"明确说明"应如何理解的问题的答复》（法研〔2000〕5号）；2003年《最高人民法院关于审理保险纠纷案件若干问题的解释（征求意见稿）》；原中国保监会《关于保险合同纠纷案件有关问题的复函》（2004年3月29日），以及江苏、浙江、福建等高级人民法院出台的审理保险纠纷案件的指导意见。

人订立保险合同"。发生纠纷时,保险人将投保人签字盖章的声明作为履行明确说明义务的证据。法院对此做法态度不一,不少法院认为仅此证据还不足以证明保险人履行了免责条款的明确说明义务。需要指出的是,在以往的保险实务中,投保单背面通常不附印保险条款,保险条款只是印在保险单上,这样的话,保险人明确说明义务的举证责任难度加大,"投保人声明"的证据效力就会更受质疑。

《最高人民法院关于适用〈保险法〉若干问题的解释(二)》(法释〔2013〕14号)在总结司法实践的基础上,首先,规定了明确说明的原则。即"保险人对保险合同中有关免除保险人责任条款的概念、内容及其法律后果以书面或者口头形式向投保人作出常人能够理解的解释说明的,人民法院应当认定保险人履行了《保险法》第十七条第二款规定的明确说明义务"(第十一条第二款)。其次,在规定明确说明义务由保险人负举证责任的同时,对保险实务中的一些做法进行了有条件的认可。即"投保人对保险人履行了符合本解释第十一条第二款要求的明确说明义务在相关文书上签字、盖章或以其他形式予以确认的,应当认定保险人履行了该项义务,但另有证据证明保险人未履行明确说明义务的除外"(第十三条第二款)①。应当说,司法解释的上述规定,兼顾了法理和现实需求,提高了明确说明义务的可操作性,有利于减少纠纷。保险人在举证责任上有所减轻,但同时需要规范、改进明确说明义务的履行方式,以更好地符合《保险法》立法的本意。

五、保险人说明义务违反的后果

保险人一般条款说明义务,为倡导性规定,并无法定的具体不利后果。保险人不履行免责条款明确说明义务,法定后果是"该条款不产生效力"。即未进行明确说明的那些免除保险人责任的条款自始不产生效力,意味着该保险合同部分无效。这比《民法典》第四百九十六条规定的"对

---

① 《最高人民法院关于适用〈保险法〉若干问题的解释(二)》(法释〔2013〕14号),第十一条第二款、第十三条第二款。

方可以主张该条款不成为合同的内容"更直接、明了、科学。《民法典》的规定很拗口,理解起来很费劲。事实上,无论你主张成不成为合同的内容,它始终在那里!因此,只要保险人未作明确说明的,该条款不产生效力。实务中可能一个保险原理上完全成立的免责条款,由于明确说明这一程序性义务的违反,而无法成为保险人抗辩的依据。正因为如此,一方面,明确说明义务被认为是我国《保险法》的创举;另一方面,这种严格的不利后果设计,也引起很大的争议。有学者认为,该规定将使所有免责条款均处于效力未定状态,会诱发纠纷,不利于保险业务发展,若保险人违反明确说明义务,投保人可行使解约权或通过条款不利解释原则得到充分保护,条款不生效的规定并无必要[①]。

在这里,还需要指出的是,《保险法》第十七条第二款的文字表述不严谨,容易引发歧义。第二款前半部分是很清楚的,对免除保险人责任的条款,保险人不仅要作出足以引起投保人注意的提示,还要向投保人作出明确说明。但后半部分表述"未作提示或者明确说明的,该条款不产生效力",则让人困惑:原本重点强调的明确说明义务,变成了与提示义务是二选一的关系了,会引起同样的后果。显然,既不符合法条的逻辑,又不符合立法的本意。

(本文刊登于《保险研究》2020年第10期)

[①] 覃有土、樊启荣:《保险法学》,高等教育出版社2003年版,第177页。更有学者认为此种规定并非善举,在已有不利于保险人的条款解释规则的条件下,其实没有条款明确说明义务存在的必要。参见邹海林:《保险合同的基本理论》,载王保树主编《商事法论集》第1卷,法律出版社1997年版,第251页。

04
《民法典》与投保人的如实告知义务

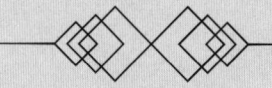

李玉泉[①]

[①] 李玉泉,法学博士、研究员、仲裁员,曾任中国人民保险集团公司执行董事、副总裁。

摘要：投保人的如实告知义务是《民法典》规定的诚信原则的重要体现，其本质在于使保险人充分了解保险标的的相关信息，正确评估风险，合理确定承保条件和保险费率。本文从如实告知义务的含义和内容、主动告知和询问告知、如实告知事项的排除、如实告知义务的违反及其后果、投保人的抗辩等方面作了系统的论述，认为一般保险合同与海上保险合同不同，是询问告知，告知的内容是投保人知道的重要事实。对投保人不知道的重要事实、保险人知道或应当知道的重要事实、对保险人的影响为正面的重要事实、保险人放弃或双方约定排除的重要事实不必告知。投保人违反如实告知义务，应根据其主观过错状态不同，承担不同的法律后果。文章还对《保险法》的相关立法规定和理论主张、保险实务作了评述，并提出了自己的见解。

关键词：诚信原则；主动告知和询问告知；违反的后果

保险活动是民事活动的一种，除应遵守《保险法》的特别规定外，还应遵守《民法典》的一般规定。《民法典》第一编总则第一章基本规定明确规定了民事活动应该遵循的基本原则。第四条规定，"民事主体在民事活动中的法律地位一律平等"；第五条规定，"民事主体从事民事活动，应当遵循自愿原则，按照自己的意思设立、变更、终止民事法律关系"；第六条规定，"民事主体从事民事活动，应当遵循公平原则，合理确定各方的权利和义务"；第七条规定，"民事主体从事民事活动，应当遵循诚信原则，秉持诚实，恪守承诺"；第八条规定，"民事主体从事民事活动，不得违反法律，不得违背公序良俗"。《民法典》的这些规定，是保险活动应该普遍遵循的基本准则。准确理解平等、自愿、公平、诚信和合法原则，有利于更好地理解和贯彻《保险法》的规定和精神，特别是《保险法》修改过程中不断增加的保险人权利限制和义务增加及被保险人、受益人权益保护的条款。

一、如实告知义务的含义和内容

保险关系是一种风险的转移，围绕保险标的产生的承保风险和提供保险的服务，风险的接受者即保险人和风险的转移者即投保人或被保险人彼此分别存在信息不对称的情况。其特殊性在于，一方对于自己权利的把握是否确定很大程度上依赖对方所提供的信息是否真实充分。换言之，对于保险关系，当事人彼此之间需要比一般民事活动更高程度的诚实信用。对保险人来说，其承保的风险是未来可能发生的。由于保险标的来自投保人或被保险人一方，投保人最清楚影响和判断保险标的风险的各种客观因素；保险人对于保险标的的了解，对所承保的风险责任的评估，主要依据投保人提供的信息。因此，为保证双方意思表示的真实，投保人应当将保险标的的有关情况向保险人告知和披露，理论上称为投保人的如实告知，也称如实告知义务。

如实告知义务是《保险法》的重要规则，最早源于海上保险。一般认为关于如实告知义务较系统的阐述始于英国1766年 Carter v. Boehm 案例，英国《1906年海上保险法》将其成文化。如实告知义务产生之初，是针对投保人或被保险人的要求，而且主要适用于保险合同订立阶段，也即保险合同成立之前。保险合同履行过程中的告知义务（通常称之为通知义务）以及保险人一方的诚信义务，是在历史发展进程中逐渐得到重视和加强的。一般所谓的如实告知，是在狭义上使用的，仅针对投保人而言，且适用于保险合同成立之前。

与一般民事合同义务相比，如实告知义务有如下特点：第一，它是保险合同中特有的一种民事义务类型。一般民事合同中也有欺诈和错误陈述等有关告知的问题，但其只是基于一般的诚信原则，与合同的效力没有必然关系。而如实告知义务是基于一种最大限度的善意和诚信要求，它构成保险合同有效成立的基础。所谓《保险法》上的最大诚信原则，对于投保人而言，其主要体现就是如实告知义务。第二，它是一种法定义务。鉴于如实告知对于保险关系的决定性意义，保险立法一般都对如实告知义务作了明确规定，使之成为一种当事人必须履行的法定义务。无论大陆法系还是英美法系的成文法大多对此都有明文规定，我国《保险法》第十六条对如实告知义务作了系统的规定。第三，它本质上是一种前合同义务。从制度渊源上讲，如实告知主要发生在合同订立时；从合同法理论上讲，应当属于前合同义务。当然，现代保险立法和理论也有将保险合同履行期间关于危险增加情况的通知也视为告知义务的延伸，如此则为告知义务的扩张。第四，它是一种不真正义务。如实告知是基于最大诚信原则的一种附随义务，投保人未履行如实告知义务时，保险人无法强制其实际履行，一般也无法请求损害赔偿，而只能解除保险合同或免予承担保险责任，违反方只是承担权利减损或利益丧失的不利后果。因此，法理上如实告知义务属于不真正义务，对当事人形成一种不利益的法律约束①。

保险合同订立时，投保人有义务将保险标的的有关情况向保险人进行如实说明和陈述。作为一种制度安排，将保险标的所有的情况都进行告知，既不可能，也无必要；作为一种法定义务，投保人如实告知的内容应该有一个合理的界定。综观绝大多数国家的立法与实践，可以概括为：投保人应当如实告知的乃是其所知道的"重要事实"。如英国《1906年海上保险法》第 18 条（1）规定："在合同订立前，被保险人必须将其所知道各种重要情况（material facts）告知保险人"，"如果被保险人没有进行这样的告知，保险人可以取消合同②"。因此，如实告知义务的核心问题是确定哪些事实情况属于"重要事实"，投保人对其负有向保险人如实告知的义务。

根据绝大多数国家司法实践和理论上的共识，所谓重要事实，是指能够影响保险人决定是否承保或以何种保险费率承保的各种客观事实和情况。我国《保险法》关于如实告知内容的规定，同样采取了上述标准，即只有投保人未告知的事实"足以影响保险人决定是否同意承保或者提高保险费率的"③，保险人才有权解除合同。所谓"足以影响"，应当理解为该事实对保险人的承保决定具有实质影响，即如果保险人因投保人未进行告

---

① 刘学生：《如实告知义务研究》，载王利明主编《合同法评论》第 1 辑，人民法院出版社 2004 年版，第 54-74 页。

② 其他立法例，可参见德国《保险契约法》第 19 条，意大利《民法典》1892 条，日本《保险法》第 4 条、第 37 条、第 66 条，俄罗斯《民法典》第 944 条，我国台湾地区"保险法"第 64 条等。

③ 我国《保险法》第十六条第二款，《海商法》第二百二十二条。

知而不知晓该事实，他的承保行为会违背其真实意愿，如果保险人知道该事实则将会拒绝承保或提高保险费率。例如投保机动车辆保险，车辆的用途是家庭自用还是营业使用（如作为出租车或运输车辆），对于保险人风险评估、保险费率适用是有实质影响的，如果投保人隐瞒或者错误告知了车辆使用性质，则视为违反了如实告知义务，保险人可以解除合同。但是，车辆的颜色，对于保险人是否承保和决定适用何种保险费率并没有影响。因此，即使投保人错误告知了车辆颜色，保险人也不得解除合同。因为该情况并非重要事实，不在投保人如实告知义务范围内。美国纽约州《保险法》则更是明确规定，除非保险人如了解到该不实陈述的事实会导致其拒绝达成合同，否则不能被看作对重要事实的不实陈述[1]。

另外，采用当事人哪一方的标准来判断一个事实的重要性，对当事人的权利义务影响很大。对于一个具体的纠纷来说，未告知的事实是否"足以影响"保险人，应当以谁的标准来判断，是个重要的事实认定问题。英国法上曾先后采用所谓"特定的被保险人标准""特定的保险人标准"和"谨慎的保险人标准"等认定原则。"谨慎的保险人标准"（prudent insurer test）为英国《1906年海上保险法》[2]所采纳，并为许多国家《保险法》所效仿，成为告知义务适用中判定事实重要性占据主导地位的标准。笔者认为，"足以影响"是针对保险人的判断，从逻辑上说，采用审慎的保险人标准是可行的，但基于利益平衡，同时考虑投保人一方的判断能力和合理期待可能更为合理。当然，在具体案例中如何判断，还应当综合各种具体情况具体分析。

二、主动告知和询问告知

自从英国《1906年海上保险法》开始，投保人如实告知义务的适用

---

[1] 转引自陈欣：《保险法》，北京大学出版社2000年版，第58页。
[2] 至少在理论上，"谨慎的保险人标准"提供了一种独立于实际当事人尤其是保险人意志的客观可行的衡量工具。然而，由于它和所谓"专家证据"（expert evidence）在实践中的广泛结合，在许多方面，这种认定标准却主要偏向了保险人的立场。See Semin Park, *The Duty of Disclosure in Insurance Contract Law*, Dartmouth Publishing Company, 1996, p.75.

相当严格，实行所谓的无限告知，且投保人应当主动履行告知义务，无论保险人询问与否。在海上保险发展的早期，无限告知、主动告知确实很有必要。我国《海商法》也是采取主动告知的立法例，第二百二十二条第一款规定："合同订立前，被保险人应当将其知道的或者在通常业务中应当知道的有关影响保险人据以确定保险费率或者确定是否同意承保的重要情况，如实告知保险人。"该条第二款甚至还规定："保险人知道或者在通常业务中应当知道的情况，保险人没有询问的，被保险人无须告知。"换言之，保险人询问了，被保险人还是要告知。

对于非海上保险合同，即一般保险合同，现代的保险立法和行业惯例对投保人的如实告知义务则有很大的不同，保险人将需要知道的重要事实尽可能明确地提出询问。我国《保险法》也采取了询问告知的立法例，第十六条第一款明确规定："订立保险合同，保险人就保险标的或者被保险人的有关情况提出询问的，投保人应当如实告知。"因此，投保人如实告知义务的前提是保险人要进行相关的询问，保险人没有询问的情况，投保人没有告知，不构成违反如实告知义务。实务中，保险人的询问大都采取书面形式，如投保单上需要投保人填写的有关问题清单或者单独的风险询问表、健康告知书等。

需要讨论的是，保险人提出询问的事项是否意味着都是重要事实？有的人主张，只要保险人提出询问的事项就应当推定为是重要事实，投保人对任何询问的隐瞒或不实回答，都构成违反告知义务[1]。笔者认为，这种理解过于机械。询问告知的目的在于增强告知义务的可操作性，有利于举证，减少纠纷。重要事实虽然应包括在保险人询问的事项之内，但对具体事项的判断，仍然应当遵循上述重要事实的认定标准，不能望文生义[2]。尤其是实务中，保险人的有关问题清单、风险询问表、健康告知书等的范围非常广泛，有的还包含诸如"其他应告知事项等"之类的兜底条款，正确认识这一点对于防止保险人权利滥用，保护投保人、被保险人的合法权

---

[1] 转引自陈欣：《保险法》，北京大学出版社2000年版，第64页。
[2] 《保险法》第十六条是对于如实告知义务规则的完整规定，应作全面、系统理解。

益，尤其重要。

三、如实告知事项的排除

即使明确了重要事实的认定标准和范围，其中保险标的的有些事项仍然不能或没有必要由投保人承担告知义务。换言之，下列情形下，投保人相应的如实告知义务可以免除①：

第一，投保人不知道的重要事实是不需要也不可能告知的。显而易见，投保人应当告知的重要事实是他已经知道或应当知道的。所谓应当知道，主要针对保险情形下的通常情况而言。例如英国《1906年海上保险法》就明确指出，"被保险人被视为知道每一个重要情况，这些情况在其一般业务过程中应当为其所知"。

第二，保险人知道或应当知道的重要事实投保人不必告知。这包括保险人已经知道和推定其应当知道的情况。保险人被推定知道的公共信息和常识，以及在其一般业务过程中应当了解的事项②。例如对一个海上保险的承保人来说，海啸预报就是它自己应该关注和了解的。这实质上是减轻了投保人的告知义务负担，尤其是保险事故发生后，保险人不得以投保人未如实告知其实自己知道的事实为由而对抗对方的保险索赔，以防止权利滥用。

第三，对保险人的影响为正面的重要事实不必告知。所谓重要事实，是对保险人决定是否承保和以何种保险费率承保有影响的那些事实。其潜在含义是，与不知该事实的状态对比，如果知道该事实，保险人将会拒绝承保，或者提高保险费率。换言之，应当告知的事实对保险人的影响是负面的，例如会增加保险标的的风险程度，加大保险事故发生的概率，或者更容易被恶意索赔。当一个事实可以减轻保险标的的风险程度，降低保险事故发生的概率，或者使保险欺诈的可能性更小，保险人在不知道的情况

---

① 刘学生：《如实告知义务研究》，载王利明主编《合同法评论》第1辑，人民法院出版社2004年版，第54-74页。
② 英国《1906年海上保险法》第18条-（3）-（b）；英国2015年《保险法》第3条第5款。

下作出的承保实际上更加有利,那么这些事实,投保人也不必要进行告知。严格来说,这种事实就不属于"重要事实"。

第四,保险人放弃或双方约定排除的重要事实不必告知。如前所述,一般保险合同采取询问告知主义,则意味着未经询问的事项则无须告知。虽然在理论上,这并不能必然免除投保人对询问范围之外重要事实的如实告知义务,但保险人将需要知道的情况明确提出询问,是现代保险业的发展趋势。因此,未经询问很可能将成为投保人免除如实告知义务的一种抗辩理由。从理论上讲,当事人不可以自行免除如实告知的法定义务,但由于如实告知义务实质价值在于当投保人违反该义务时,赋予保险人相应的救济权利。因此,只要双方同意,保险合同完全可以约定排除某种事实的告知义务,或者约定排除保险人的合同解除权或免除保险责任等救济权利。从本质上讲,这种约定是一种权利放弃,与法定的如实告知义务并不冲突。①

四、如实告知义务的违反及其后果

(一)投保人的主观过错

在保险业早期,认定投保人违反如实告知义务,并不考虑投保人未如实告知的主观动机,投保人是故意,还是过失,无关紧要。随着现代保险业的发展,科学技术和保险承保技术的进步,对投保人的严格告知义务逐渐有所放宽,英、美、法等国的一些判例甚至认为只有投保人故意不告知或隐瞒,保险人才可以撤销合同或免除保险责任。现代保险立法一般都主张,认定投保人违反如实告知义务,应以投保人存在主观过错为前提,还要区分故意与过失,分别承担不同法律后果。我国《保险法》关于如实告知的规定,也明显体现了按过错归责的精神,较好地平衡了保险人与被保险人的利益,充分体现了《民法典》规定的公平原则。

我国《保险法》第十六条第二款规定:"投保人故意或者因重大过失

---

① 在英国,这个问题引起商业便利与学术困境上的争论。参见 John Birds & Norma J. Hird, *Modern Insurance Law*, Sweet & Maxwell, 2001, p.110.

未履行前款规定的如实告知义务，足以影响保险人决定是否同意承保或者提高保险费率的，保险人有权解除合同。"根据该款规定，并结合该条第四款、第五款的规定，一是投保人必须是故意或者重大过失。一般过失未履行如实告知义务的，不构成违反如实告知义务，保险人不得解除合同；二是即使是重大过失未履行如实告知义务，其未告知的事实还应该是"对保险事故的发生有严重影响的"。否则，投保人也不构成违反如实告知义务，保险人不得解除合同。这也是2009年《保险法》的重大变化之处[①]。

（二）保险人的救济权利

投保人违反如实告知义务，影响到保险人对该合同整体承保风险的评估，为保护保险人的利益，应当赋予其相应的救济权利。除少数国家《保险法》将保险合同自始归于无效外，绝大多数国家和地区《保险法》赋予保险人享有解除或撤销保险合同的权利。如英国、德国、意大利、日本及我国台湾地区。我国《保险法》也采取主流模式，规定投保人违反如实告知义务，保险人享有的救济权利即为合同解除权。从尊重当事人意思自治的角度，赋予保险人合同解除权或撤销权，比宣告合同无效的救济方式更为合理。

依据我国《保险法》第十六条的规定，投保人违反如实告知义务，无论保险事故是否已经发生，保险人都可以解除合同。但是有一种情况例外，即该条第六款规定的情况："保险人在合同订立时已经知道投保人未如实告知的情况的，保险人不得解除合同；发生保险事故的，保险人应当承担赔偿或者给付保险金的责任。"

保险合同解除，双方权利义务以恢复原状为原则，已交付的保险费通常应当返还给投保人。为体现对投保人故意行为的惩罚，投保人故意违反如实告知义务的，保险人有权解除合同，并不受"足以影响保险人决定是否同意承保或者提高保险费率的"的条件限制，已交付保险费的，不予退还。这一点是应该引起充分注意的！不少人认为，不管投保人故意，还是

[①] 2009年修订前的原《保险法》规定投保人故意和过失不履行如实告知义务两种情形，对过失不作一般过失和重大过失的区分。参见原《保险法》第十七条第二款。

重大过失，都要以足以影响保险人决定是否同意承保或者提高保险费率为前提，保险人才有权解除保险合同。这是不准确的！《保险法》第十六条第四款、第五款对投保人故意和重大过失未履行如实告知义务的情况和后果的规定是明显不同的。

投保人没有如实告知重要事实，保险事故发生后，保险人仍有权解除合同，但对已经发生的保险事故，是否应当承担赔偿或给付保险金的责任。我国《保险法》根据投保人的主观状态和过错程度，分别采取不同的处理方法，颇具特色。按《保险法》第十六条的规定，投保人故意不履行如实告知义务的，保险人不承担赔偿或者给付保险金的责任，无论未如实告知的事实对保险事故的发生有无影响，不需要其他条件。投保人因重大过失未履行如实告知义务，对保险事故的发生有严重影响的，保险人对于合同解除前发生的保险事故，不承担赔偿或者给付保险金的责任。这意味着，投保人因重大过失未履行如实告知义务，对保险事故的发生只是一般影响，或者虽然对保险事故发生有严重影响，但投保人只是一般过失未履行如实告知义务的，保险人仍然要承担赔偿或给付保险金责任。在保险费的返还上，也因投保人的故意或重大过失而不同。对前者，保险人不承担保险责任，并不退还保险费；对后者，保险人不承担保险责任，但应当退还保险费。可见，我国《保险法》关于保险人救济权利的安排，既考虑了投保人的主观状态和过错程度，又考察了如实告知义务的违反与保险事故之间的因果联系，应该值得肯定[①]。

需要探讨的是，保险人对保险责任的承担与否，是否可以跳出"全有或全无"（all or nothing）的局限，而采取一种更合理和更灵活的解决办法。也有人主张，国外有些立法采取的比例赔付方法值得借鉴。即投保人非欺诈性地或一般过失违反告知义务，发生保险事故的，保险人按照违反如实告知情形下实际收取的保险费与若如实告知应当收取的保险费的比例，对

---

① 对于故意违反告知义务，保险人不承担保险责任是否以存在因果关系为条件，各国立法不一。如德国、日本、我国台湾地区采取肯定原则；意大利和我国则采取否定原则，即无论是否存在因果关系，保险人概不承担赔偿或给付保险金的责任。

被保险人进行保险金赔付①。笔者认为，这种所谓的比例赔付的方法，听起来似乎很科学，但实际操作很困难，极易发生争议。事实上，对此类情况，我国《保险法》规定是很明确的，保险人应承担赔偿或者给付保险金的责任。

（三）保险人解除权的行使期限

为维持交易秩序，督促权利人及时行使权利，绝大多数国家立法对于保险人的合同解除权或撤销权都设有行使期限，超过期限不行使则权利丧失，不得再以投保人未履行如实告知义务而行使解除权或撤销权。如德国法、日本法，该期限为1个月，自保险人知道该告知义务的违反或知悉解除原因起时计算；意大利民法保险人解除权的期限则为3个月。我国《保险法》原先对保险人基于投保人违反如实告知义务而享有的合同解除权没有规定行使期限，导致实务中，保险人知道投保人违反如实告知义务，往往听之任之，一旦发生保险事故，被保险人提出索赔，则以投保人未履行如实告知义务宣布解除合同或者不承担保险责任，引起被保险人的极大不满：既然早知道投保人违反了如实告知义务，为什么不早提出解除合同？保险费一直照收，发生保险事故提出索赔了，马上宣布解除合同或者不承担保险责任，这太不合理！因此，现行《保险法》第十六条第三款明确规定，保险人的合同解除权，应自知道有解除事由之日起，超过30日不行使而消灭。自保险合同成立之日起超过2年的，保险人不得解除合同。此为一般权利期限，以保险人"知道有解除事由之日起"开始计算。如果因主、客观原因，保险人长期不知道投保人未履行如实告知义务的事实，合同解除权也不能无限期存在，最长期限为2年，自保险合同成立之日起计

---

① 韩长印、韩永强：《保险法新论》，中国政法大学出版社2010年版，第59页。相关立法例参见法国《契约法》第113条至第119条，意大利《民法典》第1893条，澳大利亚1984年《保险契约法》第28（3）条等。具体规则各国不尽相同，如法国法是按照已交保费和应交保费的比例实际承担保险责任，而澳大利亚则是保险人应承担已发生的保险赔偿责任，但可以从保险金中扣除应收的保费。英国2015年《保险法》对此也有重大突破，摒弃了自《1906年海上保险法》确立的合同自始无效的救济方式，而是区分被保险人违反义务的主观过错程度，对保险人的"违约救济"进行了细化，其中包括"按比例扣减"索赔额的处理方式。

算，属于客观有效期限。理论上，合同解除权属于形成权，保险人合同解除权的行使期限，属于除斥期间，保险人未在法定期限内行使解除权，则实体权利消灭。

保险人合同解除权的最长行使期限为 2 年，可以理解为解除权的最长除斥期间，是对 30 日的一般除斥期间的补充。此规定是借鉴大陆法系相关保险立法例，如德国为 10 年，日本为 5 年，韩国为 3 年，我国台湾地区为 2 年。从规范目的上，此规定与英、美、法的不可抗辩条款也异曲同工[①]。所谓不可抗辩条款，主要存在于人寿保险合同和其他长期性的人身保险合同，属于一种责任限制条款，它把保险人可以因投保人或被保险人不告知、不实陈述、隐瞒、违反条件等享有的解除合同、主张合同无效或其他抗辩的权利限制在一定时段以内，一般为 2 年。2 年以后，该保险合同视为不可争议的，保险人不能再基于上述事由对抗被保险人的索赔主张，不得对保险合同的有效性提出争议。不可抗辩条款，广泛运用于寿险合同中，其目的是保护被保险人或受益人能够对抗保险人合同无效的抗辩，同时保护被保险人和受益人的合理期待。现行《保险法》设定保险人合同解除权的最长期限，既是反映和解决现实问题，也是对发达国家立法和行业惯例的有益借鉴。值得注意的是，与英、美、法的不可抗辩条款相比，我国《保险法》规定的"2 年"期限，是对保险合同的一般规定，不仅适用于人身保险合同，也适用于财产保险合同。不过，由于财产保险主要为短期险种，一般不会超过 2 年。因此，所谓"不可抗辩条款"极少有机会可以适用到财产保险。

五、投保人的抗辩

投保人未履行如实告知义务，保险人依法享有救济权利，可以解除合同，并且对发生的保险事故不承担保险责任。针对保险人的救济权利或者抗辩，在某些情形下，投保人也享有相应的抗辩或反抗辩。

---

① 对《保险法》第十六条第三款的详细解读，可参见刘学生：《论不可抗辩规则》，载谢宪主编：《保险法评论》(第 3 卷)，法律出版社 2010 年版。

综合上述分析，结合法理，针对保险人解除合同或免除保险责任的主张，投保人、被保险人或受益人一般可以如下事由抗辩：未告知的事实未经保险人询问（海上保险合同除外）；未告知的事实不属于重要事实；未告知的事实为投保人不知道或不可能知道；未告知的事实对承保的影响是正面的；未告知的事实是保险人知道或应当知道；在订立合同时保险人已经知道投保人未如实告知的情况等。

如实告知义务的本质在于使保险人充分了解信息，正确评估风险，合理确定承保条件和保险费率。如果有关情况已为其所知道，基于风险管理的自身要求和诚信原则，保险人应主动作为，否则应视为权利放弃。《保险法》第十六条第六款的规定实质上减轻了投保人的告知义务负担，促进保险人的勤勉尽责，充分考虑了利益平衡，更好地体现了《民法典》规定的公平原则。事实上，我国司法机关在司法实践中早已采取这样的做法。2006年11月13日，最高人民法院公布的《关于审理海上保险纠纷案件若干问题的规定》（法释〔2006〕10号）第四条规定："保险人知道被保险人未如实告知《海商法》第二百二十二条第一款规定的重要情况，仍收取保险费或者支付保险赔款，保险人又以被保险人未如实告知重要情况为由请求解除合同的，人民法院不予支持。"国外立法亦有类似规定，如日本《保险法》和韩国《商法典》都有"保险人已知该事实或因过失不知时"，保险人不得解除合同的规定①，比我国《保险法》的规定更为严格。该规定与英、美、法的弃权和"禁止反言"制度颇为类似，都是对保险人某些作为或不作为赋予一定效力，侧重于保护投保人、被保险人一方的合理信赖和期待，真正将《保险法》的最大诚信原则和《民法典》的公平原则贯穿到具体订约和履约过程之中。

（本文刊登于《保险理论与实践》2020年第10辑）

---

① 参见日本《保险法》第28条、第55条、第84条；韩国《商法典》第651条。

05
《民法典》与保险合同法的适用
——以特别法优于一般法规则为切入点

林海权[①]　魏朦璐[②]

---

① 林海权,中国人民大学财政金融学院博士后,中国人民大学民商事法律科学研究中心研究员。
② 魏朦璐,北京卓纬律师事务所律师。

《民法典》是社会经济生活的百科全书，施行后将对包括保险在内的经济生活各个领域产生重要影响。《民法典》并非制定全新的民事法律，而是编纂式的立法，对现行的民事法律规范进行科学的整理、修改、完善，同时针对经济社会生活中出现的新情况、新问题做出有针对性的新规定。编纂式立法产生的《民法典》与现行的民事法律规范之间是何种关系，需要明确。《民法典》第一千二百六十条规定①废止的法律并未包括《保险法》，意味着《保险法》仍将继续有效。《民法典》施行后，《民法典》的规定如何适用于保险领域，一般认为应当依据《民法典》第十一条关于"其他法律对民事关系有特别规定的，依照其规定"的规定处理，即将《保险法》作为《民法典》的特别法，《保险法》有规定的，适用《保险法》的规定，《保险法》没有规定的，适用《民法典》的规定。《保险法》与《民法典》相互交涉的条文众多，具体如何适用以上规则容易产生争议，本文拟以特别法优于一般法规则为切入点，对《民法典》施行后保险合同法与《民法典》相关条文如何适用进行探讨。

一、特别法的范围：哪些保险合同立法属于特别法

《民法典》第十一条确立了特别法优于一般法的规则，该规则适用于同一机关制定的法律②。《立法法》第九十二条规定："同一机关制定的法律、行政法规、地方性法规、自治条例和单行条例、规章，特别规定与一般规定不一致的，适用特别规定；新的规定与旧的规定不一致的，适用新的规定。"《民法典》是由国家最高权力机关——全国人民代表大会审议通过，只有与《民法典》同一位阶的法律才适用特别法优于一般法的规则。在保险合同法领域，《保险法》是由全国人民代表大会常务委员会审议通

---

① 《民法典》第一千二百六十条规定："本法自2021年1月1日起施行。《中华人民共和国婚姻法》《中华人民共和国继承法》《中华人民共和国民法通则》《中华人民共和国收养法》《中华人民共和国担保法》《中华人民共和国合同法》《中华人民共和国物权法》《中华人民共和国侵权责任法》《中华人民共和国民法总则》同时废止。"

② 如不同机关制定的法律，不同法律可能存在不同位阶，则应依据上位法优于下位法的规则适用法律。

过，因全国人民代表大会常务委员会是全国人民代表大会的常设机关，故《保险法》亦应认为是由国家最高权力机关制定，与《民法典》属于同一位阶，《保险法》保险合同章的内容属于《民法典》的特别法。《机动车交通事故责任强制保险条例》（国务院令第709号）是国务院制定的，与《民法典》属于不同位阶，应依据上位法优于下位法规则适用，《民法典》是上位法，《机动车交通事故责任强制保险条例》（国务院令第709号）是下位法，《民法典》优先于《机动车交通事故责任强制保险条例》（国务院令第709号）。

保险合同立法除了《保险法》保险合同章的内容之外，还包括最高人民法院制定的司法解释。针对《保险法》保险合同章在适用中存在的问题，最高人民法院先后制定了四部司法解释，分别对2009年修订的《保险法》衔接适用以及《保险法》保险合同章的一般规定、人身保险合同、财产保险合同的相关问题进行规定，以上四部司法解释亦属于广义保险合同立法的范畴。司法解释虽然是由最高人民法院制定，但系最高人民法院根据全国人民代表大会常委会制定的《人民法院组织法》的授权[①]，对审判工作中具体应用法律的问题进行的解释。一般认为司法解释与所解释的法律处于同一位阶，故亦应认为相关司法解释亦属于《民法典》的特别法。

司法实践中，最高人民法院针对司法实践中存在的争议问题，发布了一些指导性案件，保险领域主要有2014年1月26日发布"华泰财产保险有限公司北京分公司诉李志贵、天安财产保险股份有限公司河北省分公司张家口支公司保险人代位求偿权纠纷案"（指导案例25号）[②]，2016年12月28日发布"中国平安财产保险股份有限公司江苏分公司诉江苏镇江安

[①] 《人民法院组织法》第十八条规定："最高人民法院可以对属于审判工作中具体应用法律的问题进行解释。最高人民法院可以发布指导性案例。"

[②] 裁判要旨：因第三者对保险标的的损害造成保险事故，保险人向被保险人赔偿保险金后，代位行使被保险人对第三者请求赔偿的权利而提起诉讼的，应当根据保险人所代位的被保险人与第三者之间的法律关系，而不应当根据保险合同法律关系确定管辖法院。第三者侵害被保险人合法权益的，由侵权行为地或者被告住所地法院管辖。

装集团有限公司保险人代位求偿权纠纷案"（指导案例 74 号）①。最高人民法院发布的会议纪要中亦有些内容涉及保险合同，比如 2019 年 11 月 14 日发布的《全国法院民商事审判工作会议纪要》第八部分"关于财产保险合同纠纷案件的审理"。指导性案例与会议纪要是否属于保险合同法的正式法律渊源，因缺乏明确的法律依据，目前尚有争议，这部分文件能否成为《民法典》的特别法需要探讨。个人认为，《民法典》对于法律渊源最大的亮点是认可习惯法的地位，《民法典》第十条规定："处理民事纠纷，应当依照法律；法律没有规定的，可以适用习惯，但是不得违背公序良俗。"理论上看，此处的习惯法与司法机关的裁判密切联系，社会生活中的习惯只有经司法机关裁判确认才能成为习惯法②。最高人民法院发布的指导性案例、会议纪要符合习惯法的特征，可以基于《民法典》第十条成为正式法律渊源③，亦属于《民法典》的特别法。

二、特别规范的认定：哪些条文是特别法

根据特别法优于一般法的规则，保险合同立法有规定的，适用保险合同法。但问题是，保险合同法的适用是否排除《民法典》相关条文的适用？保险合同法的相关规定与《民法典》相关条文之间处于何种关系？这涉及法条竞合的问题。

所谓法条竞合，是指同一法律事实同时被数个法条所规范。因同一法律事实被数个法条所规范，如果数个法条所赋予的法律效力完全相同，则可能存在是否可以同时并用的问题；如果数个法条所赋予的法律效力不

---

① 裁判要旨：因第三者的违约行为给被保险人的保险标的造成损害的，可以认定为属于《中华人民共和国保险法》第六十条第一款规定的"第三者对保险标的的损害"的情形。保险人由此依法向第三者行使代位求偿权的，人民法院应予支持。

② 习惯法与裁判的法源有重要的关联，习惯法借裁判的途径，裁判借习惯法之名，取得形式上的法源地位。黄茂荣：《法学方法与现代民法》，法律出版社 2007 年版，第 12 页。德国通说认为，习惯法以法律共同体的长期实践为前提，且必须以法律共同体的普遍法律确信为基础。习惯法规范是否存在、其内容是什么，是由最高法院来判断的。［德］伯恩·魏德士：《法理学》，丁晓春、吴越译，法律出版社 2013 年版，第 103 页。

③ 林海权：《习惯法在商事审判中的价值及其适用》，载《法治日报》2017 年 11 月 29 日理论版。

同，则存在数个法条能否同时并用或者某个法条是否排除另一个法条适用的问题。对于该问题，理论上认为应依照以下规则处理：法律位阶不同时，上位法优于下位法；法律位阶相同时，则依据新法优于旧法、特别法优于一般法的规则。对于特别法优于一般法的适用，必须以法条之间存在特别规范与一般规范的关系为前提①。《民法典》第十一条在保险领域的适用亦是如此。虽然《民法典》施行后，《保险法》仍以单行法的形式继续存在，保险合同立法属于《民法典》的特别法，但实践中，并不能简单以《保险法》属于独立于《民法典》的特别法为由，认为《保险法》保险合同章条文直接排除《民法典》的适用。实际上，《保险法》保险合同章的相关条文能否排除《民法典》的适用，仍须以具体条文为基础进行分析，《保险法》相关条文是否属于《民法典》相关条文的特别规范。

  法条之间是否存在特别规范与一般规定的判断，应以法条的构成要件为基准，如某个法条的构成要件为另一法条所包含（另一法条除具备前一法条全部构成要件外，尚具有前一法条没有的构成要件），则该另一法条相对于前一法条具有特殊性。具体案件中，某一案件事实符合另一法条的构成要件，必然同时符合前一法条的构成要件；符合前一法条的构成要件，并不当然符合另一法条的构成要件②。比如，对于诉讼时效，《民法典》第一百八十八条第一款规定："向人民法院请求保护民事权利的诉讼时效期间为3年。法律另有规定的，依照其规定。"《保险法》第二十六条规定："人寿保险以外的其他保险的被保险人或者受益人，向保险人请求赔偿或者给付保险金的诉讼时效期间为2年，自其知道或者应当知道保险事故发生之日起计算。人寿保险的被保险人或者受益人向保险人请求给付保险金的诉讼时效期间为5年，自其知道或者应当知道保险事故发生之日

---

① 黄茂荣：《法学方法与现代民法》，法律出版社2007年版，第210页。
② 所谓逻辑上的特殊性关系，意指特殊规范的适用范围完全包含于一般规范的适用范围内，换言之，所有属于特殊规范的事例都是一般规范的事例，假使特殊规范的构成要件除包含所有一般规范的要素外，至少还有一个额外的因素，即可符合前述要求。[德]卡尔拉伦茨：《法学方法论》，陈爱娥译，商务印书馆2005年版，第146页。

起计算。"两个法条都是关于当事人请求权诉讼时效的规定,但《保险法》第二十六条比《民法典》第一百八十八条第一款多了"保险"合同中的请求权的构成要件,故逻辑上看,《保险法》第二十六条属于《民法典》第一百八十八条第一款的特别规范。

  法条之间的逻辑关系并非单纯的逻辑关系,不得想当然地认为,在逻辑上具有特别与普通关系的法条间,在规范上一定有此种特别与普通关系的存在①。如果法条之间的效果可以相同,则应根据立法目的确定不同的法条之间,究竟是补充、修正抑或替代关系,这属于目的与体系解释的问题②。比如,对于合同订立方式,《保险法》第十三条第一款规定:"投保人提出保险要求,经保险人同意承保,保险合同成立。保险人应当及时向投保人签发保险单或者其他保险凭证。"《民法典》第四百七十一条规定:"当事人订立合同,可以采取要约、承诺方式或者其他方式。"从逻辑上看,《保险法》第十三条第一款比《民法典》第四百七十一条多了"保险合同"这一构成要件,但并不能因此认为《保险法》第十三条属于《民法典》第四百七十一条规定的特别规范,从而排除《民法典》第四百七十一条的适用。《保险法》第十三条第一款的法律效果与《民法典》第四百七十一条的构成要件虽然存在相互包含关系,但其法律效果均是合同成立,故从体系上看,《保险法》第十三条第一款只是对保险合同成立特有形式进行规定,并不属于《民法典》第四百七十一条的特别规范,更不排除《民法典》第四百七十一条的适用,依据《民法典》第四百七十一条,保险合同还存在多种成立形式。

  特别规范与一般规范的关系除了存在于构成要件相互包含的情形,亦存在于构成要件不完全相互包含但存在交集的情形,也就是说,不同法条之间的构成要件除了包含之外,还可能存在交叉,此时不同法条之间

---

① 黄茂荣:《法学方法与现代民法》,法律出版社2007年版,第211页。
② 假使竞合法条的法效果彼此可以相容,就必须依立法者的规定意向来决定,在其适用范围内,特殊规范的法效果仅欲补充,抑欲修正一般规定,或者拟根本取代一般规范的地位。
[德]卡尔拉伦茨:《法学方法论》,陈爱娥译,商务印书馆2005年版,第147页。

能否构成特别规范与一般规范的关系亦需要进行探讨。例如，关于投保人在订立保险合同前的义务，《保险法》第十六条第一款规定，订立保险合同，保险人就保险标的或者被保险人的有关情况提出询问的，投保人应当如实告知；第二款规定，投保人故意或者因重大过失未履行前款规定的如实告知义务，足以影响保险人决定是否同意承保或者提高保险费率的，保险人有权解除合同。针对一般合同当事人的合同前义务，《民法典》第一百四十八条在沿袭《合同法》第五十四条的基础上规定，一方以欺诈手段，使对方在违背真实意思的情况下实施的民事法律行为，受欺诈方有权请求人民法院或者仲裁机构予以撤销。《民法典》施行前，理论界与实务界对于《保险法》第十六条排除《合同法》第五十四条的规定存在较大争议①。《民法典》施行后，以上争议将转化为《保险法》第十六条是否可以排除《民法典》第一百四十八条规定的适用。从逻辑上看，《保险法》第十六条与《民法典》第一百四十八条的构成要件并不完全相互包含。《保险法》第十六条针对保险合同具有射幸性的特征，要求投保人在保险人询问的情况下如实告知与保险标的风险相关事实，以便保险人准确评估风险、决定是否同意承保；如投保人未如实告知，保险人对违背其真实意思情况下所订立合同可以要求解除，其适用的条件是：（1）合同订立时；（2）保险人提出询问；（3）投保人故意或者重大过失未履行如实告知义务。《民法典》第一百四十八条是针对所有合同当事人而言，其目的在于防止一方当事人通过欺诈的方式诱导对方在欠缺真实意思表示的情况下订立合同，其适用条件是：（1）行为人有欺诈行为，可以是故意告知对方虚假情况，亦可以是故意隐瞒真实情况；（2）相对方因行为人的欺诈行为

---

① 林海权：《保险告知义务研究》，载《保险法评论》第 4 卷；仲伟珩：《投保人如实告知义务研究——以中德法律比较为出发点》，载《比较法研究》2010 年第 6 期；马宁：《保险法如实告知义务的制度重构》，载《政治与法律》2014 年第 1 期；周海涛、李天生：《保险法如实告知义务的司法裁量》，载《保险研究》2010 年第 11 期。

做出错误判断；（3）相对方基于错误判断做出意思表示①。《保险法》第十六条与《民法典》第一百四十八条对所适用条件的具体表述不一致，但二者可能存在交叉。一方面，投保人在保险人询问时，故意不如实告知，符合欺诈条件，使得保险人在未能准确评估风险的情况下做出错误判断，决定订立合同的，则《保险法》第十六条与《民法典》第一百四十八条的适用条件同时具备，即《保险法》第十六条与《民法典》第一百四十八条对同一事项进行规定，构成要件存在重合。另一方面，《保险法》第十六条与《民法典》第一百四十八条相比，多了"保险合同"的构成要件，但《保险法》第十六条亦包含《民法典》第一百四十八条未能包含的构成要件。《保险法》第十六条对于当事人违反如实告知义务的构成要件中除了投保人故意未如实告知之外，亦可能是投保人重大过失未如实告知，而因重大过失未如实告知不属于《民法典》第一百四十八条规定的欺诈情形，故两个条文的构成要件的组成并不存在全部包含的关系。对于构成要件存在交集的法条，不同法条规定的法律效果是否同时发生，或者其中一个法条是否排除另一个法条的适用，仍应根据立法目的及价值体系进行判断。基于某些特殊的理由，法律可能想将特定事件作一致而终局的规定，如因部分这类事件也符合其他规范的构成要件，因而其他规范也适用于此，则前述特别规定的目标，于此部分就不能达成了，因此应排除其他规范的适用；反之，如没有一个规范是穷尽性规定，当两个规范的构成要件重合，而且法律效果彼此并不排斥时，二者可以并行适用②。将该标准运用于《保险法》第十六条与《民法典》第一百四十八条，仍难以得出一致结论。如认为《保险法》第十六条的主要目的是要求投保人以最大善意履行如实告知义务，则《保险法》第十六条所赋予保险人的解除权与《民法典》第一百四十八条所赋予保险人的撤销权并不冲突，二者可以并用；如认为

---

① 《关于贯彻执行〈中华人民共和国民法通则〉若干问题的意见（试行）》第六十八条规定，"一方当事人故意告知对方虚假情况，或者故意隐瞒真实情况，诱使对方当事人作出错误意思表示的，可以认定为欺诈行为"。

② ［德］卡尔拉伦茨：《法学方法论》，陈爱娥译，商务印书馆2005年版，第147页。

《保险法》第十六条的立法目的除了要求投保人尽最大善意履行如实告知义务之外，亦通过第三款不可抗辩期间对保险人解除权进行限制，则《民法典》第一百四十八条的适用可能会阻碍《保险法》第十六条第三款不可抗辩期间立法目的的实现，此时《保险法》第十六条第三款应排除《民法典》第一百四十八条的适用。可见，该问题仅仅通过法律解释恐难以得出一致结论，需要权威部门予以明确。

需要注意的是，《民法典》新增了因第三人欺诈的撤销制度，该规定与《保险法》第十六条处于何种关系，亦需要探讨。《民法典》第一百四十九条规定："第三人实施欺诈行为，使一方在违背真实意思的情况下实施的民事法律行为，对方知道或者应当知道该欺诈行为的，受欺诈方有权请求人民法院或者仲裁机构予以撤销。"保险实践中，投保人与被保险人可能为不同主体，如被保险人实施欺诈行为导致保险人签发保险单，投保人知道或者应当知道被保险人的欺诈行为的，则符合《民法典》第一百四十九条的构成要件，亦可能属于《保险法》第十六条规定的投保人违反如实告知义务的情形。当然，《保险法》第十六条与《民法典》第一百四十九条存在相互独立的构成要件，故二者并不存在构成要件相互包含的情形，只是存在构成要件的交集。在此情况下，二者是否构成特别规范与一般规范的关系与前述《保险法》第十六条与《民法典》第一百四十八条的关系的分析路径基本应是一致。

三、一般规范的适用：《民法典》在何种情况下排除适用

法条具有规范内容，不同法条的构成要件逻辑上存在相互包含或者交叉关系时，并不意味着构成要件多的法条一定排除构成要件少的法条的适用。构成要件的差别只是意味着法条之间在逻辑上可能存在特殊与一般之分，但从规范的角度，不同法条之间可能存在相互补充、取代、修订等不同关系。

不同法条的法律效果如完全一致，一般不会产生不同法条能否同时适用的问题。比如，对于无效格式条款，《民法典》第四百九十七条规定："有下列情形之一的，该格式条款无效：（一）具有本法第一编第六章第三节和本法第五百零六条规定的无效情形；（二）提供格式条款一方不合理地

免除或者减轻其责任、加重对方责任、限制对方主要权利；（三）提供格式条款一方排除对方主要权利。"该规定与《保险法》第十九条①规定的法律效果完全一致，适用中不会存在争议。当然，不同法律条文虽然有相同法律效果，但因不同法律效果所依据的法律条文不一致，理论上亦存在当事人基于不同法律条文产生的请求权是否可以同时并存的问题。比如，对于保险代位求偿权，《保险法》第六十条第一款："因第三者对保险标的的损害而造成保险事故的，保险人自向被保险人赔偿保险金之日起，在赔偿金额范围内代位行使被保险人对第三者请求赔偿的权利。"对于第三者代为履行债务，《民法典》第五百二十四条规定："债务人不履行债务，第三者对履行该债务具有合法利益的，第三者有权向债权人代为履行；但是，根据债务性质、按照当事人约定或者依照法律规定只能由债务人履行的除外。债权人接受第三者履行后，其对债务人的债权转让给第三者，但是债务人和第三者另有约定的除外。"实践中，因第三者原因造成保险标的损失，保险人向被保险人给付保险金的，就第三者与被保险人的法律关系而言，亦属于《民法典》第五百二十四条所规定的第三者代替债务人履行债务（保险合同的第三者是债务人，保险合同的被保险人是债权人，保险人向被保险人给付保险金，是替作为债务人的第三者向作为债权人的被保险人履行债务），保险人除了可以依据《保险法》第六十条第一款取得向第三者的保险代位求偿权之外，亦可以依据《民法典》第五百二十四条第二款取得被保险人对第三者的债权。虽然两个法条的法律效果都是保险人有权行使被保险人对第三者的债权，但因不同请求权在诉讼时效、行使范围仍然可能存在差别，故保险人基于不同法条产生的请求权是否可以独立存在，不仅涉及请求权竞合抑或请求权规范竞合等理论问题，亦涉及保险人如何行使权利等实践问题。

构成要件存在相互包含、交叉的不同法条之间，在法律效果上究竟是

---

① 《保险法》第十九条规定："采用保险人提供的格式条款订立的保险合同中的下列条款无效：
（一）免除保险人依法应承担的义务或者加重投保人、被保险人责任的；（二）排除投保人、被保险人或者受益人依法享有的权利的。"

相互补充、取代或者修订关系，需要结合立法目的进行解释。比如，对于格式条款的订立，《保险法》第十七条规定："订立保险合同，采用保险人提供的格式条款的，保险人向投保人提供的投保单应当附格式条款，保险人应当向投保人说明合同的内容。对保险合同中免除保险人责任的条款，保险人在订立合同时应当在投保单、保险单或者其他保险凭证上作出足以引起投保人注意的提示，并对该条款的内容以书面或者口头形式向投保人作出明确说明；未作提示或者明确说明的，该条款不产生效力。"《民法典》第四百九十六条第二款借鉴《保险法》第十七条的内容，对《合同法》第三十九条第一款进行修订，规定："采用格式条款订立合同的，提供格式条款的一方应当遵循公平原则确定当事人之间的权利和义务，并采取合理的方式提示对方注意免除或者减轻其责任等与对方有重大利害关系的条款，按照对方的要求，对该条款予以说明。提供格式条款的一方未履行提示或者说明义务，致使对方没有注意或者理解与其有重大利害关系的条款的，对方可以主张该条款不成为合同的内容。"从表述上看，保险格式条款属于《民法典》第四百九十六条第二款规定的格式条款，亦属于《民法典》第四百九十六条第二款的调整事项，但《民法典》第四百九十六条第二款规定的义务与《保险法》第十七条规定的义务并不相同，二者如何适用值得探讨。对于需要提示及说明的对象，《民法典》第四百九十六条第二款的表述是"免除或者减轻其责任等与对方有重大利害关系的条款"，从文义上看，其包括免除或者减轻对方责任条款和免除或者减轻责任之外的与对方有重大利害关系的条款，《保险法》第十七条第二款的表述是"免除保险人责任的条款"，虽然《最高人民法院关于适用〈中华人民共和国保险法〉若干问题的解释（二）》（以下简称《〈保险法〉司法解释二》）第九条[1]将提示及说明的对象扩展至"免除或者减轻保险人责任的条款"，

---

[1] 《〈保险法〉司法解释二》第九条规定："保险人提供的格式合同文本中的责任免除条款、免赔额、免赔率、比例赔付或者给付等免除或者减轻保险人责任的条款，可以认定为《保险法》第十七条第二款规定的'免除保险人责任的条款'。保险人因投保人、被保险人违反法定或者约定义务，享有解除合同权利的条款，不属于《保险法》第十七条第二款规定的'免除保险人责任的条款'。"

但其范围仍小于《民法典》第四百九十六条第二款规定的"与对方有重大利害关系的条款",故在逻辑上,《保险法》第十七条第二款的构成要件被《民法典》第四百九十六条第二款所包含。对于提示义务,《民法典》第四百九十六条第二款的表述是"采取合理的方式提示",《保险法》第十七条第二款的表述是"应当在投保单、保险单或者其他保险凭证上作出足以引起投保人注意的提示",《〈保险法〉司法解释二》第十一条[①]进一步将其明确为"以足以引起投保人注意的文字、字体、符号或者其他明显标志作出提示的",二者表述虽然不一致,但从解释上,《保险法》第十七条规定的提示亦属于《民法典》第四百九十六条第二款所规定的"采取合理的方式提示",但《民法典》第四百九十六条第二款可解释超过《保险法》第十七条规定的义务内容。对于说明义务,《民法典》第四百九十六条第二款的表述是:"按照对方的要求,对该条款予以说明",义务人承担的是"被动"的说明义务,《保险法》第十七条第二款的表述是"对该条款的内容以书面或者口头形式向投保人作出明确说明",保险人承担的是"主动、明确"的说明义务。对于违反义务后果,《民法典》第四百九十六条第二款的表述是"对方可以主张该条款不成为合同的内容",《保险法》第十七条第二款的表述是"该条款不产生效力",表面上看两个条文的后果都是相关条款不能产生效力(不成为合同内容),但因表述不同,二者的诉讼结构不同:根据《保险法》第十七条第二款所规定的"该条款不产生效力",诉讼中法官应主动审查保险人是否履行提示及说明义务,保险人对其履行义务承担举证责任;根据《民法典》第四百九十六条第二款所表述"对方可以主张该条款不成为合同的内容",诉讼中当事人承担主张责任,当事人不主张,法官不应主动审查,同时根据举证责任基本原理,当事人应该对自己的主张承担举证责任,故当事人应对义务人未履行义务承担举证责

---

① 《〈保险法〉司法解释二》第十一条第一款规定:"保险合同订立时,保险人在投保单或者保险单等其他保险凭证上,对保险合同中免除保险人责任的条款,以足以引起投保人注意的文字、字体、符号或者其他明显标志作出提示的,人民法院应当认定其履行了《保险法》第十七条第二款规定的提示义务。"

任。结合以上分析,《保险法》第十七条第二款规定的提示及说明义务的范围可能小于《民法典》第四百九十六条第二款,但提示及说明义务的履行及法律效果方面,对格式条款相对方的保护程度远远高于《民法典》的四百九十六条第二款。从立法目的上看,无论是《保险法》第十七条第二款还是第四百九十六条第二款,其目的均在于保护格式条款的相对方,《保险法》第十七条第二款在逻辑上属于《民法典》第四百九十六条第二款的特别规范,其对保险格式条款中作为格式条款提供方的保险人施加更高的义务,并对违反义务的行为赋予更为严苛的法律效果,应予尊重。从这个角度看,《保险法》第十七条第二款是对《民法典》第四百九十六条第二款的取代,对于具体案件中的"免除或者减轻保险人责任的条款",《保险法》第十七条第二款排除《民法典》第四百九十六条第二款的适用。

  值得探讨的是,《保险法》第十七条第一款还规定了保险人对格式条款的提示义务,该义务范围包括所有保险格式条款,而不限于《民法典》第四百九十六条第二款的"免除或者减轻其责任等与对方有重大利害关系的条款",但在义务内容上,保险人承担的是"说明合同的内容",未包括提示义务,其说明义务是"主动"抑或"被动"的义务尚不明确。从逻辑上看,对于"与对方有重大利害关系的条款"中的"免除或者减轻责任"条款,《保险法》第十七条第二款已经规定了较高的义务,应适用《保险法》第十七条第二款;对于"与对方有重大利害关系的条款"之外的一般保险格式条款,不属于《民法典》第四百九十六条第二款规范对象,应适用《保险法》第十七条第一款;但对于"与对方有重大利害关系的条款"中的非免除或者减轻保险人责任的条款,同时属于《民法典》第四百九十六条第二款与《保险法》第十七条第一款的规范事项,适用哪个条文需要根据立法目的进行探讨。如前所述,无论是《保险法》第十七条还是《民法典》第四百九十六条,其立法目的均在于保护格式条款的相对方,故对于保险合同"与对方有重大利害关系的条款"中的非免除或者减轻保险人责任的条款,适用《民法典》第四百九十六条第二款的规定,可能更有利于格式条款相对方的保护,更符合立法目的。从这个角度看,《民法典》第四百九十六条第二款对《保险法》第十七条第一款是补充关系,对于"免除或者减轻保险人责任条款"之外的保险格式条款，应先适用《保险法》第十七条第一款，如有"免除或者减轻保险人责任"之外的"与对方有重大利害关系的条款"，则应适用《民法典》第四百九十六条第二款。

四、特别法优于一般法与新法优于旧法的关系

如前所述，法条竞合的处理主要有三个规则：一是上位法优于下位法，二是新法优于旧法，三是特别法优于一般法。上位法优于下位法适用于不同法条的法律位阶不同时，而特别法优于一般法适用于不同法条的法律位阶相同时，故特别法优于一般法与上位法优于下位法不存在交叉。新法优于旧法规则亦以不同法条的法律位阶相同为适用前提，其与特别法优于一般法规则在适用中可能存在交叉，如何适用值得探讨。

对于诉讼时效，《民法典》第一百八十八条第一款对《民法通则》第一百三十五条规定[①]的"2年"普通诉讼时效期间进行修订，改为"3年"。《保险法》第二十六条对保险金请求权的诉讼时效有专门规定："人寿保险以外的其他保险的被保险人或者受益人，向保险人请求赔偿或者给付保险金的诉讼时效期间为2年，自其知道或者应当知道保险事故发生之日起计算。人寿保险的被保险人或者受益人向保险人请求给付保险金的诉讼时效期间为5年，自其知道或者应当知道保险事故发生之日起计算。"《民法典》施行后，保险金请求权的诉讼时效如何确定存在着不同观点。一种观点认为，《保险法》属于《民法典》的特别法，尽管《民法典》第一百八十八条对《民法通则》的普通诉讼时效期间进行规定，依据特别法优于一般法的规则，仍应依据《保险法》第二十六条确定保险金请求权的诉讼时效。另一种观点认为，《保险法》制定于1995年，《民法典》将于2021年施行，《民法典》与《保险法》相比，属于新法，依据新法优于旧法的规则，应根据《民法典》第一百八十八条来确定保险金请求权的诉讼时效。

以上争议源于特别法优于一般法与新法优于旧法两条规则如何适用的

---

① 《民法通则》第一百三十五条规定："向人民法院请求保护民事权利的诉讼时效期间为二年，法律另有规定的除外。"

问题。新法优于旧法规则建立在立法机关制定新的法律有意废止与新法相抵触的旧法的假定基础上①,其合理性在于,新法是"更加正确的"法,其能更符合法律适用时立法的目的和价值②。对于新法优于旧法规则与特别法优于一般法规则存在交叉时,如何处理,行政法领域的学者认为,特别法优于一般法规则优先于新法优于旧法的规则,即"旧特别法"与"新一般法"规定不一致时,应认为"旧特别法"优于"新一般法"③。

对于"旧特别法"与"新一般法"的关系,《立法法》第九十四条规定:"法律之间对同一事项的新的一般规定与旧的特别规定不一致,不能确定如何适用时,由全国人民代表大会常务委员会裁决。行政法规之间对同一事项的新的一般规定与旧的特别规定不一致,不能确定如何适用时,由国务院裁决。"根据该规定,《保险法》第二十六条与《民法典》第一百八十八条如何适用,应由全国人民代表大会常务委员会裁决。

---

① 黄茂荣:《法学方法与现代民法》,法律出版社2007年版,第210页;朱力宇、张曙光主编:《立法学》,中国人民大学出版社2002年版,第129页。
② 新法是"更加正确的"法,它无论如何都是更好地符合适用时立法的价值观和调整意图。[德]伯恩·魏德士:《法理学》,丁晓春、吴越译,法律出版社2013年版,第325页。
③ 顾建亚:《行政法律规范冲突的适用规则研究》,浙江大学出版社2010年版,第92页。

06
《民法典》对保险合同解除权的重大影响

詹 昊[①] 喻 丹[②]

---

① 詹昊,北京安杰律师事务所创始合伙人。
② 喻丹,北京安杰律师事务所合伙人。

摘要:《民法典》对合同解除权制度内容进行了修改,这必将影响到保险合同解除权制度内容。本文主要围绕《民法典》第五百六十四条关于解除权行使期限的规定以及第五百六十五条关于解除权行使方式的规定,对保险合同解除权的重大影响进行分析。本文认为《民法典》对保险合同解除权行使期限的影响主要在于:当《保险法》未明确规定保险人行使法定解除权对应的行使期限时,若保险合同亦未约定对应的行使期限,且投保人未催告保险人行使解除权的情况下,则应适用《民法典》第五百六十四条关于"一年解除权行使除斥期间"的规定。《民法典》对保险合同解除权行使方式的修改,为投保人解除合同的方式提供了更多选择,且投保人和保险人均可以选择直接向人民法院或仲裁机构提起确认合同解除之诉;虽然《民法典》新增附期限解除合同的情形,但保险人运用此情形时需要根据人身险和财产险的不同特性,有选择性地适用。

关键词:《民法典》;保险合同解除权;解除权行使期限;解除权行使方式

根据《保险法》第十条的规定,保险合同是投保人与保险人约定保险权利义务关系的协议。保险合同作为一类商事合同,具有其特殊性,所以,保险合同解除权与一般合同解除权存在共同之处,但亦存在特殊之处。对于保险合同解除权的特殊之处,《保险法》中进行了相应规定;对于保险合同解除权与一般合同解除权的共同之处,在《民法典》生效后,则需要遵循《民法典》的相关规定。也就是说,《民法典》关于合同解除权的规定,在《民法典》生效之后,也会对保险合同的解除权产生影响;对此,保险业界需要认真研究。

有学者认为保险合同解除权至少应当包括权利行使的主体、权利行使的条件、权利行使的期限(除斥期间)、权利行使的方式以及权利行使的法律后果五个要素[1],《民法典》关于合同解除权前述要素内容主要集中

---

[1] 参见杨德齐:《论保险合同解除权制度的体系建构——兼评〈保险法〉司法解释三(征求意见稿)的解除权条款》,载《保险研究》2015年第2期。

在第五百六十二条至第五百六十六条①。《民法典》生效后,对保险合同解除权影响最大的为第五百六十四条(解除权行使期限)和第五百六十五条(解除权行使方式),本文亦将主要围绕这两条的变化进行分析。

一、《民法典》对保险合同解除权行使期限的影响

(一)《民法典》带来的变化

合同解除权是形成权,如果解除权人对于享有的合同解除权,既不行使也不放弃,因合同有随时被解除的可能,将使合同当事人权利义务关系长期处于不稳定的状态,这与民法保护交易安全和维护社会经济秩序稳定的立法目的相悖,且"权利上的睡眠者"本不应受到保护。因此,合同解除权与其他形成权一样,应受到除斥期间的限制②。超过除斥期间,解除权人未行使解除权的,解除权消灭。详见表1。

表1 《合同法》和《民法典》对合同解除权行使期限的规定

《合同法》	《民法典》
第九十五条 法律规定或者当事人约定解除权行使期限,期限届满当事人不行使的,该权利消灭。 法律没有规定或者当事人没有约定解除权行使期限,经对方催告后在合理期限内不行使的,该权利消灭。	第五百六十四条 法律规定或者当事人约定解除权行使期限,期限届满当事人不行使的,该权利消灭。 法律没有规定或者当事人没有约定解除权行使期限,自解除权人知道或者应当知道解除事由之日起一年内不行使,或者经对方催告后在合理期限内不行使的,该权利消灭。

根据《合同法》第九十五条的规定,对于合同解除权的行使期限,若法律有规定或当事人有约定,则当事人未在前述规定或约定期限内行使解除权的,则该权利消灭;若法律无规定且当事人无约定,当事人未在经对方催告后的合理期限内行使解除权的,则该权利消灭。

---

① 此处仅指《民法典》中关于合同解除的集中规定,其他关于合同解除的相关规定散见于各编各章中。
② 参见最高人民法院《民法典》贯彻实施工作领导小组:《中华人民共和国〈民法典〉合同编理解与适用[一]》,人民法院出版社2020年版,第649页。

《民法典》在《合同法》第九十五条的基础上，增加了"自解除权人知道或者应当知道解除事由之日起一年内不行使"则解除权消灭的情形，即增加了合同解除权一年除斥期间的规定。

（二）对保险合同解除权行使期限的影响

1.对投保人享有的任意解除权行使期限的影响

根据《保险法》第十条的规定，保险合同的当事人为投保人和保险人。在保险合同中，由于保险人与投保人相比在经济实力和专业知识上都具有优势，为了弥补这种不平等的实务状态，法律对于解除权的配置倾向于保护投保人[1]。因此，各国一般会赋予投保人具有任意解除保险合同的权利，而对保险人的合同解除权进行了严格的限制。

我国对保险合同解除权的配置遵循了各国通行做法。《保险法》第十五条规定："除本法另有规定或者保险合同另有约定外，保险合同成立后，投保人可以解除合同，保险人不得解除合同"，本条系对保险合同解除的一般规定[2]。基于该条规定，目前理论界认为本条赋予了投保人享有法定的任意解除权，而对保险人的合同解除权进行了限制。

也就是说，根据我国《保险法》第十五条的规定，除非法律或保险合同另行对投保人解除合同的权利进行了限制，否则，投保人享有任意解除权，可以不用向保险人提供任何理由、随时解除合同。笔者认为，既然投保人可以不用提供任何理由就解除合同，自然也就不存在依据解除事由确定解除权行使期限之说，所以，《民法典》新增的"自解除权人知道或者应当知道解除事由之日起一年内不行使则解除权消灭的情形"，对投保人享有的任意解除权的行使期限并无实质影响。

---

[1] 参见最高人民法院保险法司法解释起草小组：《〈中华人民共和国保险法〉保险合同章条文理解与适用》，中国法制出版社 2010 年版，第 71 页。

[2] 当然，《保险法》第五十条明确规定"货物运输保险合同和运输工具航程保险合同，保险责任开始后，合同当事人不得解除合同"，但本文并不针对该等特殊类型的合同解除权进行探讨。

2.对保险人享有的合同解除权行使期限的影响

就保险人享有的约定解除权而言，在保险合同约定的保险人解除权条款合法有效的前提下，若保险人行使合同约定的解除权，根据《民法典》第五百六十四条的规定，如果保险合同对保险人享有的约定解除权明确约定了行使期限，则保险人需要在约定期限内行使解除权，否则解除权消灭；如果保险合同未对保险人享有的解除权约定了行使期限，则自保险人知道或者应当知道解除事由之日起一年内不行使，或者经投保人催告后在合理期限内不行使的，该解除权消灭。因此，若保险合同未就保险人享有的约定解除权行使期限进行约定，除《保险法》等法律另有规定外，则需要适用《民法典》新增的一年除斥期间的规定。

就保险人享有的法定解除权而言，《保险法》对保险人在何种法定情形下可以解除合同的适用情形进行了明确规定，相应适用情形及行使期限规定内容具体见表2至表4。

（1）一般规定

表2　　　　　　《保险法》对保险人解除权的一般规定

保险人解除权	行使期限	法律依据
投保人未履行如实告知义务	保险人知道有解除事由之日起三十日；最长不超过保险合同成立之日起二年；在保险合同订立时或成立后知道或者应当知道投保人未履行如实告知义务，保险人不得解除合同	《保险法》第十六条
被保险人或受益人谎报保险事故；投保人、被保险人故意制造保险事故	无	《保险法》第二十七条

就所有的保险合同而言，若因投保人未依法履行如实告知义务而使保险人享有合同解除权，则该解除权需要适用三十天除斥期间、两年不可抗辩期以及弃权的相关规定。鉴于《保险法》已经就此情形下保险人的合同解除权明确规定了行使期限，自然也就不用适用《民法典》新增的一年除斥期间的规定要求。

但若因被保险人或受益人谎报保险事故或投保人、被保险人故意制造保险事故而使保险人享有合同解除权，鉴于《保险法》未规定对应的解除权行使期限，若保险合同亦未明确约定对应的行使期限，则需要适用《民法典》新增的一年除斥期间的规定。

（2）人身保险合同

表3　　　　《保险法》对保险人人身保险合同解除权的规定

保险人解除权	行使期限	法律依据
投保人申报的被保险人年龄不真实，且被保险人真实年龄不符合合同约定的年龄限制	保险人知道有解除事由之日起三十日；最长不超过保险合同成立之日起二年；在保险合同订立时或成立后知道或者应当知道申报的被保险人年龄不真实，保险人不得解除合同	《保险法》第三十二条
保险合同效力中止满两年未达成复效协议	无	《保险法》第三十七条

就人身保险合同而言，保险人除了享有前述一般规定项下的法定解除权，还享有上述两种情形下的法定解除权。

就"投保人申报的被保险人年龄不真实，且被保险人真实年龄不符合合同约定的年龄限制"的情形而言，本质可以归入一般规定项下"投保人未履行如实告知义务"的情形中。所以，对于年龄错误申报，也需要适用三十天除斥期间、两年不可抗辩期以及弃权的相关规定。

就"保险合同效力中止满两年未达成复效协议而导致保险人享有解除权"的情形而言，《保险法》未规定保险人在前述情形下行使解除权的期限。从实务来看，保险合同一般不会约定保险人在此情形下行使解除权的期限，保险人出于公司经营等各方面考虑一般不会主动行使解除权，而投保人更不会催告保险人行使合同解除权。所以，实务中有观点认为，人身保险合同在效力中止满两年后，保险人可以随时解除合同。前述情形在《民法典》生效后或许将有所改变，因为若保险合同未就前述解除权期限进行约定，投保人未催告保险人解除合同，且保险人未于保险合同效力中止满两年之日起的一年内行使解除合同的权利，那么，该解除权将归于消灭，即保险人不得再基于该理由解除合同。

（3）财产保险合同

表4　　　《保险法》对保险人财产保险合同解除权的规定

保险人解除权	行使期限	法律依据
转让导致保险标的危险程度显著增加，保险人可以按合同约定增加保险费或解除合同	因保险标的转让导致危险程度显著增加的，保险人自收到被保险人或者受让人的通知之日起三十日内，可以按照合同约定增加保险费或者解除合同。	《保险法》第四十九条
投保人、被保险人未按约定维护保险标的安全	无	《保险法》第五十一条
保险标的危险程度显著增加的，保险人可以根据合同约定增加保险费或解除合同	无	《保险法》第五十二条
保险标的发生部分损失	除合同另有约定外，保险人也可以解除合同，但应当提前十五日通知投保人。	《保险法》第五十八条

就财产保险合同而言，保险人除了享有前述一般规定项下的法定解除权，还享有上述四种情形下的解除权。但是，对于上述四种情形下的解除权，除了"保险标的发生部分损失"的情形，其他情形中均具有"按合同约定""按约定""根据合同约定"等用语，那么，保险人享有的该等权利是属于法定解除权，还是约定解除权呢？

1）转让导致保险标的危险程度显著增加，保险人可以按合同约定增加保险费或解除合同

《保险法》第四十九条第三款规定："因保险标的的转让导致危险程度显著增加的，保险人自收到前款规定的通知之日起三十日内，可以按照合同约定增加保险费或者解除合同。保险人解除合同的，应当将已收取的保险费，按照合同约定扣除自保险责任开始之日起至合同解除之日止应收的部分后，退还投保人。"

对于此规定条文，实务中存在两种不同理解，一种观点认为，保险人解除合同应以合同约定为前提；而另一种观点认为，"按照合同约定"仅

系针对"增加保险费"而言，并未限定"解除合同"，保险人可以依据《保险法》的规定直接解除合同。例如："河南省南阳市第一运输公司、马秀荣与安邦财产保险股份有限公司河南分公司保险纠纷案"（（2011）宛民初字第304号）中，南阳市宛城区人民法院认为："……被告辩称事故车辆转让未通知保险公司，故不应承担赔偿责任的理由不充分，根据《保险法》第四十九条第三款，因保险标的转让导致危险程度显著增加的，保险人可以增加保费或解除合同，不存在保险合同效力中止的状态。"从上述法院观点来看，其直接引用法律规定，并未提及合同约定问题，可以从侧面理解该法院支持前述第二种观点，即不必以合同约定为前提。

鉴于实务中存在不同理解，保险人有必要在保险合同中对保险标的转让导致危险程度显著增加时，保险人的合同解除权进行明确约定。另外，需要注意的是，保险人需要在收到被保险人或者保险标的受让人根据《保险法》第四十九条第二款规定发出的通知之日起三十日内行使合同解除权，即对于保险标的转让导致保险标的危险程度显著增加时保险人享有的合同解除权，《保险法》第四十九条第三款已经明确规定"三十日"的解除权行使期限，保险人在此情形下解除合同应受此期限限制。

2）投保人、被保险人未按约定维护保险标的安全

《保险法》第五十一条规定："被保险人应当遵守国家有关消防、安全、生产操作、劳动保护等方面的规定，维护保险标的的安全。保险人可以按照合同约定对保险标的的安全状况进行检查，及时向投保人、被保险人提出消除不安全因素和隐患的书面建议。投保人、被保险人未按照约定履行其对保险标的的安全应尽责任的，保险人有权要求增加保险费或者解除合同。"

从上述规定来看，遵守国家有关消防、安全、生产操作、劳动保护等方面的规定从而维护保险标的的安全系被保险人的法定义务，若被保险人违反该法定义务，保险人理应有权解除合同；但若保险人拟以投保人、被保险人未履行其他维护保险标的安全的义务为由解除合同，需要在保险合同中对投保人、被保险人其他维护保险标的安全的义务进行约定。因此，可以认为，本条亦规定了保险人的约定解除权。

《保险法》并未规定此情形下保险人享有的合同解除权行使期限,因此,若保险合同未明确约定相应行使期限,对方亦未催告保险人行使合同解除权,那么,就应该适用《民法典》第五百六十四条新增的一年除斥期间的规定。

3)保险标的危险程度显著增加的,保险人可以根据合同约定增加保险费或解除合同

《保险法》第五十二条第一款规定:"在合同有效期内,保险标的的危险程度显著增加的,被保险人应当按照合同约定及时通知保险人,保险人可以按照合同约定增加保险费或者解除合同。保险人解除合同的,应当将已收取的保险费,按照合同约定扣除自保险责任开始之日起至合同解除之日止应收的部分后,退还投保人。"

对于此规定条文的理解,与前述第四十九条第三款的问题类似,实务中存在两种不同理解,一种观点认为,保险人解除合同应以合同约定为前提。例如:"熊正祠、韦爱琼与安邦财产保险股份有限公司浙江分公司、上虞市蚂蚁汽车租赁有限公司等机动车交通事故责任纠纷案"((2009)浙绍民终字第199号)中,二审法院浙江省绍兴市中级人民法院明确认为"《保险法》第三十七条(修正后现行有效《保险法》的第五十二条)规定的免责事由,必须以双方合同约定和保险标的危险程度增加为前提"。而另一种观点认为,"按照合同约定"仅系针对"增加保险费"而言,并未限定"解除合同"。

同前所述,鉴于实务中存在不同理解,为防范风险,保险人有必要在保险合同中对保险标的危险程度显著增加时保险人的合同解除权进行明确约定。

同样地,《保险法》并未规定此情形下保险人享有的合同解除权行使期限。因此,若保险合同未明确约定相应行使期限,对方亦未催告保险人行使合同解除权,那么,就应该适用《民法典》第五百六十四条新增的一年除斥期间的规定。

4)保险标的发生部分损失

《保险法》第五十八条第一款:"保险标的发生部分损失的,自保险人

赔偿之日起三十日内，投保人可以解除合同；除合同另有约定外，保险人也可以解除合同，但应当提前十五日通知投保人。"

根据上述规定，除非保险合同对保险人在此情形下的合同解除权进行了限制或排除，否则，保险人在此情形下享有法定解除权，但是，需要注意提前十五日通知投保人解除合同。也就是说，保险人的通知到达日应该提前于合同解除日十五日。除了上述十五日的期限限制之外，我们认为保险人行使合同解除权也应该同时适用《民法典》第五百六十四条新增的一年除斥期间的规定。

综上所述，从《保险法》的规定来看，除了"投保人未履行如实告知义务"、"投保人申报的被保险人年龄不真实且被保险人真实年龄不符合合同约定的年龄限制""转让导致保险标的危险程度显著增加"这几类情形之外，对于保险人依法享有的其他法定解除权情形，《保险法》均未明确规定对应的行使期限；若保险合同亦未约定对应的行使期限，且对方未催告保险人行使解除权，则应适用《民法典》第五百六十四条中"自解除权人知道或者应当知道解除事由之日起一年内不行使则解除权消灭"的相关规定。需要注意的是，对于"保险标的发生部分损失"的情况，应该同时适用《保险法》规定的提前十五日与《民法典》第五百六十四条的除斥期间限制。

无论是人身保险公司还是财产保险公司，对于保险人享有的约定解除权以及前述不存在法律规定行使期限的法定解除权，有必要在保险合同中明确约定合理的行使期限，或进一步完善公司的保全业务流程，设置保险人解除权行使期限的重要节点提醒，以避免保险人享有的合同解除权因超过行使期限而消灭。

二、《民法典》对保险合同解除权行使方式的影响

（一）《民法典》带来的变化

合同解除分为法定解除和约定解除，而合同单方解除权既可以源于法定，也可以源于约定。虽然合同解除权是形成权，不需要对方的同意，但必须使对方知悉其解除合同的意思，因此，法律有必要对合同当事人行使

单方解除权的方式作出规定。

为维护非解除方的权益，防止解除权人滥用解除权，《合同法》第九十六条规定当非解除方对解除权人解除合同存在异议时，可以请求人民法院或仲裁机构确认合同解除效力。但是，实践中若非解除方怠于提起确认之诉，将使合同效力长期处于不稳定和不确定的状态，从而有可能损害解除权人的合法利益。为了平衡各方利益关系，维护合同交易的安全与稳定，《最高人民法院关于适用〈中华人民共和国合同法〉若干问题的解释（二）》（法释〔2013〕14号）（以下简称《合同法司法解释（二）》）第二十四条规定了异议期间制度[①]。《民法典》第五百六十五条在《合同法司法解释（二）》第二十四条的基础上，明确了可提起确认合同解除行为效力的当事人不限于非解除方，而是"任何一方当事人均可"。详细见表5。

表5 《合同法》和《民法典》对合同解除权行使方式的规定

《合同法》	《民法典》
第九十六条 当事人一方依照本法第九十三条第二款、第九十四条的规定主张解除合同的，应当通知对方。合同自通知到达对方时解除。对方有异议的，可以请求人民法院或者仲裁机构确认解除合同的效力。 法律、行政法规规定解除合同应当办理批准、登记等手续的，依照其规定。	第五百六十五条 当事人一方依法主张解除合同的，应当通知对方。合同自通知到达对方时解除；通知载明债务人在一定期限内不履行债务则合同自动解除，债务人在该期限内未履行债务的，合同自通知载明的期限届满时解除。对方对解除合同有异议的，任何一方当事人均可以请求人民法院或者仲裁机构确认解除行为的效力。 当事人一方未通知对方，直接以提起诉讼或者申请仲裁的方式依法主张解除合同，人民法院或者仲裁机构确认该主张的，合同自起诉状副本或者仲裁申请书副本送达对方时解除。

对比《合同法》第九十六条，《民法典》第五百六十五条的变化主要体现在以下几点。

[①] 《合同法司法解释（二）》第二十四条："当事人对《合同法》第九十六条、第九十九条规定的合同解除或者债务抵销虽有异议，但在约定的异议期限届满后才提出异议并向人民法院起诉的，人民法院不予支持；当事人没有约定异议期间，在解除合同或者债务抵销通知到达之日起三个月以后才向人民法院起诉的，人民法院不予支持。"

其一，新增附期限解除合同情形，即"通知载明债务人在一定期限内不履行债务则合同自动解除，债务人在该期限内未履行债务的，合同自通知载明的期限届满时解除"。

其二，扩大了请求人民法院或仲裁机构确认解除行为效力的主体范围。《合同法》第九十六条规定的是"对方"，而《民法典》规定的是"任何一方当事人"。

其三，新增未通知对方，直接请求人民法院或仲裁机构解除合同的方式和此情形下合同解除时间的确定。

其四，删除了《合同法》第九十六条第二款"法律、行政法规规定解除合同应当办理批准、登记等手续的，依照其规定"的规定。

（二）对保险合同当事人单方行使解除权方式的影响

从《保险法》关于解除权的相关规定来看，《保险法》对解除合同的情形、解除合同的后果进行了详细的规定，但对于当事人行使解除权的方式、合同解除生效时间等内容未进行明确的规定[①]。如前所述，保险合同系一类特殊的有名合同，对于保险合同解除权的特殊之处，应适用《保险法》的特殊规定；若《保险法》未规定的，在《民法典》生效后，则需要遵循《民法典》的相关规定，即保险合同的解除方式、解除生效时间等应适用《民法典》相关规定。

1. 对投保人单方行使解除保险合同方式的影响

如前文分析，根据《保险法》第十五条的规定，除非《保险法》或保险合同另行对投保人解除合同的权利进行了限制，否则，投保人享有任意解除权。

投保人行使保险合同解除权时，根据《合同法》第九十六条的规定，投保人可以以通知的方式解除合同，这也是实务中常见的操作方式。但是，若投保人以通知的方式解除合同，但保险人表示根据合同约定投保人

---

① 最高人民法院曾在《保险法》司法解释二征求意见稿中的第七条规定："保险合同成立后，当事人一方依据《保险法》和本解释主张解除合同的，应当书面通知对方，保险合同自通知书送达对方时解除。"但最终出台的《保险法》司法解释二删除了该内容。

不得解除合同，即保险人对投保人解除合同提出异议，目前可以通过《合同法司法解释（二）》第二十四条规定的异议期间相关规定进行救济解决。

《民法典》生效后，若投保人拟解除保险合同，投保人可以选择通知保险人解除合同且在保险人未提出异议前就请人民法院或仲裁机构确认其解除合同的效力，或者在保险人提出异议后再向人民法院或仲裁机构请求确认解除合同的效力，或者不通知保险人而选择直接向人民法院或仲裁机构申请解除合同。可以说，《民法典》为投保人解除合同的方式提供了更多选择。

2. 对保险人单方行使解除保险合同方式的影响

（1）以通知方式解除保险合同的具体形式

承前所述，由于保险人与投保人相比在经济实力和专业知识上都具有优势，为了弥补这种不平等的实务状态，法律对于解除权的配置倾向于保护投保人，这种配置不仅体现在实体权利的分配上，还体现在保险合同当事人在行使解除权而使对方知悉其解除合同的意思的具体形式要求上面。

以通知方式解除合同为例，无论是《合同法》还是《民法典》，对于当事人以通知方式解除合同的具体通知形式均未作出明确限定。理论上而言，当事人可以选择口头通知、纸质文件通知、电子邮件通知、微信或手机短信等各种方式作出解除合同的意思表示，而不以书面形式的通知为限。但是，从实务来看，更多观点倾向于认为，对于保险人而言，其有能力通过书面的方式向投保人履行解除合同的通知义务，为了防止以后出现不必要的纠纷，通过书面方式履行通知义务也更容易固定证据，因此有必要要求保险人解除合同时以书面方式通知投保人；至于投保人要求解除合同的，既可以用书面形式提出，也可以用口头或诉讼的方式提出①。

由此可见，若保险人选择以通知方式解除合同，以书面方式通知较妥，且应注意留存具体的证明文件资料。

---

① 参见黄伟峰、王瑞煊、陈戎：《保险人解除权相关法律问题》，载《人民司法（应用）》2018年第34期。

（2）附期限解除合同情形的运用

《民法典》第五百六十五条新增附期限解除合同的情形，即"通知载明债务人在一定期限内不履行债务则合同自动解除，债务人在该期限内未履行债务的，合同自通知载明的期限届满时解除"。从保险合同双方当事人的主要权利义务内容来看，投保人最主要的义务是交纳保险费，保险人最主要的义务是赔付保险金、在合同解除时退还保费或现金价值；因此，从投保人的角度，较难运用《民法典》第五百六十五条新增附期限解除合同的情形，但对于保险人而言，在投保人未依约交纳保险费时，似乎存在运用此情形的空间，即在投保人未依约交纳保险费时，保险人是否可以通知投保人于限期内交纳保险费，否则，保险合同将于通知载明的期限届满时自动解除呢？

根据《保险法》第三十六条、第三十七条的规定，对于分期缴纳保险费的人身保险合同而言，因存在保单效力中止及复效制度，在保险合同效力中止之日起两年内，保险人应无法运用前述附期限解除合同的情形。但在保险合同效力中止之日起满两年后，因保险人具有法定解除合同的权利，笔者认为，在前文所述的合同解除权行使期限内，保险人可以通知投保人于限期内提出复效申请并补交保费，否则，保险合同将于前述通知载明的期限届满时自动终止。

对于财产保险合同而言，笔者认为，若投保人未依约交纳保险费，除保险合同另有约定，保险人可以运用附期限解除合同的情形，即保险人可以通知投保人于限期内补交所欠保险费，否则，保险合同将于通知载明的期限届满时自动终止。

（3）确认合同解除之诉

如前分析，一方当事人解除保险合同，任何一方当事人均可以向人民法院或仲裁机构提起确认合同解除之诉，也就是说，若保险人根据法律规定或合同约定行使解除合同的权利，若对方提出异议但未提起确认合同解除之诉，或对方虽未提出异议但保险人不知对方日后是否会提出异议的，为尽快确定合同状态，保险人可以选择直接向人民法院或仲裁机构提起确认合同解除之诉，请求人民法院或仲裁机构确认其解除合同的行为合法有效。

另外,《民法典》虽然新增第五百六十五条第二款未通知对方直接提起确认合同解除之诉的条款,但是从保险公司运营实务来看,为了保护保险消费者权益,以及为了降低运营成本,笔者理解,一般情况下保险公司应该不会选择采用此方式解除合同。

三、结语

保险合同的解除权关乎长期的保险法律关系的稳定性,关乎投保人、被保险人、受益人基于保险合同而产生的对分散风险、填补损失的期待,因此,对保险合同的解除权的行使应该谨慎处理、依法操作。《民法典》实施之后,保险人有必要对照《民法典》的相关内容进行检视,使得合同解除制度的设立与执行合法合理。

07
《民法典》对《保险法》格式条款效力控制规则的影响

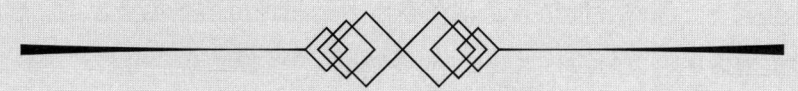

曹兴权[①]

---

① 曹兴权,西南政法大学民商法学院教授。

摘要：关注《民法典》相关规定对《合同法》的实质修改，并以此为契机，启动修改《保险法》格式条款效力控制规则的工作。为此，应通过引入重大利害关系、增列减轻责任情形、增设致使没有注意或者理解的违反后果实质审查标准等路径来完善提示与明确说明规则；应通过引入合理审查标准、将依法享有的权利依法承担责任之"依法"修改为依据《保险法》、将责任与权利修改为法定责任与法定主要权利、增列减轻保险人责任等路径，来完善非伦理性、严重不公平条款直接无效规则。

关键词：格式条款；投保人保护；提示与说明义务；格式条款无效；不公平条款控制

一、问题的提出

保险合同是经典的标准合同，销售基于标准合同而表达出来的保险产品是保险市场的通常做法，保险市场中的格式条款现象极为普遍。保险合同标准文本、保险合同格式条款在本质上是一种由市场创造出的"善"，有助于确保保险交易遵从大数法则、降低保险经营成本。当然，并不否认处于优势地位的保险人滥用格式条款，从而严重危及交易公平甚至违背公序良俗的可能。因此，《中华人民共和国保险法》（以下简称《保险法》）在尊重保险标准文本、保险合同格式条款的基础上，建立了包括准入规则、无效认定规则、不利解释原则在内的三大滥用控制机制。

保险市场本身及其他法律的发展共同推动《保险法》的发展，《保险法》的格式条款滥用控制机制也如此。1999年《中华人民共和国合同法》（以下简称《合同法》）完整地引入格式条款滥用控制机制后，《保险法》在2009年修改时，完善了提示与说明义务规则这种准入规则与不利解释原则，还引入了无效认定规则，分别体现在第十七条、第十九条及第三十条中。《中华人民共和国民法典》（以下简称《民法典》）修改了《合同法》中的提示与说明义务规则、无效认定规则。《民法典》在提示说明规则、无效规则上相较于《合同法》有实质性修改。此种修改意味着，立法者在调适维护交易公平、维护公序良俗与尊重商业自由之间矛盾时，政策立场的显著变化。"贯彻全面深化改革的精神，坚持维护契约、平等交换、公平竞争，促进商品和要素自由流动"是《民法典》合同编展开的基本理念①。强化对契约的维护，意味着国家对契约的尊重；而强调平等交换，则意味着对特殊合同当事人的特殊保护。如何平衡契约维护与平等交换之间的关系，考验裁判者的智慧。在此背景中，我们必须认真对待《保险法》中的相关规定的理解适用甚至修改完善的问题。

鉴于提示与说明义务规则、无效认定规则最终设计对格式条款效力的控制，本文拟以格式条款效力控制规则来统合《保险法》第十七条、第十九条，一并讨论《民法典》对这两个条款的影响。

二、《民法典》对《保险法》第十七条提示与说明规则的影响

（一）《民法典》对《合同法》格式条款提示与说明规则的修改

1.《合同法》第三十九条格式条款提示与说明规则

对于该规定，我们可以有如下理解。

第一，提示与说明对象范围的有限性。需要格式条款使用者进行提示与说明义务的，仅仅是免除或者限制其责任的条款，而非所有格式条款。根据该条第二款，格式条款是当事人为了重复使用而预先拟定并在订立合同时未与对方协商的一切条款。并非所有格式条款对相对方的影响都相同。从对权利义务公平配置的影响程度看，被对方当事人所在意的条款，仅仅限于免除或者限制其责任的条款。对于那些非实质性条款或者程序性条款，并无提示与说明的必要。

实践中的难题是，如何认定免除或者限制其责任的条款？坚持形式标准还是实质标准？合同中的所有条款，只要有法律意义，都将或多或少影响当事人之间的权利义务关系。只要这种影响客观存在，任何有利于格式条款使用方的条款都具有免除或者限制使用方责任的效果。为维护交易公平、保护交易弱者，格式条款的使用者必须对任何具有免除或者限制使用

---

① 参见《关于〈中华人民共和国民法典（草案）〉的说明》。

方责任效果的条款履行提示与说明义务吗？从制度实施的效果看，或许该问题的解决也可以转向提示与说明义务的履行要求。既然难以确定免除或者限制责任的格式条款的范围，根据限制责任或者免除责任程度而相应地设置提示与说明的履行程序要求，也是一种选择。

第二，采取合理的方式提请对方注意是提示义务的具体要求。一方面，格式条款者应将该等条款提供给对方，并特别提醒相对方注意这些条款。另一方面，向对方提供条款、向对方提醒注意的行为本身是有要求的，务必达到合理的程度。当然，现实中的问题可能在于，何种行为才是合理的？是否合理的判断，是坚持主观标准还是客观标准？如果是客观标准，是坚持格式条款使用者的一般标准，还是坚持相对方的一般标准？

第三，说明义务的被动性。采用格式条款订立合同的一方应当向另一方说明格式条款，但该义务的启动应以对方的要求为前提。如果对方未提出要求，或者未作询问，格式条款的使用者则无须说明。现实问题在于，如果相对方未对特定条款的含义或者风险作特别询问，只是向使用者提出进行说明或者解释的宽泛要求，格式条款使用者应当如何履行说明义务？

第四，本规定的意图在于确保格式条款遵循公平原则。公平原则是民商法的基本原则，合同法上的公平有过程公平与结果公平，形式公平与实质公平之分。免除或者限制责任格式条款的提示与说明义务中的公平，应当属于过程公平以及一定意义上实质公平的范畴；当然，实质公平的要求并不针对结果本身，而是强调相对方有表达意愿或者进行磋商的机会。

第五，格式条款使用者违反该义务的法律后果。该条对此未作明确规定。不过，《合同法司法解释（二）》第九条明确规定，对方当事人有权申请撤销该格式条款。撤销的后果是，该类条款不构成合同的内容。

2.《民法典》第四百九十六条的格式条款提示与说明规则

相较于《合同法》第三十九条，《民法典》第四百九十六条格式条款提示与说明规则有以下变动：

第一，关于提示及说明的范围。《民法典》延续了《合同法》的有限主义立场，但完善了免除或者限制责任条款的认定标准。针对《合同法》

第三十九条关于免除或者限制责任认定标准不清的局限,《民法典》引入"重大利害关系"的实质标准。根据该标准,那些被格式合同使用者标注为免除条款或者限制责任条款的条款,应当被认定属于提示及说明的范围;那些未在形式上被标注为免除条款或者限制责任条款的条款,只要被认为与对方有重大利害关系、可以给对方造成重大不利的效果,也应被认定适用于提示及说明的范围。"重大利害关系"实质标准的明文引入,在一定程度上消弭了形式标准还是实质标准的争议,有助于保护相对方并且消解争议。

第二,补充了说明义务履行的程度标准。根据"致使对方没有注意或者理解与其有重大利害关系的条款的,对方可以主张该条款不成为合同的内容"的表达看,立法者坚持了特定相对方为判断基础的结果主义立场。也即,所作的提示行为,必须确保相对方注意到该类条款的结果为至;所作的说明行为,必须确保相对方理解到该类条款的结果为至。

第三,补充了违反提示或说明义务的法律后果。该条吸收《合同法司法解释(二)》第九条的精神,直接规定"对方可以主张该条款不成为合同的内容"。

(二)后《民法典》时代《保险法》第十七条提示说明规则的走向

1.《保险法》第十七条与《民法典》第四百九十六条之比较

(1)对格式条款的强调

《保险法》第十七条第一款的提示与说明义务明确针对"格式条款",第二款的表达仅仅指向"条款"。虽然经由体系解释与伦理解释可将第二款的条款限制为"格式条款",但现实中依然存在一些误解与争议。比较而言,《民法典》第四百九十六条的提示与说明义务明确指向格式条款,并且按对方是否有机会磋商的标准而对格式条款作明确界定。

(2)提示与说明的范围有差异

《保险法》坚持区分立场,而《民法典》坚持统一立场。根据《保险法》第十七条,保险人对保险合同中的所有格式条款均负提示与说明义务。只不过,对于一般条款,提示与说明义务的要求相对较低;对于免责条款,提示与说明义务的要求相对较高。《民法典》针对免责或者限制责任条款,对使用者设置提示与说明义务。

（3）免责条款的界定标准有差异

《保险法》第十七条使用"免除保险人责任"的界定标准，相对模糊。在现实中出现了形式标准与实质标准的不同主张，也存在限制责任是否属于免责条款的争议，还出现了将法律、行政法规中的禁止性规定情形作为保险合同免责条款的免责事由的场合，保险人是否应按照第十七条履行提示与明确说明义务的争议。显然，《民法典》关于"免除或者减轻其责任"的表达以及"与对方有重大利害关系"的标准更为清晰。

（4）提示与说明义务的具体要求有差异

相较于《民法典》，首先，《保险法》的规定更为具体。关于提示义务，对于一般性格式条款，保险人必须以在向投保人提供的投保单中应当附格式条款的方式来提示，采取一般的说明方式来向对方说明。对于免除保险人责任的条款，保险人必须以在投保单、保险单或者其他保险凭证上作出足以引起投保人注意的方式来提示，以对该条款的内容以书面或者口头形式进行说明的方式来明确说明。其次，《保险法》未引入基于投保人的实质判断标准。根据《民法典》，格式条款使用者应当确保相对方有注意到这些重大条款，理解这些重大条款；致使对方没有注意或者理解与其有重大利害关系的条款的，这些格式条款将难以成为合同内容。

2. 《保险法》第十七条如何适应《民法典》

《保险法》是《民法典》的特别法，保险合同纠纷中关于格式条款的争议应优先考虑《保险法》的特别规定；不过，也不得忽略《民法典》针对格式条款控制的提示与说明义务规则本身的进步。在后《民法典》时代，《保险法》第十七条应作如下坚守与完善。

（1）继续坚持投保方利益特殊保护理念，控制保险人的格式条款滥用行为

《民法典》第一百二十八条规定，"法律对未成年人、老年人、残疾人、妇女、消费者等的民事权利保护有特别规定的，依照其规定"。虽然并非所有投保方均属于消费者权益保护法上的消费者，但倾斜保护投保方利益是保险市场监管的基本原则。因此，应当继续坚持投保方利益特殊保

护理念。

（2）应当继续关照《保险法》特别规定背后的保险逻辑

相较于《民法典》，要求对所有格式条款进行提示与说明、并对不同格式条款设置不同的提示与说明义务的做法，是《保险法》的特殊规则。这些特殊规则，是在考虑保险业务实际的基础上对提示与说明义务的履行施加融入保险因素特殊要求的结果。

虽然《保险法》第十七条第一款针对保险合同的一般格式条款设置对保险人施加了一般性的提示与说明义务，但是由于缺乏违反后的法律效果规则，该款规定事实上属于宣示性规定，只具有提示保险人如何行为的指引性意义。从裁判角度考虑，删除该款规定也未尝不可。但考虑到对保险人的指引价值以及内涵的格式条款控制意图，今后在修改《保险法》时继续保留该条款还是必要的。事实上，第一款在1995年版的《保险法》并不存在，2009年修改《保险法》时增加此规定的目的也在于此。

《保险法》的修改与适用，应重点关注第十七条第一款针对免责条款的特别控制要求，同时也考虑该条第一款对第二款适用的影响。关于提示义务，结合该条两款，事实上包括通过在向投保人提供的投保单中应当附格式条款的方式来提示，以及必须以在投保单、保险单或者其他保险凭证上作出足以引起投保人注意的方式来提示的两个方面要求。保险单、投保单以及其他保险凭证，是保险交易中的特殊现象与文件资料。保险人的提示义务当然应当通过这些特殊资料作为载体来履行提示义务。如果没有向投保人提供投保单，或者投保单中没有附格式条款，保险人的提示义务甚至说明义务将更重；在这些文件中所作足以引起投保人注意，也是保险市场交易中的特殊规律使然。如果未通过这些形式来提示保险人，保险人的提示义务将有其他特别要求。

（3）借鉴《民法典》界定免责条款的实质标准，完善《保险法》第十七条中的保险合同免责条款的认定标准

与《合同法》一样，《保险法》中"免除保险人责任"的免责条款的界定标准事实上是不清晰的。《民法典》所引入的实质标准能够消弭《合同法》实施中的难题，当然也能够助推《保险法》的完善。因此，建

议在《保险法》第十七条第二款中增加"限制"字样的同时,增加"与对方有重大利害关系"的表达。如此处理,《〈保险法〉司法解释二》第九条所言"责任免除条款、免赔额、免赔率、比例赔付或者给付等免除或者减轻保险人责任的条款"的解释完全可以被替代,并且有助于解决该解释本身可能存在的兜底条款缺乏的不周延问题。

(4)突出格式条款的控制意图

引入格式条款的字样,将第十七条第二款中的"对保险合同中免除保险人责任的条款"修改为"对于免除或者减轻其责任等与对方有重大利害关系的格式条款"。

(5)借鉴《民法典》界定提示与说明义务履行的标准,完善《保险法》第十七条关于保险人提示与明确说明义务履行的具体标准

首先,《保险法》关于对保险人的具体行为标准可以保留,但应借鉴《民法典》所采用的基于相对方主义的结果主义标准。其次,关于明确说明,应借鉴《民法典》的被动启动主义,将保险人的主动无限说明修改为"按投保人的要求"说明。

如此处理,能够有效尊重保险市场中保险人的自由以及保险交易客观的技术需求,也能够有效抑制保险人对保险格式条款交易技术的滥用,从而有效地保护投保方的利益[①]。其中,在投保单、保险单或者其他保险凭证上作出足以引起投保人注意的提示、以书面或者口头形式向投保人作出明确说明等规定,意在保留保险人的具体行为标准,在尊重保险市场特殊性的同时,也利于借助理性的保险市场交易惯例对保险人营销行为的指引和约束[②];致使对方没有注意或者理解与其有重大利害关系的条款的后果限制,意在引入基于投保人主义的后果认定标准,确保对投保人的有效保

[①] 曹兴权、罗璨:《保险不利解释原则适用的二维视域——弱者保护与技术维护之衡平》,载《现代法学》2013年第4期,第71页。

[②] 曹兴权:《反差与调适:保险人说明义务的履行——兼论《保险法》第十七、十八条的修改》,载《求索》2005年第2期,第77-78页。

护①；行为主义与结果主义的有机结合，充分协调保险市场交易规律与投保人保护政策之间的矛盾。被动启动主义的引入，意图充分尊重保险市场中保险人说明义务程序化的趋势。要求保险人承担主动的、无限的说明义务，不仅难以有效地平衡当事人双方的利益、推动保险市场的健康发展，也让保险纠纷陡生。当然，很多人可能认为被动说明主义的引入会加剧说明义务的程序化甚至完全消解明确说明义务的制度功能。存在这种担心，是正常的；但也应当考虑到保险市场的其他销售服务惯例或者监管要求的替代作用。对于复杂的、高风险保险产品，保险人必须履行对投保人的适当性审查义务，该审查事实上可以完全替代格式条款的明确说明义务；对于一般的保险产品，保险合同中的犹豫期规则、保险人在销售后的回访机制更有助于投保人充分理解保险条款以及保险交易的实质风险。

三、《民法典》对《保险法》第十九条格式条款无效规则的影响

（一）《民法典》对《合同法》格式条款无效规则的修改

1.《合同法》第四十条格式条款无效规则

该条规定了两大类直接被认定为无效的格式条款。第一类，损害公共利益或者背离公序良俗的免责条款无效，具体包括：出现第五十二条违反法律、行政法规的强制性规定等损害公共利益等情形；或者，属于免除造成对方人身伤害或者因故意或者重大过失造成对方财产损失民事赔偿责任的免责条款。这一类格式条款无效是当然的，此种处理的逻辑在于维护公共利益、社会基本秩序以及人类的基本伦理。第二类，提供格式条款一方免除其责任、加重对方责任、排除对方主要权利的无效。此种处理的逻辑在于，此种条款对相对方的严重不公平，导致对特定主体保护的基本立法目标落空，从而危害了社会秩序。不过，即便我们可以从公共利益、公序良俗的高度去解释，我们也不得无视此种情形与交易公平发生联系的事实

---

① 曹兴权：《反差与调适：保险人说明义务的履行——兼论《保险法》第十七、十八条的修改》，载《求索》2005年第2期，第77-78页。

本身。正是因为此种联系，关于免除其责任、加重对方责任、排除对方主要权利的格式条款无效的规则在司法适用中发生了大量争议，诸如：是不是此类条款均无效？如何认定免除其责任、加重对方责任中的责任？格式条款使用者因相对方违法约定或者法定义务而免责的条款是否属于此类条款？如何认定排除对方权利中的权利属于主要权利？如果条款是限制主要权利而非排除主要权利，效力又如何处理？

2.《民法典》第四百九十七条的修改

相对于《合同法》第四十条，《民法典》第四百九十七条的修改体现在以下方面。

（1）将限制对方主要权利与排除对方主要权利作区别对待

根据《合同法》第四十条，提供格式条款一方排除对方主要权利的，该条款无效；而根据《民法典》第四百九十七条，只有在提供格式条款一方排除对方主要权利的场合，该条款才被直接认定无效。如果提供格式条款一方仅仅通过格式条款限制对方主要权利，该条款并不当然直接无效，而是坚持衡量立场去考察其合理性，不合理的无效、合理的则可能有效。

（2）引入合理性审查标准，显著限缩背离公平原则直接无效条款的范围

据《合同法》第四十条，提供格式条款一方免除其责任、加重对方责任、排除对方主要权利的，此类条款均无效。根据《民法典》第四百九十七条，即使提供格式条款一方免除其责任、加重对方责任，甚至限制对方主要权利，格式条款也不当然无效；只有达到不合理程度时，该条款才无效。

总之，对于损害公共利益或者背离公序良俗之外的非伦理性免责格式条款无效的认定，立法者的立场有显著的进步。这些变化，无疑属于商事思维融入后的胜利。

非伦理免责格式条款的无效，是绝对无效、直接无效、当然无效，属于国家强制对市场自治的最强有力的干预与否定。不过，无论是直接排除对方主要权利，还是不合理地免除其责任、加重对方责任、排除对方主要权利，都离不开公平评判的本质。因此，非伦理性免责格式条款无效，其

实是严重不公平的判断上升为直接无效的判断。本来，合同背离公平的处理应当坚持撤销主义逻辑。由申请撤销向直接无效的处理，在理论上、事实上存在争议。有学者认为，如果格式条款是不公平、不合理的，应当适用《合同法》第五十四条显失公平的规定，允许当事人撤销格式条款①。我们要控制的是免责条款的不合理内容，而不应当是免责条款的形式，对所有格式条款中的免责条款不加区分一概敌视态度显然是片面且有害的②。有学者认为，不公平格式条款只有无效一种情形，并无可撤销的问题③。

将申请撤销转化为直接无效的处理，在立法政策上也有充足的正当性。但我们也不得忽略此种转化对商业逻辑带来的不利以及转化政策法律实现路径设计的难题。商事活动营利性的本质意味着商事思维的趋利性，也意味着规制商事行为的商法更应关注交易的安全和效率、关注商人和商事交易的营利特性，更应尊重商人之间的意思自治。在商业交易中，只要不背离公序良俗原则，任何权利或者受法律保护的利益都是可以交易的，而复杂的合同条款设计也意味着可以将那些在常人看来相当重要的权利、主要义务转化为商业产品或者服务。简单粗暴地将所有格式条款认定为无效，无疑是对商业自由与商业创造的粗暴干涉。因此，考虑将严重不公平免责格式条款的效力判断逻辑适当地从无效回转到申请撤销的，是有价值的。《民法典》第四百九十七条的这种区分逻辑与合理性审查逻辑的引入，当然是必要的。

不过，《民法典》第四百九十七条第二款与第三款的适用依然存在诸多疑问，这主要表现在：何谓免除其责任或加重对方责任的责任？何谓排除对方主要权利或者限制对方主要权利？何谓不合理？比如，解亘教授认为，格式条款中的核心给付条款应当排除适用格式条款的内容控制规则，

---

① 王利明：《对〈合同法〉格式条款规定的评析》，载《政法论坛》1999年第6期，第10-11页；梁慧星：《〈合同法〉的成功与不足（上）》，载《中外法学》1999年第6期，第22-23页。
② 韩世远：《免责条款研究》，载《民商法论丛》（第2卷），法律出版社1997年版，第469-470页。
③ 范雪飞：《论不公平条款制度——兼论我国显失公平制度之于格式条款》，载《法律科学（西北政法大学学报）》2014年第6期，第111页。

因为核心给付条款中的合意度很充分,是合同当事人自己责任的范畴①。按照该解释,只要涉及核心给付,就无所谓这些责任或者权利的限制排除之不合理性以及无效的问题。但是,何谓核心支付条款的问题依然存在。

(二)《民法典》时代《保险法》第十九条无效格式条款规则的走向

1.《保险法》第十九条的文义解读

根据该条,导致保险合同格式条款的无效情形有三:第一,格式条款免除保险人依法应承担义务的;第二,格式条款加重投保人、被保险人责任的;第三,格式条款排除投保人、被保险人或者受益人依法享有的权利的。

在司法实践中,对《保险法》第十九条规定的理解可能存在诸多争议,诸如:何谓"免除保险人依法应承担义务"中的"依法"?何谓"排除投保人、被保险人或者受益人依法享有权利的"中的"依法"?这些依法享有的权利,仅仅属于法定类型的权利?还是应当包括依据有效合同享有的约定权利?

2.《保险法》第十九条与《民法典》第四百九十七条的差异

与《保险法》第十九条相比较,《民法典》第四百九十七条的差异在于:

第一,关于责任与权利,不存在"依法"之限定。《民法典》第四百九十七条中,无论是限制或者减轻格式条款使用者的责任还是排除对方责任,都不存在依法承担的责任、依法享有的权利之表达。依法承担的责任、依法享有的权利,是《保险法》中的特有限制。

第二,存在减轻格式条款使用者责任的情形,将其与排除格式条款使用者的责任情形相并列。从效果上看,免除保险人责任与减轻保险人责任均不利于投保方;同时,在形式上区分免除保险人责任与减轻保险人责任相当困难,保险人完全可能借助于免责与减轻责任的形式化区分机制来规避格式条款无效机制。

第三,针对相对方权利排除的情形,增加"主要权利"的限定。根据

---

① 解亘:《格式条款内容规制的规范体系》,载《法学研究》2013年第2期,第104页;王静:《我国〈保险法〉第十九条司法适用研究——基于保险格式条款裁判的实证分析》,载《政治与法律》2014年第11期,第89页。

《民法典》，只有排除投保方主要权利的格式条款才无效；根据《保险法》，排除投保方任何依法享有权利的条款均无效。因此，若适用《民法典》将显著有利于保险人。

第四，增加限制投保方主要权利的情形，并且将其与免除保险人依法应承担的义务的情形并列。从效果上看，限制投保方权利与排除投保方权利均不利于投保方；同时，在形式上区分限制投保方权利与排除投保方权利相当困难，保险人完全可能借助于排除与限制的形式化区分机制来规避格式条款无效机制。

第五，在免除保险人责任、减轻保险人责任、排除投保方主要权利的情形，增加合理的审查标准。如果适用《民法典》，免除保险人责任、减轻保险人责任、排除投保方主要权利的格式条款并不当然无效，有无效风险的仅仅是那些不合理的条款。

3.《保险法》第十九条如何适应《民法典》

（1）讨论视角

《保险法》第十九条如何适应《民法典》，应当从立法历史、《民法典》与《保险法》的关系以及对《保险法》第十九条评价三个角度展开讨论。

关于历史考察，我们应当关注《保险法》与《合同法》的相互影响。《保险法》第十九条的内容在1995年的《保险法》中并不存在，系2009年修法时新增加的内容。市场乱象与《合同法》的出台是促成此种修订的两大原因。从2004年浙江省消费者协会开展保险不公平条款点评以来，保险霸王条款一直成为社会各界批判甚至攻击的焦点，保险市场面临严重的公关危机。保险市场中的确存在大量利用格式条款严重损害投保方利益的不合理格式条款。同时，1999年《合同法》第四十条又特别引入了严重不公平格式条款无效的规则。遵循一般法的规定，作为特别法的《保险法》引入严重不公平格式条款无效规则是顺势而为的事情。在《民法典》对《合同法》中的严重不公平格式条款无效规则有实质性修订的情况下，《保险法》第十九条理应有所修正。

关于《民法典》与《保险法》的关系，我们应当关注《保险法》的逻辑与民法逻辑的联系与区别。与《合同法》第四十条相比较，《保险法》

第十九条并无免责格式条款背离伦理、背离公序良俗而直接无效的规定，而是强调免除保险人依法承担的责任、排除投保方依法享有的权利。所谓依法承担的责任、依法享有的权利，从《保险法》之于民事一般法的关系看，应当包括《保险法》上直接强制赋予投保方的特别权利以及直接对保险人施加的特别义务，以及那些没有被《保险法》特别规定的一般民事法所界定的法定权利、法定义务。只不过，《保险法》的表达并不严谨，适用了"依法"这一相对宽泛的术语，导致实践中的诸多纷争。相较于《保险法》第十九条，《民法典》第四百九十七条规定的合理性更强，更贴合市场实际。作为特别法的《保险法》理应吸收作为一般法的《民法典》中合理规定；当然，《保险法》也应表达出特别法的品质，应将免除或者限制的责任、排除或者限制的主要权利限制在《保险法》特别规定的范围中。

关于对《保险法》第十九条的评价，我们应关注该条的历史功绩与内在不足。应当看到，《保险法》第十九条对于治理保险市场乱象、有效保护投保方的权益有实质性作用。比如，重大疾病保险中要求开具生存6个月的证明、用"既往病史"来扩大投保人告知义务范围、用保证来扩大投保人告知义务等实质性损害投保方利益的格式条款，在《保险法》第十九条实施后，滥用行为有显著的收敛。当然，我们也不应当无视《保险法》第十九条本身的局限，这最主要表现在依法承担的责任、依法享有的权利的界定上。如果混淆法定权利与约定权利、法定义务与约定义务均归属依法范畴的事实，则可能构成《保险法》第十九条本身的滥用，如此一来，该条规定对保险市场来说无疑是一场灾难。也正是如此，《〈保险法〉司法解释二》第九条第二款才专门强调，保险人因投保人、被保险人违反法定或者约定义务，享有解除合同权利的条款，不属于《保险法》第十七条第二款规定的"免除保险人责任的条款"。

（2）《保险法》第十九条的保留与变革

基于上述分析，在《民法典》时代对待《保险法》第十九条，我们应当坚持保留并且修改的立场。

首先，继续保留第十九条的严重不公平格式条款直接无效的规则。目的是多方面的，可以说对制度演化路径依赖规律的尊重，也表达出公共管理者治理格式条款滥用、保护投保方利益的决心。

其次，应借鉴《民法典》理性地修正《保险法》的局限，并且保持《保险法》的特殊性。

鉴于《保险法》的局限与独特性均在依法承担的责任、依法享有的权利上，《保险法》的修正也应聚焦于此。按照法律原理，民事主体依法承担的义务可能来源于法律的直接规定，也可能来源于合同的约定。通过合同格式条款约定免除当事人非法定义务的，效果如同免除当事人应承担的法定义务吗？根据《〈保险法〉司法解释二》第九条第一款，保险合同中的责任免除条款、免赔额、免赔率、比例赔付或者给付等免除或者减轻保险人责任的条款都属于免责条款。保险人完全可以根据这些条款来对自己的保险责任作精细化安排，而这些精细化安排也恰恰是保险产品精细化、差异化的基础。在何种状态下承担赔付责任以及承担多少赔付责任，都是基于免除保险人责任的基础而存在的。根据《保险法》，保险人对投保方必须负担的法定义务或者责任的范围还是相对明确的，诸如明确说明义务、不得随意解除保险合同的义务、必须及时理赔的义务、必须支付灾害救济费用的义务等。为贯彻市场自由原理，依法的义务与权利应理解为法定的义务或者权利为宜。因此，在解释适用《保险法》第十九条时，应当关注保险产品差异化、精细化设计的客观需求，将免除保险人依法应承担义务限缩在依据《保险法》对保险人设定的法定义务之上。

借鉴《民法典》的做法，单列法定权利的限制，与法定权利的排除区分处理；并且直接无效的情形限制在那些可能导致严重不公平的情形，将受限制或者排除的权利限定为主要的法定权利。

同时，借鉴《民法典》的合理性审查机制，在进一步考察免除或者限制保险人法定责任、排除投保方主要法定权利的做法是否合理性的基础上作出是否直接否定格式条款效力的判断，以充分尊重市场交易自由与保险交易的技术逻辑[①]。

---

① 刘学生：《保险条款的效力评价——新〈保险法〉第十九条的理解与适用》，载《保险研究》2009年第6期。

四、结论

《保险法》中的私法规则是《民法典》的特别法。按《民法典》第十一条关于"其他法律对民事关系有特别规定的，依照其规定"的规定，《保险法》第十七条的提示及说明义务规则、第十九条的严重不公平格式条款无效规则似乎可无视《民法典》相关规则对《合同法》的实质性修改。但是，《民法典》作为保险合同法的基本法将构成《保险法》运行的外部环境，任何无视都将背离法治系统论的基本逻辑；况且，保险纠纷裁判的实际表明《保险法》的这两个条款本身有重大局限。因此，以《民法典》的颁行为契机，系统审视并完善《保险法》第十七条、第十九条无疑是最优选择。

当然，对照《民法典》的相关规定以及立法理念来完善《保险法》中的格式条款效力控制规则时，必须关照保险市场与保险交易的特殊性。保险合同格式条款的效力控制除考虑保险人交易自由与投保方利益保护之间的平衡外，还必须考虑保险产品设计的技术逻辑、保险销售的技术逻辑。

综合考虑各种因素，本文提出以下修改建议。

《保险法》第十七条第二款："对于免除或者减轻其责任等与对方有重大利害关系的格式条款，保险人在订立合同时应当在投保单、保险单或者其他保险凭证上作出足以引起投保人注意的提示，并按照投保人的要求，对该条款的内容以书面或者口头形式向投保人作出明确说明；保险人未作提示或者明确说明，致使对方没有注意或者理解与其有重大利害关系的条款的，该条款不产生效力。"

《保险法》第十九条："采用保险人提供的格式条款订立的保险合同中的下列条款无效：（一）不合理地免除或者减轻保险人依本法应承担的法定义务的；（二）不合理地加重投保人、被保险人或者受益人依本法应承担的法定责任的；（三）不合理地限制投保人、被保险人或者受益人依本法享有的主要法定权利的；（四）排除投保人、被保险人或者受益人依本法享有的主要法定权利的。"

当然，对于《保险法》中的格式条款效力控制规则，除推动完善立法外，还应关注解释适用问题。立法条文需要依赖解释适用行为来落地，立法中的难以解决的问题需要借助解释路径来消解。关于《保险法》第十七条中的提示与说明义务规则，基于保险人行为主义逻辑而设置的行为义务之履行，需要借助于保险市场惯例并且经由解释机制来评判。关于《保险法》第十九条的严重不公平格式条款无效规则，何谓不合理、何谓主要权利、何谓法定权利，均有待裁判者借助于保险市场客观规律与交易惯例，综合考虑对价、责任公平、缔约目的等多种因素来解释确定①。

---

① 参见"段天国与中国人民财产保险股份有限公司南京市分公司保险合同纠纷案"（2010）江宁商初字第 5 号，"张某诉甲保险公司财产保险合同纠纷案"（2007）通中民二终字第 0189 号。

08
《民法典》视野下保险合同格式条款内容规制研究

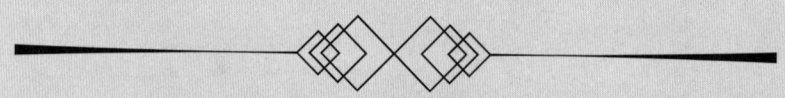

孙宏涛[①]

[①] 孙宏涛,华东政法大学经济法学院副院长,教授,民商法学博士、经济法学博士后。

摘要： 为了对保险合同中的不公平格式条款进行规制，我国 2009 年修订的《保险法》第十九条尝试初步构建了保险合同格式条款内容控制的框架体系。2020 年颁布的《民法典》第四百九十七条在格式条款内容规制上进行了进一步的细化，新增限制对方主要权利无效情形并突出对格式条款的合理性审查。但由于上述条文仅抽象地描述了不公平格式条款的基本特征，对于保险合同格式条款内容规制的适用范围语焉不详，导致司法实践中，法官在对《保险法》第十九条的运用上存在着模糊混乱，甚至前后矛盾的情形。《民法典》第四百九十七条因沿袭了《合同法》第四十条的既有规定，概括性的表述缺乏对实践的明确指引，仍无法从一般法的角度对《保险法》第十九条的运用提供指引。解决上述问题的关键在于进一步厘清应对保险合同格式条款内容控制的适用基准，将核心给付条款与宣示性条款排除在审查范围之外。此外，对于保险人在其承保范围基础上添加的排除或限制其责任的除外条款、免赔率条款等仍纳入保险合同格式条款内容控制的范围之中。

关键词： 保险格式条款；规制；核心给付条款；宣示性条款；无效

一、问题的提出

在保险实务中，绝大多数保单都属于定型化的格式合同。长久以来，研究合同法的学者都已经认识到格式合同带来的特殊问题。例如，合同法巨匠 Friedrich Kessler 教授在其 1943 年发表的论文"附合合同——关于合同自由的一些思考"中就是以保险合同作为格式合同的典型代表[①]。在许多学者与法官看来，这些"要么接受，要么离开"的合同，较之于咫尺之内进行的、在交易资源与信息方面具有同等优势的当事人个别协商订立的合同，更应当接受司法与立法的规制[②]。事实上，保险人作为以盈利

---

① Friedrich Kessler, *Contracts of Adhesion—Some Thoughts about freedom of contracts*, Columbia Law Review, 1943, V.43, pp.629–636.

② ［美］肯尼斯·S. 亚伯拉罕：《美国保险法原理与实务》，韩长印等译，中国政法大学出版社 2012 年版，第 31 页。

为目的、专门"经营危险"的市场主体,其对于危险的认知与防控具有丰富的技术和经验。对于投保人与被保险人而言,保险人处于垄断地位,在资本、信息、技术、资源等方面均占据了明显的优势地位,其滥用结构性优越地位与合同自由的现象较为普遍,在这种背景下,保险人借助格式条款内容的便利条件、假借缔约自由与意思自治的名义,在合同中排挤相对人权益的情形也时有发生[1]。由此可见,就保险契约而言,双方当事人在专业能力及经济地位上的差距以及定型化契约的大量使用下,传统契约自由理念似乎已不能毫无限制地适用于保险契约[2]。基于此点考虑,许多国家和地区对保险合同中不公平格式条款的规制极为重视。例如,英格兰与苏格兰法律委员会在其发布的 Consumer Insurance Law: Pre-Contract Disclosure and Misrepresentation 报告中指出:在不公平格式条款的影响下,保险消费者的信心受到冲击并由此导致保险产品的销售额明显下滑,因此必须加以规制[3]。澳大利亚于 2013 年颁布了《保险合同不公平条款法案》并将其作为 1984 年《澳大利亚保险合同法》的修正案。上述法案就保险合同中不公平条款的一般规定,"不公平"一词内涵的判定,不公平条款的具体例子等内容做出了详细规定[4]。欧洲保险合同法重述项目组起草的《欧洲保险合同法原则》第 2:304 条第一款也规定:考虑到保险合同的性质、合同中的其他条款以及合同订立的具体情形,如果保险格式条款违反了诚实信用与公平交易的原则,并由此导致投保人、被保险人或受益人的权利义务显著失衡,则上述条款对投保人、被保险人或受益人不具有约束力[5]。

为了对保险合同中的不公平格式条款进行规制,我国 2009 年修订的

---

[1] 刘建勋:《〈保险法〉典型案例与审判思路》,法律出版社 2012 年版,第 133 页。

[2] 叶启洲:《论保险契约之内容控制》,《月旦法学杂志》1997 年第 8 期。

[3] The Law Commission and the Scottish Law Commission, Consumer Insurance Law: Pre-Contract Disclosure and Misrepresentation [R].2009.

[4] See Insurance Contracts Amendment (Unfair Terms) Bill 2013.

[5] Project Group Restatement of European Insurance Contract Law, *Principles of European Insurance Contract Law*, European Law Publishers, 2009, pp.115-116.

《保险法》尝试初步构建了保险合同格式条款内容控制的框架体系。该法第十九条规定：采用保险人提供的格式条款订立的保险合同中的下列条款无效：（1）免除保险人依法应承担的义务或者加重投保人、被保险人责任的；（2）排除投保人、被保险人或者受益人依法享有的权利的。应当指出的是，《保险法》第十九条的规定正式确立了保险合同格式条款内容控制制度，填补了我国保险立法中对保险格式条款内容控制的立法空白，值得赞许。但与此同时应当看到的是，该条规定距离内容控制的真义越来越远，无法作为内容控制的判断标准。对法院在个案中裁判保险格式条款的公平性，亦毫无助益，形同虚文[①]。事实上，保险合同格式条款内容规制的核心要义在于控制违反最大诚信原则与公平交易原则的不公平条款，因此，诚信原则与公平交易原则的注入对于科学、合理地构建保险合同格式条款内容控制的框架体系至关重要，反观我国现行《保险法》第十九条的规定，恰恰欠缺了违反最大诚信原则与公平交易原则的规范前提，对于不公平条款的规制无法发挥应有的作用[②]。此外，现行《保险法》第十九条的规定虽然通过类型化区分试图增强内容控制规范的可操作性，但由于上述规定并未区分格式条款中的核心给付条款与非核心给付条款，进而导致司法实践中法官在适用该条规定过程中出现适用范围的急剧扩张以及不合理滥用的趋势，应当引起我们深刻的反思与检讨。

二、我国保险合同格式条款内容规制的立法进程及理论支撑

在我国，关于保险合同格式条款的规制，1995年《保险法》以及

[①] 贺栩栩：《保险合同格式条款内容控制的功能目的与法律适用》，载《兰州学刊》2013年第12期。
[②] 有学者将我国《保险法》第十九条规定存在之错谬形象的比喻为"画虎终类犬"，并认为我国《保险法》第十九条的规定仅为形式标准，这种标准纯粹以格式条款与实定法的规定加以比较其对当事人的权利义务的影响而定，本身并未将诚信原则或公平原则等概念内化于其中。违反这些规制标准的格式条款，是否违反诚信原则而显失公平尚需另行判断，并无推定显失公平的功能。上述观点明确地指出了我国《保险法》第十九条规定的缺陷与不足，值得赞同。参见温世扬、武亦文：《论保险契约责任条款的实体规制》，载《月旦民商法杂志》2010年第6期。

2002年修订的《保险法》均只是借助保险人说明义务制度以及不利解释原则构建了订入规制①与解释规制②的规范体系，但对于保险合同格式条款的内容规制并未做出相关规定。在2009年修订《保险法》的过程中，有观点认为，关于保险合同中格式条款的效力规定应与《合同法》的规定相衔接，于是增加了该条的规定③。此外，《最高人民法院关于适用〈中华人民共和国合同法〉若干问题的解释（二）》（法释〔2013〕14号）第十条规定："提供格式条款的一方当事人违反《合同法》第三十九条第一款的规定④，并具有《合同法》第四十条规定的情形之一的，人民法院应当认定该格式条款无效。"在《合同法》既存规定的基础上，《民法典》对格式条款的规制基本沿袭了《合同法》的规定，其对于格式条款的内容规制规定在第四百九十七条，按照该条的规定，格式条款具有《民法典》第一编第六章第三节和《民法典》第五百零六条规定的无效情形⑤；提供格式条款一方不合理地免除或者减轻其责任、加重对方责

---

① 1995年《保险法》与2002年《保险法》均规定了保险人的说明义务，借助说明义务实现了免责条款的订入规制，即对于保险合同中免除保险人责任的条款，保险人未作明确说明的，该条款不产生效力。换言之，此时上述免责条款并未订入保险合同之中，对投保人与被保险人而言不生效力。

② 1995年《保险法》与2002年《保险法》均规定了不利解释原则，按照该原则的规定，采用保险人提供的格式条款订立的保险合同，保险人与投保人、被保险人或者受益人对合同条款有争议的，应当按照通常理解予以解释。对合同条款有两种以上解释的，人民法院或者仲裁机构应当作出有利于被保险人和受益人的解释。通过上述规定，实现了对格式条款的解释规制。

③ 奚晓明：《中华人民共和国保险法保险合同章条文理解与适用》，中国法制出版社2010年版，第130–131页。

④ 我国《合同法》第三十九条针对格式条款的定义以及格式条款拟定人在起草和使用格式条款的过程中应遵循的相关义务进行了明确规定，其条文如下：采用格式条款订立合同的，提供格式条款的一方应当遵循公平原则确定当事人之间的权利和义务，并采取合理的方式提请对方注意免除或者限制其责任的条款，按照对方的要求，对该条款予以说明。格式条款是当事人为了重复使用而预先拟定，并在订立合同时未与对方协商的条款。

⑤ 我国《民法典》第一编第六章第三节主要为民事法律行为的效力。我国《民法典》第五百零六条规定：合同中的下列免责条款无效：（一）造成对方人身损害的；（二）因故意或者重大过失造成对方财产损失的。

任、限制对方主要权利；提供格式条款一方排除对方主要权利，该条款无效。综上所述，我国现行《保险法》第十九条的规定来源于《合同法》第四十条的规定，《民法典》第四百九十七条的规定也沿袭自《合同法》第四十条。但是应当看到的是，《保险法》第十九条的规定与《合同法》第四十条、《民法典》第四百九十七条的规定也存在着一些差别。《合同法》第四十条、《民法典》第四百九十七条规定：提供格式条款一方免除其责任的，该条款无效。① 依据《合同法》的规定，有观点认为应限定于免除其违反主要义务应承担的责任；但也有观点认为还应包括违反附随义务应承担的责任。由此可见，对于第四十条中提供格式条款一方违反义务的范围，学者间存在较大的分歧。与之相对，《保险法》第十九条采用了"免除保险人依法应承担的义务"的表述方法，避免了《合同法》第四十条适用过程中存在的争议。与此同时，应当注意的是，保险人依法应承担的义务中的"法"不仅包括《保险法》，还包括《民法通则》、《合同法》等法律②。

《保险法》第十九条的规定，对于保护投保人、被保险人以及受益人的合法权益发挥了一定的积极作用，原因在于，其在某种程度上削弱了保险公司作为格式条款拟定方的强势地位，并在一定意义上降低了保险合同格式条款的单方意志性，从而在一定限度上实现了保险人与投保人、被保险人及受益人群体之间的地位对等及利益平衡。深入分析之后不难发现，《保险法》第十九条背后的理论支撑主要有以下几点。

（一）格式条款的本质使然

保险合同属于典型的附和合同，保险合同的附和特性主要体现在订立保险合同时，由保险人事先制定并提供合同条款，投保人如要投保，通

---

① 《民法典》第四百九十七条规定为：提供格式条款一方不合理地免除或者减轻其责任、加重对方责任、限制对方主要权利。
② 奚晓明：《中华人民共和国保险法保险合同章条文理解与适用》，中国法制出版社2010年版，第133页。

常只能接受保险人提供的条款，少有协商选择之余地①。由此可见，在保险实务中，无论投保单、保险单还是保险凭证，其条款大都是由保险人自己拟定的。在上述条款拟定的过程中，保险人经过了深思熟虑，条款内容多对其自身有利，并已实现了格式化。由此，投保人在签订合同时，对上述条款之内容只能表示"要么接受，要么走开"（take it or leave it），实无讨价还价之余地②。在此背景下，如果保险人在格式条款中规定了免除保险人依法应承担的义务或者加重投保人、被保险人责任的条款，或者是排除投保人、被保险人、受益人依法享有的权利的条款，则即使投保人明确知晓上述格式条款内含的不公平性也无法加以选择③。在这种情形下，所谓契约自由原则完全流于形式，投保人对于契约内容之商定自由也早已被剥夺，更何况基于保险条款的复杂性与专业性，众多投保人根本无法详细地理解上述格式条款的内容。在此背景下，契约自由已经成为恃强凌弱的正当化口号而已④。此时，法院的司法审查就显得尤为重要，如果保险人提供的格式条款违反了最大诚信原则与公平交易原则，则法院应当认定上述条款无效，这既是保护投保人、被保险人以及受益人合法权益的现实需求，更是保险合同格式条款的本质使然。

(二) 公平原则的现实要求

公平原则，是法律确立的以公平理念确定民事主体的民事权利、民事义务乃至民事责任的基本原则，它具体化为合同法的基本原则，主要是合同正义原则⑤。合同正义系属平均正义，以双务合同为其主要适用对象，强调一方给付与他方对待给付之间，应具等值性⑥。保险合同作为一种特

---

① 方乐华：《保险与保险法》，北京大学出版社 2009 年版，第 311 页。
② David S. Miller, *Insurance as Contract*: *The Argument for Abandoning the Ambiguity Doctrine*, Columbia Law Review, 1988, V.88, p.1854.
③ 在此情形下，《保险法》第十七条规定的保险人依法应承担的明确说明义务也无法对投保人与被保险人加以保护，因为在保险人针对上述不公平格式条款进行明确说明的前提下，上述条款已经订入保险合同并产生效力。
④ 叶启洲：《论保险契约之内容控制》，载《月旦法学杂志》1997 年第 8 期。
⑤ 崔建远：《新合同法原理与案例评释（上）》，吉林大学出版社 1999 年版，第 25 页。
⑥ 韩世远：《合同法总论》，法律出版社 2011 年版，第 39 页。

殊类型的合同，也应当遵循公平原则，遵守合同正义。从这种意义上讲，保险人提供的危险转移服务与投保人支付的保费之间应当具有等值性，这样才符合公平原则的现实要求。但是在保险实务中，某些保险人利用格式条款拟定上的便利性与主动性，在合同中人为添加了违反了诚实信用与公平交易原则，并由此导致投保人、被保险人或受益人的权利义务显著失衡的格式条款。上述条款的加入使投保人与保险人之间的对待给付均衡被打破，并直接违反了合同法中公平原则的现实要求。此时，法院应对上述不公平格式条款进行司法审查，以彰显公平正义的精神。

（三）最大诚信原则的贯彻

诚实信用原则被奉为民法中的"帝王条款"，贯彻于民事法律关系的始终，是所有民商事活动应当遵循的基本原则。与民法相对，基于保险合同双方当事人地位的不对等以及信息不对称等特性，保险对于当事人的诚信要求远远高于其他一般的民商事领域，故其地位更加突出，被称为"最大诚信原则"[①]。在保险领域内，最大诚实信用原则最早应用于海上保险初期。由于当时的通信手段极为落后，在保险合同订立时，被保险的船舶和货物往往在千里之外，保险人只能根据投保人提供的资料来决定是否承保，投保人是否如实告知货物的有关情况，对保险人而言至关重要[②]。因此，在保险合同中对双方当事人诚实信用的要求超出了一般合同。基于此点考虑，世界各国保险立法大都确立保险活动必须遵守诚实信用原则。例如，影响深远的1906年《英国海上保险法》第17条规定："海上保险是建立在最大诚信基础上的合同，如果任何一方不遵守最大诚信，另一方可以宣告合同无效。[③]"在保险业高度发达的今天，保险条款的格式化与专业化程度不断提高，投保人在合同条款的理解上处于弱势地位，在此前提下，如果保险人在合同中添加了违反最大诚信原则与公平交易原则，并由此导致投保人、被保险人或受益人的权利义务显著失衡的格式条款，则上

[①] 韩长印、韩永强：《保险法新论》，中国政法大学出版社2010年版，第51页。

[②] 孙宏涛：《保险合同法精解》，法律出版社2014年版，第1页。

[③] 孙积禄：《保险法最大诚信原则及其应用》，载《比较法研究》2004年第4期。

述格式条款对投保人、被保险人或受益人不具有约束力，应当归于无效。在追求社会正义及实质契约自由的理念下，若保险条款的内容和一般法律的规定有所偏差，且依诚实信用原则对被保险人将产生不合理的不利时，其条款无效，此即保险合同内容控制原则之基本意义之所在①。因此，在形式上的契约自由理念已不足以保护定型化约款相对人之正当利益的情形下，法院可借助诚信原则在个案中诚信审查定型化约款的正当性及其效力②。

（四）信息不对称理论的延伸

格式条款的出现标志着商业社会交易活动规模的不断扩大。不同于传统市民社会单个人与人之间的交易——交易条款较为简单，现代社会的交易流转速度不断加强，交易结构日趋复杂，行业专业化分工不断细化，利益分配更为敏感，格式条款正是在此背景下为节约交易成本而由交易强势的一方预先设定的文本。因此格式条款虽然节约了交易成本，但同时会带来另一种成本——合同一方因信息不对称而遭受的损失。在保险市场中，这种"衍生"成本的负面影响更为显著。由于保险市场专业化程度高、交易条款复杂，一般投保人没有能力也没有时间对保险条款逐条分析，由此就造成了提供格式条款的一方可利用专业信息优势从事不诚信行为的空间。一旦保险公司从事此类行为，由此给被保险人带来的损失将会大于交易成本节约而获得的收益，届时社会总福利将会下降。低质量的保险产品通过信息优势欺诈被保险人会导致保险市场基数萎缩，届时低质量保险产品淘汰的同时可能也会"淘汰"高质量保险产品③。所以对于格式条款的规制本质上是防止因信息不对称产生的成本高于节约交易成本产生的收益，因此法院对格式条款进行审查具有经济学意义上的理论基础。

---

① 江朝国：《保险法基础理论》，中国政法大学出版社 2002 年版，第 41 页。

② 叶启洲：《商业主体间定型化保险契约之内容控制——评台湾高等法院 99 年保险上更（一）字第一号民事判决》，载《月旦裁判时报》2011 年第 2 期。

③ George A. Akerlof, The Market for Lemons: Quality Uncertainty and the Market Mechanism, Quarterly Journal of Economics, V.84, pp.488–500 (1970).

三、保险合同格式条款内容规制的适用基准

我国 2009 年修订的《保险法》第十九条开创性地引入了保险合同格式条款内容规制规则，其立法本意在于构建我国保险格式条款内容规制的框架体系，对保险合同中的不公平格式条款进行规制，以此对抗保险人所处的结构性优势地位并实现对被保险人与受益人利益的全面保护。但事与愿违，由于《保险法》第十九条仅抽象地描述了不公平格式条款的基本特征，对于其具体类型并未做出明确的规定，尤其对保险合同格式条款内容规制的适用范围语焉不详。导致司法实践中，法官在对《保险法》第十九条的适用上存在着模糊混乱，甚至前后矛盾的情形。因此，有必要进一步厘清保险合同格式条款内容规制的适用基准。

（一）厘清保险合同格式条款内容规制的适用范围

我国 2009 年修订的《保险法》第十九条引入保险合同格式条款内容规制这一规则后，法官对该条的适用呈现出不断扩张的态势。有学者指出，由于我国立法、司法解释及学说都未能为《保险法》第十九条的适用提供明确的指引，导致司法实务中该条的适用几近无序，尤其在适用范围上，任意扩张与不合理的错位或疏漏并存[①]。如前所述，我国现行《保险法》第十九条的规定来源于《合同法》第四十条的规定，而《合同法》第四十条的规定在很大程度上受到德国立法的影响。在德国，有关格式条款内容规制的一般性规定存在于《德国民法典》第三百零七条，该条第一款规定：一般交易条款中的条款违反诚实信用原则，不适当使用合同对相对人承受不利的，不生效力。不适当的损害，也可以基于条款不明白不易懂这一情况而发生。与此同时，该条第三款还规定：第一款和第二款以及第三百零八条和第三百零九条，只适用于来约定偏离或补充法律条文规定的一般交易条款中的条款[②]。该条是为了将宣示性条款和核心给付条款排

[①] 王静：《我国〈保险法〉第十九条司法适用研究——基于保险格式条款裁判的实证分析》，载《政治与法律》2014 年第 11 期。

[②] 陈卫佐：《德国民法典》，法律出版社 2006 年版，第 101 页。

除在内容规制之外而设置。也就是说，德国法从一开始就被严格划定了疆界：不适用于核心给付条款和宣示性条款①。所谓核心给付条款是指约定价格、具体的给付与对待给付关系的条款②。对于一般核心给付条款，应更多地交由市场经济自身来决定③。而对于不公平的核心给付条款，在立法者看来，此类条款如果经受住意思表示瑕疵等法律行为法的检验后则可借助欺诈、胁迫、乘人之危等传统合同法规范进行规制。所谓宣示性条款，是指重复法律规定的条款，由于上述条款是法律规定的复制版本，自然被排除在格式条款内容规制的范围之外。

（二）保险合同核心给付条款的判定标准界定

保险制度产生的最基本概念，即借由危险共同团体的力量，保护被保险人免予危险发生时损失的遭遇。④在保险合同签订和履行过程中，投保人的主要义务是按照合同约定向保险人支付保险费，而保险人的主要义务则是在保险事故发生时，按照约定的保险金额向被保险人或受益人赔付保险金。因此，保险合同核心给付条款应当包括保险合同的承保险种条款、承保范围条款、保险金额确定条款、保险费的计算条款等内容⑤。但是对于除外条款以及免赔率是否属于核心给付条款，学者的观点存在分歧。有学者认为⑥，在学理上用于界定承保风险范围的条款主要有两类：一是危险描述条款，用于描述本保险合同所承保的风险种类与范围；二是危险限

---

① 解亘:《格式条款内容规制的规范体系》，载《法学研究》2013年第2期。
② 王全弟、陈倩:《德国法上对格式条款的规制——〈一般交易条件法〉及其变迁》，载《比较法研究》2004年第1期。
③ Nina Adelmann, *Unfair Terms in Insurance Contracts*, Report of Conference European Insurance Contract Law and the Common Frame of Reference, 2008.
④ 江朝国:《保险法基础理论》，中国政法大学出版社2002年版，第283页。
⑤ 有学者认为，在自由保险市场中，保险合同的承保范围、保险费等条款应由双方当事人协商确定，不应受《欧洲保险合同法原则》第2：304条的审查。See Nina Adelmann, *Unfair Terms in Insurance Contracts*, Report of Conference European Insurance Contract Law and the Common Frame of Reference, 2008.
⑥ 王静:《我国〈保险法〉第十九条司法适用研究——基于保险格式条款裁判的实证分析》，载《政治与法律》2014年第11期。

制条款，用于修正、调整危险描述条款，主要是对承保的风险种类、范围再作精细化限定，保险实务中的除外风险条款，通常均属于危险限制条款。并在此基础上认为，《保险法》第十九条不应当适用于保险给付事由（包括危险描述条款与危险限制条款）等核心给付条款。还有学者认为[①]，不能将除外责任、免赔率等限制保险人责任的条款排除在《保险法》第十九条审查范围之外。如果将除外责任等限制承保范围的条款归为核心给付条款，则有何理由将投保人义务、保险期间、保证等可达到相同功能的条款排除在外？

就上述两种观点而言，笔者更倾向于后一种观点。即不能将除外条款、免赔率条款作为核心给付条款并排除在内容控制的范围之外。原因在于，除外条款、免赔率条款是保险人在其承保范围基础上添加的排除或限制其责任的条款。应当说，上述条款的存在限缩了保险人的承保范围。保险合同的承保范围条款、保险金额确定条款、保险费的计算条款等应属于核心给付条款并免受保险合同格式条款内容规制的审查，但除外条款、免赔率条款是在上述条款基础上另外添加的限缩保险人承保范围的条款。上述条款的存在很大程度上限制了被保险人购买该种保险所能获得的保障，有可能损害被保险人的合理期待[②]，因此不能以遵循市场自由竞争为由将其列为核心给付条款并排除在保险合同格式条款内容规制的审查范围之外。此外，欧洲保险合同法重述项目组起草的《欧洲保险合同法原则》第2：304条第三款也明确规定限制或修改承保范围的条款，同样要受到保险合同格式条款内容规制的审查。上述规定考虑到了除外条款、免赔率条款

---

① 马宁：《保险格式条款内容控制的规范体系》，《中外法学》2015年第5期。
② 在美国的保险司法实践中存在着合理期待原则，该原则是美国法院在对保险合同进行解释时所采用的最新原则。其具体内容是指当保险合同当事人就合同内容的解释发生争议时，应以投保人或被保险人对于合同缔约目的的合理期待为出发点对保险合同进行解释。从某种意义上讲，美国法上的合理期待原则与德国法中的格式条款审查规则具有异曲同工之妙，其目的都是保护被保险人的合理期待从而实现其购买保险合同之目的。关于合理期待原则的具体内容可参见陈百灵：《论保险合同解释中的合理期待原则》，载《法律适用》2004年第7期；樊启荣：《美国保险法上"合理期待原则"评析》，载《法商研究》2004年第3期；孙宏涛：《保险合同解释中的合理期待原则探析》，载《当代法学》2009年第4期等。

的特性，并将其置于保险合同格式条款内容规制的审查范围之内，值得我们借鉴。

(三) 司法实践中同一类型争议条款的矛盾判决及其纠正

针对同一类型的争议条款，有些法院做出了相互矛盾甚至截然相反的裁判，这也从一个角度说明了，在针对不公平保险格式条款的规制方面，不同法官的理解存在着较大的偏差。例如，针对未按规定检验或检验不合格的车辆发生保险事故，保险人是否应当理赔的问题。在东莞市舜天计算机科技有限公司与中国人民财产保险股份有限公司东莞市分公司财产损失保险合同纠纷一案中，法院认为，在机动车检验有效期满前向车辆管理所申请检验合格标志是机动车所有人的法定义务，在保险人针对"未按规定检验或检验不合格的车辆发生保险事故时保险人不予赔偿"这一免责条款做出明确说明后，该条款即产生法律效力，保险人当然可依据该条款拒绝承担保险责任[①]。但与之相对，在曲玉华与安盛天平财产保险股份有限公司天津分公司财产保险合同纠纷一案中，法院认为，保险合同约定的"未按规定检验或检验不合格的车辆发生保险事故时保险人不予赔偿"不符合国家主管部门规定，排除了原告依法享有的获得足额赔偿的权利，符合《保险法》第十九条规定的条款无效情形，保险公司应当承担赔偿责任[②]。在中国平安财产保险股份有限公司东营中心支公司与李春节保险合同纠纷一案中，法院认为，本案中事故发生时，原告持有的行驶证虽超过有效期并未导致危险程度增加，也并非该事故发生的原因，因此被告不能援引该条款拒赔。故行驶证已过期不予赔付条款无效[③]。在晏中文与中国平安财产保险股份有限公司伊犁中心支公司财产保险合同纠纷一案中，一审法院认为"车辆未按规定审验不予赔偿"的责任免除条款属于危险状态免责条款，危险状态免责下只要保险事故发生时被保险人处于该免责事由规定的危险状态下，保险人即可免除其保险责任，且该条款没有导致保险合同双

---

① 参见广东省东莞市中级人民法院（2015）东中法民一终字第1290号判决书。
② 参见天津铁路运输法院（2015）津铁民初（指）字第271号判决书。
③ 参见山东省东营市中级人民法院（2015）东商终字第194号判决书。

方责任义务的明显失衡和不对等，因此该条款有效。二审维持原判[①]。

此外，针对"驾驶证超过有效期，保险公司能否免责"的问题，不同的法院在能否适用第十九条进行规制的问题上也产生了明显分歧。例如，在瞿全仁、覃冬琼等与中国人寿财产保险股份有限公司张家港市支公司、吴晓敏等机动车交通事故责任纠纷一案中，二审法院认为，本案交通事故发生时，吴晓敏所持机动车驾驶证有效期已经届满，虽然吴晓敏在事故发生后已经向公安管理部门申请换领了有效期十年的新证且换领新证的有效期起始日期与原驾驶证有效期届满日期前后连贯，但这一事后的换领行为不能否定在涉案交通事故发生时其持有的系有效期已届满的驾驶证的事实。吴晓敏持有效期已届满的驾驶证驾驶机动车，不仅违反了《中华人民共和国道路交通安全法实施条例》（中华人民共和国国务院令第405号）的禁止性规定，也属于商业三者险约定的保险人可以免除赔偿责任的情形，故人寿财险张家港市支公司可以据此免除商业三者险的赔偿责任[②]。与之相对，在王立福、孙成芹与中国人寿财产保险股份有限公司淄博市中心支公司、淄博诚振运输有限公司机动车交通事故责任纠纷案中，法院认为，驾驶证逾期未审验，并不代表王金波不具有驾驶资格，也不代表王金波被交通管理机关吊销机动车驾驶证。人寿财险淄博公司与诚振运输公司在签订保险合同过程中，并没有在投保单上注明持未审验的驾驶证发生事故的，保险公司不予赔偿，但在保险单上却有特别约定事项，该特别约定事项为格式条款，且属于免除保险人依法应承担的义务，加重投保人、被保险人责任的事项，根据《保险法》第十九条第（一）项之规定，该特别约定属无效条款[③]。

由上述判决不难看出，目前，我国各级法院在对《保险法》第十九条运用的过程中欠缺统一的标准，甚至出现对同一类型的争议条款做出相互

[①] 参见新疆维吾尔自治区伊犁哈萨克自治州塔城地区中级人民法院（2017）新40民终2131号判决书。
[②] 参见江苏省苏州市中级人民法院（2015）苏中民终字第01137号判决书。
[③] 参见山东省淄博市中级人民法院（2015）淄民三终字第212号判决书。

矛盾判决的极端案例。在这种情形下，应该控制法院对该条文适用过程中的混乱现象并尽量统一各地法院的裁判标准。核心任务主要包括两方面：其一，厘清保险合同格式条款内容规制的适用范围。从上述统计案例来看，导致司法混乱、判决前后不一的主因是法院不明界限、无以区分地滥用《保险法》第十九条。而通过剖析第十九条所继受法律之原意，我们可以发现其并不适用于核心给付条款和宣示性条款（具体原因上文已详述），故为解决这一乱象，法官必须限定严格的适用边界，在审判过程中将核心给付条款和宣示性条款排除在《保险法》第十九条的射程之外；其二，界定保险合同核心给付条款的判定标准。此为第一条的补充。核心给付条款不适用于《保险法》第十九条已成共识，但对其具体判定标准却存有争议，在此，笔者认为在控制《保险法》第十九条扩张适用的形态下，我们不能迷失方向继而把除外条款、免赔率条款归属于核心给付条款，它们是在核心给付条款基础上另外添加的限缩保险人承保范围的条款，理应属于保险格式条款内容控制的范围。法官唯有做到上述两点，方能避免矛盾判决的产生，从而彰显法律的严谨性与公正性。

（四）除外条款、免赔率条款纳入审查的经济解释

对格式条款规制的核心不在于是否由一方承担了主要风险，而在于价格是否充分反映了风险的配置①。保险合同的真实价格是一系列可变给付义务的综合结果（法定条款除外），换言之，其真实价格是由价格条款与非价格条款共同决定的②，其中保险费率的计算是价格条款，其他给付义务是非价格条款，如除外责任条款、免赔率条款。仅规制限定部分条款可能造成的影响在租房市场中可见一二。政府时常会因为租房市场的房租过高而采取价格限制措施，规定房租不能高于某一个限度。传统经济学模型认为这会导致房屋供给数量的减少，进而造成短缺。但事实上更有可能的结果不是数量的减少，而是房屋质量的下降。2 000元的房租背后可能代

---

① ［英］休·柯林斯：《规制合同》，郭小莉译，中国人民大学出版社2014年版，第281-285页。
② 张五常：《经济解释卷三：受价与觅价——供应的行为（下篇）》，中信出版社2012年版，第208-211页。

表着拎包入住，1 500元房租的背后可能需要租房人自己购置家具，因此仅仅限制部分条款，只会使得给付义务在不同的条款之中游走，以货币形式抑或非货币形式出现。同理，在保险合同中，如果仅对保险合同的价格条款或非价格条款进行部分规制，则会造成给付义务向未受限制的条款游走，最终的真实成本恐怕并不会比规制之前的状况更低①。

因此，如果要对保险合同的义务平衡进行规制，必须要将所有的价格条款与非价格条款均纳入考察范畴，动态分析。保险公司通常会根据预期的风险损失概率制定不同的费率、保障期限、索赔形式等，这些都是保险公司的给付义务。就免赔率与除外条款而言，其性质属于承保范围与保险金额范畴，其直接影响风险损失概率的测定，如今却单独构成一个独立条款，对此可能存在两种情况。情况一，保险公司将上述免赔率与除外条款已考量在保险合同真实价格之中，此时如果法院直接认定该条款无效，则可能会造成保险费率开始走高、保障期限缩短、索赔方式复杂化等问题，即成本开始在不同条款中游走（这种游走是可能的，因为保险费等核心条款可不予审查），最终总成本反而可能升高。情况二，上述免赔率与除外条款没有内化在保险合同真实价格之中，此时如果直接认定该条款有效，则保险人可能因此利用信息不对称进而造就不公平合同。由于存在上述两种不利情况，且无法直接判定保险合同下免赔率与除外责任条款属于上述哪一类情形，因此应当将免赔率与除外条款纳入审查范围，以免出现成本转移或信息不对称的欺诈行为。

另外，经济组织服务于诸多目的。经济学家认为这些目的包括垄断和有效率的承担风险，交易成本经济学提出并发展完善了以下观点：节约成本是经济组织的核心命题②。如果保险公司发现除外条款跟免赔率条款几乎都会被法院判定无效，那为了节约成本，降低承担保费的风险，保险公司很有可能降低保费，这样就导致被保险人虽然获得胜诉，但是最终拿到

---

① ［美］杰克·赫舒拉发、阿米亥·格雷泽、大卫·赫舒拉发：《价格理论及其应用：决策、市场与信息》，李俊慧、周燕译，机械工业出版社2009年版，第339-346页。

② ［美］罗伯塔·罗曼诺：《公司法基础》，罗培新译，北京大学出版社2013年版，第10页。

的赔偿额反而可能比较低，也不利于被保险人利益的维护。同时保险公司几乎都是上市公司，而上市公司有相对严格的信息披露制度，或者说投资者对上市公司的涉诉情况比较敏感，若法院不对除外条款与免赔率进行审查，而是不严谨地认定其无效，会给保险公司造成十分不利的社会影响，影响保险公司股价，不利于商事主体的正常发展。

保险行业是一个垄断竞争市场，而且相对来说竞争比较激烈，为了获取客源，保险公司一定会充分考虑到客户的需求，免赔率跟除外条款如果设置的不合理，保险公司一定会失去客源，因为市场上还有很多家保险公司可以选择，所以法院在审查免赔率、免赔条款时，应该考虑这种条款有没有给予消费者选择的权利，如果有，那么法院就不能轻易地否定其合法效力，因为是双方真实的意思表示；反之，如果没有给予消费者选择的权利，或者消费者这种选择的转换成本过高，那法院可以在一定程度上否定相关条款的效力。

2018年《最高人民法院关于发布第18批指导性案例的通知》（法〔2018〕164号）中明确指出"根据商事交易规则，法无禁止即可为，即在法律规定不明确时，不应强加给市场交易主体准用严格交易规则的义务"。表明法院不应超出商事交易规则进行裁判，在市场机制可以发挥作用的场合，司法应保持谦抑，不宜轻易否定条款效力，在对除外条款、免赔率进行审查时要按照商事交易规则进行审查，才能为保险市场的发展营造良好的环境。

四、结语

社会公众对格式合同总是带有强烈的偏见和敌意。在他们眼中，格式合同总是长着这样的一副嘴脸：合同自由原则的背叛者、霸王条款、具有优势地位或垄断的组织利用它来损害合同相对方合法权益的罪魁祸首等[1]。即便如此，由于格式合同与生俱来的便捷、高效、节省交易成本等

---

[1] 唐细宗：《格式合同的规制及免责条款效力认定初探——兼评现行〈保险法〉对保险格式合同条款的规制》，载《经济与社会发展》2012年第7期。

特性，在人类社会高度工业化的今天，格式合同已经与社会大众的日常生活息息相关、密不可分。但是应当看到的是，保险合同作为超附和合同[①]，其所包含的格式条款可能存在违反诚信原则与公平交易原则并由此导致投保人、被保险人或受益人的权利义务显著失衡的情形。在上述情形下，格式条款对投保人、被保险人或受益人不具有约束力。

当然，也有学者指出，保险合同格式条款不能成为保险人滥用于搪塞投保人并推脱其应付责任的工具，也不应简单地沦落为投保人眼中的霸王条款。保险合同格式条款作为保险交易行为中存在的客观事实，存在善恶之别。对保险合同格式条款进行评判，要综合衡量投保人、保险人和保险业三方面的利益，以实现利益分配、价值维护最优的目标[②]。与此同时，也有学者认为，法院在利用《保险法》第十九条对保险合同格式条款进行司法规制的过程中，应当认识到保险合同的特殊性，保险合同是保险人设计的高度定型化的产品，保险责任与责任免除是其核心，法院应尽可能地维护保险产品的结构完整。因此，对于保险合同中的不合理因素，只要能通过其他方法予以消除，就不要轻易动用条款无效的裁判权。如果不能认识到这一点，可能会造成对《保险法》第十九条的盲目扩大适用，从而动摇缔结保险合同的基础[③]。

笔者认为，上述观点值得赞同。从本质上讲，保险是借助投保人缴纳的保费建立保险基金，当保险事故发生时，从保险基金中拿出一定数额的金钱补偿或给付那些不幸遭遇危险的投保个体。如果《保险法》第十九条被盲目扩大适用，可能会造成司法过度干预保险人正常的商业经营，并直接导致保险人经营成本的迅速增加，保险人为了维持企业的正常经营会

---

① 有学者认为，保险合同不仅仅是附合合同，而且是超附合合同，不仅一家保险公司采用"要么接受、要么走开"的方式提供财产保险、责任保险等，而且所有保险公司对所有保险产品都采用了基本雷同的格式条款。这好比只有一款统一配置的小轿车出售：绿色、四门、六缸，无论其卖家是沃尔沃、福特，还是丰田。参见［美］肯尼斯·S.亚伯拉罕：《美国保险法原理与实务》，韩长印等译，中国政法大学出版社2012年版，第35页。
② 方志平：《论保险惯例——以商业车险条款为中心》，载《中外法学》2012年第3期。
③ 刘建勋：《保险法典型案例与审判思路》，法律出版社2012年版，第191页。

通过提高保费的形式将上述成本分摊到众多投保人身上，并最终损害广大投保人的利益。由此可见，对于保险合同格式条款的法律规制必须遵循适当、适度、合法原则，而如果想要达到上述规制效果，必须对我国现行《保险法》第十九条进行改造。改造的核心精神有两点：一是将最大诚信原则与公平交易原则嵌入其中，作为《保险法》第十九条的规范前提；二是区分格式条款中的核心给付条款与非核心给付条款，将核心给付条款排除在内容规制的范围之外。如此方能兼顾投保人、被保险人与保险人之间的利益均衡，更好地发挥保险合同格式条款内容规制规则的功能。

09
《民法典》与保险消费者个人信息保护

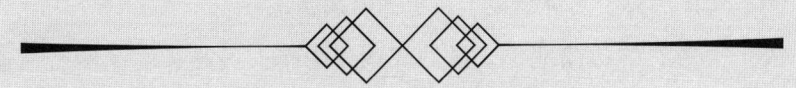

任自力[①]

---

① 任自力,北京航空航天大学法学院教授、博士生导师。

摘要：《民法典》从民事基本法层面确认了消费者作为一个弱势群体的法律地位和民事权利，并将个人信息保护提升至一个新高度，为保险消费者等个人信息主体权益的实现提供了民事基本法依据。保险消费的专业性、复杂性与重要性决定了将保险消费者概念入法的必要性，中国宜将保险消费者限定为自然人，并限于自然人主要为生活消费目的购买保险产品或服务的行为。《民法典》时代保险消费者个人信息权益的实现仍存在诸多障碍，相关制度的完善可从三方面入手：一是应坚持保险消费者个人信息保护与利用平衡发展的理念；二是应进一步完善保险消费者个人信息保护与利用的具体规则；三是应强化保险消费者个人信息保护中的民事救济措施。

关键词：《民法典》；保险消费者；个人信息；保护

一、《民法典》关于消费者与个人信息保护的创新性规定

（一）《民法典》明确规定了消费者的法律地位

关于消费者的法律地位，虽然我国《中华人民共和国消费者权益保护法》（以下简称《消法》）等民事特别法中早已有规定，但其在民事基本法中却是一个新生事物。这一点从我国民事基本法的条款变迁上可以看出。比如，我国1986年《中华人民共和国民法通则》（以下简称《民法通则》）第一百零四条规定，"婚姻、家庭、老人、母亲和儿童受法律保护。残疾人的合法权益受法律保护"。据此，《中华人民共和国民法总则》（以下简称《民法总则》）作为民事基本法，从权利主体上来讲，其仅突出强调了对老人、母亲（妇女）、儿童、残疾人这4类人的保护。消费者概念出现在民事基本法中始于2017年的《民法总则》。《民法总则》第一百二十八条规定："法律对未成年人、老年人、残疾人、妇女、消费者等的民事权利保护有特别规定的，依照其规定。"此规定为《民法典》第一百二十八条全盘继受，消费者正式进入《民法典》，成为与未成年人、老年人、残疾人、妇女并列的第5类民事权利受特别保护的法律主体，具有了民事基本法上的明确法律地位。《民法典》的规定郑重宣告了消费者

与未成年人、老年人、残疾人、妇女一样，均属于法律上的弱势群体，其民事权利应受到法律特别保护。《民法典》同时明确了民事基本法与民事特别法在保护消费者利益时的适用顺位，即民事特别法对消费者权利有特别规定的，适用该特别规定，无特别规定的，则适用《民法典》的一般性规定。

长期以来，因我国民事基本法中缺乏对消费者地位的明确规定，在处理消费者纠纷时，除了遵循民事主体、意思表示、合同权利义务等民事基本规则外，司法实践中更多依赖的是民事特别法，相关特别法除了《消法》之外，主要还有以下四类：一是有关产品质量方面的立法，如《中华人民共和国产品质量法》《中华人民共和国进出口商品检验法》《国家标准管理办法》《中华人民共和国行业标准管理办法》《企业标准管理办法》《中华人民共和国产品质量认证管理条例》等；二是有关产品安全保障方面的立法，如《食品管理法》《中华人民共和国食品安全法》《中华人民共和国药品管理法》《化妆标识品管理规定》（国家质量监督检验检疫总局令第100号）等；三是有关公平交易的立法，如《中华人民共和国计量法》《中华人民共和国价格法》等；四是有关金融商品与服务方面的立法，如《中华人民共和国商业银行法》（以下简称《商业银行法》）、《中华人民共和国证券法》《中华人民共和国保险法》《中华人民共和国证券投资基金法》《中华人民共和国信托法》等。在一定程度上，可以说，这些特别法规范构成了我国消费者权益保护立法的主体与核心。

《民法典》作为市民生活的百科全书，其对消费者法律地位的明确规定，具有非常重大的意义。该规定不仅表明，消费者作为一个弱势群体的法律地位和民事权利在民事基本法层面得到了确认，而且使我国原有的散见于各种民事特别法中的有关消费者权益（包括但不限于消费者个人信息权益）保护的规范，获得了一个总的引领，从而在立法体系上，形成了一个从民事基本法到民事特别法的完整规范体系。这对于引导经营者严格遵循消费者保护的各种立法规范，以及便利司法裁判、便利消费者依法维护自身权益等，都具有重要的现实价值。

(二)《民法典》将个人信息保护规定提升至一个新高度

首先,《民法典》填补了我国民事基本法关于个人信息保护规定的不足。在个人信息保护方面,我国在相当长一段时期内主要依赖的是刑事与行政性规范。2009 年刑法修正案(七)[中华人民共和国主席令(第十号)]中首次使用了"个人信息"的表述①。在此之前,如我国 1982 年《宪法》使用的是"通信秘密"而非"个人信息"概念②。1997 年底公安部发布的《计算机信息网络国际联网安全保护管理办法》(公安部第 33 号令)使用的也是"通信秘密"概念,即"相关人不得利用通信设施侵犯公民的通信自由和通信秘密"。2011 年修订后的《中华人民共和国居民身份证法》对国家机关、金融教育等特定机构泄露居民身份证上记载的个人信息的行为规定了罚则。2012 年《全国人民代表大会常务委员会关于加强网络信息保护的决定》,要求任何组织和个人不得窃取或者以其他非法方式获取公民个人信息。2013 年修订后的《消法》规定,消费者在购买、使用商品和接受服务时,享有个人信息依法得到保护的权利;经营者收集使用消费者个人信息,应当遵循合法、正当、必要的原则,明示收集使用信息的目的方式和范围,并经消费者同意;经营者侵害消费者个人信息得到保护的权利的,应当承担相应的民事责任、行政责任等法律责任等③。此后,个人信息才进入民事法规制范畴。2017 年的《民法总则》在民事基本法中首次引入了个人信息的规范,但仅有 2 个条款。相较于《民法总则》,《民法典》在人格权编的第六章单设隐私权和个人信息一章,对个人信息保护问题进行了专门规范,其关于个人信息保护的条款亦显著地扩充,除了"隐私权和个

---

① 《刑法》第二百五十三条第二款:"国家机关或者金融、电信、交通、教育、医疗等单位的工作人员,违反国家规定,将本单位在履行职责或者提供服务过程中获得的公民个人信息,出售或者非法提供给他人,情节严重的,处三年以下有期徒刑或者拘役,并处或者单处罚金。"
② 参见 1982 年《宪法》第四十条:"中华人民共和国公民的通信自由和通信秘密受法律的保护。除因国家安全或者追查刑事犯罪的需要,由公安机关或者检察机关依照法律规定的程序对通信进行检查外,任何组织或者个人不得以任何理由侵犯公民的通信自由和通信秘密。"
③ 参见《消费者权益保护法》第十四条、第二十九条、第五十条。但《消费者权益保护法》并未规定个人信息主体到底享有哪些具体的权利。

人信息"一章中的8个条款外，总则编有3个条款、人格权编一般规定等章节中有12个条款，前后共计有20个条款与个人信息保护直接相关。另外，在《民法典》合同编与侵权责任编中也存在不少条款与个人信息保护间接有关。这些条款共同构成了我国民事基本法中关于个人信息保护的制度框架和基础，对于包括保险消费者在内的个人信息的保护而言，这些规定作为一般法规则均具适用性。

其次，《民法典》规定为保险消费者等个人信息主体维护自身权益提供了民事基本法依据。在《民法典》出台之前，国内有关个人信息保护的法律法规、部门规章及行业标准等有30余部[①]。相关规范在法律属性上，既有民事法规范、行政法规范，也有刑事法规范，其中多数系部门性、专业性规范，一般民众了解程度较低；在对个人信息含义及侵害个人信息行为的认定标准上，存在明显差异，甚至有不少冲突与矛盾。这些立法规范，对于保护消费者个人信息、遏制侵害消费者个人信息的违法违规行为虽然起到了一定作用，但由于其散乱规定于数十部法律法规或部门规章中，相关规定之间缺乏一个内在的逻辑体系，部分内容甚至存在冲突或矛盾现象。故十分不利于司法及行政执法部门准确适用相关规定解决个人信

---

① 其中，法律有《刑法》《消费者权益保护法》《网络安全法》《电子商务法》，规范性文件有《全国人民代表大会常务委员会关于加强网络信息保护的决定》，《国务院关于大力推进信息化发展和切实保障信息安全的若干意见》，司法解释如最高人民法院《关于办理侵犯公民个人信息刑事案件适用法律若干问题的解释》，部门规章如《电信和互联网用户个人信息保护规定》《网络交易管理办法》《互联网保险业务监管暂行办法》《中国人民银行金融消费者权益保护实施办法》《APP违法违规收集使用个人信息行为认定方法》等，行业标准规范如《网络交易服务规范》（SB/T 10519—2009）、《电子商务模式规范》（SB/T 10518—2009）、《第三方电子商务交易平台服务规范》《信息安全技术公共及商用服务信息系统个人信息保护指南》（GB/Z 28828—2012）、《互联网企业个人信息保护测评标准》《电信和互联网服务用户个人信息保护定义及分类》（YD/T 2781—2014）、《电信和互联网服务用户个人信息保护分级指南》（YD/2782—2014）、《侵害消费者权益行为处罚办法》《2015年全国民事审判工作会议纪要》《个人信息保护技术指引》（PCAC/T 0001：2016）、《信息安全技术 个人信息安全规范》（GB/T 35273—2017）、《互联网个人信息安全保护指南》《个人金融信息保护技术规范》（JR/T 0171—2020）、《信息安全技术 个人信息安全规范》（GB/T 35273—2020）等。

息保护方面的争议,也不利于保险消费者等个人信息权益的有效保护。《民法典》作为民事基本法,其对于个人信息保护的规定,在法律逻辑层级上具有统帅其他民事特别法规范的作用,可为现有的个人信息保护规范提供民事基本法的规则支撑和体系支持①,并有助于消除已有规范之间的冲突和标准不统一的问题。同时,考虑到罪刑法定与刑法的谦抑性,以及无法律明确授权不可为的行政执法原则,在制止侵害个人信息行为方面,民事救济相对于行政或刑事救济具有明显优势,《民法典》的规定为保险消费者等个人信息主体追究违法行为人的民事责任提供了民事基本法依据,有利于实现更充分的个人信息权益保护。

最后,《民法典》对个人信息法律属性及保护原则的明晰有利于保险消费者等个人信息权益的实现。在我国民事立法中,长期只有隐私权而无个人信息的规定。近年来,随着互联网、大数据、云计算等技术的快速发展,个人信息的商业价值日益显著,企业不当收集利用个人信息的现象日益普遍。《民法典》采纳了学界主流观点②,即个人信息权与隐私权都属于人格权,但二者间存在明显的差异,隐私权是一种精神性的人格权,个人信息权是一种集人格利益和财产利益于一体的综合性权利。隐私是自然人的私人生活安宁和不愿为他人知晓的私密信息,个人信息可能是隐私或非隐私信息,个人信息的利用通常关涉公共利益。基于这种认识,《民法典》采用了将个人信息和隐私权分置规定的立法技术,在规定个人信息主体权利的同时,一并规定了个人信息处理的原则和条件、信息处理主体的义务与免责事由等规范,而非简单使用个人信息权的表述。这种设计与规定充分考虑到了大数据时代个人信息保护与信息利用之间的平衡问题,更利于保险业等数据产业的发展及保险消费者等主体个人信息价值的充分发挥。毕竟,在当下的信息社会,个人信息的价值只有在运用中才能充分体现出来,对个人信息的保护必须兼顾到个体利益与数据产业、数字经济发展等

---

① 王成:《个人信息民法保护中的模式选择》,载《中国社会科学》2019年第6期。
② 王利明:《论个人信息权的法律保护——以个人信息权与隐私权的界分为中心》,载《现代法学》2013年第4期。

社会公共利益三个方面。

二、保险消费者个人信息保护的内涵界分

（一）保险消费者概念的提出及其范围

现代社会，保险消费日益成为人们生活中不可或缺的组成部分。随着保险市场的发展，保险产品的类型日渐多样化，保单条款的设计也日益专业化、复杂化。保险产品本身的专业性与复杂性，保险服务本身的信用性、虚拟性与杠杆性，保险代理人销售保险产品过程中普遍存在的劝诱性或诱导性，以及保险产品买卖双方之间在资金、信息、专业知识和能力等方面存在的客观差异，使得购买保险产品的自然人在交易中处于明显的弱势地位。因此有必要在法律体系上将之纳入消费者范畴，承认其消费者地位，以使其能够享受到消费者相关法律的保护[①]。

围绕保险消费者概念应否被纳入保险立法，国内学界近年来存在较大的争议，支持与反对的声音均有。从近年来《保险法》的立法与修订进程来看，反对意见无疑是主流意见。本文作者之前也持反对意见[②]，但随着近年来国际上金融消费者保护运动的不断深入，本文作者认为，在立法中适时引入保险消费者，甚至金融消费者概念的积极意义正在迅速提升。理由包括：首先，立法是对现实生活经验的总结。当一个概念已成为民众耳熟能详、高频使用的词汇时，在立法中对之进行回应和确认，为民众提供更准确的行为指引和预期，这是法律制度的应有功能。其次，法律概念与法律制度本身需要与时俱进。当一个领域经过较长时间的发展，具备一定的独立性特征之后，法律术语及规则也需要做出相应调整。正如我国《民法典》中关于有名合同的种类较之前立法有明显增多一样，保险消费在人

---

① 这正如《消费者权益保护法》2013 年修改时的背景：随着经济社会不断发展，我国的消费方式、消费结构和消费理念发生了很大变化，在消费者权益保护领域出现了不少情况新问题，有必要适时修改这部法律，完善消费者权益保护法律制度。

② 当时持反对意见的主要理由是，考虑到消费者概念本身的宽泛性与复杂性，比如商品与服务种类繁多，若每一类商品均创设一个消费者概念入法，如商品房消费者、水电消费者、保险消费者、储蓄消费者等，既不实际也无必要。

们日常生活中的地位在日益提升，保险产品及服务对于增进民众生活幸福感及提升社会治理水平也日益重要。在此背景下，将保险消费者概念适时入法已具有高度合理性。再次，以金融消费者的概念为例，代表性的国外立法实践亦表明，其概念与范围主要是实践塑造而非理论推演的产物，与一国的金融监管模式和监管体制有着不可分割的内在联系①。故在保险消费者概念应否入法问题上，首先应关注中国的保险消费与监管实践，而不应过多拘泥与传统的消费者概念或理论体系。

关于消费者的定义，学界通常以是否具有生活消费目的为判断基准，各国立法例则以"是否包含法人"将消费者分为二种②：一种主要指自然人，如英国、欧盟、俄罗斯等；另一种除自然人外，还包括社团组织等法人团体，如中国、韩国等。中国现行《消法》中的消费者范围并未区分自然人与法人，也未规定消费者仅限于自然人，其强调的是为生活消费的目的购买商品或服务③。从民法"法无禁止即可为"的基本理念来看，法人或其他组织应均可纳入消费者范畴。从国内地方性立法及司法实践来看，法人及其他组织被纳入消费者范畴亦不鲜见④。

本文认为，考虑到保险消费者系金融消费者的下位概念，中国保险消费者范围的界定，在参照上述观点与立法的同时，还应充分关注代表性国

---

① 廖凡：《金融消费者的概念与范围：一个比较的视角》，载《环球法律评论》2012年第4期。
② 邱锦添、胡胜益、林克宪：《金融消费者保护法与案例解析》，台湾元照出版有限公司2012年版，第1—3页。
③ 《消费者权益保护法》第二条："消费者为生活消费需要购买、使用商品或者接受服务，其权益受本法保护；本法未作规定的，受其他有关法律、法规保护。"
④ 比如，1998年3月28日重庆市人大常委会颁布的《重庆市消费者权益保护条例》第二条将消费者定义为"本条例所称消费者，是指为生活消费购买、使用商品或者接受服务的个人和单位，其权益受法律、法规和本条例的保护"。审判实务中，单位作为消费者被严格限定在"为生活消费需要"的情形下。若单位购买的是最终消费品，且该商品不是用于生产经营的，可以认为是"为生活消费需要"。重庆市高级人民法院发布的《重庆市高级人民法院关于审理消费者权益保护纠纷案件若干问题的解答》（渝高法（2016）77号）第一条亦承认《消法》中未明确规定消费者仅限于个人。深圳市中级人民法院2014年5月发布的《深圳市中级人民法院关于消费者权益纠纷案件的裁判指引》则规定，除了"为生活消费需要"目的外，为"打假"目的而购买商品或服务的公民、法人或其他组织也属于消费者。

家或地区的立法情况。依据美国1999年《金融服务现代化法》，金融消费者主要为个人、家庭成员或家用目的，从金融机构得到金融商品或服务的自然人。英国《2000年金融服务与市场法》中的金融消费者是指为贸易、商业、职业之外目的接受金融服务的任何自然人。英国《2012年消费者保险披露与陈述法》进一步规定，消费者须为自然人，且其缔结保险合同的唯一或主要目的必须是非商业性的①。我国台湾地区的《金融消费者保护法》规定，"本法所称金融消费者，指接受金融服务业提供金融商品或服务者"。据此，自然人和法人均属于金融消费者的范畴，但该法同时将专业投资机构及具有一定财力或专业能力的人或法人排除在金融消费者范围之外。依据日本2001年《金融商品销售法》，在金融商品交易中相对于金融机构所具有的专业知识，无论自然人或法人，均属于信息较弱势一方的当事人，故自然人和法人均可为金融消费者。简言之，就金融消费者的定义而言，英、美两国立法均将其限定为自然人，而日本、我国台湾地区的立法则均认可自然人之外的法人可以为金融消费者。由这些立法可知，不论是在消费者抑或金融消费者的范围上，均存在是否限于自然人的差异，世界范围内不存在一致的看法，立法上无论采取何种模式均可找到其理论依据及参照样本。故对于中国而言，关键是找到更适合中国国情的做法。

针对保险消费者的含义与范围，中国现行立法尚无界定。但已有涉及金融消费者权益保护的相关规范性文件。比如，国务院办公厅2015年11月发布的《国务院关于加强金融消费者权益保护工作的指导意见》（国办发〔2015〕81号）提出要健全金融消费者权益保护机制，保障金融消费者的各项权利。中国人民银行2016年12月发布的《中国人民银行金融消费者权益保护实施办法》（中国人民银行令〔2020〕第5号）则规定了金融消费者的含义，即购买、使用金融机构提供的金融服务、产品的自然人，并规定金融机构应当建立保护金融消费者权益的各项内控制度。据此办法，

---

① 在该法起草过程中，针对小型企业等商业保险消费者应否适用于与个人消费者相同的规则一直存在争议，有关消费者遭受不公平对待的抱怨也不仅仅局限于个人消费者领域。任自力：《英国2012年消费者保险（披露与陈述）法述评》，载《保险法前沿》2012年第1辑。

保险消费者也应限于自然人。虽然小微企业及部分非企业性法人单位在保险交易中的实际地位与自然人相比具有类似性①，亦有部分国家或地区将部分法人或非法人组织纳入消费者范畴，但从域外立法来看，主流做法仍然是将保险或金融消费者限于自然人。这么做的理由，主要应当是认定消费者的标准简单易行、立法与执法成本均较低。反之，若将小微企业、非营利性法人或非法人组织纳入保险消费者范畴，则可能引发不少问题。比如，如何判定小微企业等购买保险是否是为了生活消费，尤其是这些主体的实际支付能力及其在保险交易中的谈判能力千差万别，何时应将之纳入保险消费者范畴、何时应将之排除在保险消费者范畴之外，实际执行起来会相当困难。因此，本文认为，借鉴国际立法主流做法，中国宜将保险消费者限定为自然人，并限于自然人主要为生活消费目的购买保险产品或服务的行为；未来，应适时制定保险消费者的适当性标准，以实现对保险消费者的精准保护。比如，应将那些主要是投资理财型保险产品的购买人排除在保险消费者之外，因其购买保险产品的主要目的不是生活消费（获取风险保障），而是获取投资收益。

（二）保险消费者个人信息的范围与内容

关于个人信息的范围与内容，即什么信息属于个人信息，各国立法不同，主要存在三种做法与观点：②（1）关联型定义，即所有与个人相关联的信息均为个人信息。此观点为北欧及东欧部分国家采用，如《保加利亚个人数据保护法》规定，个人数据③是指涉及自然人的身体、心理、精神、家庭、经济、文化教育状况与社会背景的信息。（2）隐私权定义，即以隐私来界定个人信息，凡是个人不愿向外透露或较为敏感不愿为他人知晓的

---

① 小微企业甚至需要给予某种形式的特殊保护，比如国务院近日颁布的《保障中小企业款项支付条例》即对于包括小微企业在内的中小企业在获得款项支付方面做出了特殊规定。据此条例，机关、事业单位从中小企业采购货物、工程、服务，应当自货物、工程、服务交付之日起30日内支付款项；合同另有约定的，付款期限最长不得超过60日。
② 黄薇主编：《中华人民共和国民法典解读》，中国法制出版社2020年版，第208页。
③ 目前在各国的个人信息保护立法中，多数国家将个人信息等同于个人数据。王春晖：《〈网络安全法〉六大法律制度解析》，载《南京邮电大学学报（自然科学版）》2017年第1期。

信息均为个人信息。美国、澳大利亚、新西兰、加拿大等英美法系国家立法多采用此定义方式。（3）识别型定义，即个人信息是能够直接或间接识别特定自然人的信息。欧盟《一般数据保护条例》（GDPR）、日本及韩国的《个人信息保护法》均采用此观点。此观点也是目前理论界与实务界的主流观点，并为我国《民法典》所采用①，《民法典》出台前的立法也多采用此观点，如《中华人民共和国网络安全法》《信息安全技术个人信息安全规范》（GB/T 35273—2020）、《最高人民法院、最高人民检察院关于办理侵犯公民个人信息刑事案件适用法律若干问题的解释》（法释〔2017〕10号）等②。这些规定对于保险消费者个人信息的保护同样适用。根据这些规定，判断某种信息是否属于保险消费者的个人信息，应看其是否满足如下三个要件：（1）识别性，即通过该信息可以直接或间接确认某一特定自然人的身份。如通过身份证号、基因信息可直接确认某一自然人，这种识别为直接识别；间接识别是通过某种信息虽不能直接确认某人身份，但可以辅助其他信息来达成确认，如考虑到重名因素，仅通过姓名张三，我们通常还不足以确认某人的身份，若再加上其性别、年龄、具体住址等信息则可确认其身份；所有可以直接或间接识别特定自然人的信息均属于个人信息。（2）需有一定的载体，即个人信息必须能以电子或其他方式记录

---

① 也有人认为我国民法典、欧盟GDPR，以及美国、澳大利亚、巴西、俄罗斯等国立法采用的均为识别+关联型个人信息定义，参见洪延青：《"个人信息"的定义——民法典与GDPR》，载美创网，http://www.mchz.com.cn/cn/about-us/Industry-News/info_366_itemid_3424.html，2020年7月11日访问。

② 我国2017年《网络安全法》第七十六条规定："个人信息，是指以电子或者其他方式记录的能够单独或者与其他信息结合识别自然人个人身份的各种信息，包括但不限于自然人的姓名、出生日期、身份证件号码、个人生物识别信息、住址、电话号码等。"国务院信息标准化办公室依据《网络安全法》制定的《个人信息安全规范》（2017年版/2020年版）规定：个人信息是指以电子或者其他方式记录的能够单独或者与其他信息结合识别特定自然人身份或者反映特定自然人活动情况的各种信息。最高人民法院、最高人民检察院2017年联合发布的《关于办理侵犯公民个人信息刑事案件适用法律若干问题的解释》第一条规定："刑法第二百五十三条之一规定的'公民个人信息'，是指以电子或者其他方式记录的能够单独或者与其他信息结合识别特定自然人身份或者反映特定自然人活动情况的各种信息，包括姓名、身份证件号码、通讯联系方式、住址、账号密码、财产状况、行踪轨迹等。"

下来。（3）主体限于自然人，法人或非法人组织不是个人信息的主体。

另外，参照中国人民银行 2020 年 2 月发布的《个人金融信息保护技术规范》（JR/T 0171—2020）中对个人金融信息的界定，即指金融机构通过提供金融产品和服务或其他渠道获取、加工和保存的个人信息，具体包括个人的账户信息、鉴别信息、金融交易信息、个人身份信息、财产信息、借贷信息及其他反映特定个人某些情况的信息。本文认为，保险消费者的个人信息应当包括其个人账户信息、鉴别信息、保险交易信息、身份信息、保单质押贷款信息及其他能够反映其某些情况、具有识别性的信息。细言之，其中的账户信息，主要是指保险费支付账户及其相关信息，如账户开立时间、开户机构、账户余额、户名、支付信息等；鉴别信息是指用于验证主体是否具有访问或使用权限的信息，如信息主体登录密码、账户查询密码、交易密码、动态口令、短信验证码、密码提示问题答案等。保险交易信息，是指保险消费者在交易过程中产生的各类信息，如保单信息、索赔与理赔信息等。个人身份信息主要包括个人基本信息与个人生物识别信息，个人基本信息包括但不限于个人的姓名、性别、国籍、民族、职业、婚姻状况、家庭状况、收入情况、身份证与护照等证件类信息、手机号码、固定电话号码、电子邮箱、工作及家庭地址，以及在接受保险产品或服务过程中提供的照片、音视频信息等。个人生物识别信息则包括指纹、人脸、虹膜、耳纹、掌纹、声纹、眼纹、静脉、步态、笔迹等生物特征样本数据、特征值与模板等。财产信息，是指保险消费者的个人收入状况、拥有财产（不动产、车辆等）情况、纳税额、公积金缴存金额等。借贷信息，是指个人以保单质押贷款等形式发生借贷业务产生的信息，包括贷款发放及还款、担保情况等。其他信息主要是指保险机构等信息处理者在提供产品或服务过程中获取、保存的消费者的其他个人信息，以及对原始数据进行处理、分析形成的，能够反映特定个人某些情况的信息，如消费意愿、支付习惯等。

三、《民法典》下保险消费者个人信息保护的主要规则及其审视

（一）保险消费者个人信息权益的主要内容及其实现困境

《民法典》第一千零三十七条规定，自然人可以依法向信息处理者查

阅或者复制其个人信息；发现信息有错误的，有权提出异议并请求及时采取更正等必要措施；自然人发现信息处理者违反法律、行政法规的规定或者双方约定处理其个人信息的，有权请求信息处理者及时删除。据此，保险消费者对于保险机构等信息处理者也当然享有个人信息的查阅、复制、异议、更正、删除等请求权。当这些权利遭受侵害时，保险消费者可依据《民法典》的合同或侵权法规则追究信息处理者的违约或侵权责任。但是，保险消费者的这些权利规定并不当然意味着其可以轻易实现，这些权利能否实现完全取决于保险机构等信息处理者履行其法定或约定义务的情况。比如，依据《民法典》，信息处理者处理个人信息应当遵循合法、正当、必要原则，不得过度处理，并须征得被收集者同意等[1]。依据《中华人民共和国网络安全法》(以下简称《网络安全法》)，网络运营者应当公开收集、使用个人信息的规则，明示收集、使用的目的、方式和范围，并经被收集者同意；网络运营者不得收集与其提供的服务无关的个人信息，不得违反法律、行政法规的规定和双方的约定收集、使用个人信息，并应当依照法律、行政法规的规定和与用户的约定，处理其保存个人信息[2]。《网络安全法》自2017年6月1日生效以来已逾3年，网络运营者严格遵守上述规定按说是其法定义务，但从个人信息保护的实践来看，情况却不容乐观。依据《网络安全法》，网络运营者负有披露其隐私政策的法定义务。所谓隐私政策，是指保险机构等信息处理者应向消费者明示其收集使用个人信息的目的、方式与范围并取得用户同意的政策。隐私政策是实现个人信息保护机制"告知—同意"效力的最重要手段[3]。通过隐私披露政策，保险机构得以向保险消费者展示消费者个人信息保护的实践，保险消费者则可就信息披露中发现的问题向保险机构提出异议，敦促其改进信息收集与处理制度。隐私政策的有无及其完善程度决定着保险机构与消费者

---

[1] 参见《民法典》第一千零三十五条。
[2] 参见《网络安全法》第四十一条。
[3] 高秦伟：《个人信息保护中的企业隐私政策及政府规制》，载《法商研究》2019年第2期。

之间能否进行充分互动①,并反映着保险机构遵守个人信息保护方面法律或合同义务的实际情况。但根据学者分析②,访问量排名前500的中国大陆网站中公开披露其隐私政策的仅有348家,占比为69.6%;其他152家、30.1%网站在收集、使用用户个人信息时则处于黑箱状态,用户通常无法及时知晓其个人信息泄露和滥用的情况,这三成网站明显违反了《网络安全法》的规定。并且,即使是对于348家有隐私披露政策的网站而言,其在个人信息保护方面的实际操作距离规范要求仍差很远。比如,348家网站中遵守《个人信息安全规范》③的比例很低,其中,没有任何一家网站遵守个人信息的最小化收集原则④,遵守确保个人访问要求的网站比例最高,也仅有142家。研究表明,访问量越高的网站,越倾向于披露隐私政策,其对用户个人信息的保护程度也越高。相对于淘宝、京东等具有保险产品网销资格的综合性网站,国内保险专业网站的访问量要小得多,故后者对消费者个人信息的保护程度也会低得多。因此,国内保险消费者个人信息保护目标的达成仍面临诸多现实困难⑤。

(二)保险机构在消费者个人信息保护方面的义务、责任与限制

首先,保险机构在消费者个人信息保护上的双重义务。根据《民法典》

---

① 冯洋:《从隐私政策披露看网站个人信息保护——以访问量前500的中文网站为样本》,载《当代法学》2019年第6期。
② 同注①。
③ 该规范确立了信息处理者应当遵循的5项要求,依次为最小化收集、敏感信息保护、合理期间保存、确保个人访问、安全影响评估。
④ 其中包括访问量进入全球前20并是国内保险产品主要网销平台的淘宝、天猫、京东等网站。同注①。
⑤ 这种困难从2019年底国家互联网信息办公室、工业和信息化部、公安部、市场监管总局联合制定的《App违法违规收集使用个人信息行为认定方法》中也可得到印证,该办法列出了六大类、31种违法违规收集个人信息的行为,主要包括未公开收集使用规则;未明示收集使用个人信息的目的、方式和范围;未经用户同意收集使用个人信息;违反必要原则,收集与其提供的服务无关的个人信息;未经同意向他人提供个人信息;以及未按法律规定提供删除或者更正个人信息功能,或者未公布投诉举报方式等。

规定，保险机构作为信息处理者①，在保险消费者个人信息保护上负有两方面的义务：一是积极义务，二是消极义务。所谓积极义务，是指其在处理消费者个人信息时应当遵循合法、正当、必要的原则，不得过度处理，并须符合以下四个条件：（1）获得该自然人（投保人、被保险人）或其监护人的同意，法律行政法规另有规定的除外；（2）公开处理信息的规则；（3）明示处理信息的目的、方式与范围；（4）采取技术措施或其他必要措施确保其收集、存储的个人信息的安全，防止信息泄露、篡改、丢失。所谓消极义务，是指其信息处理行为不得违反法律、行政法规规定或双方约定，不得泄露或篡改其收集、存储的消费者个人信息，未经消费者同意也不得向他人非法提供个人信息，除非是经过匿名化处理、无法识别特定个人且不能复原的信息。《民法典》上述规定实质上是对我国《网络安全法》等已有规范内容的原则提炼。因《网络安全法》等已有规范在规制侵害个人信息权益行为时提供的主要是一种行政救济，对民事救济的规定非常粗略②，故《民法典》规定对于《网络安全法》等已有立法规定而言是一个重要补充。当然，从对个人信息的具体规范内容上来看，《网络安全法》《个人信息安全规范》等已有规定更具可操作性，《民法典》相关规定的落地尚有赖于《网络安全法》等已有规则的真正实施。比如，《民法典》下信息处理者的双重义务在《网络安全法》中体现为对网络运营者的7项要求：③对个人信息的收集和使用应当遵循合法、正当、必要原则，并经被收集者同意；不得泄露、篡改、毁损其收集的个人信息；应明示收集使用信息的目的、方式和范围；未经同意，不得向他人提供；应采取必要措施，确保个人信息安全，必要时应及时采取补救措施；应当建立健全用户

---

① 相较于《网络安全法》规制的个人信息义务主体为网络运营者，《民法典》使用了信息处理者的概念，来统一指代对个人信息的收集、存储、使用、加工、传输、提供与公开等行为主体，其覆盖的主体范围明显更大。

② 比如，《网络安全法》在其法律责任一章17个条文中，仅有1个条款规定了民事责任，即"违反本法规定，给他人造成损害的，依法承担民事责任"。其他条款均系行政、甚至刑事责任的规定。

③ 参见《网络安全法》第四十一条至第四十九条。

信息保护制度；个人发现其违背法定或约定收集使用个人信息，或者信息有误的，有权要求其删除、更正；应及时受理并处理相关投诉和举报等。这些要求与世界普遍承认的个人信息保护基准基本一致①。依据《网络安全法》制定的《个人信息安全规范》对于信息处理者的义务作了更进一步的规范，如个人信息收集者应当遵守最小化收集原则，对个人信息的收集应当与所提供的产品或服务直接相关，不得无限制收集；对于敏感信息的收集使用应当获得信息主体的明示同意，并采取加密等安全措施；个人信息的保存期限应为实现其目的所必需的最短时间，超出后应及时删除或匿名化处理；应向个人信息主体提供访问其信息的方法；应定期（至少每年一次）进行个人信息安全影响评估并不断改进个人信息保护措施等。这些规定作为国家推荐标准为保险机构履行保护保险消费者个人信息义务提供了具体的指引。

其次，保险机构在保险消费者个人信息保护方面的责任与限制。如前所述，保险机构等信息处理者在处理消费者个人信息时，不得违反法定或约定义务，否则，须承担相应的法律责任。保险消费者可援引《民法典》中的合同或侵权法规则追究信息处理者的民事责任，或援引《网络安全法》等规定追究信息处理者的行政甚至刑事责任。就民事责任而言，根据《民法典》第一百二十七条，信息处理者承担民事责任的方式包括停止侵害、排除妨碍、消除危险、继续履行、赔偿损失、支付违约金、赔礼道歉等。这些责任方式可以单独或合并使用。同时，鉴于保险机构对保险消费者个人信息的合理使用是保险业得以发展壮大的基础，基于确保保险机构对消费者个人信息的合理使用，培育保险业的持续创新能力，保险机构有权援引《民法典》关于信息处理者民事责任例外的规定②，主张在如下三种情形下的信息处理行为无须承担民事责任：一是保险消费者（自然人）或者其监护人同意的范围内合理实施的行为；二是合理处理保险消费者自行公

---

① 冯洋：《从隐私政策披露看网站个人信息保护——以访问量前 500 的中文网站为样本》，载《当代法学》2019 年第 6 期。

② 参见《民法典》第一千零三十六条。

开或其他已经合法公开的信息,但保险消费者明确拒绝或处理该信息侵害其重大利益的除外;三是为维护公共利益或者保险消费者合法权益、合理实施的其他行为。《民法典》对于信息处理者的这种责任限制内容,对于确保保险机构和保险消费者个人之间的利益平衡、确保保险业的不断创新是非常必要的。

四、《民法典》时代保险消费者个人信息保护制度的完善建议

(一)应坚持保险消费者个人信息保护与利用平衡发展的理念

人类社会现今已进入信息社会,个人信息从未像今天这样拥有巨大的价值,并被如此方便地收集、存储、分析、利用,个人信息从未像今天这样被如此轻易地传递、交易、滥用、侵犯①。人类社会同时已进入大数据时代,以个人信息为核心的数据产业、数字经济已经成为各国重点发展的新型经济形态。在个人信息保护上,《民法典》确立的双重保护机制,即一方面强调对个人信息的保护与信息处理者的责任;另一方面强调对信息处理者数据利益保护②的立法设计充分借鉴了欧美的立法经验,并考虑到了包括保险业在内的中国数据产业发展的现实③。保险业作为中国数据产业的重要组成部分,用户信息、用户数据是其核心资源,其风险测算与产品开发均须以大数法则为基础,而大数法则的运用必须以对保险消费者海量个人信息的收集、利用为前提。随着大数据技术的运用,"可识别"个人信息的范围在不断地扩大,原本不具有可识别性与经济价值的部分信

---

① 郝思洋:《大数据时代个人信息保护的路径探索》,载《北京邮电大学学报(社科版)》2016年第5期。

② 在个人信息法律制度建设上,欧盟长期坚守隐私和个人信息作为公民基本权利不容侵犯的底线,其结果是导致其数据产业发展薄弱,美国则采取了更为灵活的以市场规制为主的策略,较好地实现了个人信息权利保护和数据产业发展之间的平衡。《民法典》在个人信息保护上的规则设计采取了类似美国而非欧盟的做法,也正是考虑到了个人信息保护与数据产业发展之间的平衡需要。

③ 周辉:《网络隐私和个人信息保护的实践与未来——基于欧盟、美国与中国司法实践的比较研究》,载《治理研究》2018年第4期。

息，经大数据分析之后也完全可能具备可识别性与经济价值①。因此，保险机构存在最大化收集消费者个人信息的动机与行为选择，这种选择与消费者基于知情同意原则限制其个人信息被过度收集、利用的要求之间存在客观上的冲突。消费者权益的充分保护是保险业发展壮大的前提，保险消费者个人信息权益保护制度的不足，会对保险机构过分索取、利用消费者个人信息的行为形成反向激励，甚至完全架空消费者对其个人信息享有的权益，并最终危及保险业的健康发展；但同时，如果对保险消费者的个人信息保护过度，对保险机构的信息处理行为施加过多限制，又会提高保险机构收集利用个人信息的成本，增加大数法则的使用困难，阻碍保险业的创新和服务能力提升，最终利益受损的还是保险消费者。因此，有必要在立法、司法及行政执法上不断丰富查阅请求权等保险消费者个人信息权益内容、提升其个人信息保护力度，同时对保险机构在信息处理中形成的新型财产权利，如数据库权、数据资产权、数据经营权等进行及时确认，从而实现保险消费者个人信息权益不同主体间的利益平衡。

（二）应进一步完善保险消费者个人信息保护与利用的具体规则

如前所述，在保险消费者个人信息的保护与利用之间存在潜在的利益冲突。《民法典》等法律确立的个人信息保护规则依赖知情同意原则，即信息处理者将个人隐私政策告知个人，然后由个人决定是否允许个人信息被收集；信息处理者对个人信息的收集利用应当遵循合法、正当、必要原则，不得收集与其提供的服务无关的个人信息，不得过度处理。但何谓正当、必要，何谓过度？是否与信息处理者日常经营有关的信息均属于与其提供服务有关的信息？相关规则均需进一步明晰。只有相关规则进一步明晰之后，才能给个人信息相关利益主体提供更稳定的行为预期，相关行为主体也才能更好地确定自己的行为边界。就相关规则的进一步明晰而言，

---

① 对于保险机构等信息处理者而言，消费者个人信息的经济价值很多是来自对相关信息的二次开发，二次开发的结果在信息收集之前常常难以预料。例如，谷歌对于个人搜索记录的收集，一开始并未预料到这些数据可以被用来预测流感，只是在大数据产业高速发展之后，谷歌才开始挖掘出这些数据的流感预测功能。

本文认为，应从以下四个方面入手：第一，尽快明确保险消费者个人信息收集时的正当与必要性标准。在此方面，可参考国家互联网信息办公室等联合制定的《App违法违规收集使用个人信息行为认定方法》（国信办秘字〔2019〕191号），将如下行为纳入"违反正当、必要原则"的信息收集行为，并明确行为人的法律责任：收集的个人信息类型或打开的可收集个人信息权限与现有业务功能无关；因用户不同意收集非必要个人信息或打开非必要权限，拒绝提供业务功能；程序新增业务功能申请收集的个人信息超出用户原有同意范围，若用户不同意，则拒绝提供原有业务功能，新增业务功能取代原有业务功能的除外；收集个人信息的频度等超出业务功能实际需要；仅以改善服务质量、提升用户体验、定向推送信息、研发新产品等为由，强制要求用户同意收集个人信息；要求用户一次性同意打开多个可收集个人信息的权限，用户不同意则无法使用等。凡属上述行为，均应严格追究行为人的法律责任。第二，推行"普遍免费+个别付费"的服务模式、完善消费者个人信息提供的知情同意原则，长期以来，互联网企业基于知情同意原则，通过提供免费服务来换取消费者提供个人信息与注意力的模式，虽然是一种行之有效的经营模式，但此模式会导致消费者知情同意原则的虚化、导致企业过分索取利用消费者个人信息，并会将个人信息敏感型消费者排除在部分服务之外，进而损及消费者与服务提供者之间的信任关系[1]。因为，对于大多数消费者而言，交易中的弱势地位决定了其通常无选择不同意的权利和能力。鉴于企业收集利用个人信息的目的主要是借助大数据技术，分析用户喜好，对其进行精准画像，进而向其推送相关商品或服务信息，而普遍免费模式下对信息敏感型消费者的排斥，不利于企业市场影响力的提升。故有必要适时确立并推行"普遍免费+个别付费"的双重服务模式，确保个人信息敏感型消费者有权在付费、限缩其个人信息提供范围后继续使用相关服务应用的其他功能。第三，将保险中介机构履行消费者个人信息义务情况作为监管重点。鉴于国内保险产品的销

---

[1] 张新宝：《"普遍免费+个别付费"：个人信息保护的一个思维》，载《比较法研究》2018年第5期。

售主要是经由保险中介渠道完成①，保险消费者个人信息的处理权也主要掌握在保险中介机构手中，故应将保险消费者个人信息保护的重心放在保险中介渠道上；同时明确保险公司对其渠道的连带监督责任，让保险中介机构与保险公司共同担负起保护消费者个人信息的义务和责任。第四，将有关个人信息保护的国家推荐标准明确为保险机构的法定义务，并不断强化后端监管措施。鉴于保险交易的专业性和复杂性，让保险机构承担更重的信息披露义务是各国保险监管中的通常做法。考虑到保险消费者个人信息保护方面的现实困境，将《个人信息安全规范》中关于个人信息保护的国家标准规定为保险机构的法定行为标准，同时强化其后端行为监管措施，一旦出现保险机构违反法定义务处理消费者个人信息情形，比如违反匿名化和不能复原原则，出现消费者个人信息泄露事件等，即应依法追究保险机构的法律责任，以切实提高其违法违规成本，从而实现保险消费者个人信息保护的目的。

（三）应强化保险消费者个人信息保护中的民事救济措施

我国个人信息保护立法长期以来存在重公法、轻私法的倾向②。这种倾向的表现为：在立法中，多行政责任而少民事责任的条款规定；在追究侵害个人信息行为人的法律责任时，重行政甚至刑事责任、轻民事责任。同时，在现有监管体制下，针对个人信息违法违规行为的监管权由各类政府监管机构分散行使③，分散式或运动式执法是相关监管执法的常态。这

---

① 如2019年中国保费收入的87.07%是通过保险中介渠道实现的。参见"解读姜波文章，保险中介市场大有可为，金字塔向扁平发展"，载搜狐网，https://www.sohu.com/a/401142231_99957909，2020年6月11日访问。

② 王成：《个人信息民法保护中的模式选择》，载《中国社会科学》2019年第6期。

③ 以中国对App个人信息收集使用的监管为例，其监管权目前主要集中在四个部门，分别是国家互联网信息办公室、工业和信息化部、公安部和国家市场监管总局。这四个部门大致覆盖了App生产运营的大部分行政管理工作，2019年初联合发布了《关于开展App违法违规收集使用个人信息专项治理的公告》。与此同时，国家发改委等十余个部门也具有关于App个人信息收集使用的行政监管权与执法权。事实上，在个人信息收集与持续保护过程中并没有独立的常设监管部门及执法机构，通常是各部委在某个时间段集中抽查，不可避免地存在执法尺度及标准的差异，多部委监管的情况一定程度上影响了执法的稳定和可预期性，无形中导致企业的合规与创新成本提升。邱江丽：《关于App收集个人信息实务及规范研究》，载《北京航空航天大学学报（社科版）》2019年第4期。

些监管执法方式虽各有其优点，但缺陷却更明显。比如，分散式执法导致各监管机构间监管职权不明，各机构都不将个人信息保护作为自己的主要工作职责；运动式执法不具有可持续性，运动结束后，其效力逐渐淡化，且运动式执法中执法行为、执法程序本身的合规性也常常面临质疑。在具体执法措施上，监管机构针对侵害个人信息的行为虽可以采取责令改正、警告、罚款甚至吊销营业执照等行政处罚，但限于人力、物力等因素，实践中很少对违法企业进行行政处罚。监管机构往往是在出现大规模个人信息滥用和泄露等丑闻引发舆情后，才启动针对涉事企业的行政处罚程序①，而未能发展出常态化、积极的执法手段。这一现状导致相关监管机构在针对包括保险消费者在内的个人信息保护上陷入一种动辄得咎的监管困境。有学者②进而提出，传统的向信息主体赋权、要求企业承担保护个人信息义务的做法在实践中并未能为个人信息提供有效的保护，企业隐私政策的本意是让企业向消费者披露个人信息的收集、使用、储存规则，进而寻求消费者的同意，但该政策事实上仅仅制造出一种消费者有能力控制个人信息的假象，企业的法律义务往往在告知消费者并获得其同意的那一刻便已经完成。本文认为，就中国现阶段而言，要求企业承担保护个人信息义务的制度设计效果不彰的根源是相关法律规则未能严格执行及部分规则操作性不足，解决之道为进一步强化企业等信息处理者的责任和义务，并进一步完善相关法律规则。毕竟，对个人信息的保护，实质是维护个人对其信息的支配，维护个人的人格尊严。而即使是对个人信息保护存在差异的美国法与欧洲法近年来也呈现出共同趋势，即在数据开发、共享中普遍重视对个人信息的保护③。

就国内保险业而言，保险机构履行消费者个人信息保护义务的实践情

---

① 冯洋：《从隐私政策披露看网站个人信息保护——以访问量前 500 的中文网站为样本》，载《当代法学》2019 年第 6 期。
② 庆启宸：《个人信息保护制度的重构：由公地悲剧模型展开》，载《情报理论与实践》2019 年第 10 期。
③ 王利明：《数据共享与个人信息保护》，载《现代法学》2019 年第 1 期。

况并不乐观，面对超范围收集个人信息等各种违法违规行为，保险消费者的诉讼维权成本高昂，消费者多选择向监管部门投诉的方式来解决问题。这反过来给监管部门带来巨大的监管压力，尤其在监管部门现有人力、技术存在严重不足的情形下。本文认为，这一现状的改变可从两个方面入手：第一，应进一步明确中国银保监会消费者权益保护机构在保险消费者个人信息保护领域的主导性监管地位，充实其在监管人力、监管技术方面的力量，赋予其更多的行政监管权，发挥其监管效率高等优势。第二，应适时在保险消费者个人信息保护领域引入集团诉讼制度，充分发挥民事救济与民事责任机制的作用。保险消费者个人信息权益属于典型的小额、易腐性权益，传统民事诉讼模式下，消费者的个人维权成本远远超出其维权的可能收益，且通常面临举证责任困难等诸多不利因素，这些都严重抑制了消费者追究违法行为人民事责任的积极性。集团诉讼制度作为一种公认的可有效保护小额、易腐权利的民事救济制度，将其引入保险消费者个人信息保护领域，可充分调动起广大受害消费者个体对违法行为人的监督积极性，有利于实质上降低消费者的维权成本，并显著提高保险机构等信息处理者侵害消费者个人信息行为的违法违规成本。

（本文刊登于《保险研究》2020年第8期）

10
《民法典》时代个人信息保护纳入《保险法》的必要性

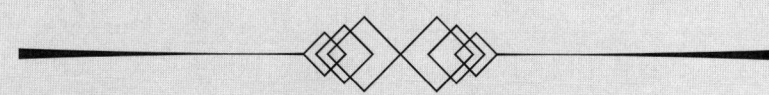

刘清元[①] 佟 轶[②]

---
① 刘清元,大家人寿保险股份有限公司合规负责人兼首席风险官。
② 佟轶,大家人寿保险股份有限公司法律合规部合规室经理。

摘要:《民法典》对个人信息保护问题进行了专门规范,并将个人信息保护规定提升至一个新高度,同时也为保险消费者的个人信息保护提供了民事基本法依据。银行及证券行业的相关立法中均涵盖了个人信息保护的相关条款,而《保险法》中则缺失相关规定,一方面导致保险监管机构关于个人信息保护的相关监管规定较为散乱,缺乏内在逻辑;另一方面导致保险行政执法中对于篡改个人信息导致客户信息不真实的行为大多按照《保险法》第八十六条进行定性及处罚,从而出现法律适用上的矛盾与不协调。因此,《保险法》中应涵盖个人信息保护的相关规定,包括个人信息保护的原则、个人信息的范围、保险机构的义务与保险消费者的权利、相关罚则等内容。

关键词:《民法典》;个人信息;保护;《保险法》

一、个人信息保护纳入《保险法》是落实《民法典》的需要

(一)《民法典》对个人信息保护的总体情况

2020年5月28日,第十三届全国人民代表大会第三次会议表决通过了《民法典》,宣告中国"民法典时代"的正式到来。本次《民法典》的一大亮点是将有关人格权的规定独立成编,并对自然人"隐私权"和"个人信息"保护进行了明确的规定。

总体上看,《民法典》在人格权编的第六章单设隐私权和个人信息一章,对个人信息保护问题进行了专门规范,其关于个人信息保护的条款亦显著扩充,除了"隐私权和个人信息"一章中的8个条款外,总则编有3个条款、人格权编一般规定等章节中有12个条款,前后共计有20个条款与个人信息保护直接相关。另外,在《民法典》合同编与侵权责任编中也存在不少条款与个人信息保护间接有关。这些条款共同构成了我国民事基本法中关于个人信息保护的制度框架和基础。①

从规定的具体内容看,《民法典》明确了自然人的个人信息受法律保护,

---

① 任自力:《〈民法典〉与保险消费者个人信息保护》,载《保险研究》2020年第8期。

并对个人信息的范围、信息处理的要求及处理者的积极义务与消极义务进行了规制。这些对个人信息保护的基本原则与规则，既为《个人信息保护法（草案）》《中华人民共和国数据安全法（草案）》（以下简称《数安法》）等法律的制定提供法律依据，也为《中华人民共和国电子商务法》（以下简称《电子商务法》）、《中华人民共和国消费者权益保护法》（以下简称《消费者权益保护法》）等法律以及《征信业管理条例》（中华人民共和国国务院令第631号）等行政法规和部门规章的修订完善提供规范基础。①

（二）相关法律法规中关于个人信息保护的主要规定

《民法典》出台之前，我国对个人信息保护的规定主要集中在相关法律法规及主管部门的相关规范性文件中，这些法律法规及规范性文件构成了一个分立式的个人信息保护立法体系。其中，主要的规定如下。

其一，《民法总则》在民事基本法中首次明确了个人信息受法律保护，并对个人信息的获取、处理等做了较为原则性的规定。但上述规定仅有两个条款，无法满足个人信息保护的现实要求。

其二，《网络安全法》确立了个人信息收集和使用的原则，包括合法、正当、必要、知情同意、规则公开、目的明示等，同时对个人信息的范围以及网络运营者的积极与消极义务、相关责任、个人的权利救济进行了规定，构成了较为完备的个人信息保护体系。但《网络安全法》明确该法的立法目的是"保障网络安全"，适用于"在中华人民共和国境内建设、运营、维护和使用网络，以及网络安全的监督管理"。因此其仅仅调整网络安全中的个人信息安全，而并不调整其他领域内的个人信息保护问题。

其三，《个人信息保护法（草案）》作为我国首部个人信息保护方面的专门法律，将《民法典》等相关法律法规、标准中的实施经验和成熟措施上升为法律规范，亮点颇多：一是进一步明确了处理个人信息的主要原则：方式合法正当（第五条）、目的明确合理（第六条）、最小必要（第六、二十条）、处理公开透明（第七条）、准确性（第八条）、安全保护（第九

---

① 程啸：《民法典编纂视野下的个人信息保护》，载《中国法学》2019年第4期。

条)、"告知+同意"(第十四条、第二十八条);二是规范了个人权利(知情和决定权、查阅和复制权、更正和补充权、删除权、请求解释说明权等)与处理者的义务(事前、事中、事后、事发全流程的保障义务);三是大幅提升了个人信息违规行为的行政处罚金额并引入了公益诉讼制度,确保相关规定能够得到落实。

此外,《数安法》从数据作为信息的底层载体的角度提出数据安全措施要求;《消费者权益保护法》明确"商品和服务提供者"对消费者个人信息的保护义务;《电子商务法》对电子商务经营者提出个人信息保护要求;《个人信息出境安全评估办法(征求意见稿)》详细规定个人信息出境的安全评估要求。这些法律法规共同搭建了个人信息保护方面的基本法律框架。

(三)银行及证券行业监管规定中关于个人信息保护的规定

2015年修订的《商业银行法》中并无关于"个人信息"的相关表述及规定,该法中明确了对"商业秘密"的保护,如第五十三条规定,商业银行的工作人员不得泄露其在任职期间知悉的国家秘密、商业秘密。同时,第八十七条规定商业银行工作人员泄露在任职期间知悉的商业秘密的,应当给予纪律处分,构成犯罪的,依法追究刑事责任。但是,从法律属性角度讲,"个人信息"与"商业秘密"无论是在内涵上还是在外延上都有很大的区别,因此前述规定显然无法满足当前数字时代下对个人信息保护的法律规范需求。鉴于此,2020年10月,中国人民银行(以下简称央行)拟对《商业银行法》进行修订并征求社会意见。修订意见稿在第七十六条中用4款条文规定了个人信息保护与数据安全,包括了相关原则、消极义务、积极义务、境外传输的特别保护等[1]。

---

[1] 《中华人民共和国商业银行法(修改建议稿)》第七十六条:
商业银行收集、保存和使用个人信息,应当符合法律、行政法规的规定,遵循合法、正当、必要原则,取得本人同意,并明示收集、保存、使用信息的目的、方式和范围。
商业银行不得收集与业务无关的个人信息或者采取不正当方式收集个人信息,不得篡改、倒卖、违法使用个人信息。
商业银行应当保障个人信息安全,防止个人信息泄露和滥用。商业银行将个人信息处理外包给第三方的,应当确保第三方遵守个人信息保护规定,并采取有效措施保障个人信息安全。
商业银行为处理跨境业务向境外传输境内个人信息和重要数据的,应当遵守法律、行政法规的规定,并采取有效措施,确保个人信息和重要数据的受保护水平不因出境而降低。

此外，从部门规章上看，央行于2020年9月制定、11月1日正式实施的《中国人民银行金融消费者权益保护实施办法》（中国人民银行令〔2020〕第5号，以下简称《实施办法》）更是将银行业金融机构对消费者个人信息的保护提升到了一个新的高度。《实施办法》单设一章，用七个专门的条款对消费者金融信息保护进行了规制，除了涵盖个人信息保护的一般规定如金融信息的范围、处理、原则、义务外，还就银行金融机构关于消费者金融信息保护的内控制度、档案管理、应急处理等进行了明确，同时对不同场景下金融信息处理时如何具体适用相关原则进行了场景化的列举。这也使得《实施办法》具有很强的实用性、操作性和指导意义。

从证券行业看，2019年修订的《中华人民共和国证券法》（以下简称《证券法》）中分别对投资者的信息及商业秘密保护进行了明确。虽然相比银行业的相关法律及监管规定，《证券法》的规定过于笼统，实操性也不强，但这些规定也可以一定程度上为证券行业其他部门规章、规范性文件中关于个人信息保护的条款提供上位法依据。该法第四十一条规定：证券交易场所、证券公司、证券登记结算机构、证券服务机构及其工作人员应当依法为投资者的信息保密，不得非法买卖、提供或者公开投资者的信息。证券交易场所、证券公司、证券登记结算机构、证券服务机构及其工作人员不得泄露所知悉的商业秘密。

（四）《保险法》中关于个人信息保护的相关规定

与现行《商业银行法》一样，我国2015年修订的《保险法》中亦无关于"个人信息"的相关表述及规定，仅分别列举了保险公司、保险中介及保险监管人员对"商业秘密"的保护义务：《保险法》第一百一十六条规定：保险公司及其工作人员在保险业务活动中不得有下列行为……（十二）泄露在业务活动中知悉的投保人、被保险人的商业秘密；第一百三十一条规定：保险代理人、保险经纪人及其从业人员在办理保险业务活动中不得有下列行为……（十）泄露在业务活动中知悉的保险人、投保人、被保险人的商业秘密；第一百五十六条规定：保险监督管理机构工作人员应当忠于职守，依法办事，公正廉洁，不得利用职务便利牟取不正当利益，不得泄露所知悉的有关单位和个人的商业秘密。

（五）小结

《民法典》作为民事基本法，其对个人信息保护的规定，在法律逻辑层级上具有统帅其他民事特别法规范的作用，可为现有的个人信息保护规范提供民事基本法的规则支撑和体系支持[①]。因此，在《民法典》对个人信息保护问题进行了专门规范，并将个人信息保护规定提升至一个新高度，为保险消费者等个人信息主体维护自身权益提供了民事基本法依据[②]的背景下，民商事各领域在《民法典》《中华人民共和国个人信息保护法（草案）》（以下简称《个人信息保护法》（草案））等基本法及个人信息保护专门法律的基础上制定本行业适用的个人信息保护条款也就成为题中之义。

具体到金融行业，银行业相关立法及监管规定无疑再次走在了行业前列，证券业中也对此进行了规制。因此，作为规制保险行业的基本法律，《保险法》也需要涵盖个人信息保护的相关规定，以响应新时代个人信息保护的趋势。

二、个人信息保护纳入《保险法》是完善保险业立法的需要

（一）保险行业相关监管规定中关于个人信息保护的规定

虽然现行《保险法》中并无个人信息保护的相关规定，但在实践中，监管机构出于监督管理及维护行业秩序的需要，在多个部门规章或规范性文件中明确了个人信息保护的相关内容，构成了复杂的保险业个人信息保护体系。

《健康保险管理办法（2006年版）》（保监会令2006年第8号）首次对保险公司关于客户信息保护的内控制度提出要求：保险公司应当高度重视被保险人的隐私保护，建立健康保险客户信息管理和保密制度。

《关于规范人身保险业务经营有关问题的通知》（保监发〔2011〕36号）首次提出了制定泄露客户信息处罚措施的要求：保险公司应当高度重视投保人、被保险人的信息保护，建立客户信息管理和保密制度，制定泄露客

---

① 王成：《个人信息民法保护中的模式选择》，载《中国社会科学》2019第6期。
② 任自力：《〈民法典〉与保险消费者个人信息保护》，载《保险研究》2020年第8期。

户信息的处罚措施，不得非法获取、使用或倒卖个人信息资料。

《关于尽快遏制电销扰民有关事项的通知》(保监消保〔2012〕1436号)对电销领域中的客户信息保护进行了规定：严禁任何机构和个人泄露在保险业务活动中知悉的客户的商业秘密和相关信息……严禁将保险消费者信息资料与其他单位或个人交换使用，严禁其他任何非法管理和使用社会公众和保险消费者信息。

《关于印发〈人身保险电话销售业务管理办法〉的通知》(保监发〔2013〕40号)明确了客户信息的使用原则：保险公司开展电话销售业务，应建立严格的客户信息管理制度，遵守个人信息保护相关法律法规，通过合法途径获取客户信息，有序开发、规范使用现有客户资源，确保客户资料和信息采集、处理、使用的安全性和合法性。

《中国保监会关于印发〈人身保险客户信息真实性管理暂行办法〉的通知》(保监发〔2013〕82号)对客户信息的范围、收集与记录客户信息的原则、消极义务、相关责任等进行了明确①。

---

① 《中国保监会关于印发〈人身保险客户信息真实性管理暂行办法〉的通知》
第二条：本办法所称客户信息是指投保人、被保险人和指定受益人的姓名、性别、出生日期、身份证件或身份证明文件的类型、号码，以及投保人的联系电话和联系地址等客户个人信息。
第五条：保险专业中介机构、银行邮政等保险兼业代理机构，以及人身保险公司的保险销售人员应按照准确、完整、安全、保密的原则，收集、记录客户信息，并将客户信息真实、完整地提交给人身保险公司，保证人身保险业务经营和客户服务的需要。人身保险公司应按照合法、合理、安全、保密的原则，管理、使用客户信息，妥善保管记载客户信息的人身保险业务文件，采取有效措施确保客户信息的安全性，防止客户信息泄露。
第十二条：人身保险公司、保险专业中介机构、银行邮政等保险兼业代理机构应加强对从业人员特别是保险销售从业人员的管理，在劳动合同和代理合同中明确从业人员在客户信息的收集、记录、管理和使用等方面应履行的义务和应承担的责任；应对从业人员提出明确的管理要求，严禁诱导客户提供不真实的客户信息，严禁伪造、篡改客户信息，严禁违反限定范围接触、使用客户信息，严禁泄露和倒卖客户信息。
第十三条：人身保险公司、保险专业中介机构、银行邮政等保险兼业代理机构应当以公司规章制度或者代理合同条款的形式，将客户信息真实性纳入对保险销售从业人员和公司其他从业人员的考核体系中，综合运用佣金和薪酬发放、降级、解除合同等多种手段建立惩戒机制。对于诱导客户提供不真实的客户信息，伪造、篡改客户信息，违反限定范围接触、使用客户信息，以及泄露和倒卖客户信息的保险销售从业人员和公司其他从业人员，应与其解除劳动合同或代理合同，同时其他人身保险公司、保险专业中介机构、银行邮政等保险兼业代理机构一般不得聘用或委托上述从业人员从事保险销售等保险业务活动；涉嫌构成犯罪的，应当依法移送司法机关，并追究相关管理人员的责任。

《中国保监会、国家发展改革委关于印发〈中国保险业信用体系建设规划（2015—2020年）〉的通知》（保监发〔2015〕16号）规定：保险机构应建立健全客户信息管理、使用及泄露责任追究制度，规范客户信息采集、共享行为，确保客户信息的真实完整和开发利用的合法合规。

《关于印发〈互联网保险业务监管暂行办法〉的通知》（保监发〔2015〕69号）对互联网保险业务中的客户信息保护进行了明确：保险机构应加强客户信息管理，确保客户资料信息真实有效，保证信息采集、处理及使用的安全性和合法性。对开展互联网保险业务过程中收集的客户信息，保险机构应严格保密，不得泄露，未经客户同意，不得将客户信息用于所提供服务之外的目的。

《关于印发〈保险销售行为可回溯管理暂行办法〉的通知》（保监发〔2017〕54号）对双录中的个人信息保护进行了规定：保险公司、保险中介机构应严格依照有关法律法规，加强对投保人、被保险人的个人信息保护工作，对录音录像等视听资料内容、电子数据严格保密，不得外泄和擅自复制，严禁将资料用作其他商业用途。

《中国银保监会办公厅关于推广人身保险电子化回访工作的通知》规定：保险公司应遵守法律、行政法规关于个人信息保护的规定，按照信息系统安全管理要求，确保回访信息系统稳定运行，确保投保人数据信息安全，防止客户信息泄露。

此外，《关于预防银行业保险业从业人员金融违法犯罪的指导意见》（银保监办发〔2020〕18号）、《关于银行保险机构互联网业务系统泄露客户敏感信息的风险提示》（银保监办便函〔2020〕1198号）、《关于开展银行保险机构侵害消费者权益乱象整治工作的通知》（银保监办发〔2019〕194号）等规范性文件中也有关于客户个人信息保护的相关规定。

（二）小结

经初步梳理，目前保险行业内关于个人信息保护的相关规定散见于20余部部门规章、规范性文件中。这些立法规范虽然对保险消费者个人信息保护有着积极意义，但由于相关规定之间缺乏一个内在的逻辑体系，导致部分内容之间存在明显的差异：一是在规范的内容上，关于个人信息的保护，有通过客户信息进行规制的，有通过个人隐私进行规制的，还有表述为敏感信息的；二是上述个人信息、隐私、敏感信息大多均无相关定义对其范围进行规定，相关概念的内涵与外延均不清晰；三是规制的行为上，关于采集、处理、使用、共享以及相关消极义务均有散见规定，但普遍存在逻辑较为混乱、缺乏统一规范的问题；四是大多数规定均过于笼统，在上位法的相关规定缺失的情况下，下位法也大多仅做原则性表述，导致指导性与实操性不强；五是相关规定多为部门性、专业性规范，一般民众了解程度较低，保险机构在适用时也往往难以完全理解与消化。

鉴于此，作为规制保险行业基本法律的《保险法》，将个人信息保护条款予以收录，为下位法的相关部门规章、规范性文件提供统一的法律依据与立法规范也就成为进一步完善保险业立法的有效措施。

三、个人信息保护纳入《保险法》是保险监管的需要

（一）相关法律规定及适用情况

我国现行《保险法》第八十六条第二款规定："保险公司的偿付能力报告、财务会计报告、精算报告、合规报告及其他有关报告、报表、文件和资料必须如实记录保险业务事项，不得有虚假记载、误导性陈述和重大遗漏。"该条款对应的罚则为《保险法》第一百七十条第（一）项："违反本法规定，有下列行为之一的，由保险监督管理机构责令改正，处十万元以上五十万元以下的罚款；情节严重的，可以限制其业务范围、责令停止接受新业务或者吊销业务许可证：（一）编制或者提供虚假的报告、报表、文件、资料的……"

从《保险法》第八十六条第二款的内容看，该条是对保险公司报告、报表及文件资料的相关规定。同时，该条也是我国保险监管机关[①]对保险公司进行处罚时最常援引的法律依据之一。根据笔者对2015—2018年上半年寿险公司受到的保监系统处罚数据分析，在总共545项行政处罚案件

[①] 如无特殊说明，本文中的保险监管机关、保监系统、监管机构指原保监会、银保监会及其派出机构。

中，有227项处罚认定保险公司违反了《保险法》第八十六条第二款的规定，占比高达42%。此外，笔者对上述227项处罚进行了进一步梳理，在这些处罚中共有256项（次）行为被认定为违反了第八十六条第二款的规定，涉及的主要情形及分布情况如表1所示。

表1 编制或者提供虚假报告、文件行为具体分布

序号	情形	次数	占比
1	虚列费用	115	44.92%
2	客户信息不真实	34	13.28%
3	未披露具体情况	27	10.55%
4	其他财务不真实行为	22	8.59%
5	销售人员不真实/虚挂代理	21	8.20%
6	其他业务不真实行为	18	7.03%
7	行政许可造假	8	3.13%
8	虚假回访	6	2.34%
9	报送虚假自查报告	4	1.56%
10	虚增偿付能力	1	0.39%
	合计	256	100.00%

通过表1可见，在256项违法情形中，客户信息不真实行为出现频率位列第二，占比达13.28%。而进一步分析可知，在客户信息不真实的违法情形中，具体的情况均为客户的联系方式不真实或客户的地址不真实。

（二）存在的问题及原因

根据《民法典》及《个人信息保护法（草案）》的相关规定，信息处理者不得篡改其收集、存储的个人信息[1]，此为个人信息保护的重要内

---

[1] 《民法典》第一千零三十八条：信息处理者不得泄露或者篡改其收集、存储的个人信息；未经自然人同意，不得向他人非法提供其个人信息，但是经过加工无法识别特定个人且不能复原的除外。
《个人信息保护法（草案）》第五十条：个人信息处理者应当根据个人信息的处理目的、处理方式、个人信息的种类以及对个人的影响、可能存在的安全风险等，采取必要措施确保个人信息处理活动符合法律、行政法规的规定，并防止未经授权的访问以及个人信息泄露或者被窃取、篡改、删除……

容。而由于目前《保险法》中并无个人信息保护的相关规定，因此实践中监管机关对于篡改客户信息导致客户信息不真实的行为，只能按照《保险法》第八十六条的规定予以认定和处罚，由此导致出现法律适用中的不协调问题，具体表现为以下两点。

1.《保险法》第八十六条本身适用的不协调。

《保险法》第八十六条第二款对于规制的内容采取了"列举＋概括"的方式进行规定。对于该款明确列举的相关报告如偿付能力报告、财务会计报告、精算报告、合规报告等，均是保险公司经营管理中十分重要的报告及文件：偿付能力报告是如实反映保险公司最核心的指标即偿付能力指标的主要依据；财务会计报告是反映保险公司业务经营成果和财务状况的总结性的书面文件，也是了解保险公司财产和经营状况的重要途径；精算报告是反映保险公司资产负债状况的重要资料，也是保险公司提取责任准备金、防范流动性风险等风险的主要依据；合规报告是反映保险公司合规制度是否完备、合规管理架构是否健全、合规风险防范体系是否完善的主要文件。

由此可见，第八十六条第二款列举的相关报告或文件，既是保险公司持久稳健运营的基础，也是消费者及被保险人了解保险公司并维护自身权益的主要途径，同时也是监管机构对保险公司实施监管的重要手段。对于该款规定通过概括方式描述的"其他有关报告、报表、文件和资料"的内涵和外延，亦应与列举的内容保持大致的统一、协调与匹配。因此，对于被认定为违反第八十六条第二款的相关材料造假行为，亦应是比较重要的报告或文件。而对于客户信息不真实行为，其无论是危害程度、还是主观恶性都要小于前述情况，① 因此将客户信息不真实按照《保险法》第

---

① 实践中保险机构很多客户信息不真实行为，具体情形均是客户的联系方式或地址不真实。而实际上，这些数据往往是保险公司求之而不得的。尤其是对于通过中介渠道开展的业务，保险公司无论是出于强化服务提升客户黏性角度，抑或是续保优质客户转化直接客户的考虑，其都有强烈的获取客户联系方式的意愿。但在目前中介和渠道占据强势地位的大背景下，中介机构往往拒绝提供真实的客户联系方式，处于弱势地位的保险机构亦只能接受。此时，保险营销人员为了满足或应付监管的硬性要求往往杜撰或填写销售人员自身的联系方式。

八十六条进行定性和处罚，将会导致该条款本身适用的不协调。

2.《保险法》第八十六条与第一百一十六条适用的不协调。

《保险法》第一百一十六条规定：保险公司及其工作人员在保险业务活动中不得有下列行为……（七）挪用、截留、侵占保险费……（十）利用保险代理人、保险经纪人或者保险评估机构，从事以虚构保险中介业务或者编造退保等方式套取费用等违法活动……而无论是挪用、截留、侵占保险费，抑或套取费用，其都会导致业务财务数据的不真实。但是，对该行为定性的第一百一十六条，其对应的罚则为第一百六十一条：保险公司有本法第一百一十六条规定行为之一的，由保险监督管理机构责令改正，处五万元以上三十万元以下的罚款……

由此可见，对于主观恶性较大的财务、业务数据不真实行为，实践中可能会按照五万元以上三十万元以下的罚款进行处罚，而对于情节相对更轻的客户信息不真实，却按照第一百七十条十万元以上五十万元以下的罚款进行处罚。如此结果，显然导致《保险法》第八十六条与第一百一十六条适用的不协调。

（三）小结

通过以上情况可以看出，由于目前《保险法》中并无个人信息保护的相关规定，因此实践中监管机关对于篡改客户信息导致客户信息不真实的行为，往往按照《保险法》第八十六条进行定性和处罚，由此导致了相关法律规定在适用中出现不协调的问题。因此，将个人信息保护纳入《保险法》也是规范目前保险监管行政执法的需要。

四、结论

结合以上分析可以看出，相比与银行、证券行业的立法，我国现行《保险法》中关于个人信息保护的条款明显缺失：一是缺少对个人信息保护的一般性规定，如相关原则、信息范围等，导致下位法的诸多规定缺少统一的内在逻辑；二是缺少对泄露个人信息的禁止性规定与罚则，导致对保险消费者权益的保护力度与高度均不足；三是缺少对篡改个人信息导致客户信息不真实行为的规定与罚则，导致行政执法的实践中出现了法律适用的矛盾与不协调。

综上所述,无论是基于落实《民法典》的时代要求,还是完善保险立法的技术需求,抑或解决行政执法中法律适用矛盾的现实需要,《保险法》都有必要将个人信息保护相关条款内容纳入其中。

在具体的立法技巧上,可以参照《中华人民共和国商业银行法(修改建议稿)》中的相关规定,至少应涵盖个人信息保护的相关原则(如方式合法正当、目的明确合理、最小必要、知情+同意等);个人信息的范围(如有学者建议保险消费者的个人信息应当包括其个人账户信息、鉴别信息、保险交易信息、身份信息、保单质押贷款信息及其他能够反映其某些情况、具有识别性的信息等)[①];保险机构的相关义务(包括积极义务与消极义务)与保险消费者的权利(知情和决定权、查阅和复制权、更正和补充权、删除权)等。此外,相关规定亦应制定对应的罚则,以确保规定的周密。其中,对于保险机构违反相关义务导致客户个人信息泄露的行

---

① 账户信息,主要是指保险费支付账户及其相关信息,如账户开立时间、开户机构、账户余额、户名、支付信息等;鉴别信息是指用于验证主体是否具有访问或使用权限的信息,如信息主体登录密码、账户查询密码、交易密码、动态口令、短信验证码、密码提示问题答案等。保险交易信息,是指保险消费者在交易过程中产生的各类信息,如保单信息、索赔与理赔信息等。个人身份信息主要包括个人基本信息与个人生物识别信息,个人基本信息包括但不限于个人的姓名、性别、国籍、民族、职业、婚姻状况、家庭状况、收入情况、身份证与护照等证件类信息、手机号码、固定电话号码、电子邮箱、工作及家庭地址,以及在接受保险产品或服务过程中提供的照片、音视频信息等。个人生物识别信息则包括指纹、人脸、虹膜、耳纹、掌纹、声纹、眼纹、静脉、步态、笔迹等生物特征样本数据、特征值等。财产信息,是指保险消费者的个人收入状况、拥有财产(不动产、车辆等)情况、纳税额、公积金缴存金额等。借贷信息,是指个人以保单质押贷款等形式发生借贷业务产生的信息,包括贷款发放及还款、担保情况等。其他信息主要是指保险机构(包括保险公司与保险中介机构)等信息处理者在提供产品或服务过程中获取、保存的消费者的其他个人信息,以及对原始数据进行处理、分析形成的,能够反映特定个人某些情况的信息,如其消费意愿、支付习惯等。任自力:《〈民法典〉与保险消费者个人信息保护》,载《保险研究》2020年第8期。

为,应属于严重的违规行为并处以严厉的可归责性,其罚则应与编制或者提供虚假的报告、报表行为相当;对于保险机构篡改客户信息导致个人信息不真实的,其可归责性应低于泄露行为,可与《保险法》第一百一十六条规定的行为大致相当①。

---

① 《保险法》第一百一十六条:保险公司及其工作人员在保险业务活动中不得有下列行为:

(一)欺骗投保人、被保险人或者受益人;

(二)对投保人隐瞒与保险合同有关的重要情况;

(三)阻碍投保人履行本法规定的如实告知义务,或者诱导其不履行本法规定的如实告知义务;

(四)给予或者承诺给予投保人、被保险人、受益人保险合同约定以外的保险费回扣或者其他利益;

(五)拒不依法履行保险合同约定的赔偿或者给付保险金义务;

(六)故意编造未曾发生的保险事故、虚构保险合同或者故意夸大已经发生的保险事故的损失程度进行虚假理赔,骗取保险金或者牟取其他不正当利益;

(七)挪用、截留、侵占保险费;

(八)委托未取得合法资格的机构从事保险销售活动;

(九)利用开展保险业务为其他机构或者个人牟取不正当利益;

(十)利用保险代理人、保险经纪人或者保险评估机构,从事以虚构保险中介业务或者编造退保等方式套取费用等违法活动;

(十一)以捏造、散布虚假事实等方式损害竞争对手的商业信誉,或者以其他不正当竞争行为扰乱保险市场秩序;

(十二)泄露在业务活动中知悉的投保人、被保险人的商业秘密……

11 论《民法典》的公平与《保险法》的公平

李延昭[①]　管晓峰[②]

---

① 李延昭，北京市第三中级人民法院书记员。
② 管晓峰，中国政法大学民商经济法学院教授。

摘要：《民法典》是调整社会关系的基本规范，在市场交易过程中具有举足轻重的地位。司法实践过程中，《民法典》作为基本的法律适用规则，为公平正义的实现发挥着不可磨灭的作用。但在特定的保险领域中，《民法典》的公正原则与《保险法》所秉持的公平理念存在一定的出入，《民法典》追求的是博爱、等价交换与意思自治的公正理念，《保险法》则通过法律技术构造出含有射幸与博弈成分的格式条款下的法律规则。当因保险合同发生争议时，应当优先适用《保险法》的法律规则，《保险法》中未予规定或者规定存在争议时，亦应当从《保险法》的公平理念出发确立相应的法律适用规则，而非照搬《民法典》的公平原则予以适用。

关键词：《民法典》；《保险法》；公平；司法

《民法典》第六条规定："民事主体从事民事活动，应当遵循公平原则，合理确定各方的权利和义务。"该条确立了《民法典》遵循公平原则的基本理念。该理念贯穿《民法典》各编中，同时在其他单行法中亦有类似表述，如《保险法》第十一条规定："订立保险合同，应当协商一致，遵循公平原则确定各方的权利和义务。"囿于《保险法》是民法的特别法的认识，很多学者将民法的公平原则直接适用到《保险法》中，① 但《民法典》作为民事基本法律，其公平原则的具体内涵与《保险法》中的公平理念存在一定的差异，有必要予以深入探讨。

一、《民法典》的公平原则

《民法典》的公平原则是民法的基本原则，但对公平原则具体内涵的理解，不同的学者有不同的认识。不论是对机会平等的强调，还是对结果

---

① 参见最高人民法院《保险法》司法解释起草小组编：《〈中华人民共和国保险法〉保险合同章条文理解与适用》，中国法制出版社2010年版，第43页。

公平、过程公平的主张①，均是从不同的法律角度进行分析衡量②。随着时代的发展，公平观念在不同的时代背景、不同领域中亦会发生变化。

（一）形式公平向实质公平转化

传统民法上的公平强调法律地位的平等，民事主体不分性别、种族、职业、信仰、年龄、身份，不同主体均应遵守相同规则，享有同等法律地位。但法律地位的平等仅仅是形式上的公平。民事主体分为自然人和法人，不同的自然人之间由于知识、背景、能力、富有程度等差异，在不同的法律关系中，权利义务的分配并不均等。同样，不同法人的经营能力、客户资源、资金收入等决定了其在民事活动中的实际地位存在显著差异③。单纯秉持法律地位平等的假设难以完全适应现实生活的需要。

《民法典》在区分不同类型民事主体的基础上，兼顾了各类民事主体的差异，逐渐由形式公平向实质公平转化。如《民法典》首次规定了格式条款的效力认定规则。民事活动中的双方当事人对于合同的订立需进行反复磋商，最终达成一致意见。而格式条款是当事人为了重复使用而预先拟定，并在订立合同时未与对方协商的条款，格式条款往往在不对等的双方主体之间签订④。为了平衡双方的利益，《民法典》要求格式条款的提供方需履行提示说明义务，当事人未履行提示说明义务的，格式条款并不生效。《民法典》对于格式条款的规定意味着越来越重视对双方主体实质公平的实现，不仅限于形式上的公平。

（二）契约自由向契约正义迈进

传统民法上合同由双方当事人自主协商、自由签订，法律一般不予干涉，故《合同法》中任意性规范占据主要地位。契约自由原则作为合同领域的基本原则，司法实践中亦予以严格遵照，不轻易否定当事人所签订的

---

① 参见施天涛：《商事关系的重新发现与当今商法的使命》，载《清华法学》2017年第6期。
② 参见尹志强：《民法典背景下公平责任的规范体系与理解适用》，载《贵州省党校学报》2020年第5期。
③ 参见赵万一、赵舒窈：《后民法典时代民商关系的立法反思》，载《湖北社会科学》2019年第10期。
④ 参见马一德：《免除或限制责任格式条款的效力认定》，载《法学》2014年第11期。

合同效力。但合同本身的内容并非绝对公平。单纯遵照合同的约定会造成实质不公平的结果出现。如不公平的格式条款中，条款提供方减轻甚至免除自身责任的行为，即使当事人均在合同中签字确认，亦不能完全肯定格式条款的效力。《民法典》在此强调的提示说明义务，亦是对契约自由的突破，逐渐向契约正义转变。

同时，《民法典》首次以法律的形式规定了情势变更制度。"合同成立后，合同的基础条件发生了当事人在订立合同时无法预见的、不属于商业风险的重大变化，继续履行合同对于当事人一方明显不公平的，受不利影响的当事人可以与对方重新协商；在合理期限内协商不成的，当事人可以请求人民法院或者仲裁机构变更或者解除合同。人民法院或者仲裁机构应当结合案件的实际情况，根据公平原则变更或者解除合同。"① 当发生无法预见的不属于商业风险的重大变化导致合同本身已不符合双方公平交易的条件时，继续按照原有合同约定继续履行合同，则无法实现契约的实质正义，变更或者解除合同则符合《民法典》契约正义的公平理念。

二、《保险法》的公平理念

《保险法》是商事领域的特别法，主要调整人身保险合同和财产保险合同两大类，人身保险中又区分了人寿保险、健康保险、意外保险等类型。保险合同除人寿保险外，均带有较强的射幸性质②。人寿保险则具有强烈的金融属性，故造成了《保险法》的不同制度设计，体现了不同的公平价值理念。

（一）射幸属性的公平

射幸合同具有偶然性、不确定性、成本与收益不匹配的特点，带有较强的机会主义色彩，在保险、期货、期权交易中均有出现③。保险中的射幸并非为获利，而系转移风险、避免损失的需要。投保人仅需支付少额保

---

① 《中华人民共和国民法典》第五百三十三条。
② 参见孙积禄：《保险法最大诚信原则及其应用》，载《比较法研究》2004 年第 4 期。
③ 参见任自力：《保险法最大诚信原则之审思》，载《法学家》2010 年第 3 期。

费,即可将风险转移给保险人,在保险事故发生时,保险人承担相应的损失①。保险人承担的损失与投保人的保费之间存在较大的差距,而这部分差距即射幸风险。保险合同中,保险合同往往是保险人根据市场上或社会上某类风险或某个风险发生的情形,推算出该风险的损失概率,以及风险相伴人大约有多少,然后再推算出有多少人不愿意自己承受风险损失,精算出承受这些风险损失的金额,从而决定自己是否可以承受这些损失,创设一个险种进行盈利性承保业务。其收取的保费若能弥补保险赔付和营业税费,这个险种开设就达到了营业目的;若是持续性亏损,就不能实现原来制定的营业目的,势必放弃该险种。

保险人在设计某个具体险种时会精细地调研市场各种情况,包括:第一,风险是否确实存在;第二,这些风险不能自行克服或者不能轻易克服;第三,风险相伴人不愿自行承受风险,或者自行承受风险的成本过高;第四,有合法的渠道可以转移该风险,而保险就是合法转移风险的渠道,这个渠道就是与该风险匹配的险种。保险人为了让自己的赔付最少化,必然要将保险事故限定在预定的范围内,并通过保险合同条款表达出来,也就是保险合同里已经充分体现了保险人的意愿,这个意愿在法律上就是意思表示,即保险合同完整地表述了保险人的意思表示,但是投保人却因为缺少专业知识而不容易知晓投保范围包不包括自己的顾虑,这个顾虑就是投保的初衷,是其投保的意愿。

保险人为了将某类风险变成其盈利的渠道,有两个任务:第一是发现风险并充分提示社会这些风险的危险性和危害性;第二是营销风险,说服风险相伴人摆脱风险危害,进行投保。而投保的结果就是通过缴纳保费将风险转移给保险人,一旦发生风险时,由保险人按约赔付。我们通过分析这个投保流程可以看到,所谓的或然险就是保险人受让他人的风险,而投保人(风险相伴人)则通过缴纳很少的保费来获取自己的人身生命健康损失和财物损失能够得到约定的赔付。

---

① 参见王凯:《非正式保险制度研究》,西南财经大学出版社2006年版,第24页。

（二）金融属性的公平

保险合同除射幸属性外，其金融属性亦不可忽视。寿险分为风险转移型保险和投资理财型保险。风险转移型保险分为定期寿险、终身寿险、生存保险、生死两全保险等类型；而投资理财型保险分为分红险、投资连结险、万能险等类型。寿险逐渐从风险转移的射幸属性向收取利息的金融属性转变。投保人将资金交给保险人打理，在达到约定的时间时，投保人定期收取寿险给付。投保人付出的保费对被保险人来说是一定会实现的远期回报，通常年满60周岁即可按照保险合同的约定每月获得约定的保险金，没有止期，直到死亡为止。如果不满60周岁死亡，被保险人的受益人可以拿到约定的保险金。

金融属性的人寿保险合同中，投保人不仅能获取寿险的保障，更重要的意义在于寿险的投资理财功能，此类保险合同不再单纯是射幸合同，而是兼具射幸与金融属性的混合合同。《保险法》除对保险合同中双方的权利义务予以规定外，更要强调保险公司在金融行业的合规性，通过对保险公司的制度性与规范性管理以实现《保险法》的公平公正[1]。故《保险法》除针对不同类型的保险进行类型化规范外，更在保险公司的设立、经营规则、监督管理等方面作出的严格规定，同时亦对保险代理人与保险经纪人予以规范，从整体上维护整个保险行业的稳健发展，确保保险领域的公平公正。

三、《民法典》与《保险法》中公平内涵的差异

由于投保人与保险人在涉及风险情况的专业上、法律上的差异，以及在技术上和信息上的不对称的情形是客观存在的，不是三言两语的服务承诺就能弥补这些差异对投保人（包括被保险人和受益人）的不公平。这就需要我们从法理上辨清保险合同中公平的原因，而且要辨清《保险法》上的公平与《民法典》上的公平在法理上的差别，对在实务中更好地

---

[1] 参见卓志、孙正成：《现代保险服务业：地位、功能与定位》，载《保险研究》2014年第11期。

适用保险法、更好地解决保险合同争议都是具有实用价值的。具体来说，《民法典》与《保险法》公平内涵的差异表现在如下几个方面。

（一）《民法典》的公平是一种博爱的公平，《保险法》的公平是一种技术上的公平

《民法典》体现了最大限度的博爱精神，不仅是自然人、法人、其他组织，即使是未出生的胎儿、死者的人格利益都能得到《民法典》的关照。就合同领域而言，《民法典》的公平是一视同仁的博爱公平，双方的法律地位以及权利义务应当均等。而《保险法》中的公平更多体现为一种技术构造，保险人针对不同类型的投保人设计出不同的险种，不同险种之间的规则并不相同，保险人通过复杂的合同设计、风险精算等实现双方责任的分配。投保人签订保险合同并交纳保费，表面上转移了所投保的风险，但由于投保人与保险人之间的信息不对称性[①]，保险人掌握着更多的主动权，实质上保险人占有优势地位。为了平衡双方的利益，《保险法》通过法律技术手段赋予保险人较多的义务，以保障投保人或被保险人相应权利的实现。故从某种程度上说《民法典》的公平是先天预设，而《保险法》的公平则是后天平衡。

其中，体现最为明显之处在于保险人的提示说明义务，在《保险法》中，由于保险人系提供条款的一方，对于条款本身、风险防范、责任分配等处于强势地位。投保人对保险条款的认识与理解极易出现偏差，尤其在保险人的责任承担方面，保险人通过免责条款逃避承担责任的可能性极大，故《保险法》通过法律技术手段赋予保险人对免责条款的提示说明义务，以平衡双方本已失衡的法律地位。传统民法上一直以来仅是参照《保险法》的相关规则予以适用，但《民法典》如今吸收了《保险法》中这一法律技术手段，将《保险法》中保险人对免责条款的提示说明义务上升至所有格式条款提供者的提示说明义务，涵盖范围大大扩张，但在具体的法律适用上，仍以《保险法》的具体规则优先。

---

① 参见方印：《我国新保险法诚实信用原则的合理性》，载《暨南学报（哲学社会科学版）》2014年第2期。

除此之外，传统民法中的合同往往发生在双方当事人之间，合同仅在双方当事人之间生效，法院长期以来亦秉持合同相对性的原则。《保险法》则是通过法律技术手段实现对保险合同主体的权利义务分配，保险合同主体不仅包含投保人和保险人，亦包含被保险人和受益人。保险合同虽系投保人与保险人所签订，但在人身保险合同中亦涉及被保险人与受益人的利益。保险合同是一种特殊的第三者利益合同，有别于传统的双务合同①，故需要特别的法律制度设计。为平衡各方主体利益，《保险法》根据保险合同的类型设计了不同的法律规则，以满足各方主体公平公正的需要。

《民法典》在此基础上更进一步，在合同领域中首次规定了第三者利益合同，突破了以往对合同相对性原则的一味坚守，更加注重对第三人利益的维护。但应当明确，《民法典》的第三人利益合同更具有一般性，各方主体的法律地位以及权利义务并未失衡，与保险合同存在差异。《民法典》不仅关注于合同订立双方的权利义务，亦强调对交易秩序以及善意第三人信赖利益的保护，《民法典》的保护范围愈加宽泛。较为典型的例证在于债权人的撤销权，债权人可以撤销债务人与他人的低价转让合同、高价受让合同以及为他人担保的合同，充分保护了债权人的债权实现，《民法典》在此亦突破了相同相对性原则，体现博爱公平的价值理念。

从某种程度上来说，《民法典》是赋权之法，《保险法》是限权之法。《民法典》意在明确法律主体享有的基本权利以及对权利的行使作出规定，维护所有法律主体的合法权益，彰显博爱公平的立法理念。而《保险法》意在通过法律技术来规范保险市场的交易行为，限制保险人不合理的自我赋权，维护保险市场的经营秩序，实现特定领域下法律技术意义上的公平正义。

（二）《民法典》的公平是一种等价交换的公平，《保险法》的公平是一种博弈性的公平

《民法典》在合同领域中体现了等价交换的法律理念，等价交换本身

---

① 参见邹海林：《保险法学的新发展》，中国社会科学出版社 2015 年版，第 527 页。

即是公平原则的一种体现，强调合同双方权利义务的对等性。同时，《民法典》从形式公平逐步向实质公平推进，由契约自由向契约正义转换，亦体现出等价交换的公平理念。《保险法》的公平则与等价交换的公平理念存在差异，等价交换要求付出与回报、成本与收益的对等性，而保险合同中除具投资理财性质的寿险外，投保人的付出与回报并不对等，而是存在极大的偶然性与随机性，建立在双方博弈的基础之上。

《民法典》中等价交换的公平理念可以区分为民事合同与商事合同两种类型，二者最主要的区别在于主体注意义务以及风险负担的差别。《民法典》作为民商合一的统一法典，以等价交换作为统一指导思想，但民事主体的民事合同较为注重实质公平，商事主体的商事合同更加注重效率公平，二者在具体实践情形中产生了较大的差异。商事主体较民事主体而言承担更多的注意义务，需要对商事交易的相对方的资质、交易行为的合法性予以审查，但由于双方均为商事主体，商事经验均较为丰富，交易活动本身遵循效率优先，更加注重对合同文本的坚守。民事主体因缺乏商事交易经验，则在民事合同领域对民事主体未附加较多的注意义务，对公平理念的强调高于对合同本身的遵照。

保险合同系民事主体与商事主体混合的交易契约，双方订立保险合同时，体现了一种博弈性的公平，双方主体根据各自的认知和所掌握的信息，做出认为对自身有利的决策。民事主体为规避风险，而作为商事主体的保险人从风险中获利。双方的博弈行为均获得对自身有利的结果，但博弈的实质公平建立在双方势均力敌的基础之上，否则不对等经验与能力下的多方主体博弈，经验丰富者将会获取更多利益。《保险法》的设立即平衡民事主体与商事主体的不对等博弈，创设相对公平的博弈规则。

博弈是一种古老的竞赢制度，某种利益当前，不止一个人意欲独占，而其他人不让，最古老的方式就是搏斗，赢者获益。而搏斗往往是非死即伤、甚至是一场战争，不但成本太高，而且场面血腥残忍，于是人们渐渐发现除了用暴利方法竞赢外，用非暴力的方法也可以竞赢，这种方法就是比智力。竞争者凭智力或凭运气来决定花落谁家，赢者获益，败者服输。《保险法》上的公平正是充分体现了这种博弈性的公平。但投保人与保险人之间的博弈还关涉整个保险市场环境，二者具有利益共同体的意蕴①。投保人之间本身存在互助关系，单个保险合同的不公平将会对整个风险共同体的权利义务产生影响，导致整个保险制度运转的失灵。②

（三）《民法典》的公平是一种意思自治的公平，《保险法》的公平是一种格式条款的公平

《民法典》上的公平与《保险法》上的公平实际上也是民法理念与商法理念上的差异体现，民法上的意思自治是一种地位平等的双方当事人的协商，这种协商从合同订立阶段，到合同履行阶段，再到合同发生争议阶段都体现出当事人的协商态度，这种态度就是意思自治。而《保险法》中订立合同中的意思自治往往体现得比较薄弱，因为保险合同基本上都是冲突，民法上的公平首先体现在意思自治中。格式合同，其中体现各方的权利义务是保险人事先提供的，薄弱的意思表示已经全部体现在合同中，而投保人的意思表示却不一定都能体现进合同里。所以保险合同中的当事人意思表示往往是有一定的缺陷的。

保险合同虽然是商事合同，但是合同的投保人绝大多数是自然人，而自然人的身份不可能是商人，即使公司等企业机构和事业单位作为投保人，他们在保险人面前也是处于弱势地位。所以保险合同不是一种普通的商事合同，而是介乎于商事合同和民事合同之间的一类特殊的合同。

和一般的商事合同相比，保险合同具有一定的特殊性，主要在于合同的乙方（投保人）绝大多数不是商人，他们不具有商人的交易敏锐性，也不具备相应的风险管理知识，他们往往会无条件地相信保险人的承诺，认为自己的风险已经被保险人全盘承接过去了，也就是说自己一旦发生损失就可以得到约定的赔付。但事实上并非如此，投保人的人身健康安全和财物安全存在许多风险，保险人承保的只是其中一部分风险，这些风险往往具有很强的代表性和典型性，使投保人误认为是全部的风险。例如重大疾病险中对心脏病情形的描述仅仅是医学描述心脏病种类的一部分，外科手

---

① 参见王安胜：《论保险告知义务的狭义化》，载《厦门大学法律评论》总第 13 辑。
② 参见武亦文、杨勇：《保险法对价平衡原则论》，载《华东政法大学学报》2018 年 2 期。

术和药物也仅是医学描述的一部分，如果被保险人不去学习相关的心脏病知识、治疗心脏病的外科手术知识和相关的药物知识，很可能因心脏病发作的医疗费用不在保险合同承保的范围内，最后发生诉讼也不能得到法院的支持。在财物风险投保中的风险可能比乙方知晓的风险和想象的风险更多，例如一个没有保险赔付经验的投保人认为自己投保了车辆全险包括盗窃险，结果汽车的轮胎被盗了，他去办公室索赔，很可能白跑一趟，保险人会很耐心地告知他，轮胎必须和车辆主体同时受损才能得到赔付，轮胎单独受损不在承保范围内。这种情形虽然投保人可能被保险人告知，但是由于他没有相应的风险管理知识，他在订立合同时并不知道风险的边界在哪里，也可能不知道自己的风险有没有完全转移给保险人。

因为存在这些情况，所以在保险合同中，投保人可能不了解相应的专业知识和风险管理知识，他所订立的保险合同在形式上是公平的，但实质上也存在不公平的因素，如果发生争议后，单纯地强调订立合同时是公平的，就很有可能导致实质上的不公平。

风险管理知识是一门专业知识，非专业人士很难凭想象知道哪些情况下可能发生风险损失。与风险相关的当事人可以从失败和损失中获取风险管理的知识，人身损失和财物损失给人们印象刺激深刻，容易不断地摸索改正错误，找出一些比较好的方法。

和一般的民事合同相比，保险合同具有特殊性。民事合同的目的是满足交易当事人彼此的利益需要，在信息对称的情况下，能够实现等价交换的目的。民事合同条款由双方共同提出，各方对相对人提出的建议可以赞成，也可以反对，这就是《民法典》中合同编中的要约和反要约制度中体现的意思表示，这个意思表示的过程可能要反复进行，直到充分反映当事人的意愿，形成意思表示一致，达成协议。如果在达成协议后当事人对协议反悔或对协议的部分条款反悔的，还可以通过司法或仲裁来改变协议。

而商事合同的目的是满足生产经营的需要，当然也包括经营者个人利益的需要，由于经营者个人利益的需要被掩盖在交易链条的集体利益和社会利益中，社会解决争议规则往往以集体利益和社会利益为判断是非标准，合同是否公平一般不考虑，只要产业链能够正常运转即可。所以，商事合同的公平标准与民事合同的公平标准在实质上是有所不同的。

保险合同作为商事合同的一种，其所体现的公平既与《民法典》上的公平不同，与一般的商事合同的公平标准也有所不同，其不同点主要在于商事合同主要是协议合同，双方当事人对合同的各个条款进行协商，协商可能需要无数次的交锋，各方的意思表示可以充分地表达出来。保险合同的意思表示阶段只能体现保险人一个人的意思表示，投保人对合同条款不能表示异议，也不能表示反对，只能被动地接受。如果不接受就只能拒绝，投保人的本意是通过投保将一定的风险转移出去，包括生命健康损失和财产损失，投保人认为这些损失自己不能承受，希望能够将风险转移出去，所以订立合同其是刚需。

如上所述，一方面是投保人订立合同的心情迫切，另一方面是投保人不能自行表达转移风险的范围和对价，必须全盘接受保险人提供的格式合同。所谓格式合同就是在合同订立前就存在的合同，当事人在订立合同时不能再对合同进行修改或者增加条款，只能填写一方主体名称、金额和时间等少数几个事项，这些事项是合同必不可少的条款，而合同中最重要的权利义务部分的条款不得增减、修改。

格式合同是为了节省签约时间、降低交易成本的产物，由甲方事先拟定并可反复使用的合同，或者甲方虽然没有拟定合同但提供他人的合同作为自己的合同，《民法典》和《保险法》都将此类合同视为格式合同。格式合同里反映的是提供方（甲方）的意愿，也反映了接受方（乙方）的意愿，只不过由于自私是商人的天性，甲方对自己的意愿是完全写进合同，而乙方的意愿经常会拖泥带水、含混不清地表达，甚至利用文字词语的多种解释性而多占利益和规避责任。例如，山东省潍坊市一些菜农顾虑2019年大雪压塌大棚的教训，投保了蔬菜大棚财险，但是某保险公司提供的保险合同中承保的事故是雪崩，而雪灾事故的字样没有在合同中出现，就意味着在保险合同的有效期内，被保险人如果发生了雪崩损失就可以得到保险赔付；如果是发生雪灾损失就不在承保范围。而潍坊市地处山东半岛平原和低丘陵地带是没有发生雪崩的地理条件的，该保险合同没有承保大棚被压塌的风险，却承保只发生在高山区的雪崩风险，这个合同里就体现了一些文字游戏的成分，投保人本意是想将压塌大棚的雪灾损失转移给保险人，但保险人借助文字解释，将应负责任悄然甩脱。

若没发生保险事故，这种包含文字游戏的合同公平性是令人忐忑不安的；若发生合同中文字游戏涉及的保险事故时，该类合同的公平性也就一点儿都没有了。例如，前例保险合同对雪崩和雪灾的争议，潍坊市人民法院支持了被保险人大棚被大雪压塌的损失索赔请求，以该合同文字误导投保人为由，判决保险公司败诉。

由此可见，商法上的公平与民法上的公平有所不同，《保险法》上的公平与一般商法上的公平也有所不同，这些不同并不是因法律的规定不同而产生的，而是因这些不同种类的合同所涉及的经济需求不同而产生的不同。因为民事交易往往是满足自我需要的交易，交易伊始就进入消费阶段，如果发生争议也是在消费阶段，与其他人的关系不大，所以有时间慢慢解决争议；而商事交易的标的往往是整个产业链条中的一个环节，如果这个环节耽误了，上游企业的资金不能得到回笼，下游企业的原材料和设备短缺势必也导致生产停滞。

在保险合同中，保险人是商人，投保人绝大多数不是商人，从表面上看双方一个是商人、一个不是商人，当投保人不是商人时，他也就没有上游企业、也没有下游企业了，如果他这个环节发生争议，也就不会耽误上游企业的资金回笼，也不会耽误下游企业的生产经营了。但这个分析仅仅是对投保人利益链是否继续进行下去的判断，是对合同一方当事人的经济圈的判断，而对保险人的利益链和经济圈的影响却没有分析，实际上保险人收入的保费需要投入经营链条中，以适应赔付损失和给付保险金的需要。

保险中财产险、责任险等险种都是或然险，投保的标的不一定发生保险事故，不投保也不一定发生保险事故。保险人为了说服投保人投保那些不确定的风险，收费就不能太高，所以保险合同的特点都是保费低赔付高，在法律上构建所谓"一人为大家，大家为一人"的互助经济联盟。因为是联盟，所以每一个保险合同的后面都涉及联盟者的利益，若合同被撤销，合同链后面的企业也可能会受到影响。因为保险合同链涉及的经济联盟是靠资金链连接起来的，若资金链断了，经济联盟就要受到打击，或者交易受到影响，或者经济联盟被迫解体。

因保险资金运用形成的上下游产业链实际上组成了一个松散的经济联盟，保险人将巨额的保费收入投资某个产业（例如某个机械制造公司），或者保险人借助信托和基金将保险费投入某个产业，该产业对保险资金形成严重的依赖性，此种情况即可构成一个简单的经济联盟，如果该产业与上下游企业（冶金、软件、电子、物流、销售）的经济关系密切，此类经济联盟的链条就会随之延伸，保险资金的作用就不再是简单的对一个企业的投融资，而是对整个经济联盟的生产经营发生较大影响，甚至重大影响了。在这种情况下，保险合同的稳定性就显得非常重要了。

《保险法》规定，除了货物运输保险合同中货物的交通工具已经开始出发，投保人可以随时解除保险合同，我们可以假设该保险合同的条款都是公平的，保险人对投保人没有欺诈行为，投保人对保险人也没有隐瞒行为，当事人对合同没有任何争议，但是投保人也有权随时解除合同，这个解除行为使保险费的应用被迫停止，保险人的保险资金的运用停止也将导致了一部分保险经济联盟的停滞或解体。为了防止发生这种情况，保险人在订立保险合同时就考虑到保险费可能会被抽走，于是就在合同里写上如何保障自己利益的条款，在财险合同和其他意外险合同里约定，投保人解除合同应当承担什么样的责任，投保人承担的责任实际上就是被扣除多少保费，这些保费实际上就是保险人的商业利润，如果投保人退保了，保险人的实际利益并不见得减少，或者并没有减少多少。例如，人寿保险合同中，投保人要退保的话，只能拿到保险现金表中列出的金额，这个金额是多少呢？投保人要投保8年才能拿到投保的本金，也就是说投保人投保后8年时间没有任何利息收入的本金。投保的时间越短，退保的保险现金越少。

这种情形就是保险合同中反映的公平原则所包含的内容，表明保险合同较一般的商事合同更加特殊，也进一步说明公平是相对的，是离不开具体条件宣扬或自称自夸的。在经济活动中各种交易如果长期能够得到双方的认可，大抵就是公平的；若只是个案交易，虽然双方都满意交易的条件，但也可能因为信息不对称导致具体的交易实际上可能是不公平的。所以公平在民事合同和商事合同中的含义存在差异，而《民法典》只是规定了公平原则，本意是希望所有的民事主体在交易时都能遵守公平原则，因为民事交易主体的利益在效应上看都属于终端利益，合同所获利益由交易双方自由享受。所以民事交易主体与上下游主体之间没有直接的利害关系。

四、结语

《民法典》与《保险法》之间在公平理念上存在差异，准确界定二者间的差异并在司法实践中妥善处理二者间的关系具有重要意义。《民法典》的公平原则虽对其他单行法具有一定的指导性，但不能予以完全照搬适用。《民法典》的公平是等价有偿原则下的尊重当事人的意思自治，保险纠纷则多系格式条款下市场交易为主的纠纷，《保险法》的公平更强调通过法律技术平衡各方的利益，追求市场交易的效率，维护整个保险市场经济环境的运转。故在保险纠纷中应当充分识别二者的本质区别，准确适用相应的法律规范。

12
《民法典》基本原则对保险法律适用的影响

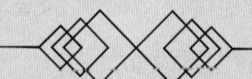

岳 卫[①] 强文瑶[②]

[①] 岳卫，南京大学法学院副教授，《保险法》研究所所长，日本立命馆大学法学博士。本文为2020年度江苏省社会科学基金《反保险欺诈的民事法理群构建研究》的研究成果，项目批准号20FXB009。
[②] 强文瑶，北京市中伦（南京）律师事务所律师，南京大学法学硕士。

摘要：《民法典》确立了若干重要基本原则。基于射幸合同的特殊性，对于保险合同纠纷，司法实践中更易采用诚实信用原则、公序良俗原则以及禁止权利滥用原则这三项基本原则解决相应纠纷。在现行《保险法》没有明确规定最大诚信原则的情况下，我国《保险法》的一系列规则的基础仍然在于诚实信用原则。公序良俗原则有利于保障保险合同这一风险管理手段的生命力。禁止权利滥用原则在《保险法》中既有一系列规则体现，也在规则之外成为保险审判的依据之一。但作为民法的一般原则而非具体规则，司法审判的适用仍然应当谨慎为之，确定相应的判断标准，防止"向一般条款逃逸"。

关键词：诚实信用原则；公序良俗原则；禁止权利滥用原则；法律原则适用

2021年1月1日实施的《中华人民共和国民法典》在原《中华人民共和国民法总则》的基础上进一步明确了一系列基本原则，在第一章"基本规定"第七条中规定了诚实信用原则，第八条和第九条中规定了公序良俗原则；在第五章"民事权利"第一百三十二条中规定了禁止权利滥用原则。基于保险合同的射幸性以及格式合同的特点，相对于平等、自愿和权利保护原则而言，上述三个基本原则在《保险法》领域的适用明显更为广泛。一方面体现在《保险法》上一系列特殊规则的确定上，另一方面更体现在缺乏明确规则或规则适用结果明显不合理的情况下对法律原则的适用上。本文分析上述三个原则对《保险法》具体规则的影响，同时结合国内外的司法案例中对上述原则的适用，探讨上述原则对保险合同纠纷审判实践中法律适用的影响。

一、诚实信用原则、公序良俗原则、禁止权利滥用原则在《保险法》上的规则体现

《民法典》规定了若干基本原则。有学者将其分为正面的民法基本原则和负面的民法基本原则。其中，平等、自愿和权利保护原则为正面的民法基本原则；诚实信用原则、公序良俗原则以及禁止权利滥用原则为负面

的民法基本原则。这一分类来源于民法的基本理念,即民法是私权无限弘扬的法和私权适度限制的法,所谓的负面原则是对私权进行适度限制的原则①。

保险合同的射幸性和信息不对称性意味着保险合同的缔结和履行具有天然的道德风险,因此《保险法》对作为民事主体一方的投保人和被保险人的私权需要进行合理的限制;而保险合同的附和性和格式条款形式又意味着保险合同的缔结和内容一定程度上与民法基本原则中的平等自愿有一定的偏离,因此《保险法》需要对作为民事主体一方的保险人的私权进行必要的限制。

(一)诚实信用原则在《保险法》上的规则体现

《民法典》第七条规定,民事主体从事民事活动,应当遵循诚信原则,秉持诚实,恪守承诺。《保险法》第五条亦规定保险活动当事人行使权利、履行义务应当遵循诚实信用原则。一般认为,《保险法》将民法中的诚实信用原则进一步提升形成《保险法》上的最大诚信原则,并以该原则为基础形成《保险法》中的一系列规则,包括保险合同签订方面的投保人如实告知义务规则、保险人明确说明义务规则、弃权和禁止反言规则,以及保险合同履行过程中的投保人与被保险人的善良管理义务、危险增加通知与保险事故通知义务、禁止欺诈索赔、保险人遵守理赔程序和理赔时限等义务②。

(二)公序良俗原则在《保险法》上的规则体现

《民法典》第八条规定,民事主体从事民事活动,不得违反法律,不得违背公序良俗。《保险法》第四条则规定从事保险活动必须遵守法律、行政法规,尊重社会公德,不得损害社会公共利益。公序良俗原则在《保险法》上的第一个体现就是保险利益规则,保险利益不仅不应违反法律规定的利益,同时也不能违反公序良俗,这也是保险与赌博的根本区别

---

① 董学立:《民法基本原则研究:在民法理念与民法规范之间》,法律出版社2011年版,第152页。
② 史博学:《最大诚信原则的解释论》,载《法律方法》2018年第2期。

之一①。

（三）禁止权利滥用原则在《保险法》上的规则体现

《民法典》第一百三十二条规定，民事主体不得滥用民事权利损害国家利益、社会公共利益或者他人合法权益。《保险法》在法律条文中没有直接规定禁止权利滥用的内容，但因禁止权利滥用原则在学理上，某种程度上被认为是诚实信用原则的具象化或进一步延伸②，因此《保险法》中仍然有一些直接体现该原则的法律规则，比如《保险法》的不可抗辩条款。

除了具体规则体现之外，在保险合同纠纷的审判实践中，裁判者运用上述基本原则来判案的比例似乎也明显高于其他合同纠纷。

二、《保险法》三大原则的国内司法适用分析

国内的审判机关对于法律原则的司法适用，基本有五种类型，即宣示性适用、逃逸性适用、解释性适用、补漏性适用和解决规则冲突性适用③。在保险合同纠纷的审判实践中，宣示性适用的实质研究意义较小，逃逸性适用是保险行业极为诟病的现象之一，解释性适用更多是体现在对现有法律用语和合同条款的解释上，补漏性适用和解决规则冲突性适用的研究意义则更大。本文在检索相关法院案例基础上，分析三大原则对审判实践中保险法律适用的影响和意义。

（一）诚实信用原则在国内保险合同纠纷案件中的适用

1. 保险公司单方改变交易习惯，无权主张保险合同中止和失效

该案为《最高人民法院公报》2013年第11期公报案例④，该案中法

---

① 温世扬、黄菊：《保险利益的法理分析——以人身保险为重点》，载《河南省政法管理干部学院学报》2004年第1期。

② 王泽鉴：《诚实信用与权利滥用——我国台湾地区"最高法院"九一年台上字第七五四号判决评析》，载《北方法学》2013年第6期。

③ 李鳃：《诚实信用原则的司法适用——以Alexy的原则理论为视角》，载《人大法律评论》2013年第1期。

④ 见"陆永芳诉中国人寿保险股份有限公司太仓支公司保险合同纠纷案"，载《最高人民法院公报》2013年第11期（总第205期）。

院的裁判观点为"人寿保险合同未约定具体的保费缴纳方式，投保人与保险人之间长期以来形成了较为固定的保费缴纳方式的，应视为双方成就了特定的交易习惯。保险公司单方改变交易习惯，违反最大诚信原则，致使投保人未能及时缴纳保费的，不应据此认定保单失效，保险公司无权中止合同效力并解除保险合同"。尽管保险人在一审和二审均抗辩认为《保险法》有明文规定投保人有交纳保险费的义务，但法院认为保险条款中没有明确规定交费方式，故根据双方履行合同的实际情况，认为保险人在保单交费期限即将届满的情况下停止委托邮寄缴费通知书违反诚实信用原则。值得注意的是，该案说理中明确：第一，《保险法》作为特别法，在特别法没有明确规定的情况下应适用普通法，即《合同法》。第二，该案并未直接适用《保险法》中的诚实信用原则，而是适用《合同法》第六十条第二款的规定，即"履行合同时遵循诚实信用原则，根据合同交易习惯履行通知、协助、保密等义务"。以诚实信用原则为基础，确认双方形成交易习惯，进而确定权利义务关系。直接表明民法的诚实信用基本原则可用于在保险合同没有明确约定的情况下关于履行方法的解释。

2. 保险人明知被保险人已经患癌但不行使拒赔权利而继续收取保费，应视为对保险责任范围的调整，不得再主张解除保险合同或拒赔

该案为 2017 年度福建法院十大影响性诉讼案件之一[①]，该案中法院的部分裁判观点为"诚实守信原则对双方均有约束力，本案保险人在明知已不可能出现约定的被保险人'初次患癌或重大疾病'情形而选择拒赔后再行收取保费以继续履约，此行为有主动调整保险责任范围之意思表示，否则保险人仍可以本案所涉理由拒赔并继续收费，显构成不诚信甚至欺诈。本案全面综合双方间履约行为，判断保险人承保前后各环节之履约瑕疵，维护保险最大诚信原则。"被保险人违反如实告知义务已经发生保险事故情况下，保险人继续收取保费后又以非首次患病为由拒绝承担保险责任的情况下如何处理没有明文规定，该案实际上是以诚实信用原则为基础对弃

---

① 见福建省福州市中级人民法院（2017）闽 01 民终 2803 号"陈千金、新华人寿保险股份有限公司福建分公司人身保险合同纠纷"二审民事判决书。

权和禁止反言规则的适用。

3. 被保险人没有正当理由离开事故现场,违反最大诚信原则,可以认定为保险条款中的逃离事故现场,保险人得以免除保险责任

该案中被保险人发生单车事故,未明显危及生命的情况下离开事故现场,导致保险人无法查明当时的事故原因和责任。保险人以保险条款中的"逃离事故现场"免责事由主张免责。对该条款的解释出现了明显的争议,被保险人认为该事故为单车事故,不存在责任问题,故被保险人并无逃避交通事故责任以逃离事故现场的主观目的。法院没有适用对保险人的不利解释原则,而是以"若允许驾驶员在无合理理由的情况下擅自离开现场,在目前道路交通事故频发的现状下易诱发道德风险,亦违反《保险法》中最大诚信原则"为由,认定该案属于免责范围,是典型的适用诚实信用原则对保险条款进行解释的法律适用方法。

(二)公序良俗原则在国内保险合同纠纷案件中的适用

1. 员工意外伤害险的保险金索赔权转让给企业存在违反公序良俗的可能性,该转让行为无效,企业不能向保险公司要求支付相应保险赔偿金

该案中一、二审法院均认可了企业的诉权,再审改判阐述的主要理由为[①]:第一,保险合同没有指定受益人,保险金成为遗产。继承权虽然属于财产权的范畴,但是以当事人具有特定的身份关系为存在基础,与特定当事人的身份关系紧密相连,以一定的婚姻、血缘关系为前提,具有一定的专属性。第二,用人单位受让保险金索赔权是违反《保险法》第三十九条的脱法行为。如果用人单位作为被保险人为员工投保意外伤害险,主张由其承受被保险人死亡情形下的保险利益,既不利于对弱势群体死亡情形下的权利保护,还存在着损害案外第三人利益及违反公序良俗原则的可能性。第三,缴纳工伤保险是单位的法定义务,商业意外险不能免除上述法定义务。同时法律并不禁止职工近亲属获得民事赔偿和工伤待遇,故企业支付的民事赔偿不能成为受让保险金请求权的对价。该案对企业受让员工意外伤害险保险金请

---

① 见山东省高级人民法院(2019)鲁民再96号"长安责任保险股份有限公司山东省分公司、招远市阜山九曲黄金矿业有限公司意外伤害保险合同纠纷"再审民事判决书。

求权这一实践中十分典型的问题，以公序良俗原则为基础，从专属性、脱法性、单位法定义务以及单位法定赔偿义务是否能作为受让对价等角度进行了论述，是公序良俗原则在此类保险纠纷中运用的典型案例。

2. 以婚外同居关系签订的保险合同有违公序良俗原则，在被保险人身故时双方的婚外同居关系亦结束且各自均缔结婚姻关系，尽管从形式上保险合同有效，但基于上述原因应对原告指定自己为身故保险金受益人的行为持否定的法律评价

该案中投保人在已有法定配偶的情况下以婚外同居对象作为"配偶"向保险公司投保，同居对象亦通过事后追认并补签字的方式确认同意并认可保险金额，保险合同指定身故受益人为投保人，此后同居对象另行与他人缔结婚姻关系持续至被保险人身故。从《保险法》的法律规定看上述保险合同有效，但法院基于婚外同居关系、双方向保险公司陈述的配偶关系为虚假陈述，以及被保险人与投保人结束同居关系后难以确定是否仍愿意以生命为赌注将一个与自己毫无关系的第三人作为身故保险金受益人等理由，对投保人的受益人身份作出了法律上的否定性评价[①]。该案是典型的认为适用现有规则会导致极为不合理或极其不道德或违反善良风俗并可能导致巨大道德风险的情况下，适用公序良俗原则作出的判决。

（三）禁止权利滥用原则在国内保险合同纠纷案件中的适用

1. 被保险人未履行如实告知义务，在两年内发生保险事故拖至两年后申请理赔，系故意拖延理赔行为，保险人仍可行使解除权并不承担保险责任

为了限制保险人滥用解除权，《保险法》规定了不可抗辩条款，即保险人需要在法定的期间内行使解除权，其中一个绝对时间就是自合同成立生效之日起两年。该案中被保险人隐瞒了投保前的相关病史，并在两年内

[①] 见上海市静安区人民法院（2018）沪0106民初21511号"黄惠与中国平安人寿保险股份有限公司、中国平安人寿保险股份有限公司上海分公司人身保险合同纠纷"一审民事判决书。

发生保险事故，但拖至两年后索赔①。在法无明文规定的情况下，法院实质上是认为被保险人滥用其享有的保险金索赔权中的期限利益来损害保险人的解除权，遂进行了否定评价。

三、民法基本原则在国外保险合同纠纷处理中的适用

（一）英美法中的判例适用

英美法在实体法层面没有较为明确的禁止权利滥用规则，在少量实践如刺破公司面纱等问题上稍有体现②，但更多的是体现在诉讼程序中对恶意诉讼或滥诉行为的规制，实体法上的私法权利行使的界限主要是通过诚实信用原则和公共政策原则等方面体现。因此本文仅对诚实信用原则和公序良俗原则的英美法判例适用进行列举分析。

1. 诚实信用原则（the principle of utmost faith）

英国最早在卡特诉勃姆案（Carter v. Boehm）中阐述了这一原则，1906年《英国海上保险法》（The Marine Insurance Act 1906）进行了规定，2010年《消费者保险法》（Consumer Insurance Act 2012）和2015年的《保险法》（Insurance Act 2015）对违反保险合同项下最大诚信义务的救济做了大量的修改③。美国法据说最早是1825年联邦最高法院在M'Lamahan v. Universal Insunrance Col 案中的表述。作为判例法国家，我们可从判例中法官对诚实信用原则的援引来了解相关规则。

（1）案例一：不当拒赔和迟延理赔情形亦为违反诚信原则，需要承担损失赔偿责任

该案④中被保险人对其房屋投保了财产保险，后其房屋的天花板塌落

---

① 见辽宁省锦州市中级人民法院（2018）辽07民终2086号"吕贤志、马书与中国人寿保险股份有限公司义县支公司人身保险合同纠纷"二审民事判决书。
② 吕绍忠：《禁止权利滥用的立法与实践：基于社会变迁的视角》，载《湖北警官学院学报》2018年第1期。
③ Peter Macdonald Eggers Simon Picken：Good Faith and Insurance Contracts，Routledge，2018.
④ United States District Court, D. Arizona: Homeowners Receive $ 27K from Insurer on Water Damage Claim, 2008 WL 4570059（Verdict and Settlement Summary）West's Jury Verdicts - Arizona Reports.

导致房屋内漏水并进而导致一系列损失。被保险人向保险公司报案理赔，要求保险公司赔付相当于损失实际现金价值的紧急修复费用，以及折旧费用、间接费用、营业税等。保险公司则以被保险人实际修复之后才能赔付为由拒绝赔偿，同时称被保险人的部分损失与漏水没有直接关系。该案最终陪审团认定保险人拒绝赔付紧急修复费用的理由不成立，故其理赔过程违反了 good faith，不仅裁决保险人赔付修复费用保险金，并且裁决保险人对因其未及时赔偿而导致被保险人扩大的损失，比如额外支出的生活费用和财产损失进行赔偿。英美法中 good faith 原则贯穿保险合同签订和履行的始终，保险人负有诚信履行理赔程序的义务，否则需要对被保险人承担相应的赔偿责任。

（2）案例二：即便按照当地法律保险人可以不对原告承担赔付责任，但基于保险人的积极理赔行为导致法院认定保险公司构成弃权，仍判决保险公司承担赔付责任

该案[1]中被保险人投保了车辆责任保险，但事故的受伤方是他的妻子，根据纽约州《保险法》的规定，配偶所受伤害不在机动车责任保单的赔付范围之内。但原告向保险公司索赔时，保险公司表示愿意按照合同约定赔付，并且在此期间收集了一系列材料，并对二人之间的诉讼判决赔偿金额进行了积极的调查。保险公司称因为事故发生在康涅狄格州，尽管保单签发在纽约州但他们当时不知道根据纽约州法律可以拒赔，所以不应当被视为弃权。但法官明显没有采信被告的说辞，法官认为法律规定应当视为被告知晓并且被告作出了明确的赔付意思表示，故符合弃权"有意的放弃一项已知的权利"，构成弃权。英美法中弃权和禁止反言是基于诚实信用原则发展来的规则，在历往的判例中对弃权和禁止反言的构成和条件有很多的陈述，比如 Keeling v. Pearl Assurance Co. Ltd.[2] 一案中，在对投保人如实告知义务的弃权上，法官认为如果保险人原本应该注意到特定的事实并且完全有能力向投保人进一步了解或进行调查但却没有问或没有做，那

---

[1] Jenkins v.Indemnity Insurance Co. of North America，152 Conn.249，205 A. 2d 780（1964）.
[2] Keeling v. Pearl Assurance Co. Ltd.（1923）129 LT 573，574.

么这就是默示的弃权。在不同的州法律背景下，对弃权和禁止反言的效果也可能有一些区别，比如 Milwaukee Metro. Sewage Dist. v. Sedgwick of Ill., Inc.[①] 案中就表述在威斯康星州，禁止反言规则不能直接用来扩大保险责任范围。

2. 公序良俗原则（the principle of public policy）

在英美法中被广泛运用的与公序良俗对应的概念应当是公共政策（public policy）。公共政策通常用于评价合同的可实施性，从而对合同自由予以一定的限制[②]。"基于法律或者公共政策的目的以及维护社会的公平、正义，一切标的、内容或者最终目的违反法律规定或法律原则的不法合同，通常为法律禁止或者被法院宣告无效。"[③] 在保险合同领域，法院同样是以公共政策为由来进行干预的。

（1）案例一：故意侵权情况下保险人仍然需要赔付无辜的受害人，但基于任何人不能从其犯罪行为中获利的原则，保险人可以直接向作为加害人的被保险人进行追偿

该案[④] 中上诉法院认为基于公共政策确实禁止保险公司为公民的个人的故意行为提供赔付，但是必须满足被保险人有伤害故意并且也造成了伤害结果，同时他明知可能发生伤害但仍然放纵其行为。上诉法院认为被告没有伤害或杀死任何人的故意，因此保险人不能以公共政策拒赔仍要赔付。上诉法院则认为保险公司确实不能通过保险合同为被保险人的犯罪行为提供责任保险，这是违反公共政策和公共利益的，但是没有过错的第三人可以得到赔付。赔付后保险人可以向加害人即被保险人追偿。这个案例是美国法中责任保险与侵权责任索赔关系变化的里程碑式的案例，现在的美国各州的法律也多允许受害人直接向责任保险公司索赔。法官仍然遵守

---

① Metro. Sewage Dist. v. Sedgwick of Ill., Inc., No. 05-C-1352, 2008 WL 927571, at *14, 2008 U.S. Dist. LEXIS 27667 at *38-39（E.D. Wis. Apr. 4, 2008）.

② 杨德群：《公序良俗原则比较研究》，湖南师范大学 2014 年博士学位论文，第 85 页。

③ 李先波：《合同有效成立比较研究》，湖南教育出版社 2000 年版，第 137 页。

④ Ambassador Insurance Co. v. Manter, 76 N.J., 477, 388 A.2d 603（1978）.

了任何人不能从其犯罪行为中获利的基本公共政策，创设了向被保险人本人追偿的权利，以实现"谁侵权谁负责"的纠正正义目的，避免纵容灭失公共政策[①]。

（2）案例二：保险公司在保险条款中加入的一些条件违反了 UIM 中体现出来的公共政策，因此原告有权要求全额赔付

该州的 Uninsured/Underinsured Motorist Act 中体现出来的立法目标是通过商业保险为一般事故受害者提供赔偿来源，而不仅仅是为购买者利益。因此法院[②]认为保险人在条款中所做的限制和条件违反了上述立法目的，违反公共政策，因此条款的相关内容无效。

（二）日本法中上述基本原则的适用

以公序良俗原则为例，日本的司法实践中，运用民法基本原则处理实定法无法处理的纠纷，特别是作为反保险欺诈的对策，某种意义上已经形成了判例法理。

就损害保险领域而言，超额保险中保险金额不仅显著超过保险价值，而且相关间接证据表明保险事故的发生亦存在诸多可疑迹象时，法院往往会认定该保险合同的缔结具有非法获得保险金之目的，从而以违反公序良俗为由直接认定整个保险合同无效[③]。

人寿保险领域中，在保险金额累积超过 15 亿日元，且作为私营企业主的被保险人在投保时企业的经营状况极度恶化的情形下，判例认为该保险金额明显超过社会通常所理解的风险分散，据此以违反公序良俗为由判定契约无效[④]。

上述判例中揭示了法院认定公序良俗违反的两个标准，即主观上需要有滥用分散风险之保险制度的目的，客观上必须存在无法解释为何保险金给付金额明显超出实际损失金额之事实，人寿保险的情形下，保险金额明

[①] 黄勇、李之彦：《英美保险法经典案例评析》，中信出版社 2007 年版，第 268 页。
[②] Brown v. State Farm Mut. Auto. Ins. Co., 163 Ariz. 323（1989）788 p.2d 56.
[③] 日本京都地方裁判所 1994 年判决，判例タイムズ 第 847 卷第 274 页。
[④] 日本东京地方裁判所 1994 年 5 月 11 日判决，判例时报第 1530 卷第 123 页。

显过高亦属此类。不过，对于无效的法律效果，学者主张尽量将范围限定在超出实际损失的部分，而尽量避免认定契约全体无效①。

四、在保险合同纠纷裁判过程中适用三大基本原则应当建立一定的适用原则

民法基本原则具有立法准则、司法准则、行为准则和功能补救的作用②，体现在司法过程中的法律适用即可能表现在司法准则和功能补救两个方面。与域外判例确定了相关原则的适用规则和构成要素不同的是，我国法院在运用法律基本原则作为裁判案件的依据时具有较强的随意性。因此，为了更好地发挥民法基本原则对民事审判的指导作用，有必要对法律原则的适用做出一定的约束，尤其在保险合同领域，一直面临着投保人/被保险人/受益人利益与保险行业整体利益之间的平衡问题，法院在保险合同纠纷个案中运用法律原则判案应当更为谨慎小心。具体而言：适用法律原则的前提应当是没有具体法律规则或具体法律规则的适用发生矛盾或实质上的巨大不公平、不合理。

在适用最大诚信原则时，应当明确"最大诚信原则在平时引而不发"的适用规则，诚实信用原则既是帝王条款也是底线条款。同时应当做到全面和平等的审查，即在个案中如果要适用诚实信用原则，应当对保险合同双方当事人的合同缔结和履行过程中是否遵守诚实信用原则均做审查，而不应偏废③。在适用公序良俗原则时，应当遵守公序良俗的时代性、本土性和确定性④，具体构成公序良俗的理由进行阐述。在适用禁止权利滥用原则时，考量确定何为权利滥用，在"由加害目的及加害意思的主观的标准，而演进到权利人之间相对立的利益均衡之破坏、合法利益的欠缺、社

---

① ［日］山下友信：《保险法》（上），有斐阁2018年版，第373页。
② 徐国栋：《民法基本原则解释——诚信原则的历史、实务、法理研究》，北京大学出版社2013年版，第11-13页；徐国栋：《民法总论》，高等教育出版社2007年版，第119-120页；梁慧星：《民法总论》，法律出版社2017年版，第46页。
③ 夏正芳、马燕：《当前保险纠纷案件若干疑难法律问题研究》，载《法律适用》2018年第1期。
④ 郭剑平：《关于我国公序良俗原则司法适用的法理思考》，载《河南社会科学》2020年第9期。

会的经济的目的之危险、公序良俗之违背、诚信原则之违反等客观的标准，使权利滥用要件更为客观化，此为权利滥用理论发展的一般倾向"的通说基础上①，结合争议双方的利益进行衡量判断。

① 史尚宽：《民法总论》，中国政法大学出版社2000年版，第714页。

13 适用习惯对保险纠纷处理的影响

林 刚[①]

[①] 林刚，上海市中天阳律师事务所律师。

摘要： 习惯包含惯例是其应有之义，惯例也包含商业惯例之义，商业惯例是指经商业交易长期实践久积而成的被普遍接受和广泛使用的商业交易规则，在适用性上应优于一般习俗，适用习惯也意味着适用商业惯例，此系《民法典》第十条的立法本意。适用习惯不能脱离法律和违背公序良俗。同时，对商业惯例包括保险惯例，应当对其起源、目的、特性、结构、体例、叙述方式等诸方面全方位予以尊重与承认，唯有如此，我们才能更加准确地适用《民法典》第十条的规定。保险经营者对保险惯例的采纳与使用，应当重实而不是名，真正的保险惯例有其悠久的历史与旺盛的生命力，其不朽的精髓就是公平合理，违背了这条真理，也就是违背了商业惯例的初衷与本意，也就违背了我国《民法典》确立的公平交易的原则。

关键词： 习惯；惯例；商业惯例；保险惯例；尊重；承认；适用限制

《中华人民共和国民法典》已经于 2020 年 5 月 28 日经十三届全国人民代表大会第三次会议表决通过，自 2021 年 1 月 1 日起正式开始施行，届时，包括《中华人民共和国民法总则》《中华人民共和国继承法》《中华人民共和国侵权责任法》《中华人民共和国物权法》《中华人民共和国担保法》《中华人民共和国合同法》《中华人民共和国婚姻法》《中华人民共和国收养法》等将同时废止，《民法典》共计 1 260 条，涵盖内容丰富，是一部关乎民生与经济活动方方面面的基本法，它的出台，在中国的法治史上具有里程碑的意义。

从保险业的角度去看，《民法典》的实施对保险交易双方当事人在保险合同项下的权利与义务带来直接的或间接的影响，可以预见到的是，它将对中国整个社会经济及保险行业带来正面积极的影响，这些影响主要体现在具体的法律规则的变化：《民法典》创设了一些新的规则，同时也对一些旧规则作了变更，有些甚至是颠覆性的变更，这些规则的变化毫无疑问会对保险交易主体产生影响。另外，在法律适用性上，过去由各个特别法分头管辖民事活动，单行法在有些管辖领域相互之间边界模糊甚至冲突，《民法典》的统一编纂将各单行法整合，使各个单行法律集合统一在一部《民法典》中，提高了法律层次与效率，使《民法典》具有更强的适用性，这对于中国的法治建设意义深远。本文试就《民法典》第十条的规定对保险纠纷处理的影响，做一简要阐述，旨在厘清适用习惯的相关问题，使保险交易的主体及其相关方知悉《民法典》对准据法①的适用程序与原则，以更好地维护自身权益，有利于保险市场的健康发展。

一、《民法典》确立适用习惯原则的积极意义

《民法典》第十条明文规定："处理民事纠纷，应当依照法律；法律没有规定的，可以适用习惯，但不得违背公序良俗。"这是我国民法首次在立法上确立了适用习惯的原则，相对于《民法通则》"民事活动必须遵守法律，法律没有规定的，应当遵守国家政策"的规定，明显迈出了一大步。司法实践中，以往法院与仲裁机构在处理民事纠纷中，在适用习惯问题上常常底气不足，优柔寡断，不敢直接承认或适用，致使裁决结果难以令人信服，导致一方当事人或双方当事人对裁决始终不服，不断上告或申诉，裁决的公信力受到损害，司法裁决没有达到纠纷止争之目的。《民法典》第十条的规定，无疑是给司法、仲裁人员的裁判点亮了一盏灯，指明了一条可以达到最终目标的通道，对司法、仲裁裁判的统一，提升司法裁决公信力，实现司法公正、正义之目的，将起到积极的不可忽视的作用。

二、习惯的含义

习惯在不同的语境下应有不同的含义。

从通常意义上理解，习惯就是指通常方法，常规办法，一贯做法。

从社会学意义上讲，习惯是指积久养成的生活方式，它可以包括各地的风俗、社会习俗、道德传统等。

从法律意义上说，习惯是民法的最初形式②，是对制定法的补充和完善，习惯亦为法的间接渊源，也是制定法进步的动力③。

---

① ［英］戴维·M.沃克：《牛津法律大辞典》，李双元等译，法律出版社，第729页。
② 高其才：《当代中国纠纷解决习惯法》，中国政法大学出版社2020年版，第2-3页。
③ ［英］威廉·布莱克斯通：《英国法义释》，上海人民出版社，第76-81页。

综上所述，习惯的含义极其丰富，涵盖范围非常广泛，可以说是包罗万象，无所不及，它渗透到社会生活的各个方面、各个领域、各个层次、各个角落，可以这么说，凡是有人的地方，就会有习惯，它对人们的生活有着非常广泛和深刻的影响，在成文法之前，它应是人们行为规范的依准。

三、习惯与惯例的关系

惯例按字面解释就是习惯和案例的意思，也是指通常做法，习惯做法或是常规做法，从这个意义上说，习惯与惯例二者意思一致，是同一概念。

尽管二者有其相同之处，但二者不仅仅在文字上有差异，在以下诸方面均还存在着明显的差别。

第一，在形成来源方面，习惯一般是自然形成的，而惯例往往是约定俗成的。

第二，在体现形式方面，习惯通常是以行为或动作体现，或是以非文字形式体现，而惯例通常是以文字形式体现。

第三，在所涉领域方面，习惯包罗万象，无所不及，既包含私人领域的习俗，还包括地方性的习俗。而惯例通常在商业领域通过商业交易体现，不涉及私人领域的习俗，且也不局限于一时一地领域，甚至可以跨国界，具有国际性。

通过对上述二者异同点的分析，不难看出二者既是包含关系又是同一关系（在商业交易领域习惯与惯例通常表现为同一概念或同一意思），同时还应该看到，在其他领域，二者存在着明显的差别，这也是为什么惯例一词还有存在的必要及其理由。

结论是：提及习惯并不能排斥惯例，提及惯例也不能排斥习惯，尤其在商业领域，讲到惯例其实就是指特定的习惯，只是大家习惯用惯例一词而已，并无意否定习惯的通常含义。

四、商业惯例与保险惯例的关系

如前所述，惯例通常与商业交易相关，其实，惯例就是指商业惯例，这是由经济学理论及人类发展历史所证明的，所谓商业惯例是指在商业行业中长期实践所逐渐形成的一般习惯做法而制定成文的规则①，这些规则根据当事人意思自治的原则，被商业交易主体普遍接受和广泛使用。所以说，商业惯例相比一般的习惯更接近于成文法，它的适用性也更优于一般习惯，这也是适用习惯理应包含适用商业惯例的一个充足理由。

保险惯例是在保险商业领域内由保险交易双方经过长期实践所逐渐形成的一种商业惯例。比如，财产保险中的免赔额规则、寿险保险中的二年不可抗辩规则、等待期②、犹豫期、宽限期规则等，这些规则或制度不仅存在历史悠久，而且实践中逐渐被普遍接受和广泛使用，不仅包括中国境内的保险市场，还包括世界发达国家的保险市场，由于这些保险惯例已具有国际性，所以又称为保险国际惯例。从渊源上说，这些保险惯例最早来源于交易习惯，由交易习惯逐渐形成习惯做法，最终成为成文的交易制度或规则。毫无疑问，这些交易规则或所谓的惯例是经过长时间市场考验的，在这一历史进程中不知有多少个交易习惯随着市场的变化而被淘汰、抛弃或者说被变更、被取代，凡是生存下来的、还存在的惯例，说明保险市场是接受的，也可以说明它是公平合理的，具有旺盛生命力的。

概而言之，商业惯例是市场经济的产物，承认市场经济也意味着应当承认商业惯例，承认商业惯例也意味着应当承认保险惯例包括寿险保险惯例。

五、如何正确认识保险业的保险惯例

在保险领域，有一些存在悠久历史的商事惯例，如寿险合同中的犹豫期、宽限期、等待期等，出于交易需要与交易方便，最早源于交易习惯（惯例），由于有利于交易双方并符合交易的目的，所以易于被保险交易当事人所接受，成为稳定成文的规则（或惯例）。在中国保险市场，有些惯例已经上升为法律规则，比如宽限期的规定已在中国《保险法》中体现；

---

① 陈岩编著：《国际贸易理论与实务》，机械工业出版社 2016 年版，第 97-98 页。
② 许崇苗、李利：《中国保险法适用与案例精解》，法律出版社 2008 年版，第 346 页。

有些惯例亦已上升为行政监管要求，比如犹豫期的规定，中国银保监会明文规定：哪些寿险产品必须要有犹豫期，其中对犹豫期间及投保人的相应权利也做出了明确规定；有些惯例，目前既无法律规定，也无监管要求，只是在保险合同中有约定，就拿等待期制度或惯例来说：它属于前述三种保险惯例中的第三种类型，也是最纯粹的一种惯例，在健康险保险产品中普遍使用。等待期条款的核心意思是讲：保险合同生效后或复效后的一段时间（30天、90天、180天）内，发生或被诊断出的疾病，保险人不承担责任。对于等待期条款，国内有一种观点认为：既然保险合同已经生效，保险人不赔就是免责，该条款就属于免责条款，保险人应该将该免责条款置于免责事项条款中，并应做出相应的提示与说明。目前保险业普遍将等待期条款置于保险责任条款中，属错误或乱象，应予纠正。其实这里就牵涉到如何识别等待期条款，它是否是保险惯例的一种具体体现，及应如何看待保险惯例问题。

事实上，为了便于厘清保险惯例问题，似很有必要对保险行业中普遍存在的等待期条款作为典型案例去做一番分析：第一，等待期条款设定的正当合理性已无争议；第二，等待期也应属于保险业普遍接受和广泛使用的一种商业规则（惯例），这几乎已成保险业与法律界的共识，故迄今也未见有法律或保险领域的专家及学者对等待期条款设立本身持有异议。现有争议点主要在：其一，等待期条款是免责条款还是非免责条款；其二，等待期条款应置于保险责任条款中还是置于免除责任事项条款中。

要回答第一个等待期条款的性质问题，不妨先回到保险条款的结构与功能上去考量：其实保险条款的结构及其表述是受保险条款的目的与功能所决定的，保险条款必须首先向投保人讲清楚：保险保什么，不保什么，还有什么情况下是免除责任的，这些都须通过不同的条款来实现这一目的，所以保险条款必须要有保险责任条款和免除责任事项条款之分；而且二者应有不同的功能：保险责任条款的功能是正面阐明保险责任范围，通俗地讲就是，哪些事是保险责任范围的事项，哪些不是保险责任范围的事项，凡是保险责任范围以外的事项均是保险人不承保的事项。所以，保险责任事项范围一定小于非承保事项范围，非承保事项范围一定大于承保事项范围，比如，重大疾病保险一般只承保载明的几种重大疾病风险，而不是承保一切疾病风险或意外等其他保险事故。相对于整体的风险事故，承保的只是一部分风险事故，这是保险业经营的特点及其性质所决定的，某一个产品所承保的风险一定是特定的风险，是有限的风险，所以，它一定需要在保险责任条款中讲明保险责任范围的同时，将非保险责任范围的事项也一并讲明。等待期事项即属此例，保险人讲明在等待期后发生的疾病事故属于保险责任范围，保险人承担保险责任；在等待期内发生的疾病事故，不属于保险责任范围，保险人不承担保险责任。这种保险条款的结构及其功能性要求事实上已经决定了等待期条款的性质问题。

接下来再看免除责任事项条款，免除责任的真正含义是指已经属于保险责任范围的事项因特殊原因而特予以免除①。从逻辑概念上讲，保险责任范围一定要大于免除责任范围，比如寿险保险保死亡事故，即一切死亡（自然死亡，意外死亡，疾病死亡）均是承保的事故，但有7种例外情况保险人免除保险责任，比如：被保险人拘捕犯罪等导致的死亡，可以免除保险人的保险责任，它的性质是应当属于保险责任因特别事由而予以免除的情形，相对于保险责任范围要小得多。免除责任事项条款是对于保险责任范围而言的，与非保险责任事项（原本就不属于保险责任）显属不同事项，二者界限分明，不可混淆。保险业经过长期的实践，清晰地区分了保险责任与非保险责任及免除责任的界限，等待期条款系非免除责任条款，此为保险惯例的实践所证明的，应当得到应有的尊重与承认。

对于第二个问题，其实在第一个问题上已有解答，放在什么位置上本无大的紧要，这是一个形式或体例问题。如站在保险经营者的立场，在保险责任条款中清晰说明保险责任范围，将等待期条款置于保险责任条款中讲明，在等待期内发生的疾病事故，保险人不承担责任；等待期后发生的疾病事故，保险人承担保险责任。既然等待期条款并非免责条款，那么就绝无必要在免责事项条款中讲。同理，免责事项应在免除责任事项条款中

---

① 李玉泉：《保险法》，法律出版社2019年版，第151页。

讲，如不是免责事项，就更不应该在免除责任事项中讲，基于此理，保险人在保险责任条款中讲等待期事项，似更符合保险商业作业的逻辑，符合保险业一贯的叙述方式及其保险条款功能、结构、体例之要求，此亦符合广大保险消费者的阅读习惯及监管对保险条款通俗化的要求。

因此，通过上述层层分析，可以得出结论：等待期条款作为保险惯例是以一个整体形象出现的，尊重与承认保险惯例包括等待期条款不能泛泛而谈。应从保险惯例产生的历史原因、保险交易的目的上去理解，尊重它包括尊重它的真实含义、功能、本质特性、结构、体例、叙述方式、商业逻辑；而不是只空口喊喊承认保险惯例一个名称而已，更不能割裂、孤立、片面地去解读，只有全方位系统地去解读、理解保险惯例，才能在解决保险纠纷中正确适用保险惯例。

六、适用习惯的法律限制

人类的发展历史告诉我们：不是一切习惯都可以适用的，适用习惯应受制于法律，法律可以吸收习惯并称为成文法（或称为制定法）；但为了社会公共利益，法律也可以限制甚至禁止落后的习惯或习俗。因为习惯也有进步与落后之分，有正面与负面之分，有公序良俗，也必有它的对立面即低级趣味的风俗或者不良风俗及恶俗，这些落后或不良风俗习惯当然不能被法律所认可，不能适用这类习惯或风俗是理所当然的了。所以说适用习惯的第一个限制就是法律。

从另一个视角去看，毕竟时代在进步，法治与文明相伴而行，习惯也与时俱进。在日益尊重个人权利的时代，法律也逾加朝着开明与包容的方向迈进。法无明文禁止即自由（可为），是一句流传很广的法律谚语，亦为法治社会所遵循，说明法律对习惯/习俗的干预还是有边界的，不是随心所欲想干预就能干预的，此亦系《民法典》第十条的精髓所在，《民法典》第十条的内容与开明包容的法治精神一脉相承，互相应和。

既然《民法典》第十条规定，法律没有规定的就可以适用习惯。在现实社会中，在许多私人领域，没有法律规定或制定法的具体规定，人们的行为似乎在受习俗与习惯的管辖，那么它是否意味着在处理民事纠纷时我们可以大胆地适用习惯，答案显然不能如此简单草率。其实还是要回到对《民法典》第十条"没有法律规定的"条文的解读上：这句话其实包含了两层意思，第一层意思是讲没有任何直接的法律条文规定；第二层意思还隐含着：习惯/习俗应与任何适用法律条文的基本原则及立法精神没有冲突与抵触，比如在中国有些落后地区有重男轻女的习俗。这种习俗显然与我国法律确立的男女平等原则相抵触，故不能被适用。也许举这个事例太过明显，也太易被理解。然而，在实际生活中，社会习俗丰富多彩、令人眼花缭乱，有些习俗貌似公允，很有人气市场。表面上看，似乎与任何适用法律条文无明显的抵触，使人很难做出甄别：哪些是与法律原则或立法精神相抵触的，哪些是没有任何抵触的。故对适用习惯仍需谨慎审核，审核某一具体的习惯是否与任何适用法律的具体法律条文有任何冲突或抵触，审核前述之习惯是否与我国《民法典》确立的基本原则（公平原则、诚信原则等）有任何抵触或冲突。是否与我国法律所依赖的立法精神相冲突，如有，则不可以适用；如无，则可以适用。

正因上述原因，应当看到，在我国立法不断健全及消费者权益保护日益重视的大背景下，国家不断推出的法律比如《消费者权益保护法》《反垄断法》《反不正当竞争法》《个人信息保护法》《网络安全法》等均创设了一些新的规则，增加了许多经营者的责任与义务及消费者权益保护的条款，同时也修改了一些旧规则。人们习以为常的旧规则包括习惯与习俗将会受到一定的冲击，比如对于格式合同提供方的提示与说明义务，旧规则仅限于免责条款，《民法典》的新规定将其扩展至与对方有重大利害关系的条款，格式合同提供方的提示与说明义务无疑是增加了，如格式合同提供方不履行相应条款的提示与说明义务，则该格式条款将不成为合同内容。

除了上述的法律限制以外，适用习惯还有第二个限制，即公序良俗的限制。所谓公序良俗，从字面解释，就是指社会公共秩序及善良风俗，《民法典》将其升格为法律规范即不得违之的规范，不啻为一个创新之举，对规范民事行为，改善社会风气具有非常积极的意义。之前，人们普遍认为：公序良俗充其量不过就是一种道德规范，不能依此判断某一行为的合法与否，只能判断该行为是否符合道德。《民法典》不仅多处提及不得违背公序良俗原则，而且揭示了违背公序良俗行为的法律后果——无效法律行为。在中国农村地区常常还遗留一些地方性的不良风俗，比如举行一些信神信鬼的迷信仪式等，明显属于有违公共秩序及善良风俗之原则，应当受到公序良俗原则的制约。公序良俗在准据法适用程序上优先于习惯，它可以有效地抵制或阻击恶俗、低俗风俗的传播与泛滥，起到净化社会风气、引领社会良好风尚的作用。

需要引起注意的是：习惯当中有社会习俗与商业惯例之分，前者主要体现在社会习俗方面及私人领域，不涉及商业领域。后者，主要体现在商业领域，一般不涉及私人习俗，是在商品交易中逐渐形成的一种交易习惯，然后，慢慢演变成一种被普遍接受和广泛使用的商业惯例，随着社会经济的发展，交易习惯也随之被不断淘汰、演变、改进、更新及完善，最终形成了一套具有顽强生命力的交易规则（也可称为惯例或习惯）。由于它是商品经济的产物，平等、自愿、意思自治、长期历史积累、被普遍接受和广泛使用是商业惯例的本质特性，所以说它的公平合理性也是毋庸置疑的。设想一下，如果它是不公平、不合理的，这又有何可能被持续地普遍接受和广泛使用，同理，如系不合法的，或者被当地法律所限制或禁止，商业惯例又如何可能生存下去。所以说，商业惯例的适用性要远高于传统意义上的习俗，尽管它仍受制于民法典"……没有法律规定……不得违背公序良俗"的规制，它仍然需要合法性的审查，但从整体上来讲，真正的商业惯例与适用法律相冲突的概率微乎其微，违背公序良俗也几无可能，相信商业惯例被中国法律所认可、所支持，是一种不可逆转的必然趋势。

七、保险惯例的公平性问题

如前所述，在准据法适用程序上，《民法典》确立了"法律至上，公序良俗优先于习惯"原则。商业惯例属于习惯的一种，应优先于一般习俗，但是仍然受制于法律与公序良俗的规制，必须经得起法律的审查与公序良俗的考验。保险惯例作为商业惯例的一种类型也不例外，公平性是法律的一项基本原则，也是衡量具体行为的一个标准，即是否符合公平性原则。中国的保险市场起步较晚，尤其是人寿保险是近代才从海外市场引进来的，保险惯例主要来源于国际成熟的保险市场，落地中国保险市场后逐渐生根发展，仍然需要接受中国市场的检验。其主要原因不外乎：一则境外法律与中国法律存在差异；二则各地市场环境与文化有差异；三则成熟市场的保险惯例落地中国保险市场后受各种各样情况影响或多或少有所变化或变异。因此，从法律上讲，全盘接受外来的保险惯例或对外来的保险惯例作些微小的变更或变异，其实并不能当然规避中国法律的审查或法律公平性尺度的衡量。就拿寿险等待期保险惯例来说，等待期确实是国际上的保险惯例，中国的保险业将等待期根据不同的产品设置30天、90天、180天不同期间，这完全有医学、精算的科学依据，无可厚非；问题在于，保险期间一般一年为一个起算周期，等待期期间不赔也是可以接受的，但如何解释客户交了一年保险费，保单第一年为什么只实际保障了185天、275天、335天不等，交付同样的保险费为什么第二年可以承保（保障）整整365天，这种保险费与保障期间不相匹配的情况是否符合民事活动的对价原则[①]，这是一个需要重视与研究的问题。

如果等待期期间只有30天，那么保险惯例中有60天缴费宽限期，投保人在此期间内可以不缴费仍然享有保险保障，它似乎足以弥补保险保障期间短于保险期间的问题，因为可续保保单的保险期间届满或缴费期满60天内，投保人不交保险费的情况下，保险人仍然承担保险责任。但设定90天或180天等待期期间的，宽限期延长保障期间的待遇就不足以弥补保障期间的实际短缺了。

令人欣慰的是，业内已有保险专家与学者提出了保险费与保障期间匹配的公平性问题，并建议保险人应根据保险费与保障期间的对价原则，对等待期设定为90天或180天的，应对首年度保险费做出公平合理的保险费厘算或对首年度保险费根据保障天数做出合理折算，以符合保险消费者

---

① ［美］小罗伯特·H.杰瑞、道格拉斯·R.里士满：《美国保险法精解》，李之彦译，北京大学出版社2009年版，第33页。

的合理期待，并保证保险交易的公平公正，相信这一问题会很快得到妥善解决。

相信保险消费者、保险经营者、保险业监管者都希望看到有更多的保险惯例被尊重、被承认、被采纳、被使用。如交易规则不公平，则就谈不上被尊重、被承认，更谈不上被采纳、被使用。交易习惯/惯例历来是由交易双方意思自治自愿达成的，一方不满或反对，也就达不成任何交易及交易规则的合意，没有交易规则的合意何来商业惯例包括保险惯例，因此，尊重保险惯例也包括保险经营者尊重交易对方的利益及诉求，尊重公平互利原则，此也应是保险惯例的应有之义。

八、保险惯例的正名与还原

在中国的保险市场，经常可以听到保险销售人员的一种宣传：称其所服务的公司正在做某项业务，其他一些公司也在跟着仿效，这种做法已不是一家公司所为，故可称为保险惯例。还有另一种更直接的说法，说凡是保险市场上同业公司都在做的事，或者说保险市场上流行的做法就是保险惯例。这里姑且不论这些流行做法或非单一的做法是否对与错，单就其将流行与非单一做法冠之以保险惯例而论，就可以认定它是一种缺乏诚信的误导宣传，不值一驳，实际上是对保险惯例名誉的严重玷污，所谓流行的、非个别的做法其实与保险惯例毫无相干。

保险惯例的核心意义是，第一，应具有悠久的历史与良好的声誉；第二，它需要长时间的实践积累，非一朝一夕能所成；第三，它需要被普遍接受和广泛使用，因为它对于保险交易双方都会带来益处，因而它会受到保险交易双方自发的喜欢与欢迎；第四，对于接受和使用保险习惯的保险市场来说，尤其显得重要的是，它应是公平的，因而不会被交易双方或一方所质疑/所反对或抛弃，此亦为接受方所在国法律或世界各国法律所认可与支持的一个重要原因，因为它有利于所在国商业交易及其便利，有利于所在国经济的发展，有利于所在国保险交易双方保险交易目的的实现。

诚然，任何保险市场在不同时期都会有些流行的做法，有好的，也有坏的，不足为奇，好的做法会发扬光大，成为市场的良好经营模式；坏的做法，有的会被市场抛弃或被自然淘汰，有的甚至会被保险消费者抵制或被国家行政监督管理部门禁止。比如早期中国寿险市场上出现的投保单代签名行为，当时甚为流行，经过很长时间治理才得以遏制。说明两点：第一，流行的未必是好的；第二，流行的绝非是保险惯例。

在中国的保险市场上，不难发现有些保险经营者会对既已存在的保险惯例做出些微小的变更或变异，尽管是微小的变更，但保险经营者仍须尊重保险惯例的本意，履行其保险经营者最基本的义务：第一，遵循公平性原则，任何变更或变异均需受到法律公平性原则的检验；第二，诚实披露原则，应向保险消费者诚实披露保险惯例所变更或变异的部分，让保险消费者有充分的知情权；第三，充分尊重保险消费者的意愿，以检验该变更或变异部分是否为保险消费者所接受，换句话说，保险市场是否接受应是保险经营者取舍的唯一根据。如果保险经营者不履行上述义务，则其对保险惯例所变更或变异的部分不能称为保险惯例，在保险合同纠纷处理中，其当然也不能作为准据法适用。

九、结论

保险惯例属于商业惯例的一种，应当得到尊重与承认。在适用性上，作为习惯的一种类型，一般应优先于习俗。在处理保险合同纠纷时，在没有法律规定及不违背公序良俗的前提下，适用保险惯例也应是《民法典》第十条的应有之义。对保险惯例的尊重与承认应是全方位的、系统的，即从概念内涵、历史起源、交易目的、条文结构、体例、叙述方式等诸方面去考量，而不应是割裂的，一方面承认保险惯例，另一方面否定保险惯例，从而自相矛盾，不能自圆其说，这是目前亟须纠正的一种错误倾向。

当然，适用保险惯例仍然应受制于所在国法律及公序良俗的制约，这也是国际上通行的做法，无可厚非。需要注意的是：法律的公平性原则可以管辖一切民事行为包括保险惯例，它也是衡量某一商业交易规则包括保险惯例是否公平可行的一把尺子，作为保险经营者理应尊重这把尺子，理顺二者的关系。

对于保险惯例应还原其真实内涵与良好声誉，拒绝并制止借保险惯例之名，行误导宣传之实。保险市场上流行的做法未必就是保险惯例；同样，非个别公司的作为或集体性的做为也非保险惯例；对既有的保险惯例作出任何变更或变动，须履行基本的诚信披露义务、征询义务，如不履行前述之义务，则其对保险惯例所变更或变异的部分也不能视为保险惯例。

毋庸置疑，《民法典》第十条的规定，为保险纠纷的妥善处理开创了一条新的通道，准确理解保险惯例定义、地位、性质，才能准确甄别哪些是真正的保险惯例。对于保险惯例，在尊重法律及公序良俗的前提下，应当全面彻底地尊重与承认，全方位的适用，以达到真正符合《民法典》第十条的立法本意。

下篇

《民法典》对保险业态的影响

14 浅析《民法典》对保险经营的影响

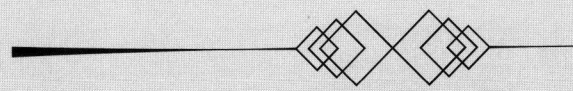

张卫东[①] 张 东[②]

---

① 张卫东,中国太平洋保险(集团)股份有限公司。
② 张东,中国太平洋财产保险股份有限公司。

摘要： 保险经营是一种特殊的民事经济活动。《民法典》是《保险法》的重要基础，《民法典》在物权、合同、侵权责任等方面的一些规则变化、提示可能会对财产保险尤其保证保险、责任保险以及一般合同行为、客户信息处理等业务操作产生影响。有些新规则给企业和个人所面临的风险带来变化的同时，也给保险公司带来了机会；有的新规则改变了民事关系构建、民事行为流动逻辑，需要保险公司及从业人员充分关注。

关键词：《民法典》；保险经营；信保保险；责任保险；住房反向抵押养老保险

2020年5月28日，党的十三届全国人民代表大会三次会议表决通过了《民法典》，我国首部以法典命名的法律正式诞生，将于2021年1月1日起施行。《民法典》一共七编1 260条，在现行《民法总则》《物权法》《合同法》《担保法》《侵权责任法》《婚姻法》《继承法》等民事单行法律的基础上进行了编、订、纂、修，打通并构建现有民法体系，涵盖社会生活的方方面面。

保险经营是一种特殊的民事经济活动，我国保险业的深化改革正全面展开，行业面临深刻转型与升级的历史任务，《民法典》无疑将成为一个重要契机、推手和动力[1]。《保险法》不能解决的问题，需要适用《民法典》。《民法典》在物权、合同、侵权责任等方面的一些规则变化、提示可能会对财产保险尤其保证保险、责任保险以及一般合同行为、客户信息处理等业务操作产生影响；有的新规则在给企业和个人所面临的风险带来变化的同时，也会给保险公司带来机会；有的新规则改变了民事关系构建、民事行为流动的逻辑，需要保险公司及从业人员充分关注并运用。

一、合同制度彰显契约平等精神

《民法典》合同编包括通则、典型合同、准合同三个分编，526个条文。

---

[1] 王和：《〈民法典〉将全面并深刻影响保险业》，载《上海保险》2020年第6期。

无论是保险业务类合同还是非业务类合同行为都需关注以下修改内容。

（一）加重格式条款提供方责任

《民法典》第四百九十六条规定，提供格式条款的一方未履行提示或者说明义务，致使对方没有注意或者理解与其有重大利害关系的条款的，对方可以主张该条款不成为合同的内容。对比《保险法》第十七条，仅规定了保险人对格式条款中免除保险人责任的条款予以提示和明确说明，而《民法典》不仅将提供格式条款一方进行提示的范围由"免除其责任的条款"扩展至"免除和减轻其责任的条款"，还要求提供格式条款一方的提示和说明应使合同相对方理解相应条款的内容和法律后果。司法实践中对保险人提示说明义务的要求将在适用《保险法》和《民法典》中就高不就低，这无疑会进一步加重保险人的明确说明义务及相应的举证责任。

（二）从严把握合同无效

合同无效的法定事由增加了"违背公序良俗"。公序良俗是不确定性的法律概念，很大程度上依赖对司法审判实践的认识判断。比如上海金融法院将公序良俗概括为公共秩序和善良风俗，应审慎适用，避免过度克减民事主体的意思自治。而在此之前就确定的另一种导致合同无效的事由是违反法律、行政法规的强制性规定。但立法对违法合同效力的规定从来就没有过坚定的立场，总是随着经济形势、政策方向的变化而变化[①]。《民法典》中也未明确强制性规定的具体标准。审判实践中，已区分效力性强制规定和管理性强制规定，管理性强制规定并不至于导致合同无效。依据《全国法院民商事审判工作会议纪要》（法〔2019〕254号，以下简称《九民纪要》）第三十条，下列强制性规定，应当认定为"效力性强制性规定"：强制性规定涉及金融安全、市场秩序、国家宏观政策等公序良俗的；交易标的禁止买卖的，如禁止人体器官、毒品、枪支等买卖；违反特许经营规定的，如场外配资合同；交易方式严重违法的，如违反招投标等竞争性缔约方式订立的合同；交易场所违法的，如在批准的交易场所之外进行期货

---

① 叶雄彪：《违反"强制性规定"的合同效力问题研究》，载《法治社会》2020年第5期。

交易。关于经营范围、交易时间、交易数量等行政管理性质的强制性规定，一般应当认定为管理性强制性规定。而《保险法》中所涉及的保险合同无效情形，主要分为两大类，一是保险合同不具有保险利益；二是无保险风险的保险合同。这两类因涉及保险合同的成立基础，在《民法典》的指导意见下均应当认定为效力性强制性规定。

（三）无权处分不当然无效

《合同法》对无处分权的后果规定为效力待定。《民法典》第五百九十七条规定，出卖人未取得处分权致使标的物所有权不能转移的，买受人可解除合同并请求出卖人承担违约责任，而不是无效合同，该规定对善意买受人有利。但在保险合同中的无权处分问题上，因一方主体为保险人，当保险人或保险人的代理人代投保人签名时，投保人可以通过缴纳保险费追认，同样，也可据此认定合同无效。

二、保护债权人的同时适当照顾保证人利益

（一）推定的保证方式由连带责任保证改为一般保证

保证方式约定不明的，《担保法》推定为连带责任保证，《民法典》推定为一般保证。一般保证的保证人享有先诉抗辩权（当主合同纠纷未经审判或者仲裁，并就债务人财产依法强制执行仍不能履行债务前，保证人有权拒绝向债权人承担保证责任）。连带责任保证中的保证人没有先诉抗辩权，只要债务人不履行到期债务或者发生当事人约定的情形时，债权人就可以请求债务人和保证人承担责任。连带责任保证的保证人风险明显高于一般保证。保险公司接受反担保措施安排的保证时要注意，连带责任保证必须有明示约定。出现下列四种情形在司法实践中可能被认定为对保证方式约定不明而按照一般保证处理。

第一，保证人在主合同上仅以保证人的身份签字或盖章，但并没有明确其保证方式；

第二，仅约定由保证人承担债务人不偿还或没有按期偿还债务的责任；

第三，同时成立的主合同与担保合同对于保证方式的约定不一致，或

者既有承担连带责任保证的意思表示，又有承担一般保证的意思表示；

第四，在保证合同中没有约定是一般保证还是连带责任保证，仅有无条件承担保证／担保责任／偿还责任的笼统表述。

（二）一般保证的保证人先诉抗辩权的例外情形有增加

依《担保法》，一般保证的保证人不可行使先诉抗辩权有三种情况：即债务人住所变更，致使债权人要求其履行债务发生重大困难的；人民法院受理债务人破产案件，中止执行程序的；保证人以书面形式放弃前款规定的权利的。《民法典》在此基础上增加规定，除无财产可供执行或破产之外，如果债权人能够证明债务人的财产不足以履行全部债务或丧失履行债务能力，亦可直接要求一般保证人承担责任[①]。由此，保险公司在行使代位追偿权过程中，新增一种对抗一般保证的保证人先诉抗辩权的依据。

（三）债权人转让债权应通知保证人，否则对保证人不发生效力

《民法典》第五百四十七条规定了债权人转让债权，作为从权利的担保权利一并转让的原则，保证、抵押、质押具有随主债权转让而一并转让的追及效力。但《民法典》第六百九十六条又为债权人设定了通知保证人的义务，不履行通知义务的后果会阻断保证责任的追及效力。债权转让通知作为保护保证人的程序性方式。这种方式应当是债权让与最基本的程序性要求，不应当有任何例外[②]。在保证保险业务中，如果投保人向被保险人提供第三方保证，保险人赔付后便取得了代位求偿权。代位求偿权属于一种法定债权转让，是否也受债权人（被保险人）通知保证人义务的约束，《民法典》并未明确，《保险法》对此也未做强制性规定。但为稳妥起见，建议保险公司在实务操作中关注和督促被保险人履行通知保证人的义务。同时，《民法典》第六百九十六条第二款还规定，保证人与债权人约定禁止债权转让，债权人未经保证人书面同意转让债权的，保证人对受让人不再承担保证责任。需要注意的是，禁止债权转让的约定限制的绝对效力在

---

① 王姝丽：《民法典视界下保证合同系列解读三——民法典实施后，保证责任如何选择？》，载《现代商业银行》2020年第20期。

② 王利明：《民法典合同编通则中的重大疑难问题研究》，载《云南社会科学》2020年第1期。

对债务人利益进行强保护的同时，却妨碍了债权的流通性，需要通过合理的方式缓和此种弊端①。因此应该禁止债权转让条款只对保证人和债权人的内部发生效力，不能对抗第三人。保证人如因债权人违约转让债权，又在不得不对第三方受让人继续承担保证责任后，有权向债权人索赔。还需注意的是，按《民法典》第六百九十七条的规定，债权人未经保证人书面同意，允许债务人转移全部或者部分债务，保证人对未经其同意转移的债务不再承担保证责任，但是债权人和保证人另有约定的除外。

三、担保物权制度促进交易便利

（一）确认非典型担保方式

抵押、质押是典型担保，《民法典》规定的非典型担保比如融资租赁（第七百四十五条规定，融资租赁的出租人对租赁物享有的所有权，经登记产生对抗善意第三人的效力）、保理（第七百六十八条规定，多个保理人对同一应收账款享有债权，以有无登记、登记先后来确定优先受偿顺序）和所有权保留（第六百四十一条规定，买卖关系中，出卖人对标的物保留所有权的，经登记产生对抗善意第三人的效力），基本统一了担保功能的权利公示和优先保护规则，登记具有公示效力，登记可以对抗第三人，提示债权人为保障担保权益要及时办理登记。

（二）在通知抵押权人的前提下允许抵押财产转让

《民法典》第四百零六条取消了《物权法》第一百九十一条对转让抵押财产的限制，不再要求须征得抵押权人同意后才能转让抵押财产，但要求通知抵押权人。鉴于抵押财产转让关系到抵押权人切身利益，《民法典》规定抵押权有追及效力，如果抵押权人认为转让损害其抵押权的，比如抵押人低价转让，抵押权人可以要求以转让价款提前清偿债务或者提存。

（三）先租后押的，转移占有才能对抗抵押权

对已出租财产又进行抵押的，租赁合同继续有效，这贯彻的是抵押不

---

① 朱虎：《禁止转让债权的范围和效力研究：以〈民法典〉规则为中心》，载《法律科学（西北政法大学学报）》2020年第5期。

破租赁的原则。但《民法典》第四百零五条改变了《担保法》第四十八条规定，取消"应当书面告知承租人"的要求，以"转移占有"为要件，杜绝恶意倒签租赁合同损害抵押权人利益的不诚信行为。

（四）一定条件下解禁流押、流质

流押、流质是债务履行期限届满前，债权人与抵押人、出质人约定，债务人如果到期不履行债务则担保物归债权人所有。《物权法》明确规定流押、流质条款无效。《民法典》第四百零一条、第四百二十八条不再禁止此类条款，但明确债权人只能依法就担保物优先受偿。

（五）明确同一财产上抵押权、质权并存时的清偿顺序

《民法典》第四百一十五条明确两种权利并存时按照登记、交付的时间先后确定清偿顺序。但是需要注意的是，所谓"约定"优先规则，也是在达成"约定"的主体之间适用，不能突破"约定"主体，而对其他当事人产生约束力[①]。实践中，融资人往往以其财产（如生产原材料）设立抵押、质押，进行重复融资。对此，就抵押权人而言，应及时办理动产抵押登记，避免因未登记而劣后于质权人清偿；就质权人而言，应及时完成质物交付，并注意妥善保存交付及持续占有质物的证据。

《民法典》在担保物权方面有关促进交易的重要变化还有很多，比如，应收账款可以质押，归入登记设立的质权；在确立交付作为质押设立的一般条件的同时，允许当事人自行约定替代交付的其他交付方式（比如流动质押）；新设超级价款优先权（第四百一十六条）；确立物的担保优先的限制规则等。

保险公司依法开展信用保证险业务，作为商事活动的增信措施，在助力小微企业经营性贷款业务、个人消费金融业务等过程中，发挥了重要的作用。但是，开展信保业务对保险公司自身风控能力也提出了巨大的挑战，不仅要依托技术手段建立风控模型以精准评估业务风险，还要设计逻辑严密的业务流程确保风险可控。保险公司在从事涉及担保增信措施的业

---

① 罗瑞芳：《〈民法典〉同一债上混合担保之清偿顺位规则》，载《天津日报》2020年11月5日第11版。

务时，判断投保人提供的担保或反担保措施是否合法有效和充分，是在核保过程中考量承保标的风险及可追偿性的重要因素，在业务模式、流程设计以及风险审核评估方面重视这些规则的变化，可确保业务风险在合法的前提下获得有效管控。

四、居住权创设有利盘活房屋资源

《民法典》在物权编中创设了居住权，它是指权利人为满足生活居住的需要，对他人住宅享有占有、使用的权利，权利人还可以依法利用该土地建造住宅及其附属设施（第三百六十六条至第三百七十一条）。对保险公司而言，因居住权的目的功能决定了居住权人有权居住于住宅，免去风吹、日晒、雨淋、寒冷，保有私密，学习，思考，甚至偶尔待客，这些都是收益[①]，故其为法律认可的居住权人的可保利益，发生保险事故时保险公司应承担赔偿责任。另外，居住权又是一项用益物权（对世权、绝对权），指居住权人对他人的住宅不仅具有较强的支配力，且这种支配力是具有排他性的。这项全新的物权，会让房地产交易的法律关系变得复杂化，产生很多法律问题。比如对同一房屋抵押权和居住权并存的冲突处理规则不明，先抵押后设居住权的房屋在拍卖时，事实上不利于抵押权的实现。所以在接受房屋抵押的担保措施时，需注意强调抵押房屋上是否设定了居住权。

同时，居住权的创设为解决我国养老问题也提供了一条新的路径，中国保监会曾于2014年6月17日发布了《关于开展老年人住房反向抵押养老保险试点的指导意见》（保监发〔2014〕53号），鼓励保险公司将住房抵押与终身养老保险相结合，创设住房反向抵押养老保险产品以解决越来越严重的养老问题，在这一保险产品中，拥有房屋完全产权的老年人，将其房产抵押给保险公司，继续拥有房屋占有、使用和经抵押权人同意的处置权，并按照约定条件领取养老金直至身故，老年人身故后，保险公司获得

[①] 崔建远：《物权编对四种他物权制度的完善和发展》，载《中国法学》2020年第4期。

抵押房产处置权,处置所得将优先用于偿付养老保险相关费用。但据银保监会统计到 2019 年 9 月末,仅有幸福人寿、人民人寿两家公司经营个人住房养老反向抵押保险的业务。反向抵押保险期末有效保单[①]129 件,共有 129 户家庭 191 位老人参保,参保老人平均年龄 71 岁,户均月领养老金 7000 余元,发展较为缓慢。之所以未能达到预期效果,主要原因在于制度环境的不成熟,缺乏对于养老房屋的合理估值以及后续的抵押登记、处置等相关规则,且老年人的居住权利如何保障也是急需解决的问题,但在《民法典》正式出台后,居住权成为一项法定权利,老年人可在其房屋上设置居住权后再行抵押,充分保障其居住权利,减轻该保险推行的难度,保险公司也从单一的反向抵押模式中获得解放,可以居住权为中心设计多样的保险产品,拓宽相关业务。

五、侵权责任规定进一步理顺清晰

《民法典》在《中华人民共和国侵权责任法》的基础上进一步规范了产品生产销售、机动车交通事故、医疗、环境污染和生态破坏、高度危险、饲养动物、建筑物和物件等领域的侵权责任规则。防范这些领域侵权责任行为发生与进行相关的责任保险业务创新关系密切,不仅涉及产品开发与定价,也涉及理赔与服务。

(一)扩展侵权责任主体范围

《民法典》第一千二百二十三条规定药品上市许可持有人应与生产者、血液提供机构及医疗机构一起向患者承担责任。因此,需在现有产品责任保险、医疗责任保险中增列新增的侵权责任主体。第一千二百五十四条明确了物业服务企业的安全保障义务,若未履行安全保障义务,则需对高空坠物侵害事故承担侵权责任。这一新规增大了物业服务企业不特定的第三者责任风险,加重物业管理责任风险或物业投保公众责任险的保险责任。

[①] 《银保监会国新办新闻发布会答问实录》,载中国银行保险监督管理委员会官网,http://www.cbirc.gov.cn/cn/view/pages/ItemDetail.html?docId=849946&itemId=915&generaltype=0,2020 年 11 月 7 日访问。

（二）明确侵权责任主体之间的责任分担

《民法典》第一千一百九十一条在明确职务侵权行为由用人单位对外承担责任的同时，也规定了用人单位具有对内向有故意或重大过失的工作人员追偿的权利，这为公众责任险、职业责任险等的保险人承担保险责任后的追偿提供了法律依据。《民法典》第一千一百九十四条至第一千一百九十七条规定了网络侵权责任制度，明确划分了网络用户和网络服务提供者之间的权责，为网络安全保险、商业综合责任保险业务发展创造了外部环境。

（三）调整侵权责任范围

《民法典》第一千二百二十九条、第一千二百三十四条、第一千二百三十五条增加了破坏生态环境的责任条款，明确了污染者的生态环境修复责任，也就是《民法典》侵权责任编规定的绿色制度一章新增的"生态破坏责任"的规定，这是《民法典》侵权责任编在环境侵权立法中鲜明的、系统性的制度创新①。传统上生态环境污染不属于环境污染责任保险的承保范围，但侵权责任范围扩展将产生风险转移需求，未来如果将生态环境污染损害责任纳入保险责任，生态环境损害风险的敞口将远高于一般突发意外污染，风险评估与损害的计算会变得十分复杂，保险公司将面临巨大挑战。在机动车交通事故责任一章，第一千二百一十一条明确被挂靠人与挂靠人须一起承担侵权连带责任，表明了对挂靠的不鼓励态度。第一千二百一十七条规定了好意同乘的归责原则，明确非营运车辆致损且责任在机动车一方的，应当减轻施惠者的赔偿责任，除非施惠者存在故意或者重大过失。

（四）扩大精神损害赔偿的适用范围

侵害对象由人身权益扩大到具有人身意义的特定物。责任保险中如果没有除外精神损害赔偿，保险人的风险敞口将上升。开发专门承保精神损害赔偿的附加保险的需求也会相应增加。

---

① 刘超：《〈民法典〉侵权责任编的绿色制度创新》，载《法学杂志》2020年第10期。

（五）惩罚性赔偿适用范围延伸至产品召回、知识产权与环境保护领域

站在保险的角度，基于控制风险的目的，不宜将惩罚性赔偿纳作责任保险的保险责任。保险人在开发产品责任保险、产品召回保险、知识产权保险和环境污染责任保险等险种时，应坚持传统惯例，在责任免除部分排除被保险人的故意行为，明确除外惩罚性赔偿责任。

（六）新设自甘风险

《民法典》第一千一百七十六条新规定的自甘风险作为侵权行为违法性阻却的事由之一，仅限于运动员因运动造成的互相伤害情形，对活动组织者的责任仍适用第一千一百九十八条至第一千二百零一条关于安全保障义务的规定。可能受到影响的险种涉及体育保险、公众责任保险和职业责任保险。

六、隐私和个人信息保护进一步增加

保险合同的实质是风险信息的交换，只有收集到最广泛的个人信息才能精准描绘客户画像。然而互联网技术、大数据分析、人工智能的迅猛发展却伴生了日益凸显的个人信息保护问题。《民法典》出台前，国家已颁布了从《关于加强网络信息保护的决定》《网络安全法》等法律到《信息安全技术个人信息安全规范》《App违法违规收集使用个人信息行为认定方法》等国家标准或者规范性文件的诸多个人信息保护法律规范。《民法典》关于个人信息保护的规定主要解决了隐私和个人信息的民事权利（权益）地位、民事行为规范及民事责任确定的问题。对保险公司来讲，最具有操作指引意义的是国家标准和监管文件。当然，也需要深刻领会《民法典》关于隐私和个人保护的框架。

（一）明确了隐私和个人信息的内涵与外延

《民法典》第一千零三十二条对隐私的界定包括私人生活安宁和私人秘密两个方面，不仅是私人信息，还涉及私人事务自主、私人生活安宁和私人空间。即将隐私权列入"人格权"，对隐私权做了明确的法律界定，突破了传统的"私密空间"，扩展到人的"私密活动"；且对互联网时代

个人信息与隐私权的保护范围做出进一步规定[①]。《民法典》以"可识别性"作为判定个人信息的特征，包括自然人的姓名、出生日期、身份证件号码、生物识别信息、住址、电话号码、电子邮箱、健康信息、行踪信息等。并非所有个人信息都是隐私，隐私也有个人信息不能覆盖的私人生活安宁、私人事务自主等特征。《民法典》对隐私的保护要求严于对个人信息的保护。

（二）明确了隐私保护的行为规范

《民法典》第一千零三十三条明确要求，未经权利人明确同意，任何组织或者个人不得以电话、短信、即时通信工具、电子邮件、传单等方式侵扰他人的私人生活安宁；不得拍摄、窥视、窃听、公开他人的私密活动；不得处理他人的私密信息。这些禁止性规定将对保险营销，特别是电网销、微商、App 和直播营销等新的营销形态、流程、方式等产生影响。监管明令整治的电话营销主动呼出、盲呼扰民，未经客户同意即向客户发送营销短信，均属于《民法典》规定的侵扰他人生活安宁行为。

（三）框定个人信息处理的基本原则

《民法典》第一千零三十五条规定了个人信息处理的合法、正当、必要原则和一般性义务。信息主体的知情同意是核心，且该知情同意应建立在信息处理者充分告知说明的基础上。第一千零三十六条规定为维护公共利益且合理实施信息处理行为的合法性，照顾到了个人保护与公共利益之间的平衡关系。

（四）明确信息主体和信息处理者的权利义务

从信息主体角度，《民法典》第一千零三十七条规定了信息主体享有查阅复制权、更正权、请求删除权。从信息处理者角度，第一千零三十五条、第一千零三十六条规定了信息处理者的披露及依法处理义务及其例外，第一千零三十七条规定了个人信息处理者对个人信息主体行使权利的协助配合义务，第一千零三十八条规定了个人信息处理者对其处理的个人

---

① 张凌寒、杜婧：《民法典背景下无人机侵害个人隐私的法律规制》，载《西北工业大学学报（社会科学版）》2020 年第 3 期。

信息还负有信息安全保障义务,在信息处理者控制之下的个人信息越多、私密性越高,信息处理者的安全保障义务也越重。

（五）明确个人信息的侵权责任

值得注意的是,鉴于在网络空间,因信息不对称以及资金技术差异,网络服务提供者占有优势,个人信息主体处于劣势。《民法典》第一千一百九十四条至第一千一百九十七条对利用网络服务实施侵害他人民事权益的责任主体专门予以规制。另外,由于信息处理者包含了收集者、加工储存传输者、网络服务提供者等众多主体,信息主体在权益被侵犯时,可能将全部或者部分的侵权主体作为共同被告。信息处理者需要注意在合同文件中界定各方的权责关系,厘清自身的安全保障义务,设计好责任分配条款;也应在共享、提供个人信息的过程中限定所谓的"关联方""合作方",避免不确定的共享范围。

七、机遇与挑战

《民法典》实施在即,作为一部全面规范民事法律关系的基本法,《民法典》对我国经济社会发展和社会生活都将持续产生重要影响。进入《民法典》时代的保险业,机遇与挑战并存。从机遇来看,保险业公平竞争法治环境进一步优化;从挑战来看,保险经营活动需遵循的行为规范进一步细化和强化,这将倒逼保险业加快高质量转型发展的步伐,应从以下两个方面予以关注。

一方面,保险公司要更加强化依法合规经营。《民法典》全面加强隐私权和个人信息的保护,未经权利人明确同意,不得侵扰他人,且明确规定健康信息属于个人信息,这都将对传统的保险营销方式产生重要影响,保险公司也需要更为重视信息安全与信息保护。

《民法典》关于合同编的主要变化,也要求保险公司及时对保险合同的订立与变更、格式条款的明确说明等方面做出相应调整,避免由此带来的法律风险。尤其是近年来互联网保险业务迅速发展,也是问题和风险高发领域,因而对电子合同应予以重点关注。

另一方面,保险公司也要推动产品创新,激发活力。《民法典》关于生态环境侵权责任、产品责任等做出的新的制度安排，不仅进一步完善了法律环境，也满足了不同民事主体对法律风险转移的需要。保险公司应及时根据《民法典》的变化适当调整责任保险的承保政策，尽早对侵权责任领域未来可能上升的索赔及法律诉讼进行防范；同时应抓住《民法典》相关制度安排所产生的机会，加快产品创新进程，牢牢把握机遇。

15 长寿时代背景下《民法典》对中国寿险业的影响

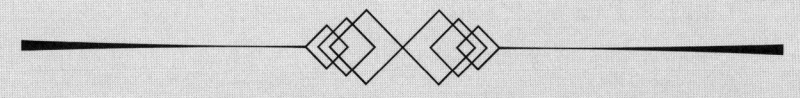

靳毅[①] 王源[②]

[①] 靳毅,泰康保险集团股份有限公司合规负责人兼法律合规部总经理。
[②] 王源,泰康保险集团股份有限公司高级法律专家。

摘要：中国寿险业在大健康领域落实了一系列供给侧结构性改革措施，服务于长寿时代下的养老、健康和财富需求。在此背景下，《民法典》对三权分置、居住权和遗赠扶养制度的立法为寿险业参与医养产业投资和运营提供了法律依据；对婚姻家庭编和继承编的立法为寿险业服务客户的财富管理需求提供了法律支持；对产权、数据和个人信息保护的立法为寿险业参与大健康产业运营提供了法律保障。寿险业应在充分利用《民法典》的制度供给的同时，规范行业发展，增强风险防控能力，充分保护客户的合法权益。

关键词：长寿时代；《民法典》；寿险业；大健康；家庭财富

一、长寿时代下中国寿险业对养老、健康产业的参与

随着老龄化的加剧和医疗卫生水平的提高，我国社会逐渐步入长寿时代。《大健康产业蓝皮书：中国大健康产业发展报告（2018）》[①]显示，我国65岁及以上老年人口占全国总人口的比例由1982年的4.91%持续增加到2050年的28.1%，80岁及以上老年人口占60岁及以上老年人口的比例由1982年的6.59%持续增加到2050年的22.36%。在此过程中，社会人口年龄结构将逐步形成新均衡，并以低死亡率、低生育率、预期寿命持续提升、人口年龄结构趋向柱状、平台期老龄人口占比超越1/4作为主要特征[②]。

庞大的老年人口群体、延长的寿命和随之而来的长期带病生存的现实，在养老、健康、财富三方面对个人和社会提出了严峻的挑战。一方面，更长的养老和带病生存期要求个人具有更强大的资金支付能力以应对养老、精神文化和健康医疗等方面支出；另一方面，即使资金充足，个人能否有效获取所需的养老和健康医疗服务，亦是对社会服务体系的考验。

寿险业作为养老和健康的关联产业，近年在政策的鼓励下开展了一

---

① 参见王磊：《我国应对老龄化战略与老龄产业政策》，载《中国大健康产业发展报告（2018）》，社会科学文献出版社2018年版。
② 参见陈东升：《长寿时代的理论与对策》，载《管理世界》2020年第4期。

系列供给侧改革。其不仅以保险产品的形式向客户供给支付能力,解决长寿时代对财富的需求,更利用保险资金开展股权和不动产投资并参与相关领域的实体运营,实现对医疗、养老、健康服务的创新和供给。有数据显示[①],目前泰康、太平洋、中国人寿等保险机构投资的养老社区已超过40个,实际投入已达400多亿元。大型险企通过多种方式参与医疗机构投资和建设,保险行业对医药、医疗行业的二级市场投资也如火如荼。

法规政策层面对保险机构投资设立医疗健康、养老护理服务机构也长期持积极鼓励的态度,并反映在2013年《国务院关于促进健康服务业发展的若干意见》(国发〔2013〕40号)、2014年《国务院关于加快发展现代保险服务业的若干意见》(国发〔2014〕29号,"新国十条")、2016年《"健康中国2030"规划纲要》和《关于金融支持养老服务业加快发展的指导意见》(银发〔2016〕65号)、2020年《关于促进社会服务领域商业保险发展的意见》(银保监发〔2020〕4号)等诸多政策文件中。可以看出,在产业政策和行业监管层面,寿险业深度参与养老和健康产业已是构建我国多层次的养老保障和医疗服务体系的大势所趋。

在此背景下,即将生效的《民法典》对寿险业的意义,不应再局限于对保险业务本身的规范。作为社会生活的百科全书,《民法典》对社会和个人的养老、健康和财富问题采取了多项创新式的立法规制,这必将深刻地影响寿险业参与相关领域投资运营的微观制度设计和商业模式创新,从而为寿险业解决长寿时代的痛点提出了新的课题和方向。

二、长寿时代下《民法典》带来的机遇和挑战

(一)寿险业参与医疗养老,解决国计民生"痛点"

寿险业可以积极参与医养产业投资运营。在保险资金运用范畴下,由保险监管机关通过股权投资、不动产投资、非保险子公司管理、保险私募

---

① 参见冷翠华:《保险业将继续加大医养健产业投资 41家养老社区拟投资额达850亿元》,载证券日报网:http://www.zqrb.cn/jrjg/insurance/2020-08-11/A1597130213560.html,2020年11月10日访问。

基金管理等加以规制。投资完成后,能否向市场供给高质量的医养服务,则取决于项目的运营情况。随着行业投资规模的增长,如何提升前端投资和后端运营的效率、效果,必将成为各家机构关注的重点。在此方面,《民法典》的制度创新可能为行业提供新的视角和思路。

1. 三权分置改革与医养产业投资模式创新

三权分置改革,是指对于农村土地,在传统的集体土地所有权、土地承包经营权的二元结构上,进一步引入土地经营权,以盘活集体土地,解决农村劳动力缺乏造成的土地无人耕种问题,适应农业规模化经营的需要。2016年《中共中央 国务院关于落实发展新理念加快农业现代化实现全面小康目标的若干意见》提出的"稳定农村土地承包关系,落实集体所有权,稳定农户承包权,放活土地经营权,完善'三权分置'办法,明确农村土地承包关系长久不变的具体规定"成为对改革意旨的经典表达。2019年1月1日起实施的《中华人民共和国农村土地承包法》首次以法律形式确认了三权分置改革,《民法典》物权编在"土地承包经营权"一章中吸收了该法内容,规定土地承包经营权人可以自主决定依法采取出租、入股或者其他方式向他人流转土地经营权(第三百三十九条),通过招标、拍卖、公开协商等方式承包农村土地,经依法登记取得权属证书的,可以依法采取出租、入股、抵押或者其他方式流转土地经营权(第三百四十二条),从基本法律层面落实了改革要求。

进一步而言,农村土地大致可以分为农用地、宅基地和集体经营性建设用地。上述规定均针对农用地的土地承包经营权。但是,由于三权分置改革并不改变土地用途,在严格限制农用地转为建设用地的情况下,后两种土地更可能对医养产业产生影响。对此,《关于〈中华人民共和国民法典(草案)〉的说明》中指出,"考虑到农村集体建设用地和宅基地制度改革正在推进过程中,草案与土地管理法等作了衔接性规定"。

(1)宅基地的三权分置改革

与农用地相比,宅基地三权分置改革的进度相对缓慢。2018年《中共中央 国务院关于实施乡村振兴战略的意见》、2019年《中共中央 国务院关于建立健全城乡融合发展体制机制和政策体系的意见》先后提出探索宅基地所有权、资格权、使用权"三权分置",适度放活宅基地和农民房屋使用权,鼓励农村集体经济组织及其成员盘活利用闲置宅基地和闲置房屋,探索对增量宅基地实行集约有奖、对存量宅基地实行退出有偿。2020年生效的新《中华人民共和国土地管理法》(以下简称《土地管理法》)对宅基地的流转新增了"国家允许进城落户的农村村民依法自愿有偿退出宅基地,鼓励农村集体经济组织及其成员盘活利用闲置宅基地和闲置住宅"的规定。《民法典》则将对宅基地使用权取得、行使和转让的规制交由土地管理的法律和国家有关规定解决(第三百六十三条)。

目前,盘活闲置宅基地的主流趋势仍然是在不改变土地用途的条件下,让宅基地在农村集体经济组织的成员间流转。但是,政策也允许村民自愿有偿退出后,将闲置宅基地转化为经营性建设用地入市。前者为农村养老机构的建设提供了用地便利,后者则不仅有利于缓解城市土地市场供应趋紧的现状,还为乡居式养老产业的建设提供了可能。

(2)集体经营性建设用地入市

从政策文件上看,集体经营性建设用地并未纳入三权分置改革的范畴,这似乎与其流转制度已相对成熟有关。但近年来对集体经营性建设用地流转途径的优化,与三权分置改革的思路殊途同归。

经过多年探讨,2020年生效的《土地管理法》正式允许农村集体建设用地使用权入市。删除了"任何单位和个人进行建设,需要使用土地的,必须依法申请使用国有土地"的规定,并允许在符合条件的情况下,对集体经营性建设用地进行出让、出租,通过出让等方式取得的集体经营性建设用地使用权也可以转让、互换、出资、赠予或者抵押。《民法典》则采取了与宅基地使用权类似的方法,规定集体所有的土地作为建设用地的,应当依照土地管理的法律规定办理(第三百六十一条)。国家发展改革委发布的《2020年新型城镇化建设和城乡融合发展重点任务》(发改规划〔2020〕532号)进一步提出,全面推进农村集体经营性建设用地直接入市,出台农村集体经营性建设用地入市指导意见。允许农民集体妥善处理产权和补偿关系后,依法收回农民自愿退出的闲置宅基地、废弃的集体公益性建设用地使用权,按照国土空间规划确定的经营性用途入市。

该项改革对不动产投资释放了重大利好，扩充了土地市场供给，简化了集体土地的拿地流程，在一定程度上有利于平抑地价，降低拿地成本。对于寿险业来说，可以更便利地利用集体土地参与医养产业投资，提高对养老和健康服务的供给水平。

2. 居住权制度与养老产业运营模式创新

居住权是《民法典》新创设的一项物权。根据《民法典》物权编第十四章的规定，居住权是居住权人为了满足生活居住的需要，按照合同约定或遗嘱对他人的住宅享有占有、使用的用益物权。居住权不得转让、继承。除当事人另有约定，居住权应无偿设立，且设立居住权的住宅不得出租。根据《关于〈中华人民共和国民法典（草案）〉的说明》，其立法目的在于贯彻党的十九大提出的加快建立多主体供给、多渠道保障住房制度的要求。学界普遍认为，居住权为我国以房养老提供了新路径。

目前，我国对以房养老的制度实践主要体现为住房反向抵押养老保险，其来源于美国的倒按揭制度。2013年《国务院关于加快发展养老服务业的若干意见》（国发〔2013〕35号）提出开展老年人住房反向抵押养老保险试点。2014年，试点在北京、上海、广州、武汉正式启动，试点自2014年7月1日起至2016年6月30日止。2016年，试点扩大至各直辖市、省会城市（自治区首府）、计划单列市，以及江苏省、浙江省、山东省和广东省的部分地级市，试点期间延长2年。2018年，试点在全国推开。2014年新国十条、2017年《国务院办公厅关于加快发展商业养老保险的若干意见》（国办发〔2017〕59号）、2019年《国务院办公厅关于推进养老服务发展的意见》（国办发〔2019〕5号）、2020年《关于促进社会服务领域商业保险发展的意见》（银保监发〔2020〕4号）等文件多次鼓励保险机构开展该业务。尽管如此，住房反向抵押养老保险仍然市场遇冷，目前仅幸福人寿和人民人寿推出了相关产品，仅幸福人寿的业务取得了实质进展。据银保监会副主席黄洪介绍[①]，截至2019年9月末，反向抵押保险期

---

① 参见钱敏：《"以房养老"路在何方》，载《人民周刊》2020年第1期。

末有效保单129件,共有129户家庭191位老人参保,参保老人平均年龄71岁,户均月领养老金7 000余元,最高一户月领养老金超过3万元。

根据《中国保监会关于开展老年人住房反向抵押养老保险试点的指导意见》规定,反向抵押养老保险是一种将住房抵押与终身养老年金保险相结合的创新型商业养老保险业务,即拥有房屋完全产权的老年人,将其房产抵押给保险公司,继续拥有房屋占有、使用、收益和经抵押人同意的处置权,并按照约定条件领取养老金直至身故;老年人身故后,保险公司获得抵押房产处置权,处置所得将优先用于偿付养老保险相关费用。有人指出,该制度与我国担保法体系并不相符,因为"当事人之间既没有借贷的意思表示,也没有担保的意思表示";之所以采取该种设计,是因为"老年人希望能够直接获得与房屋价值匹配的现金对价,又希望能够保留自己'居住的权利',在没有居住权制度的情况下,也只能选择抵押这种可以不转移标的物占有、使用的担保形式来进行房屋买卖"[①]。当然,市场的担忧更为实际。从保险公司角度看,不但面临着房产估值、遗嘱公证、抵押手续等一系列复杂的操作,还要承担房屋定价风险、抵押人居住期间对房屋未尽合理管理义务的风险以及与住宅相关的各类法律政策风险。从客户的角度看,房屋于年老时卖出而非留给子女与我国传统养老和房产传承观念不符,再加上操作复杂,给付的保险金不能达到客户预期等原因,"吃螃蟹"者寥寥。

居住权的出现,从某种程度上讲为"以房养老"提供了新的法律路径。本文主要探讨以居住权为核心的售房养老和社区养老两种模式。

(1)居住权与售房养老

售房养老,是指房屋所有权人生前出售房屋,用价款支付养老所需费用的模式。引入居住权后,出卖人可以在获得养老资金的同时仍然保留对房屋的占有和使用权,且法律对其所享有的物权比对租赁模式下的债权保护力度更强。这在实际效果上与住房反向抵押相近,且弥补了法律框架上

---

① 参见林亚婷:《居住权与以房养老的契合——以住房反向抵押现存问题为切入点》,载《实事求是》2019年第1期。

的瑕疵，在《民法典》出台后受到热议。

那么，谁会成为售房养老模式下房屋的买方？在住房反向抵押模式下，银行或保险公司需及时行使抵押权，处置相关房产并取得现金流，并不实际持有房屋的所有权。而在售房养老模式下，买方需要长期持有房屋的所有权或将房屋所有权再次转让，对于银行或保险机构来说成为变相参与房地产投资，与监管要求相悖。因此，银行和保险机构较难成为该模式下的买方。除了金融机构以外，还有四类主体可能成为买方。一是政府出于养老保障目的开展相关实践。例如，早在2007年，上海市公积金管理中心就推出了"以房自助养老"试点。老人将房屋卖给市公积金管理中心并领取对价，公积金管理中心将房屋出租给老人，老人去世后，房屋由市公积金管理中心收回。在该案例中，租赁模式完全可以被居住权模式取代，为老人提供更好的保障。二是养老机构。2005年，南京汤山的"温泉留园"老年公寓以倒按揭的模式推出过以房养老业务。在《民法典》背景下，也可以采取以居住权为核心的售房养老模式。但是，对于保险资金投资设立的作为非保险子公司的养老机构，在采取该类模式时仍存在一定障碍。三是房屋所有权人的子女或亲属通过售房养老实现房屋产权的提前传承以及对老人的赡养。四是对房价长期看涨的其他购房主体。

然而，售房养老在多大程度上能被市场青睐，仍然有待进一步观察，其在很大程度上和当前的住房反向抵押养老保险面临着相似的困难。买方需要提前支付房屋对价，且可能长达数十年无法取得房屋的使用权，因此业务规模增长的不确定性、房价波动的不确定性以及对资金周转的挑战，将是决定其能否形成持续的盈利模式，甚至能否正常运作下去的核心问题。从卖方角度讲，老人及家庭的养老观念和房产传承观念仍将长期延续，如上文所述的上海和南京的尝试，均不久便悄然终止。

（2）居住权与社区养老新模式

目前，寿险业参与养老产业的主流模式是以租赁法律关系为基础的社区养老。以泰康之家为例，采用"押金+乐泰卡+月费"的模式，月费按月缴纳，包括房屋使用费和居家费用。与之相比，地产行业的养老地产项目，如绿地21孝贤坊，则是基于买卖法律关系的养老住宅集群，居住权介于这两种模式之间，老人以获取居住权的方式入住养老社区，对其权利的保护亦处于二者之间。对于养老社区产品的提供方来说，以居住权对现有租赁或购买模式进行改造，能否满足其管理、运营或资金周转的需要，"押金+居住权+月费"能否成为社区养老的新模式，仍有待进一步研究。

综上所述，居住权作为新的法律制度，为新的养老模式创造了政策环境，其是否会衍生出新的商业模式，保险能否通过对养老产业的参与促进该模式的发展、服务于养老保障体系的完善，虽然仍存在较大的不确定性，但仍值得寿险业持续关注。

3. 遗赠扶养制度与医养服务模式创新

根据《继承法》规定，公民可以与扶养人或集体所有制组织签订遗赠扶养协议，由后者承担该公民生养死葬的义务，享有受遗赠的权利。遗赠扶养制度的适用范围较窄，限于两种情形：一是自然人之间的遗赠扶养，例如无子女且生活困难、需要他人照顾的老人由亲戚朋友进行扶养。二是集体所有制组织对公民，一般是对"五保户"老人进行扶养。

可以说，遗赠扶养本身的制度设计，既能解决养老服务问题，又能解决养老对价支付问题，完全可以作为普通人养老的一种选项。随着长寿时代的不断深入，扩大该制度的适用范围以满足养老形式多样化需求就水到渠成。根据《民法典》继承编第一千一百五十八条规定，自然人可以与继承人以外的组织或者个人签订遗赠扶养协议。按照协议，该组织或者个人承担该自然人生养死葬的义务，享有受遗赠的权利。因此，任何组织和个人均可成为扶养人，为更多主体（特别是公益机构、养老机构等）参与遗赠扶养活动提供了法律依据。以保险资金投资的养老机构为例，其往往为客户提供医疗、养老、临终关怀等一揽子服务。此类养老机构能否与客户签订遗赠扶养协议，在客户去世后获得相关遗赠？同时，养老机构可以降低客户生前的付费标准或为客户提供特殊的养老服务？这需要法律框架搭建和产品设计层面的进一步探索。

4. 完善公司治理机制是商业模式创新的基础

《民法典》的制度供给为寿险业进一步创新商业模式，促进行业发展提供了可能。但另一方面，这也意味着寿险业可能更深入地参与到医养产业的运营中来，以保险经营为主业，拓展或整合医疗养老等大健康产业。在此过程中，应通过完善保险业市场主体的公司治理的监管和自我约束机制，使保险资金真正服务于实体经济，解决长寿时代面临的国计民生"痛点"，避免保险公司成为大股东的提款机，损害金融消费者和小股东的合法权益，引发重大的金融风险。如需从根本上解决风险防范问题，就必须从根源上加强对公司治理的完善和监管，为保险公司的规范运行奠定良好的基础，例如强化保险公司股东、保险集团、三会运作、非保险子公司、资金运用、关联交易、信息披露等方面的监督和管理。如何处理好行业创新发展和金融风险防控之间的关系，是留给寿险业的一大课题。

（二）创新保险销售模式，迈向家庭财富规划

1. 《民法典》对保险家庭财富规划功能的影响

长寿时代下，为了应对更长的、更有品质的养老生活及其中发生的健康医疗费用，客户对财富的需求越发明显。除了养老资金方面的需求外，越来越多的客户开始关注如何利用法律工具应对婚姻、投资、意外等风险，实现家庭内财富的有效保护、分配和传承。可以说，随着长寿时代的到来、收入水平的提升和中产人群的不断扩大，家庭财富管理和规划的需求快速增长，逐渐从少数人的游戏走入大众视野。

近年来，保险，特别是人寿保险，已成为家庭财富规划的重要工具之一。部分保险销售人员利用保险，不仅满足了客户的风险管理需求和部分投资需求，还为客户的财富保护、分配和传承需求提供了有效应对，从而提升了服务水平和客户体验，并吸引更多保险销售人员学习法律知识或与法律专业人员合作，共同为客户解决相关问题。在此背景下，《民法典》对婚姻家庭制度和继承制度的调整，对寿险业务一线的影响会更为直接。

《民法典》对婚姻和继承制度的修改既有对原有法律规则的继承和微调，如明确婚姻中财产和债务的属性，完善抚养权和离婚财产分割规则等；也有较大的制度创新，如以婚前重大疾病的如实告知替代对结婚的禁止、增设离婚冷静期、扩大代位继承范围、修改遗嘱类型和效力、增设宽恕制度、增设遗产管理人、扩大遗赠扶养制度适用范围等。

前述规定中与保险直接相关的条文仅一条，即规定一方因受到人身损

害获得的赔偿或者补偿属于夫妻一方的个人财产（第一千零六十三条），从文字表述上将身故保险金、伤残保险金、重疾赔付、医疗报销、住院津贴等纳入个人财产范畴，使法律层面的表达与《最高人民法院第八次全国法院民事商事审判工作会议纪要》（法〔2016〕399号）"婚姻关系存续期间，夫妻一方作为被保险人依据意外伤害保险合同、健康保险合同获得的具有人身性质的保险金，或者夫妻一方作为受益人依据以死亡为给付条件的人寿保险合同获得的保险金，宜认定为个人财产，但双方另有约定的除外"的规则接轨。

若更进一步地将保险看作社会生活的调和器并与婚姻继承等制度相结合，则还有很多可发挥的空间。例如，《民法典》从尊重遗嘱人的意思自治出发取消了公证遗嘱的优先效力，这在实务中，将导致遗嘱的真实性备受关注，从而可能增加遗嘱纠纷的发生率。对于遗嘱继承人或受遗赠人来说，诉讼会带来巨大的时间和金钱成本。此时，保险向受益人定向给付保险金的优势就得以体现，可以为客户分散部分财富传承风险。又如，在父母离婚后如何避免因财产分割影响子女利益、不抚养子女的一方如何支付抚养费等方面，年金保险有丰富的适用空间。事实上，随着我国寿险市场的逐渐成熟，结合婚姻、继承等法律制度增进对保险的理解，已是很多保险销售人员与客户建立信任关系乃至服务关系的重要竞争力，对提升保险销售人员的综合素养和服务水平具有积极意义。

2. 治理销售误导是提升服务水平的前提

销售误导是寿险业长期存在的痼疾，也是最常见的侵犯客户合法权益的手段之一。这其中，不仅有少数保险销售人员恶意误导的问题，也有销售人员自身素质不高、对产品或规则理解不到位的情况。婚姻家庭和继承等法律制度相对复杂，无论对保险销售人员还是对客户都是一种挑战。因此，如何通过人才筛选、培训、专业支持、合规审查、责任追究等方面构建有效机制预防销售误导是寿险业已然面临的重要挑战。

（三）保险业参与大健康产业经营的法治环境保障

除了医养产业投资运营和保险销售外，《民法典》更大的意义在于以民事基本法律的形式对依法治国和社会主义经济制度进行了确认，为寿险业参与大健康产业的经营提供了法治环境保障。

1. 大健康生态下的营商环境保障

《关于〈中华人民共和国民法典（草案）〉的说明》指出，《民法典》进一步完善我国民商事领域基本法律制度和行为规则，有利于充分调动民事主体的积极性和创造性，维护交易安全，维护市场秩序；有利于营造各种所有制主体依法平等使用资源要素，公开公平公正参与竞争、同等受到法律保护的市场环境，推动经济高质量发展。这对寿险行业提供了更加坚实的保障。

（1）鼓励、支持和引导非公有制经济的发展，物权受法律平等保护

近年来，寿险行业参与医疗产业投资运营所面临的一大挑战是能否与公立医疗机构获得同等对待。在构建多层次的医疗服务体系的背景下，相关政策法规也得以强化。例如，2013年《国务院关于促进健康服务业发展的若干意见》（国发〔2013〕40号）规定，鼓励商业保险机构以出资新建、参与改制、托管、公办民营等多种形式投资医疗服务业，各地要清理取消不合理的规定，加快落实对非公立医疗机构和公立医疗机构在市场准入、社会保险定点、重点专科建设、职称评定、学术地位、等级评审、技术准入等方面同等对待的政策，对出资举办非营利性医疗机构的非公经济主体的上下游产业链项目，优先按相关产业政策给予扶持。《"健康中国2030"规划纲要》提出，进一步优化政策环境，优先支持社会力量举办非营利性医疗机构，推进和实现非营利性民营医院与公立医院同等待遇。2020年6月1日生效的《中华人民共和国基本医疗卫生与健康促进法》则从法律层面规定，社会力量举办的医疗卫生机构在基本医疗保险定点、重点专科建设、科研教学、等级评审、特定医疗技术准入、医疗卫生人员职称评定等方面享有与政府举办的医疗卫生机构同等的权利。《民法典》在物权编的通则部分明确提出国家坚持和完善公有制为主体、多种所有制经济共同发展，按劳分配为主体、多种分配方式并存，社会主义市场经济体制等社会主义基本经济制度，国家巩固和发展公有制经济，鼓励、支持和引导非公有制经济的发展，国家实行社会主义市场经济，保障一切市场主体的平等法律地位和发展权利（第二百零六条），并规定国家、集体、私人的物

权和其他权利人的物权受法律平等保护,任何组织或者个人不得侵犯(第二百零七条),再次为非公经济参与大健康产业的经营提供了法律依据,对保险公司投资运营医疗机构、进一步满足客户在医保结算方面的需求等释放了利好信号。

(2)保护知识产权,设立惩罚性赔偿

加强知识产权保护、提高知识产权侵权成本是我国产业升级、推动创新的重要举措。《民法典》首次对故意侵害他人知识产权的情形引入了惩罚性赔偿制度(第一千一百八十五条),作为该法中除产品责任、环境污染责任外唯一适用惩罚性赔偿的侵权形式。2020年,最高人民法院和最高人民检察院发布了《关于加大知识产权侵权行为惩治力度的意见(征求意见稿)》《关于办理侵犯知识产权刑事案件具体应用法律若干问题的解释(三)》(法释〔2020〕10号)、《关于审理侵犯商业秘密民事案件适用法律若干问题的规定》(法释〔2020〕7号)等六部关于知识产权的司法解释,新修订的《专利法》则将专利侵权的法定赔偿从一万元以上一百万元以下提高到三万元以上五百万元以下,反映了我国对知识产权保护的长期立法和执法趋势。对于寿险业来说,这既是机遇也是挑战。机遇在于寿险业能通过对商标、专利、著作权等"显性"知识产权和商业秘密、Know-how等"隐性"知识产权的保护,在实施大健康产业运营这样一种新型商业模式时避免恶性竞争、保持竞争力。挑战在于一旦进入养老、健康、医疗等产业,竞争者不再是保险同业,而是来自其他产业的公司,其中不乏互联网巨头、大型地产集团和医疗集团等。面对竞争对手构筑的知识产权防护网,如何建立自己的竞争优势,并避免侵犯他人的知识产权,应引起高度重视。

2.大健康生态下的客户信息和数据资产保护

(1)《民法典》与客户信息保护

继《网络安全法》后,《民法典》从民事权利的角度对个人信息保护的基本要求做出了进一步强调(第一千零三十四条至第一千零三十九条),包括界定个人信息的定义、明确处理个人信息应遵循的原则和条件、明确自然人与信息处理者之间的基本权利义务、规定国家机关及其工作人员负有保护自然人的隐私和个人信息的义务等。《信息安全技术　个人信息安全规范》（GB/T 35273—2020）的生效和《个人信息保护法（草案）》的公布，亦不断收紧个人信息方面的监管规则。

保险公司作为金融机构，必须加强客户信息保护，避免因信息泄露或不正当使用侵犯广大客户的合法权益。但如果把讨论范围进一步推进到大健康生态，以保险业为核心辐射医疗、健康管理、养老等业态的角度看，个人信息保护立法对寿险业的影响可能更为深远。例如，为了充分利用数据分析，更好地理解客户、为客户提供产品和服务，在多个行业、多个主体之间（无论是体系内还是与第三方合作）共享已收集的个人信息就成为必然。但由于各行业法规和惯例对于数据流转的限制，这种共享有时无法仅凭客户授权实现。因此，对于保险公司来说，首先是要注意各领域对数据合规的具体要求，避免在业务操作中越界。此外，还要在法律框架允许的基础上进一步探索可行的业务模式。

（2）《民法典》与数据资产保护

随着大数据时代的到来，我国立法对数据保护给予了更高关注。《民法典》对数据、网络虚拟财产的保护作了原则性规定（第一百二十七条）。对于保险公司及其关联方来说，其在保险、医疗、养老等领域积累的庞大数据是极其重要的数据资产。保险公司有必要进一步加强数据安全，充分挖掘、利用数据资源，构筑竞争优势。

三、结语

《民法典》编纂的过程既是对现有法律制度、实践的梳理和确认，也是针对未来社会、经济发展趋势做出的制度创新，而长寿时代无疑是我国将长期面对的时代背景。在寿险业深度参与医养领域的过程中，《民法典》所提供的制度供给与其说是对答案的确认，不如说是对问题的重新界定和提出。如何通过法律规则的细化和商业模式的创新更好地服务于客户，服务于长寿时代的解决方案，同时增强风险防控能力、充分保护客户的合法权益，还有待学界和业界更充分的研究和讨论。

16
《民法典》诉讼时效的规定对保险业影响的研究

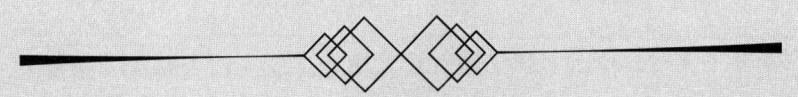

沙银华[①]

---

① 沙银华（Sha Yinhua），日本银华金商咨询股份有限公司董事长，华东师范大学保险硕士专业学位研究生校外指导教师，曾任日本生命保险基础研究所主任研究员、东京海上日动火灾保险（中国）有限公司副总经理、中国太平保险服务（日本）有限公司总经理。

摘要： 2020年5月，中国《民法典》正式颁布，涵盖了婚姻家庭、继承、收养、物权、合同、担保、侵权责任等领域。《民法典》的问世，对现行的《保险法》和保险行业会有什么影响？保险行业将如何应对这些影响？本文从《民法典》诉讼时效的规定对保险行业的影响，对其做一定的梳理，从中寻找到法与法（《民法典》与《保险法》）之间的平衡点，以探查两法之间可能出现的法适用的问题点，试图解决《民法典》诉讼时效的规定与《保险法》诉讼时效规定的差异对保险行业所产生的影响。《保险法》是特别法，特别法应当优先，《保险法》有规定的，应当适用《保险法》；如果《保险法》没有明确规定，可以适用有与该规定最接近的法律规定。本文通过对诉讼时效的各种情况的分析和探查，进行了论证和探讨，分别给出了意见和对应的方法。

关键词： 诉讼时效；时效起算；时效中止；时效中断；请求权时效

一、问题的提起

2020年5月，中国《民法典》正式出台，法典博大精深，涵盖了婚姻家庭、继承、收养、物权、合同、担保、侵权责任等领域。

《民法典》的问世，全国上下都非常关注，保险业更是倍加重视。《民法典》对现行的《保险法》和保险行业会有什么影响？保险行业将如何应对这些影响？这些都是保险行业十分关注的问题。

本文限于篇幅，仅从其对保险行业的诸多影响中，摘取一叶，即《民法典》诉讼时效的规定对保险行业的影响，对其做一定的梳理，从中寻找到法与法（《民法典》与《保险法》）之间的平衡点，以探查两法之间可能出现的法适用的问题点，试图解决《民法典》诉讼时效的规定与《保险法》诉讼时效规定的差异对保险行业所产生的影响。

二、问题的焦点

（一）何为保险金请求的诉讼时效？

诉讼时效是指，投保方（含投保人、被保险人、保险金受益人）在发生保险事故后，向保险人（含保险公司等）请求补偿因保险事故发生的损害时，是具有一定的时间上限制的，而这个时间限制，运用在诉讼程序中，即为诉讼时效。换言之，若请求人（投保方）不在有效诉讼时效内向保险人提起保险金请求诉讼，则将失去该诉讼时效，无法得到法律保护。这个有效诉讼时间，就是诉讼时效。

（二）问题所在

1. 现行《保险法》的规定

在《民法典》颁布前，有关保险金请求的诉讼时效，根据《保险法》规定，诉讼时效为2年或5年（财产险的诉讼时效为2年，寿险的诉讼时效为5年）。

《保险法》第二十六条规定，"人寿保险以外的其他保险的被保险人或者受益人，向保险人请求赔偿或者给付保险金的诉讼时效期间为二年，自其知道或者应当知道保险事故发生之日起计算。

人寿保险的被保险人或者受益人向保险人请求给付保险金的诉讼时效期间为五年，自其知道或者应当知道保险事故发生之日起计算"。

2. 《民法典》的规定

现行颁布的《民法典》规定，民事权利的诉讼时效为三年。该法还规定，若民事权利者不知或不应当知道该权利受到损害的情况下，超过二十年，将不再受到法律保护。

《民法典》第一百八十八条规定，"向人民法院请求保护民事权利的诉讼时效期间为三年。法律另有规定的，依照其规定。

诉讼时效期间自权利人知道或者应当知道权利受到损害以及义务人之日起计算。法律另有规定的，依照其规定。但是，自权利受到损害之日起超过二十年的，人民法院不予保护，有特殊情况的，人民法院可以根据权利人的申请决定延长"。

3. 两法规定的差异和冲突

《保险法》与《民法典》规定的诉讼时效，产生了实体法上法律规定的差异和冲突。

表 1 《民法典》与《保险法》关于诉讼时效的规定对比

法律	诉讼时效			
	财产保险	人寿保险	民事权利	未知被侵的最长保护年限
《保险法》	2 年	5 年		
《民法典》			3 年	20 年

《民法典》与《保险法》关于诉讼时效的适用问题，笔者归纳有以下三种情况。

第一，基于两法规定诉讼时效之差异，法如何适用？

第二，保险业到底应该适用诉讼时效还是请求权时效？

第三，诉讼时效起算点的法适用。

本文就上述三种情况，逐一展开探查和分析，以求获得正确的解决途径。

三、基于两法诉讼时效规定之差异，法如何适用？

（一）司法实务中的法适用选择

如前所述，《保险法》第二十六条规定，财产险的诉讼时效为 2 年，寿险的诉讼时效为 5 年。《民法典》第一百八十八条规定，民事权利的诉讼时效为 3 年。以及，若民事权利者不知或不应当知道该权利受到损害的情况下，时效为 20 年。

在财产保险事故中，如果作为该保险事故保险金受益人的被保险人，万一延误时间，在超过了《保险法》规定的 2 年诉讼时效期限的情况下，根据《民法典》民事权利诉讼时效为 3 年的规定，向法院提起民事诉讼，要求保险公司按照《民法典》规定进行赔偿，那么，法院该适用《保险法》还是《民法典》来判断该诉讼请求的诉讼时效？

（二）实务中法适用的司法惯例

1. 保险案件适用其他法律的案例

由于《民法典》新近才颁布，目前尚未有牵涉诉讼时效的诉讼案件发生。但是，其他法律之间规定不一或有冲突时，其司法实务惯例，可供本文探查问题时参考。虽说是管中窥豹，但也可见一斑。

例如，保险案件是否适用消保法三倍惩罚性赔偿问题。

保险公司在保险营销过程中，与投保人发生纠纷，投保人（消费者）指控保险公司在销售保险时，实施了欺诈行为，遂向法院提起诉讼，要求保险公司按照《消费者保护法》的规定，向其赔偿三倍的罚金（保险费的三倍）①。

第一，如果法院适用《保险法》的规定裁判此类案件，一般会根据《保险法》的相关规定，判决保险公司退还保险费，若投保人/被保险人受到损失时，将会判保险公司承担赔偿损失，但不是三倍赔偿。

第二，目前，适用《消费者保护法》判决三倍赔偿的案例已有数件。其理由为，保险产品进行销售，投保人是消费者，在销售过程中出现欺诈行为，受害者可以向法院要求欺诈行为者按照《消费者保护法》的三倍惩罚性赔偿，法院应当适用该法进行判决。

2.《保险法》有规定的案件是否可以适用其他法律？

根据目前司法动向，当《保险法》与其他法律出现竞合状态时，在《保险法》没有相应的规定时而适用其他法律的情况下，法院可行使自由裁量权，适用其他法律。

但是，在《保险法》有明确规定时，审理保险纠纷案件就应当适用《保

---

① 有关适用《消费者保护法》（以下简称消保法）三倍罚金的实际案例，请参照，（2016）吉民终 515 号案件和（2016）苏民申 5562 号案件详情。

第一，（2016）吉民终 515 号案件

一审法院：被告保险公司的工作人员在向石田某提供保险服务中实施了欺诈行为，致使原告在保险消费中的合法权益受到损害。据此直接适用消保法第五十五条的规定，判令保险公司以原告所缴纳的保险费为计算基数，向原告支付三倍 201 万元的赔偿。

二审法院：本案应当适用消保法。本案中保险公司的相关行为构成欺诈。判决结果将保险合同双方约定的关于犹豫期后退保的现金价值与已交保险费用的差额视为投保人购买涉案保险产品的对价，作为三倍赔偿的计算基准，支付数额为 301 500 元。

第二，（2016）苏民申 5562 号案件：该案历经一审、二审和再审，再审法院认定保险公司销售过程中存在欺诈行为，适用消保法第五十五条的规定，三倍惩罚性赔偿的计算标准尤某缴纳的保险费，保险公司需要向尤某支付 62.1 万元的赔款。

险法》的规定，而不是跳开或避开《保险法》优先适用其他法律，否则，就与《保险法》的立法宗旨相违背。《保险法》本身是专门对应特定行业的法律关系，并对其法律关系进行调整的特殊法，由于该行业有许多与一般交易规则所不同的规则，而这种特殊的交易规则需要有特殊的法律来调整和规范。

例如，按照一般交易规则，订立合同时，必须双方当事人或多方当事人对合同的内容协商一致后，签字画押，合同成立。合同成立后，各自按照合同履行合同约定的义务，享受合同约定的权利。

但是，保险交易则与普通交易不同，订立合同时，不需要双方当事人对合同的内容协商一致，保险人拿出事先印制好的保险合同条款（格式合同），不能商议修改其中的条款，愿意接受就签订保险合同；不愿意接受，就一拍两散。而且，保险合同签订之前，就要求一方当事人（投保人）先缴纳保费（或趸交或分期交）。有的保险合同甚至还设定等待期，该等待期的期限为30天到180天不等，在合同生效后等待期内发生的保险事故，保险人不负责理赔，不承担赔偿损失的责任，等等。

正因为保险行业是一个十分特殊的行业，其经营行为和经营活动需要特殊的法律来规范和限制。既然，该行业是受特殊部门法律——《保险法》的制约，那么当《保险法》有明确规定时，就不应同时适用或跳开《保险法》适用其他法律规范。

本文所讨论的《民法典》和《保险法》对诉讼时效规定的差异和冲突，法院在审理保险案件时，本文认为应当适用《保险法》的诉讼时效2年（财产保险）/5年（人寿保险）的规定，而不是《民法典》规定的3年时效。

四、保险业到底应该适用诉讼时效还是请求权时效？

（一）问题所在

《民法典》是国家的大法之一，与人民的生活纠纷紧密相关，而《民法典》中规定了各种民事权利，有的民事权利是有一定的诉讼时效要求的，如物权、债权等；有的就无法设置时效，如人身权的请求权、知识产权、抗辩权、形成权等。

针对不同的权利就有不同的时效。现行《保险法》根据财产保险的损害赔偿请求权和人寿保险的定额保险金给付请求权性质的不同，分别规定了诉讼时效的期限。

问题是，保险行业究竟应当适用《民法典》所规定的诉讼时效还是原《保险法》（1995年和2002年版本）规定的保险金请求权时效？

（二）两者之间的区别

1. 什么是诉讼时效和请求权时效？

诉讼时效是指民事权利受到侵害的权利人在法定的时效期间内不行使权利，当时效期间届满时，债务人获得诉讼时效抗辩权。在法律规定的诉讼时效期间内，权利人提出请求的，人民法院就强制义务人履行所承担的义务。而在法定的诉讼时效期间届满之后，权利人行使请求权的，人民法院就不再予以保护。

请求权时效是指当物权受到侵权后产生损害或损失，或债权在一定的期限内（时效期间）继续的情况下，成为向加害方或占有方请求赔偿或恢复原状的法律要件，当该法律关系超越上述规定期限时，则该权利的请求权丧失。

2. 诉讼时效与请求权时效的不同点？

第一，从《民法典》规定看，诉讼时效届满后，义务人虽可拒绝履行其义务，权利人请求权的行使仅发生诉讼上的障碍，不能依靠诉讼来行使请求权，但是，权利本身及请求权并不消灭，该物权或债权以及其请求的权利依然存在。

当事人超过诉讼时效后起诉的，人民法院也应当受理。但是，法院在受理后，如被告方提出诉讼时效抗辩，且查明原告并无中止、中断、延长事由，证明该时效尚未成立的，法院将判决该诉讼时效已经消灭成立，驳回其诉讼请求。

例如，A未经B的许可，在B的土地上建造房屋达21年；或B借钱给A达21年。如果按照诉讼时效规定的话，B丧失的仅仅是不能以诉讼方式要求A返还土地或钱财，而该物权和债权依然存在，还可以使用仲裁或其他方式，继续向A请求实现自己的物权或债权。

第二,"请求权时效"是属于实体法的规定,而"诉讼时效"是属于程序法的规定。《民法典》属于实体法,对物权等采用诉讼时效的规定,是否合适?因受篇幅和议题限制,在此割爱,不予讨论。

《保险法》也是实体法,本文将对是否适合规定程序法的内容,以及如何使用诉讼时效等问题展开探查。

(三)1995年和2002年的《保险法》规定

在保险实务中,当保险事故发生时,投保人方(含被保险人,受益人)向保险公司请求支付保险金,是基于保险合同的约定,而产生的保险金请求权,实际上属于《民法典》中的债权请求权。

1995年和2002年版的《保险法》,都规定了保险金的"请求权时效",而2009年版的《保险法》将其改为"诉讼时效"。

1. 1995年的《保险法》规定

1995年版《保险法》第二十六条规定,"人寿保险以外的其他保险的被保险人或者受益人,对保险人请求赔偿或者给付保险金的权利,自其知道保险事故发生之日起二年不行使而消灭。

人寿保险的被保险人或者受益人对保险人请求给付保险金的权利,自其知道保险事故发生之日起五年不行使而消灭"。

2. 2002年的《保险法》规定

2002年版《保险法》第二十七条规定,"人寿保险以外的其他保险的被保险人或者受益人,对保险人请求赔偿或者给付保险金的权利,自其知道保险事故发生之日起二年不行使而消灭。

人寿保险的被保险人或者受益人对保险人请求给付保险金的权利,自其知道保险事故发生之日起五年不行使而消灭"。

(四)大陆法国家的规定

中国是大陆法系国家,大陆法系的德国、日本都规定了"保险金请求权的时效"。

1. 德国《保险合同法》(2008)的规定

第115条【直接请求权】

第一项:第三人亦可向保险人直接请求赔偿。

① 在责任保险情况下，依据强制《保险法》履行投保义务；② 要保人已进入破产程序，或要保人尚未达破产程度而破产程序申请遭驳回，或已委任破产管理人；③ 要保人行踪不明。

第三人直接请求权不得超过保险人契约责任范围，且应符合本法第117条第1项至第4项之规定，不存在任何责任。保险人应以现金支付赔偿金，且保险人和要保人应对该赔偿负连带之责。

第二项：前项直接请求权的期限应与第三人向要保人请求损害赔偿的期限相同。起算点应从第三人向要保人请求时起，但最迟不得超过损失发生后十年。如第三人已将请求权行使通知保险人，该时效至第三人收到保险人书面决定前停止进行。无论时效停止、罹于时效，及对保险人请求时效的重新起算，对要保人亦发生效力，反之亦然。

2. 日本《保险法》(2008)的规定

第95条【时效的消灭】

请求给付保险金的权利、请求返还保险费的权利及请求第63条或者第92条规定的退还保险费公积金的权利，三年不行使的，因时效而消灭。请求保险费的权利，一年不行使的，因时效而消灭。

3. 日本《保险业法》的规定

第283条【所属保险公司的赔偿责任】

① 所属保险公司对生命保险营销人及损害保险代理店在保险营销中给投保人造成的损害负有赔偿责任。② 民法第724条（损害赔偿请求权的灭失时效）的规定用于第一项的请求权。

(五)《保险法》应当适用原《保险法》规定的请求权时效

第一，如前所述，《民法典》以及现行《保险法》（2009年版）规定了诉讼时效，诉讼时效届满后，也就是诉讼时效消灭后，保险公司虽可拒绝履行其义务，而保险金受益人的保险金请求权的行使仅仅在诉讼上丧失了，不能依靠诉讼来行使保险金的请求权。但是，请求保险金支付的债权本身及请求权并没有消灭，该保险金的物权及其请求权依然存在，还可以使用仲裁或其他第三方调解机构寻求解决方式，继续向保险公司请求给付保险金，来实现自己的物权或债权。

第二，如果以诉讼时效虽过但保险金的请求权依然存在为借词，保险金受益人寻求各种方法，继续或长期向保险公司请求给付保险金，会给保险公司经营活动造成一定困扰，增加营业成本，公司声誉也会受到影响。

因此，笔者认为，《保险法》应根据保险行业的特殊性，不应根据《民法典》有关诉讼时效的规定，修改《保险法》使用诉讼时效的规定，而应当恢复1995年、2002年《保险法》关于保险金请求权时效的规定。

五、诉讼时效起算点的法适用

（一）保险金请求的诉讼时效的起算点

从中国《保险法》的规定看，法律对保险金请求诉讼时效的规定是十分明确的。在发生保险事故后，如寿险，保险金受益人的保险金请求权的诉讼时效为5年，而财产保险为2年。同时规定，诉讼时效"自其知道或者应当知道保险事故发生之日起计算"。

虽然法律对诉讼时效的时效消灭期限有比较明确的规定，但是对诉讼时效的具体计算方法，以及如何运用时效的中止、中断、延长的方法，在法律上没有明确的规定，这往往是引起当事人之间纠纷的根源。

由于在保险实务中，保险公司的理赔过程，特别是对一些疑难案件进行调查和核实时，往往需要一定的时间。如果诉讼时效的起算点是从保险事故发生的时候开始计算，有时一些复杂的案件，可能会存在问题。例如，前些年在某港口发生的爆炸案，其中有很多对财物损失的调查就花费了2年以上的时间。如果按照《保险法》规定时效为2年，那么诉讼时效已经成立，若在理赔过程中，发生纠纷，法院无法根据法律保护被保险人的保险金请求，导致被保险人受损。一旦保险公司启动保险事故查勘，是否属于时效的中断？

诉讼时效的起算点应该从投保人或被保险人知道或者应当知道保险事故发生那天开始计算，还是应该从保险公司调查或核实结束以后正式通知对方时开始计算？

在日本保险实务界和保险法学理论界，存在着三种不同的说法。

第一种，诉讼时效从保险事故发生日开始计算。

第二种，诉讼时效从投保人或被保险人知道保险事故发生日开始计算。

第三种，保险公司在条款中有关于保险金在一定时间以内支付的规定，诉讼时效是从这个规定时间结束后的那一日开始计算。

中国到底可以采用哪一种说法，是否可以参照《民法典》关于时效起算、中止、中断、延长的规定？本文在下一个章节中进行探查。

（二）《民法典》关于诉讼时效的起算、中止、中断、延长的规定

首先，《民法典》是如何规定诉讼时效的起算、中止、中断、延长的？

1. 诉讼时效的起算的规定

第一百八十九条　当事人约定同一债务分期履行的，诉讼时效期间自最后一期履行期限届满之日起计算。

第一百九十九条　法律规定或者当事人约定的撤销权、解除权等权利的存续期间，除法律另有规定外，自权利人知道或者应当知道权利产生之日起计算，不适用有关诉讼时效中止、中断和延长的规定。存续期间届满，撤销权、解除权等权利消灭。

2. 诉讼时效的中止、中断的规定

第一百九十四条　在诉讼时效期间的最后六个月内，因下列障碍，不能行使请求权的，诉讼时效中止：

（一）不可抗力；

（二）无民事行为能力人或者限制民事行为能力人没有法定代理人，或者法定代理人死亡、丧失民事行为能力、丧失代理权；

（三）继承开始后未确定继承人或者遗产管理人；

（四）权利人被义务人或者其他人控制；

（五）其他导致权利人不能行使请求权的障碍。

自中止时效的原因消除之日起满六个月，诉讼时效期间届满。

关注点：

诉讼时效的中止结束后，法律规定其尚存六个月的时效。如果时效中止发生在不满六个月时，例如，时效尚存三个月时，发生了时效中止的原因，引发时效中止。待该原因消失后，时效不是按原来剩余时效继续计

算，法律是一律统一给六个月的时效。换言之，中止时效再开始计算时效的情况，整个时效的时间有可能超过法律规定的3年时效。

第一百九十五条 有下列情形之一的，诉讼时效中断，从中断有关程序终结时起，诉讼时效期间重新计算：

（一）权利人向义务人提出履行请求；

（二）义务人同意履行义务；

（三）权利人提起诉讼或者申请仲裁；

（四）与提起诉讼或者申请仲裁具有同等效力的其他情形。

关注点：

诉讼时效中断的计算方法与时效中止不同。按照上述规定，诉讼时效按照法律规定的事项可以中断。但是每次中断后将重新计算，也就是不论在中断前已经经过了多长的时效期限，时效中断发生后，将重新开始计算时效。

3.诉讼时效的延长规定

第一百八十八条 向人民法院请求保护民事权利的诉讼时效期间为三年。法律另有规定的，依照其规定。

诉讼时效期间自权利人知道或者应当知道权利受到损害以及义务人之日起计算。法律另有规定的，依照其规定。但是，自权利受到损害之日起超过二十年的，人民法院不予保护，有特殊情况的，人民法院可以根据权利人的申请决定延长。

（三）保险诉讼时效起算、中止、中断、延长如何适用法律？

1.保险诉讼时效的起算应如何适用法律？

虽然《保险法》对保险诉讼时效，规定"自其（被保险人或受益人）知道或者应当知道保险事故发生之日起计算"，制定了诉讼时效的起算规定。如前文所举之例，有些复杂案件其事故调查时间往往超过2年，但如果按照这样的起算方法，调查尚未结束，诉讼时效已经届满。

在这种情况下，如果当事人之间发生因争执或纠纷提起诉讼时，那么按照上述计算方法该时效已经消灭，在这种情况下，法院即便受理案件，是否会在审判中，做出时效已经消灭的判断，而判保险金请求无效，不予采信。

2.时效起算和时效中断的实例

目前,中国有关保险诉讼时效的案例还不多,为了说明问题,特借用日本的拟似案例进行说明。

(1)事实概要

1996年3月,某人和其母亲去国外旅游之前,和财产保险公司签订了海外旅游意外伤害保险合同,死亡保险金分别为7 000万日元(两人合计为1.4亿日元)。

同年4月,两人在国外同时死于交通事故。

同年9月,某人的遗族向保险公司要求支付死亡保险金。由于保险公司怀疑该事件有欺诈死亡保险金的可能,因此在同年12月,以书面回答遗族等,能否支付死亡保险金要等保险公司调查以后方能作出最终决定。

1998年1月,保险公司发出书面通知,认为某人生前负有巨额的债务,为了骗取死亡保险金用以还债,趁海外旅游之际,事先买通杀手,将自己和其母亲杀死。因此正式决定拒绝支付保险金。书面通知送达时,已经是2月。

1999年12月,某人的遗族通过电话要求保险公司,返还所有请求理赔的申请文件。

2000年4月,某人的遗族提起诉讼。

保险公司主张的理由为,根据保险方面的法律规定,财产保险金的支付义务的时效为2年,由于时效已经消灭,该项义务已经消灭。

法院在审理之后认为,

第一,关于是否有诈骗死亡保险金之事实,其举证责任是在保险公司。由于保险公司没有能举出令人信服的证据,不予采信。

第二,关于保险公司已经取得时效的消灭,死亡保险金的支付义务已经消失的主张,实际上是和消灭时效的起算点从什么时候开始的问题有关,由于遗族在1999年12月中旬曾给保险公司电话这个事实的存在,是属于民法上的"催告"行为,有中断时效的法律效力。因此,对遗族的主张予以支持。

（2）法院对时效判断的依据

根据《日本商法》[①]第663条的规定，保险金的支付义务的时效为2年[②]。但是在《日本商法》中并没有规定消灭时效的起算点。

我们不难发现，此案有一个十分重要的问题，就是这个时效到底应该从什么时候开始起算？

如前所述，在日本保险实务界和法学理论界，一直存在着三种不同的说法。

第一种，消灭时效应该从保险事故发生日开始计算。

第二种，消灭时效应该从投保人或被保险人知道保险事故发生日开始计算。

第三种，保险公司在条款中有关于保险金在一定时间以内支付的规定，消灭时效应该是从这个规定时间结束后的那一日开始计算。

如果根据第一种说法，时效早已经过期，保险公司的支付义务已经消灭。

如果根据第二种说法，时效也已经过期。

如果是根据第三种说法，若能采用时效中断的判断，是可以判决保险公司赔付保险金。

（3）处理的理由

审理此案的法院采用的是第三种说法。因为保险公司在条款中有支付保险金的规定，而且在《日本商法》中并没有明文规定消灭时效的起算点的情况下，根据条款的规定，保险公司在支付保险金时，需要有事务处理的时间（最长为30日），这就是法律上所规定的支付犹豫时间。

但是此案还有其特殊性，就是不仅有最长为30日的支付犹豫时间可以推迟消灭时效起算点，还因为涉及保险公司自身要对本案进行核实和调

[①] 由于当时日本还没有公布《保险法》，其关于保险的规定在《商法》之内。
[②] 《日本商法》第663条【短期时效】，"给付保险金义务以及返还保险费的义务为两年，保险费缴纳义务为一年。超过上述时间的，其时效消灭"。在2008年日本《保险法》公布之前，保险金请求时效为2年。

查，所以这里必须引用该条款的但书部分。也就是说，当保险公司需要进行核实和调查的时候，消灭时效的起算点要等到保险公司的核实和调查结束后，方能开始计算。

就是这样，还是不能解决问题，因为从保险公司送达正式拒绝支付保险金的通知到提起诉讼，也已经超过2年了。这里就还有承认不承认时效中断的效果问题。

日本的法院在审理过程中，采用了日本民法上的"催告"的法理，认为遗族在1999年12月中旬曾给保险公司电话这个事实，是属于民法上的"催告"行为，有中断时效的法律效力。因此，在此案中法院支持了遗族的主张。

（4）给我们的启示

从上述判例中，我们可以看到，当保险事故发生后，投保方（含投保人、被保险人、受益人）向保险公司报案起，诉讼时效可以开始起算，但是，一旦投保方向保险公司提出理赔申请时，保险公司开始启动理赔程序时，该时效理应中断。这一点给予了我们启示。

另外，由于《保险法》对诉讼时效的中止、中断以及延长没有加以规定，在《保险法》没有规定的情况下，应该如何适用其他的相关法律，本文将对《民法典》的规定进行考察。

3. 保险诉讼时效的中止、中断、延长应如何适用法律？

按照中国适用法的习惯，当《保险法》没有规定的情况下，可以适用相关的法律规定。

如上所述，《保险法》对保险诉讼时效中止、中断、延长并没有规定，而《民法典》有比较明确的规定。

第一，中止。《民法典》规定，如有不可抗力等原因，可以中止（第一百九十四条）。而《保险法》没有规定，因此《民法典》的这条规定应同样适用于保险诉讼时效。

第二，中断。权利人向义务人提出履行请求以及义务人同意履行义务等，可以中断（第一百九十五条）。按照《民法典》规定，投保方向保险公司提出理赔申请时，保险公司开始启动理赔程序时，诉讼时效应中断。

第三，延长。有特殊情况的，人民法院可以根据权利人的申请决定延长（第一百八十八条）。《民法典》有关延长时效的规定应同样适用于保险诉讼时效的延长。

六、结语

《民法典》的颁布对于《保险法》的进一步完善具有重要引领作用。《保险法》的各项制度，包括本文探讨的诉讼时效制度，存在和保险基本原理、保险经营以及保险实践融合与衔接的逻辑以及理论自洽。至于《保险法》规定和《民法典》规定有差异和冲突的现象，鉴于《保险法》是特别法，特别法应当优先，因此如果《保险法》有规定，应当适用《保险法》；如果《保险法》没有明确规定，可以适用与该规定最接近的法律规定。

本文探讨和研究的《民法典》有关诉讼时效的规定对《保险法》和保险行业的影响而言，从保险金请求权的本质属性出发，其时效制度具有法律适用以及制度完善层面的相对独立性。《民法典》有关时效的规定，应当作为《保险法》关于时效制度的有益延展和补充。

如本文前述，由于《保险法》和《民法典》都有关于诉讼时效的规定，如果没有一个明确说法，这种情况比较容易引起法律的重复适用，因此，对诉讼时效到底是只适用《保险法》，排除适用《民法典》的规定，还是两法并用？本文通过对诉讼时效的各种情况进行了分析和探查，进行了论证和探讨，分别给出了意见和对应方法。

《民法典》颁布不久，除本文论述的保险诉讼时效之外，对保险行业中其他领域也有一定的影响，《保险法》与《民法典》是有差异的，如合同成立与生效，合同的解除和撤销，侵权责任等，如何将上述差异和法适用问题一一厘清，将是今后《保险法》和保险行业的重要研究课题。

17
实施《民法典》，重塑交强险

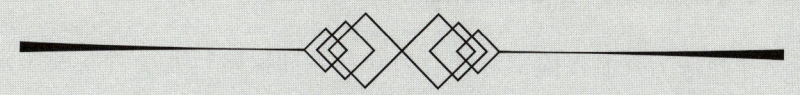

李祝用①　姚兆中②

---

① 李祝用，法学博士，中国人民保险集团股份有限公司副总裁、董事会秘书。
② 姚兆中，法学博士，中国人民保险集团股份有限公司法律合规部经理。

摘要：《民法典》是新时代我国社会主义法治建设的重大成果，对推进全面依法治国、实现国家治理体系和治理能力现代化具有重大意义。作为一部基础性的民事法律，《民法典》出台后将有一系列与之相关联、相配套的法律法规有待研究和完善。从保险业的角度，《民法典》侵权责任编第一千二百一十三条等条款对机动车交通事故责任强制保险（以下简称"交强险"）做出了新规定，明确了交强险作为责任保险的定位，足以对多年来争议不断的交强险法律性质问题起到定纷止争的作用。保险业需深入研究，准确理解法条的含义，在《民法典》确立的新规定框架下积极推动交强险制度改革。

关键词：《民法典》；交强险；责任保险；保障制度

一、《民法典》出台前交强险制度的定位及存在的问题

交强险作为强制保险，对社会公众利益和保险行业经营发展非常重要。但是，交强险究竟是责任保险，还是与民事侵权责任"脱钩"的保障制度，多年来在相关立法、司法解释、审判实践和保险业实务中缺乏统一的认识，甚至存在矛盾之处。这既不利于交强险各方当事人权益的保护，也不利于该险种的健康发展，更不利于交强险制度发挥其应有的功能。

（一）《民法典》出台前法律法规对交强险的定位

2004年《中华人民共和国道路交通安全法》（以下简称《道路交通安全法》）颁布，该法第十七条将该险种名称明确定义为"机动车第三者责任强制保险制度"，即性质为"责任保险"。按照《保险法》第六十五条第四款，"责任保险是指以被保险人对第三者依法应负的赔偿责任为保险标的的保险"。但《道路交通安全法》第七十六条关于赔偿责任顺序的规定，似乎将交强险塑造为受害人第一顺位的损害填补方式。按照该条规定，"机动车发生交通事故造成人身伤亡、财产损失的，由保险公司在机动车第三者责任强制保险责任限额范围内予以赔偿"，不足的部分再由机动车一方承担相应的赔偿责任。理论和实务中往往将本条的含义解释为无论机动车一方是否承担民事赔偿责任，保险人均应在责任限额内承担保险给付责任，即

交强险赔付不需要以被保险人在交通事故中承担民事责任为前提。从字面上看，可以理解为在保险责任限额范围内，并不考察被保险人的过失及其交通事故侵权责任，并且仅对超过强制保险限额部分规定侵权责任，反过来也可以理解为保险限额内的损害并不以侵权责任为前提[①]。这条规定为"机动车第三者责任强制保险"被解释不属于责任保险留下了空间。

而2006年颁布的《机动车交通事故责任强制保险条例》（国务院令630号，以下简称《条例》）整体上是按照责任保险的模式设计交强险的。从该条例对交强险的定义，到规定由被保险人向保险公司申请赔偿，再到以责任为前提划分"有责"和"无责"的赔偿限额等，诸多方面都体现了责任保险的法理和特点。《机动车交通事故责任强制保险条款》（中保协条款〔2006〕1号，以下简称《条款》）的规定也是与《条例》一脉相承的。并且，2009年《侵权责任法》规定了在机动车租赁、借用、转让等情形下，发生交通事故"属于该机动车一方责任的"由保险公司在机动车强制保险责任限额范围内予以赔偿，这一表述再次突出交强险赔付以机动车一方承担民事赔偿责任为前提，体现了交强险的责任保险属性。

但是，2012年最高人民法院《关于审理道路交通事故损害赔偿案件适用法律若干问题的解释》（法释〔2012〕19号）利用《道路交通安全法》第七十六条等规定存在的解释空间，彻底巩固了交强险不是责任保险，而是损害填补方式的定位。司法解释条款本身没有涉及此观点的直接阐述，而是在第十六条交通事故赔偿责任顺序条款中隐含了"脱钩"的思路，规定交通事故责任"先由"交强险赔偿，不足部分再先后由商业三者险和侵权人赔偿。在该条规定中，交强险只强调在责任限额范围内赔偿，但是商业三者险则强调要依照"保险合同"的约定，即在确定侵权责任赔偿范围的前提下，根据侵权人的责任比例进行赔付，侵权人的赔偿责任强调要以"道路交通安全法和侵权责任法"规定的赔偿责任为依据。从条款前后表述对比来看，交强险的赔偿规则与商业三者险以及侵权赔偿存在差异，可

[①] 李祝用、姚兆中：《再论交强险的制度定位——立法的缺陷、行政法规与司法解释的矛盾及其解决》，载《保险研究》2014年第4期。

以解读出交强险与侵权责任无关联的思路。司法解释的起草者在有关著作中对此解释为我国交强险强调基本保障功能,其责任限额内保险公司的赔偿责任与被保险人的侵权责任相互脱钩[①]。这个观点(以下简称"保障制度说")弱化甚至否定了交强险的责任保险属性,强化其对更广范围的交通事故受害人的损失填补功能。

因此,由于对交强险性质认定存在分歧,交强险相关法规之间隐含了内在的矛盾。按照责任保险和保障制度两条解释路径,行政法规和司法解释实际上形成了两套不同的体系。

(二)"保障制度说"存在的问题

为强调交强险对受害人损失填补和安定社会的功能,最高人民法院提出了"保障制度说",目前这一观点在司法实践中已经成为主流。"保障制度说"的出发点是好的,有利于简化赔偿责任认定环节,最大限度实现交强险对交通事故受害人补偿的目的。但在现行交强险制度仍采用责任保险框架运行、相关具体制度条款均未做重大修改的情况下,直接提出交强险与侵权责任脱钩,这与客观实际不符,制度依据和理论基础都显不足,不利于解决交强险存在的保费高、保障低、社会和经济效益有限等问题。

首先,"保障制度说"不符合交强险运行的实际情况。按照交强险《条例》和《条款》,交强险的赔偿区分为有责赔偿限额和无责赔偿限额。现行《条款》第八条明确约定"依法应当由被保险人承担的损害赔偿责任,保险人按照交强险合同的约定对每次事故在下列赔偿限额内负责赔偿……被保险人无责任时,无责任死亡伤残赔偿限额为……"。这里被保险人的"责任"是"依法应当由被保险人承担的损害赔偿责任",有责和无责是指机动车一方在交通事故中有无侵权损害赔偿责任,并不是凭空创造出的责任限额划分。只不过在有责的情况下是按照责任限额全额赔付,不再像商业三者险那样依据机动车一方在事故中承担侵权责任的比例再计算相应的赔偿金

---

① 奚晓明主编、最高人民法院民事审判第一庭编著:《最高人民法院关于道路交通损害赔偿司法解释理解与适用》,人民法院出版社 2012 年 12 月第 1 版,第 211 页。

额。这一简化的赔偿责任设计并不代表其脱离了侵权责任，而仍是以侵权责任的有无为前提，如果解释为与侵权责任"脱钩"，显然违背了事实。

其次，交强险是非常复杂的制度设计，对交通事故各方当事人都会产生影响，片面强调对受害人的补偿反而可能带来负面效果。侵权责任既是一种损害填补机制，更具有遏制意外事故发生的功能，通过对侵权人苛以事故的损害赔偿责任，建立起侵权人预防事故发生的事前动机。保险通常意义上是一种应对风险的保护机制，但责任保险的特殊性在于，其不仅要防止侵权人陷入支付能力不足、确保受害人获得充分赔偿，同时可以通过保险费率的调整机制发挥对相关行为人的引导作用，实现与侵权法相似的对意外事故的预防效果。有关研究也表明，合理设计的责任保险制度，能够较好地保留侵权责任对损害发生的抑制作用，特别是交通事故往往是事故双方或多方共同原因造成的，与被害人本身的注意程度也有密切关系，各方均应承担相应的注意义务，无条件对受害人进行补偿可能造成受害人的注意程度降低，反而提高交通事故肇事率[1]。同样，从保险机制设计和保险公司的角度，也必须要考虑道德风险成本问题，即高风险驾驶人降低注意程度而提高交通事故肇事率所增加的成本。"道德风险问题总是与保险相伴而生。这意味着，即便立法者决定引入强制保险，其也不应限制保险人控制道德风险的潜能。否则，强制保险可能引发的问题会比其解决的问题还要多。"[2] 因此，从社会效果来看，单纯强调对交通事故受害人的损失填补而忽视责任保险机制对交通事故发生率可能产生的影响，并不利于促进交通安全。现行交强险制度在补偿受害人、分散被保险人风险等方面的效果本就不尽如人意，在此情况下就更需要对交强险制度做综合的研究和改进，而不能是简单化的处理。

最后，"保障制度说"制约了交强险向更为科学、精细的方向发展。

---

[1] 汪信君：《论动力车辆事故之侵权行为责任、责任保险与无过失补偿：以经济抑制理论为基础》，载《台大法学论丛》第 39 卷第 1 期。

[2] ［德］格哈德·瓦格纳：《比较法视野下的侵权法与责任保险》，魏磊杰、王之洲、朱淼译，中国法制出版社 2012 年版，第 308 页。

正是由于在保护受害人的最高原则之下，立法者自以为对受害人有利，即无异议予以通过。这种完全不考虑责任保险与侵权责任的关联，基于事故发生就必须有保险赔偿的考虑，既可能带来被保险人降低注意程度、产生道德风险的后果，也限制了对保险人免责事由的设计，以及受害人过失相抵原则的适用，由此增加的保险赔偿将使得保费提高，损害全体参保人员的利益①。从德国强制汽车保有人责任法的研究来看，通过对责任保险理论的研究和发展，完全可以实现责任保险与侵权责任的良好衔接。例如，德国立法者以法定的债务共同承担作为交通事故受害人直接请求权的理论基础，比较好地实现了强制责任保险对受害人损害赔偿请求权的保护，同时维护了侵权行为法的完整性②。因此，在侵权责任与责任保险制度发展和互动的过程中，相关理论研究已颇为完善，责任的分配机制更为细致、合理。相比之下"保障制度说"的研究基础非常薄弱，难以对现行交强险制度的改革完善提供有力的指导。

二、《民法典》对交强险制度的新定位

《民法典》第一千二百一十三条规定"机动车发生交通事故造成损害，属于该机动车一方责任的，先由承保机动车强制保险的保险人在强制保险责任限额范围内予以赔偿；不足部分，由承保机动车商业保险的保险人按照保险合同的约定予以赔偿；仍然不足或者没有投保机动车商业保险的，由侵权人赔偿"。本条是关于交通事故损害各类赔偿的先后顺序的条款，总体上维持了现行法律法规、司法解释的相关规定，但是增加了"属于该机动车一方责任"作为前提。这一表述虽然简短，却是重要调整，表明交强险赔付要以机动车一方，即被保险人承担交通事故民事责任为前提，据此交强险的性质应可以明确界定为责任保险。但是，即使上述《民法典》

---

① 江朝国：《强制汽车责任保险法》，中国政法大学出版社2006年版，第79-84页。
② 叶启洲：《德国强制汽车责任保险之法律性质及第三人请求权之构造》，载《风险管理学报》第十一卷第一期。

的调整内容非常明确，目前仍很少有学者注意到其影响并加以阐释[①]，有的学者在对该条的解读中仍认为"由于机动车强制保险是强制性保险，在强制性保险理赔的部分，都不适用侵权责任编的有关规定"[②]，继续维持了以往交强险与侵权责任"脱钩"的思路。鉴于本条对交强险的制度设计至关重要，对各方当事人的权益也影响重大，有必要就其文意再做进一步的分析和解释。

从《民法典》相关条款的表述比较来看，《民法典》侵权责任编第五章"机动车交通事故责任"规定的是交通事故侵权责任的相关规则，其中7个条款都使用了"属于该机动车一方责任的"表述。这些条款分别是对机动车所有人或管理人与使用人不是同一人、转让机动车但未办理登记、挂靠、未经允许驾驶他人机动车等情形下机动车一方的侵权赔偿责任等规定，"属于该机动车一方责任的"表述指向的是侵权责任。该章节的第一千二百一十三条论及赔偿顺序时，同样的语句当然也应当是同样的含义，指向的也是属于机动车一方的侵权赔偿责任的情况下，保险和侵权赔偿的顺序问题。

从本条与《保险法》关于责任保险的规定进行比较，本条对交强险的表述符合《保险法》对责任保险的定义。《保险法》第六十五条规定，责任保险是"以被保险人对第三者依法应负的赔偿责任为保险标的的保险"。《民法典》第一千二百一十三条只提到交强险对"属于机动车一方责任的"交通事故的"损害"进行赔偿，没有明确提及"赔偿责任"，那么这一表述能否理解为交强险的保险标的就是侵权赔偿责任呢？发生"损害"的主体是受害人，但转化为机动车一方对应的应是对损害的"赔偿责任"。从《保险法》的角度，交强险是交通事故侵权人投保的保险，首先保障的

---

① 有的著作中提到本条规定"符合强制保险的赔偿替代性和商业保险的补充性的性质"，但未做更为明确的分析。参见：法律出版社法规中心编：《中华人民共和国民法典注释本》，法律出版社2020年版，第706页；黄薇主编：《中华人民共和国民法典侵权责任编释义》，法律出版社2020年版。

② 杨立新主编：《中华人民共和国民法典释义与案例评注：侵权责任编》，中国法制出版社2020年版，第292-293页。

只能是其本人应承担的损害赔偿责任。如果认为其投保只是为了保障不特定受害人的利益，从法理上难以解释，甚至也不符合常理。从侵权法的角度，驾驶机动车造成他人损害的应当承担侵权责任，这是侵权法规定的最基本的民事法律关系。《民法典》在侵权责任编中规定交强险的赔偿问题，并且明确以"属于机动车一方责任"为前提，合理的解释必然是交强险属于侵权责任大框架下的一项赔偿机制，说明交强险是对机动车需承担的侵权损害赔偿责任的替代。因此，交强险的保险标的是机动车造成受害人人身伤亡、财产损失而产生的侵权赔偿责任，这与《保险法》对责任保险的界定是相符的。

从立法过程来看，我国重要民事立法上对交强险属于责任保险的定位是明确而且前后一致的。事实上，《侵权责任法》第四十九条、第五十条关于租赁、借用、转让等情形下交强险和民事赔偿责任的条款中，已规定了"发生交通事故后属于该机动车一方责任的"这一前提条件，只是在当时的情况下理论和实务中对交强险定位的认识尚有较大分歧，没有引起足够的重视。在《民法典》第一千二百一十三条的起草过程中[①]，从《民法典》各分编民法室室内稿、征求意见稿到一审稿、二审稿、三审稿，该条中一直都有"属于该机动车一方责任"的表述，这一点在整个修改期间未发生反复或变化，可以理解为《民法典》的立法态度前后是一致的。《民法典》在赔偿责任顺序这样重要的条款中继续坚持这一表述，完全填补了《道路交通安全法》第七十六条可能存在的解释空间，应该说立法对此的态度已经非常鲜明，足以定纷止争了。

综上所述，交强险与交通事故民事赔偿责任"脱钩"、纯粹作为补偿受害人的一种保障机制的观点已经不符合《民法典》的精神。理论和实务上都应当回归到责任保险的视角，对交强险制度重新进行审视和调整。

---

① 何勤华、李秀清、陈颐编：《新中国民法典草案总览（增订本）续编》，北京大学出版社2020年版。

三、实施《民法典》新规定,重塑交强险制度

《民法典》重新厘清了交强险与交通事故民事责任的关系后,下一步交强险的立法、司法实践和行业实务可以此为契机,梳理多年来交强险制度运行中的问题和不足,按照责任保险的基本原理,同时充分考虑交强险的公益性、社会性和保障性,重塑交强险的制度体系。

(一)充分认识和澄清交强险属于责任保险

首先,从理论层面应当明确交强险属于责任保险。交强险制度出现矛盾的根源在于对其性质定位不清,而这一问题与理论和实务中对责任保险的认识局限密切相关。交强险制度是强制性、政策性保险,对传统责任保险制度做了较多突破。这些突破的目的是更好地实现交强险补偿受害人、促进交通安全的制度价值,但并没有改变责任保险的基本性质,也没有与传统责任保险的理论形成不可调和的冲突。责任保险的理论实际上随着交强险出现而相应演化、发展。

因此,《民法典》颁布后,交强险作为以交通事故民事责任为基础,对民事责任进行赔偿的保险制度,在法条的表述中已经非常明确。今后交强险的制度设计应当立足于责任保险原理,强化被保险人是交通事故责任主体的理念,从根本上养成公众的责任意识和安全观念,在此基础上再通过合理的制度设计扩大对交通事故受害人的保障。

(二)修改相关法律法规,完善交强险具体制度

从制度层面,应对现行法律法规、司法解释、保险条款等与《民法典》规定不一致的内容进行系统性的梳理,更加深入地研究交强险涉及的多方利益主体之间的关系,客观评估制度各项安排带来的经济和社会效果,在此基础上提升交强险立法的科学性。

侵权责任与其他保险制度的主要目的包括抑制意外事故发生与降低损害发生后的成本两个方面。无论是采用责任保险还是无过失保险,都需要从这两个方面去评价具体制度的优劣。由于与侵权责任相联系,责任保险的适用需考量侵权行为下的与有过失、因果关系等问题,对受害人的保障可能相对不足,但与有过失本身又有助于提升受害人的注意程度,并且

通过保险契约条款与保险费率的浮动机制还能够促使机动车驾驶人提高注意程度，从而较大程度保持侵权责任下既有的抑制意外事故发生的功能，这是责任保险的制度优势。而无过失保险的优劣却正好相反。有关研究表明①，无过失保险可能提高交通事故的死亡事故率，因此采用无过失保险的，须考量事故发生率之提高与行为人注意程度之降低等负面影响，并且还需通过道路交通安全罚则等手段降低道德风险成本。除此之外，对诉讼成本的影响等也应纳入上述利弊分析的考量因素。由此可见，交强险制度具有相当的复杂性，如果只着眼于一方面的好处而忽略其他方面的弊端，必然顾此失彼，难以实现最优的社会效果。

《民法典》确立交强险为责任保险后，制度设计应尽可能发挥责任保险有利于促进交通安全的优势，同时尽可能发展责任保险的理论，使之更符合保护受害人的立法目的。例如，对《道路交通安全法》第七十六条等关于赔偿责任的条款进行修改，建议明确规定"属于该机动车一方责任"作为交强险赔偿的前提，确保与《民法典》体系衔接，减少不必要的争议。即便不做修改，也应遵循"新法优于旧法"的原则，在法律适用上以《民法典》第一千二百一十三条为准。②又如，《条例》《条款》设置了在被保险人无责情况下的赔偿责任，这一设计一直以来就有较大争议，特别是对于机动车之间发生的交通事故。《道路交通安全法》第七十六条规定按照

---

① 汪信君：《论动力车辆事故之侵权行为责任、责任保险与无过失补偿：以经济抑制理论为基础》，载《台大法学论丛》第39卷第1期。

② 更为基础的问题是，对于交强险限额内交通事故侵权责任的归责原则，应从立法上补充作出规定。无论是《侵权责任法》还是《民法典》，都规定了机动车发生交通事故造成损害的，要依照道路交通安全法的有关规定承担赔偿责任，因此可以考虑通过修订《道交法》第七十六条来解决。其中还涉及诸多复杂的具体问题，例如，交强险范围内的侵权责任归责原则是否要对机动车之间和机动车与非机动车驾驶人、行人之间的交通事故有所区分？为对受害人提供及时、便捷的补偿，减少过错认定的程序负担，可以考虑在交强险赔偿责任范围内，对机动车之间和机动车与非机动车驾驶人、行人之间发生交通事故不做区分，统一适用无过错责任。上述归责原则的问题较为复杂，篇幅所限在本文中不做展开。参见李祝用、姚兆中：《再论交强险的制度定位——立法的缺陷、行政法规与司法解释的矛盾及其解决》，载《保险研究》2014年第4期。

各自过错的比例承担责任，而交强险的无责方对全责方仍然需要在无责限额内进行赔付，这既不符合交通事故侵权损害赔偿责任的基本规则，也明显与常理相悖。在明确交强险的责任保险属性之后，机动车之间的无责赔付更加没有法理依据，建议对于此类现行交强险制度中不合理的安排，应尽快予以修改。再如，对现行司法解释关于被保险人故意、未取得驾驶资格、醉酒等情况下发生交通事故由交强险进行赔偿的规定，建议可予以保留并对《条例》相关条款进行修订完善。按责任保险原理，对于此类被保险人严重漠视交通安全的行为，本不应由交强险赔付，但基于交强险制度保护受害人的目的考虑，可以规定由保险公司赔偿后再向被保险人代位求偿，以体现保护受害人的价值导向，同时尽可能地防范道德风险。通过修改《条例》对上述规则予以明确规定，以便保险行业充分评估风险，对保险费率进行重新测算和调整。此外，有关交强险的司法解释与《民法典》新规定不一致的也应及时做出修改。

（三）推动司法和保险行业践行交强险作为责任保险的理念

从司法审判和保险业务实践层面，应当深入理解《民法典》的立法精神，推动和落实交强险制度改革。司法机关和保险公司长期直接参与交强险赔偿案件，对交通事故各方当事人利益、交强险制度的利弊等有着深入的理解和切身的体会，交强险的制度改革离不开其积极参与和推动。但从以往的司法实践来看，交强险的有关规则往往难以得到法院的认可，有些法院并不严格按照《条例》和《条款》对交强险案件作出判决①。随着我国社会主义法治体系逐步完善和全面依法治国持续推进，上述状况应得到改变。法院应成为践行《民法典》规则的表率，充分认识到交强险是责任保险，通过合理设计的责任保险费率机制、免责事由、代位求偿机制等对

---

① 早有学者指出司法实践中法官往往对交强险《条例》及《条款》中的免责规定不予认可，例如对《条例》第二十二条规定的垫付抢救费用，往往判决保险公司承担赔偿责任，类似的做法违背了风险与费率的平衡原则和公平原则，是对交强险权益的损害。参见贾林青、冷尚鸿、郭春海主编：《海商法保险法评论（第五卷）——责任保险在我国的适用与发展暨食品安全责任保险研讨会专辑》，第143页。

于提高被保险人、第三人的注意程度具有重要作用,从根本上有利于交通安全并保障受害人利益,在审判实务中应充分尊重交强险的制度规则。保险公司也应在交强险条款和费率的设计等方面发挥更为积极主动的作用,推动制度设计更加科学化、精细化,让相关制度更好地发挥各自应有的价值。

四、结论

"保障制度说"更多关注受害人的利益,但忽视和弱化了侵权责任对损害事故的抑制功能。该理论仅部分借鉴了英美国家无过失保险的理念,相关研究远不够充分,难以指导交强险完成更为精细、合理的制度设计。而责任保险的理论基础较为深厚,可借鉴的域外立法更加丰富,更能够兼顾侵权赔偿责任应具有的价值导向作用,从根本上有利于保障受害人利益,维护交通安全。在《民法典》已经明确交强险为责任保险之后,立法机关、行业监管机构需继续修改完善相关法律法规、监管规定,扭转行政法规、司法解释不一致甚至相矛盾的现状,从更高的站位和更长远的视角推进交强险作为责任保险的制度改革,提升保障水平,更好地保护各方当事人权益。

18
《民法典》背景下信保业务的挑战与机遇

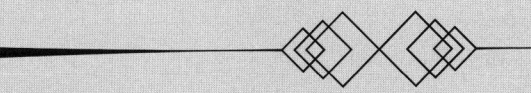

胡晓珂[1]

---

[1] 胡晓珂,中央财经大学法学院副教授,法学博士,硕士生导师。

摘要：随着普惠金融蓬勃发展、居民消费升级以及互联网技术革新，信保业务，尤其是融资性信保业务逐渐成为保险市场扩张的主要驱动力。与传统的财产保险不同，信保产品因其以履约信用风险为保险标的而引发了诸多质疑。虽然信保业务源自于民法理论上的担保制度，但从合同目的、与基础合同的关系以及法律赋予的危险控制手段而言，其本质上区别于民法上的保证，应优先适用《保险法》，保险人是否承担保险赔付责任取决于《保险法》的规定及保险合同的约定。站在《民法典》的背景下，回归《保险法》本义，尊重信保产品商事结构的特殊性，审慎安排如实告知义务、保险责任和免责事由等合同条款，应是信保业务走出目前困境的可取路径。

关键词：信保业务；保证保险；信用保险；合同安排

2020年5月28日，第十三届全国人民代表大会第三次会议审议通过了《中华人民共和国民法典》，这是新中国立法史上第一部以"典"命名的法律。《民法典》的出台是促进社会主义市场经济健康有序发展的重要法律保障，也是推进国家治理体系和治理能力现代化的重要手段。《民法典》在体例结构方面的重大变动之一，就是在"合同编"典型合同中增加"保证合同"（合同编第二分编第十三章），在原有《担保法》规定的基础之上，对保证合同的含义、保证人、保证方式、保证责任等作了详细规定①。在《民法典》颁布的大背景下，有必要进一步厘清"保证"之概念，在此基础上确定信用保险和保证保险（以下简称"信保业务"）内涵的一般法律思想及与之相适应的具体界定标准，从而为正确规范现行法秩序提供砖石支持。

一、信保业务实践中的困境

（一）信保业务的发展

《保险法》第九十五条规定，财产保险业务包括财产损失保险、责任

---

① 石宏：《合同编的重大发展和创新》，载《中国法学》2020年第4期。

保险、信用保险、保证保险等保险业务。一般来说，财产损失保险以具体的财产物资为保险标的，如火灾保险、运输工具保险、工程保险等；责任保险以被保险人对第三者应负的赔偿责任为保险标的，例如产品责任险、职业责任险；而信用保证保险则以信用作为保险标的，分为信用保险和保证保险，如国内商业信用保险包括了赊销信用保险、预付信用保险、贷款信用保险等；而保证保险则包括了合同保证保险、贷款保证保险、司法保证保险、特许经营保证保险等。以上三种保险类型构成了整个财产保险体系①。

与传统的财产保险相比较，信保业务起步较晚，始于20世纪80年代初期，在中国保险市场发展的很长一段时间内，信用保证保险主要是政策性的出口信用保险②。近年来，随着普惠金融蓬勃发展、居民消费升级、互联网技术革新，信保业务，尤其是融资性信用保证保险逐渐成为市场扩张的主要驱动，信用保证保险业务规模稳步上升，保费收入从2011年的171.97亿元增长到2019年的1 043.60亿元，年均复合增长率为25%，虽然近3年来增长速度有所放缓，但整体市场需求旺盛，未来仍将保持稳定增长趋势③。

应该看到，信保业务是指以履约信用风险为保险标的的保险④，具有非有形实物权利的特点，不确定性因素更多，业务风险更高，在普惠金融的发展以及互联网技术革命的背景下，信保业务引发的纠纷日益增多。根据《中国银保监会消费者权益保护局关于2020年第二季度保险消费投诉情况的通报》（银保监消保发〔2020〕9号）⑤，在涉及财产保险公司险种投诉中，信保业务纠纷居高不下。其中，保证保险纠纷6 433件，占比

---

① 严婉怡：《国内信用保证保险监管反思》，载《法律与新金融》第30期。
② 出口信用保险以国家财政作为支撑，政策性较强，不在本文所讨论的信保业务范围之内。
③ 毕马威：《融资性信保业务：行业生态、内外挑战与应对策略》，2020年11月22日印行。
④ 《中国银保监会办公厅关于印发信用保险和保证保险业务监管办法的通知》（银保监办发〔2020〕39号）第1条。
⑤ 《中国银保监会消费者权益保护局关于2020年第二季度保险消费投诉情况的通报》（银保监消保发〔2020〕9号）。

39.71%。资料显示,随着互联网贷款迎来爆发期,与银行等金融机构合作的助贷机构意在通过引入担保、保险提高借款人信用,不少保险公司因融资性信保业务而陷入巨亏"怪圈"①,信保业务的实践面临着诸多挑战。

(二)司法裁判路径的困惑

本文以信保业务为研究对象,以"中国裁判文书网"等数据库公开的生效裁判文书作为数据来源。笔者以"民事案件""保证保险合同纠纷"和"判决书"为关键词在"中国裁判文书网"进行搜索,共检索到31 561 份文书。从裁判年份的分布看,2020 年、2019 年、2018 年和2017 年分别获得的样本数为11 439 份、14 997 份、3 828 份和923 份,围绕着信保业务产生的法律纠纷呈现出爆炸式的增长;从法院层级看,分布在最高人民法院、高级人民法院、中级人民法院以及基层法院的样本数分别为3 份、6 份、622 份和30 914 份,大多数诉争发生在基层法院。考虑到案例的代表性,笔者重点对中级法院以上审理的案例进行了检视,可以发现,虽然信保业务引发的争诉数量庞大,但因其具有与保证相同的经济功能,法律关系上亦与担保法发生交错,在审判实务中,裁判进路对其法律性质、法律适用等重要问题,仍然存在较大争议。

1. 法律关系甄别之分歧

通常,法官在审理过程中对案件的事实与性质的认定过程遵循着查明事实、确定法律关系以及选择适用法律的基本路径,法官对案件中法律关系的甄别认识直接影响着裁判思维。就传统的财产保险而言,信保业务中的法律关系甄别更为复杂。信保业务法律关系中通常存在着两种合同关系,一是基础合同关系,债权人与债务人(履约义务人)之间的合同关系;二是主合同关系,投保人(债权人或履约义务人)与保险人之间的信保合

---

① 例如,在"厚本金融案"中,上海市公安局浦东分局以涉嫌非法吸收公众存款罪对上海厚本金融信息服务有限公司立案侦查,中华财险因其承保厚本金融平台业务而引发保证保险投诉集中爆发。2020 年4 月17 日,中华财险收到监管罚单,其上海分公司信用保证保险新业务被暂停两年。参见房文彬:《融资性信保业务成烫手山芋?》,载《中国银行保险报》2020 年10 月19 日。

同关系，而信保合同是为基础合同正常履行而建立。此外，根据基础合同中身份地位的不同，投保人也分为两类，在信用保险合同中，投保人是基础合同中的债权人；而在保证保险合同中，投保人是基础合同中的债务人（履约义务人）。不难看出，信保业务结构的复杂性是造成法官在审判实务中对其法律性质认识不一的主要原因①。

2. 法律适用的分歧

法律性质的认识偏差也极易引发裁判进路在法律适用方面的分歧。在简单案情中，例如，在以个人信用贷款类为基础合同的判决中，由于这类保证保险合同标的额小，合同对双方的权利义务约定较为明确，在审理中仅存在借贷法律关系和保险法律关系，法律关系简单明了，不论适用《担保法》《保险法》或是不谈论其性质，仅按照当事人的意思自治进行判定，其结果都承认保险公司进行代偿后对投保人有请求还款的权利。但在复杂案情中，例如，在以个人贷款（担保）类以及企业贷款类为基础合同的判决中，由于在保险之外还设立了抵押或保证，部分合同约定的借款时间较长、金额较大，那么出现复杂案情的概率更大（如继承、债权转移），较容易出现更为复杂的法律关系，再加上部分合同并没有明确约定保险公司代偿后请求投保人还款的权利，法官在法律适用上选择适用《担保法》或《保险法》，在性质上是认定保证保险合同的保险属性还是保证属性，就对判决结果有着绝对的影响②。

较为突出的问题是：信保业务产生的争诉，究竟应当适用《担保法》，还是适用《保险法》进行裁决，显然，裁判依据并不一致，而对信保产品法律性质的不同认定，将会在法律适用和制度设计上产生完全不同的结论，对合同当事人产生的法律后果也不一样③。这些都可能造成裁判思路

---

① 张岚：《对融资性信保业务经营相关问题的思考》，载《保险理论与实践》2020 年第 8 期。
② 黄穗：《保证保险合同纠纷审判思路探析与重构——以 100 份判决书中的审理差异性为切入点》，载《四川警察学院学报》2018 年第 4 期。
③ 樊启荣、李娟：《保证保险性质之探讨——兼论我国保证保险之误区》，载《云南财贸学院学报》2005 年第 5 期。

的分歧，从而影响了司法的稳定性和可预测性。

二、《民法典》背景下信保属性的正本清源

（一）学理争议

前述信保业务实践中的困境，究其根源在于学界对信保产品法律性质的认识存在分歧。与传统的财产保险不同，信保业务以信用风险作为保险标的，其业务经营需应对的不确定性因素更多，信保业务是从《担保法》中的保证制度演变而来，是保证制度和保险制度联姻的产物，两者天然具有广泛的联系。总体来看，在看待信保产品法律性质问题上，学界形成了三种观点：保险说、保证说以及二元说。

"保险说"认为[①]，信保业务建立在大多数人互助共济的基础之上，以特定的风险为对象并对其进行分散和转移，符合保险制度特征。从功能上看，它利用风险转移机制，能起到分散风险、转移损失的作用，正是保险之风险分散功能的显著特征；而保证主要被设定为保障某一特定债权最终得以顺利清偿；从其经营规则上看，信保业务基于"大数法则"的应用，而这个基础正是保险所依赖的，与保证担保依赖担保人自身的信用、财产等是根本上不一样的。信保业务的模式根本上异于保证，其应优先适用《保险法》，保险人是否承担保险赔付责任取决于《保险法》的规定及保险合同的约定。

然而，"保险说"因信保业务所涉法律关系复杂和保险标的非有形实物权利的特点面临着质疑。一些学者对信保业务涉及的两类产品性质进行了区分，认为：对于信用保险而言，投保人（债权人）对于保险标的（债务履行）具有保险利益，且保险事故（债务不履行）是否发生，不受投保人（债权人）的影响，属于客观存在的不确定风险。因此，信用保险完全符合《保险法》关于保险标的、保险事故和保险利益的规定，属于真正的保险合同。但对于保证保险而言，由于保险人所承保的保险事故，是投保

[①] 参见贾林青：《保证保险合同的法律性质之我见》，载《法律适用》2002年第9期；宋刚：《保证保险是保险不是担保——与梁慧星先生商榷》，载《法学》2006年第6期。

人不履行债务，而该保险事故是否发生，主要是由投保人主观方面决定的，不符合关于保险事故必须是客观的、不确定事故的《保险法》原理，保证保险存在着可能的保险欺诈，保证保险并不是本来意义上的保险合同①。保证保险不过是采用保险形式的一种担保手段，名为保险、实为保证担保，保险人应就债务人（投保人）的债务向债权人（如贷款银行等）承担保证责任。

除上述两种主流观点的分歧，学界试图在前两种观点中寻求妥协，"二元说"即这一折中的产物。"二元说"认为其兼具保险和担保双重属性，既是保证，也是保险，其法律适用应根据合同的具体约定确定或由当事人自行选择，可以同时适用《保险法》和《担保法》，保险人应承担何种责任取决于合同的具体约定或当事人的自行选择。然而，就"二元说"而言，"或此或彼"的观点虽然回避了保证保险的性质之争，但同一法律关系不可能同时适用存在冲突的《保险法》和《担保法》，其对于所有其他存在双重或多重法律关系的合同纠纷也同样适用，对于解决实践问题并无任何用处，其逻辑上存在明显的漏洞，并不足以解决实践中的问题，也是经不起学理上的推敲②。

（二）审判实践中的不同指引

上述三种观点在司法审判中均有对应的大量判决。从最高人民法院针对下级法院特定案件请示做出的反馈答复看，其经历了一个从"保证说"向"保险说"转变。在 2000 年对湖南高院所请示案件的函件中，最高人民法院明确指出：保证保险虽是保险人开办的一个险种，其实质是保险人对债权人的一种担保行为……应按借款保证合同纠纷处理，适用有关担保的法律③。在 2006 年针对辽宁高院所请示的问题，最高人民法院在其答复

---

① 梁慧星：《保证保险合同纠纷案件的法律适用》，载《人民法院报》2006 年 3 月 1 日。
② 任自力：《保证保险法律属性再思考》，载《保险研究》2013 年第 7 期。
③ 《最高人民法院对湖南省高级人民法院关于〈中国工商银行郴州市苏仙区支行与中保财产保险有限公司湖南省郴州市苏仙区支公司保证保险合同纠纷一案的请示报告〉的复函》（〔1999〕经监字第 266 号）。

中指出：汽车消费贷款保证保险是保险公司开办的一种保险业务，应依据当事人意思自治原则确定合同的性质，相关协议、合同中，保险人没有作出任何担保承诺的意思表示。因此，此案所涉保险单虽名为保证保险单，但性质上应属于保险合同①。可以判断，就此前的"保证说"而言，最高人民法院在裁判思维上已经发生了变化，"保险说"的倾向显而易见。

尽管上述文件展示了最高人民法院对类似问题的基本看法，但审判实务中并没有彻底消除争议。地方法院对于该问题仍持有不同看法，并形成了相应的判决。如广东省高级人民法院认为，因"车贷保证保险合同"产生的争议，应根据该合同的主要内容、责任承担形式及合同目的等确定该合同应当属于保险合同还是担保合同，并据此援引法律加以适用②。而北京市高级人民法院则认为：在保证保险合同中，借款合同是保证保险合同的基础合同，但二者之间不存在主从合同关系，保证保险合同具有独立性；保证保险合同的效力及保险人的责任应依据《合同法》《保险法》的相关规定以及该合同的具体约定来判断③。

（三）《民法典》视角下的信保

如前所述，"二元说"缘起于审判实务中对该类案中合同目的探寻，但其结果却陷入了"保险说"和"保证说"之间的妥协。"保证说"虽然强调了信保业务与担保制度之间的共性，但忽略了信保产品商业结构的特殊性，试图以特征点相符合的数量多寡作为定性的主要依据，难免有先入为主之嫌。因此，从《民法典》的视角审视信保业务的法律性质，厘清信保合同与保证合同之间的本质区别，从《保险法》规范与《民法典》规范衔接的角度来解决学理上的争议进而解决裁判思路分歧，不失为一种有益

---

① 《最高人民法院关于保证保险合同纠纷案件法律适用问题的答复》（〔2006〕民二他字第43号）。

② 《广东省高级人民法院关于印发〈广东省高级人民法院关于审理汽车消费贷款保证保险纠纷案件若干问题的指导意见〉的通知》（粤高法发〔2006〕19号）。

③ 《北京市高级人民法院关于印发〈北京市高级人民法院关于审理汽车消费贷款纠纷案件及汽车消费贷款保证保险纠纷案件若干问题的指导意见（试行）〉的通知》（京高法发〔2006〕215号）。

的尝试。

站在《民法典》的视角，保证合同与信保业务合同的目的有显著区别。依照我国《民法典》第六百八十一条规定，保证合同是为保障债权的实现，保证人和债权人约定，当债务人不履行到期债务或者发生当事人约定的情形时，保证人履行债务或者承担责任的合同。作为债的担保方式，保证担保的目的是为保障主债权的顺利实现，在此意义上，保证担保应属单务无偿合同。而信保业务包括信用保险和保证保险，二者业务模式虽有所区分，但共同之处都是通过保险这一商业工具，为履约义务人的信用进行增信，其功能在于采用大数法则、概率学说，集众多投保人之力来分散风险、化解危险，是典型的双务有偿合同，合同目的显然则是分散转移风险而非担保债权实现。在 Jordan v. Group Health Association 一案中[1]，法院认为，判断合同性质时，必须从合同的主要目的出发。若要认定一份合同属于保险，首先必须存在风险和风险的转移，并且，该风险的转移必须是合同的主要目的而非仅是附带性的。将信保业务中的两类保险合同简单地等同于保证合同，显然是对《民法典》中保证合同的合同目的的一种误解。

对信保合同双重合同关系"从属关系"的解读也不符合信保业务合同独立性之本义。依《民法典》第六百八十二条规定，保证合同是主债权债务合同的从合同。主债权债务合同无效的，保证合同无效。由此来看，保证合同与其所担保的主债权合同之间是典型的主从合同关系，保证合同不具有独立性。前文谈及，信保业务两类保险合同的成立至少涉及双重合同：债权人与债务人（履约义务人）之间的"基础合同"以及投保人（债权人或履约义务人）与保险人之间的主合同。对此，"保证说"认为，信保合同是为基础合同正常履行而建立，二者具有从属性。然而，这一解读值得商榷。信保业务合同的独立性以无因性为基础，并源自现代保险商业实践追求效率、安全和便捷的内在需求。该无因性成就了其独立性，并使得信保业务合同下的债权可以像所有权、票据权利一样独立存在及自由流

---

[1] Jordanm Superintendent of Insurance v. Group Health Association，107 F.2d 239（D.C.Cir. 1939）.

转。该等独立性反过来进一步强化了信保产品的保险属性,并决定着相关合同纠纷在司法实践中法律适用等争议问题的解决①。信保产品中的主合同虽然必须以基础债权债务关系的存在为原因和前提,但其效力并不当然受到基础合同效力的影响,具有鲜明的独立性②。

从危险控制的角度而言,信保合同亦明显区别于保证合同。《民法典》第六百八十七条规定,一般保证的保证人在主合同纠纷未经审判或者仲裁,并就债务人财产依法强制执行仍不能履行债务前,有权拒绝向债权人承担保证责任。此类规定均属于保证人在承担担保责任时的危险控制手段,其危险控制方式是被动的,且多属于事后防范。而从信保业务的角度而言,保险标的为信用,为了控制风险,《保险法》赋予了保险人相当齐备、相当主动的风险防范手段,如投保人的如实告知义务、危险增加时的通知义务等,而这些风险控制手段贯穿了信保业务合同的订立、履行等全部过程。

一种可取的路径是,以《民法典》和《保险法》为出发点,尊重信保产品结构、功能,进而确定其法律性质。简单地沿袭传统民法理论上的"保证合同"概念并以其为基础构建各种具体规则,未体系考虑民法和商法彼此之间的规范衔接,有违国际保险业界的通行做法,也可能忽略了信保业务作为一项保险业务所具有的商事特殊性,剥夺了保险人依照法律规定和依照合同约定所享有的种种风险控制权利。

三、防范信保业务法律风险的合同路径

信保业务源自美国保险业经营的保证制度,在欧美等发达国家由来已久。但在我国,信保业务起步较晚,相关概念较早出现在国务院于1983年9月颁布的《中华人民共和国财产保险合同条例》中,彼时相关业务并未真正开展起来。2009年修订后的《保险法》虽明确规定了财产保险业务包括保证保险,但亦未对保证保险的内涵进行界定,导致实践中保证保险

---

① 任自力:《保证保险法律属性再思考》,载《保险研究》2013年第7期。
② 朱欣蕾:《保证保险的性质探究》,载《海峡法学》2018年第3期。

业务不尽规范，对保证保险的性质依然未完全达成共识。随着信保业务的快速发展，针对信保业务中出现的问题，2019年11月，银保监会财险部下发《信用保险和保证保险业务监管办法（征求意见稿）》。在此基础上，银保监会新近又正式下发《信用保险和保证保险业务监管办法》《融资性信保业务保前管理操作指引》以及《融资性信保业务保后管理操作指引》等，针对信保业务的保前、保后管理作出了详细规定①。然而，通读相关文件，不难发现监管重心仍然是对经营风险的控制，监管的重心在于：对其监管对象——保险公司的信保业务风险点进行逐一警示，而对于当事人的权利义务关系、责任免除问题、可保风险等合同安排问题似乎并未给予足够关注。当然，银保监会可以通过批复等方式对相关业务保险条款予以指导和规范，但仍需注意的是，实践中的分歧往往来自对信保合同条款的不同理解，重视信保业务合同条款的设计，使其回归保险本源，是规范信保业务不可或缺的内容。

（一）如实告知义务条款

投保人在保险合同订立时，须善意地将保险人承担危险的有关事项告知，此类义务的履行大致可分为保险事故发生前及保险事故发生后两种，而与保险事故发生前最重要者为成立前的告知以及危险增加通知义务②。如实告知义务是《保险法》赋予保险人特别权利，也是保险合同最大诚信原则的体现。就传统财产保险而言，信保业务中的信用保险和保证保险均以履约信用风险为保险标的的保险，保险标的具有非有形实物权利的特点，尤其是在保证保险中，因其投保人为履约义务人，利用保险转嫁风险的可能性急剧增加，如果忽略信保业务中保险标的的特殊性，简单地套用传统财产保险对如实告知义务条款，保险经营风险可能难以避免。

不能否认，对于信保业务中投保人告知义务的履行义务，无论是监管者还是保险人实际上都给予了一定关注。例如，银保监会在其监管文件中强调：保险公司要强化核保过程的反欺诈管理，建立反欺诈的评估标准、

---

① 李利、许崇苗：《对保证保险内涵的探析》，载《保险理论与实践》2020年第8期。
② 江朝国：《保险法基础理论》，中国政法大学出版社2002年版，第223页。

信息类型，反欺诈管理内容则包括保险标的真实存在、履约义务人提交的信息真实以及履约义务人不存在历史欺诈记录等①。在保险公司相关业务的标准合同中，均以相当的篇幅安排了告知义务条款，其中，既包含了合同订立时的投保人如实告知义务，也包括了基础合同履行过程中危险增加时被保险人或投保人的告知义务②。

然而，令人尴尬的是，在信保业务涉诉案例中，保险人较高的败诉率似乎暗示了：保险人以如实告知义务进行抗辩的权利并未形成有效的防火墙。在对多家保险公司信保业务合同进行检视的基础上，笔者认为，忽视信保业务保险标的特殊性，以传统的保险经营模式在合同中安排如实告知义务条款可能是问题症结。必须看到，在信保业务的承保过程中，履约义务人履行基础合同义务的能力是一个最为重要的考虑因素，因此，投保人如实告知义务条款设计必须围绕着投保人声誉、能力、资金实力展开，而上述几个方面可以概括为"保证保险三个 C"：即品质（character）、能力（capacity）和资本（capital）③。一个可行的思路是，在信保业务合同中，厘清信保业务风险源，针对不同类型业务的特点，丰富投保人如实告知义务的内涵和外延，方能有效地降低信保业务经营中可能产生的道德风险：首先，在保险合同成立以前，保险人可以问卷回答等方式充分预测、了解其承担的风险，将投保问卷作为合同基础或附件列入保险合同的范围，通过投保人投保陈述作为保证或条件来决定是否承担保险责任④；在保险合同的履行过程中，除某些类型的保证合同不需要核实被保证人的情况外，应定期检查、强制要求被保险人履行告知义务，例如在合同保证中，保

---

① 中国银保监会办公厅关于印发融资性信保业务保前管理和保后管理操作指引的通知（银保监办发〔2020〕90号）第十七条。
② 类似情形在监管部门关于此类保险条款和费率的批复中有多处可见，参见：《中国保监会关于中国人寿财产保险股份有限公司个人汽车消费贷款履约保证保险条款和费率的批复》（保监许可〔2016〕1236号）、《中国保监会关于中华联合财产保险股份有限公司个人信用贷款保证保险条款和费率的批复》（保监许可〔2015〕264号）等文件。
③ ［美］所罗门·许布纳、小肯尼斯·布莱克、伯纳德·韦布：《财产和责任保险》，陈欣等译，中国人民大学出版社2002年版，第307页。
④ 陈佰灵：《保证保险若干法律问题探析》，载《法律适用》2006年第5期。

证人就必须从被保证人处定期取得施工进度报告以检查建筑工程的施工情况，又如在信托保证中，定期检查是否依法作出财务会计报告、不动产是否完整、收入是否入账、支出用途是否适当，等等。概而言之，投保人任何虚假陈述、欺诈、被保险人不履行定期报告、检查等义务原因均有可能导致保险合同履行的终止。

（二）承保责任和保障范围条款

承保责任和保障范围条款是信保业务合同中的核心条款，它包括了保险责任条款、保险金额条款以及免赔额等系列条款。笔者梳理了金融机构贷款损失保证保险、资金债务履约保证保险、消费贷款还贷保证保险等多个信保产品的合同条款，总体的印象是：在保险责任范围方面，一般都将保险人的赔偿范围表述为未偿还本金以及贷款利息，且将罚息、违约金等对投保人的惩罚性损失排除在保险责任范围之外；在免赔额方面，不同公司的保险产品条款虽表述不同，但均在相关条款中规定了一定的免赔率。将罚息、违约金等对投保人的惩罚性损失排除在保险责任范围之外，以此督促履约人积极履行义务符合保险分散风险的职能，此外，通过科学地设定免赔限额，能够合理地在保险人和投保人（被保险人）之间分配风险，这些条款的合理性无疑值得肯定。

尽管如此，仍需引起我们关注的是，现有的承保责任和保障范围条款是传统财产保险产品的复制，能否满足了信保业务产品的个性化需求值得关注。保证保险与信用保险虽然在具体业务经营模式上有所区别，但二者都是以履约信用风险为保险标的的保险，其中，信用保险的信用风险主体为履约义务人，而保证保险的投保人为履约义务人，较一般财产损失保险而言，信保产品风险发生之时的实际损失不是物理性的，而是基于双方法律关系，承保责任和保障范围取决于法定的或者约定的请求权，有较大的不确定性，从这一角度来看，围绕着承保责任和范围的个性化条款的安排似乎更为迫切。

信保业务的目的是补偿被保险人无法预见的信用损失，这种信用损失并不是被保险人粗心大意引起的。为了保险人和保单持有人免受滥用此类保险产品提供信用的损害，笔者认为，应尊重信保业务的商业特点，借鉴发达国家和地区保险经验，通过对承保责任和保障范围条款个性化的设计为保单提供更多的空间以及弹性，保单的持有人如果愿意可以投保全部或者部分，也可以为每一债务人或每类债务人投保，也可以根据需要增加、减少或删除某项承保责任。延续着这一思路，笔者认为，现阶段，围绕着现有的产品相关条款进行的完善应当包括以下方面：（1）首期损失免赔额，与现有的"免赔额"条款有所区别的是，首期损失是指某一特定行业在一段正常商业年份中实际发生的平均信用损失，既然这种损失是预期要发生的，它就可以被视为其他经营成本而被企业摊销；（2）累计保单限额，与现有的"保险金额"条款有所区别的是，累计保单限额考虑到不同产品之间的差异性，保险人负责的最高累计损失必须等于保单中一个单个账户或某一类账户的最高承保限额，累计保单责任限额可以与保费同时做适当调整，这一点对于融资性信保业务具有重要的借鉴；（3）共同保险条款，无共同保险的保单自然收取较高的保费，实践中，保单较少使用共同保险条款，但基于现有的信用基础尚属薄弱的国情，让被保险人作为共同保险人承担一定比例的净信用损失，使保险发挥补偿平均重置价值的功能，而不是补偿成本和利润，会在一定程度上降低道德危险的因素①。

（三）保险责任免除条款

总体而言，现有信保产品中的免责条款表述基本上沿袭了传统的财产保险的做法，对信保业务特殊性的重视似有不足。客观地说，造成这一现状的原由可能与现有的监管要求有关。按照银保监会的要求，保险公司开展信保业务，不得通过保单特别约定或签订补充协议等形式，实质性改变经审批或备案的信保产品②，免责条款显然属于实质性内容范畴，保险人自由发挥的空间有限。尽管如此，仍需看到，保险合同是最大诚信合同，保险人对于免责条款负有明确的说明义务，过于原则和模糊的免责条款无

---

① ［美］所罗门·许布纳、小肯尼斯·布莱克、伯纳德·韦布：《财产和责任保险》，陈欣等译，中国人民大学出版社2002年版，第351页。
② 《中国银保监会办公厅关于印发信用保险和保证保险业务监管办法的通知》（银保监办发〔2020〕39号）第七条第（五）款。

助于保险人管理和控制风险。因此，尊重信保产品的商业结构特点，准确理解《民法典》及《保险法》相关条款立法精神，拟定个性化的免责条款显然具有重要意义。

《保险法》将投保人、被保险人或者受益人故意制造保险事故作为保险人免除赔偿责任的事由之一，基于此，信保产品一般将"投保人、被保险人及其代表的故意行为"均列为免责事由，这一中规中矩的做法固然不会背离监管要求，但较为原则的表述似乎忽略了信保产品的商事特殊性。应当看到，履约风险往往处于一个动态的过程，因违约行为而导致保险事故的发生可能并非出于履约义务人的本意，此处的"故意"可能更多地指向投保人、被保险人的"恶意"，换言之，所谓"故意"是指履约义务人通过积极作为或者消极不作为的行为导致保险事故发生，简单化的处理方式在实践中极易产生争议和分歧。因此，有必要在现有条款的基础上细化"故意行为"的具体表现形态，使其回归《保险法》的立法本意。在信保产品中，保险人往往要求义务人提供反担保，基于此，笔者认为，结合《民法典》关于撤销权和不可抗辩权等规定，信保业务中制造保险事故发生的"故意"可细化为以下三类：其一，投保人以转移财产、抽逃资金、放弃到期债权、无偿转让财产或以明显不合理的低价转让财产等方式恶意损害债权人债权的行为，而债权人怠于行使其撤销权；其二，投保人以恶意导致抵押物价值减少、低价转让抵押财产等方式恶意减少抵押物价值的行为；其三，未经保险人同意，投保人、被保险人擅自变更债务合同或其担保合同，导致承保风险增加。概而言之，这些行为的主观"恶意"明显，不属于保险合同成立时可评估的信用风险，理应通过责任免除条款予以排除。

现有的信保产品合同一般将基础合同的无效和撤销视为免责事由，遗憾的是，相关条款过于原则，逻辑也较为混乱，容易产生争议。对此，笔者认为，基础合同的无效以及可撤销作为免责事由应严格限制在《民法典》的框架内，现有的相关条款应从以下方面予以完善：其一，结合《民法典》第一百五十三条规定，违反法律、行政法规的强制性规定的民事法律行为无效，此情形因不符合保险利益本意而理应被排除；其二，参照《民法典》

第一百四十七条、第一百四十八条、第一百四十九条以及第一百五十条等规定[①]，基于重大误解或者一方以欺诈、胁迫的手段或者乘人之危使得对方在违背真实意思的情况下订立的合同之情形，相对方可行使撤销权，投保人出于获取不正当利益目的，在签订信保合同时故意隐瞒影响基础合同正常履约的不利信息，导致保险人误判风险并予以承保，此情形下，无论投保人在基础合同中是何种身份，投保人都已事实获得利益，这与法律不支持保险合同任一方从违反最大诚信原则中获益的精神相违背。除上述情形以外，不能简单地认为债务合同或附属合同无效、被撤销或者解除，保险合同也当然无效。

综上所述，保险人免责条款的合同安排应以《民法典》和《保险法》强化的相关规定为逻辑出发点，结合信保业务的特点进行个性化的设计，强化合同条款对于信保产品商事特殊性的尊重，以减少实践中的歧义。

四、结语

信用作为市场经济活动的润滑剂，随着商业社会的发展和信用体系的完善而日益重要。信用保险和保证保险以信用风险为保险标的，通过标准化和规模化集中风险和分散风险，有助于减少中、小企业融资成本，加强企业风险管理，有良好的社会效益。可以肯定的是，随着中国保险市场发展、消费金融市场崛起、政策对普惠金融、融资增信与高质量银保合作的大力支持、金融科技与基础设施建设对金融服务创新的推动，信保业务、尤其是融资性信保业务将步入快速的发展轨道。在面临行业巨大机遇的同时，业内仍需清醒地认识到信保产品与传统财产保险业务相比，自身蕴含的履约信用风险。以《民法典》的颁布为起点，回归《保险法》的本义，尊重信保产品商业结构的特殊性，审慎检视产品条款费率的设计及使用管理，规范信保产品的合同约定，应当是未来信保业务发展的可取路径。

---

① 具体法条参见《民法典》相关规定。

19 《民法典》人格权单独成编与责任保险的发展机遇

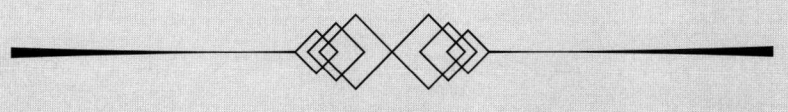

姚军[①] 周勇[②]

[①] 姚军,中国平安保险(集团)股份有限公司。
[②] 周勇,中国平安财产保险股份有限公司。

摘要：《民法典》人格权单独成编建立了完整的人格权享有、人格利益的支配与人格权保护规范体系，为高度依赖于立法与司法发展的责任保险提供了新的发展机遇。具体而言，人格权编以人的基本权利为核心的理念能有效引导责任保险逻辑基础从分散侵权人责任到保护受害人的重心转移；《民法典》独立成编能进一步唤起社会公众权利保护意识，为责任保险发展提供良好契机；《民法典》人格权编对人的生命、身体、健康权利的优先保护为强制责任保险的发展奠定基础；《民法典》对人格权保护范围的进一步扩张为责任保险产品提供了具体的责任基础。

关键词：人格权；责任保险；人格权保护

纵观保险行业的发展历程，经历了以承保物质利益风险的财产保险为起点，到以承保人身风险的人寿保险为重心，再到以承保法律责任风险的责任保险为跃点的发展之路，责任保险是行业创新发展的必然趋势之一，也是保险业成为社会保障体系的重要一环。然而，责任保险的发展高度依赖于法制体系的建设，责任保险的创新与国家立法及司法环境密不可分。我国新颁布的《民法典》作为"民事主体的权利宝典"，构建了完整的民事权利体系，尤其是人格权独立成编，为责任保险发展提供了新的机遇。

一、《民法典》人格权编的立法革新

（一）人格权独立成编，形成完整人格权利规范体系

我国人格权法的发展呈现出明显的理论与司法实践相互促进的特征，在理论层面有法学家们创新研究的丰硕成果，百花齐放、百家争鸣；在司法实践也有对人格权益保护的不断探索。在立法层面，此前宣示型、碎片型的立法模式成为人格权学说争鸣的重要主题，概括式立法亦为社会公众对于人格权利的保护徒增困惑；在司法实践层面，人格权纠纷案件不断涌现，在民事争议案件中占比与日俱增，但模糊的人格权概念与边界是法官在审理人格权案件时不得不面对的难题，对此法律适用的困难，期待立法作出回应。

本次《民法典》为周全保护民事主体合法权益，对相关利益予以立法

确认,为便利司法适用,对人格权进行了全面地体系化编排。人格权编的出台意味着过去零散的、效力层级不一的人格权保护规范集中至民事基本法中作统一规定,实现体系化蜕变,以学说与司法实践共同推进人格权益保护的模式转向以立法规范确认为主、司法实践发展为辅的模式①。通过建立完整人格权享有、人格利益的支配与人格权保护规范体系,实现由传统事后救济模式到关注事前防御性保护的迭变。我国《民法典》人格权独立成编充分体现了现代化人格权保护和规制模式的新发展,也为人格权的开放性、体系性规定提供了可能。

(二)以人格尊严为中心,扩张人格权保护范围

孟德斯鸠②曾说:"在民法的慈母般的眼里,每一个个人就是整个的国家。"与公法不同,处于私法核心地位的民法更加关注公民个体自由和尊严的保障,将个人的权利保障视为社会的最高价值,我国《民法典》回归民法之"人法"本质,构建了以人的自由与人格尊严为核心的人格权体系。

具体而言,我国《民法典》确立了"具体人格权 + 一般人格权"人格权体系。《民法典》人格权编不仅对生命权、身体权、健康权、姓名权、名称权、名誉权、肖像权、隐私权、个人信息等具体的人格权益进行了详细的规定,还对人格尊严、人身自由等一般人格权作出了规定,其中既包括物质性人格权,也包括精神性人格权。

相比较而言,《民法典》对人格权保护范围作了如下扩充。

一是对姓名、名称权的扩大保护。《民法典》第一千零一十七条规定:"具有一定社会知名度,被他人使用足以造成公众混淆的笔名、艺名、网名、译名、字号、姓名和名称的简称等,参照适用姓名权和名称权保护的有关规定。"该条对姓名权、名称权的保护范围进行了扩充,将具有识别性质的艺名、网名、字号及简称等纳入姓名权、名称权保护范围。

二是肖像权的扩张保护。《民法典》第一千零一十八条第二款规定:"肖

---

① 张红:《民法典(人格权编)一般规定的体系构建》,载《武汉大学学报(哲学社会科学版)》2020年第5期。

② [法]孟德斯鸠:《论法的精神》,张雁深译,商务印书馆1961年版,第212页。

像是通过影像、雕塑、绘画等方式在一定载体上所反映的特定自然人可以被识别的外部形象。"该条对肖像的界定标准从以传统的个人面部特征为中心扩张为可识别性的外部形象。对个人的面部特征以外的其他能够反映个人的外在形象的身体部分特征,也应当将其认定为肖像。同时,对肖像权侵害的认定废除营利性要求,对肖像权予以全面保护。

三是将声音纳入人格权保护范围。《民法典》第一千零二十三条第二款规定"对自然人声音的保护,参照适用肖像权保护的有关规定",将声音作为一种新型的人格利益纳入了人格权保护范围。

四是隐私权、个人信息保护范围的扩张。根据《民法典》第一千零三十二条第二款规定,隐私权的保护范围包括私人生活安宁和不愿为他人知晓的私密空间、私密活动、私密信息。基本上概括了现代社会隐私保护的范围,显示了概念的开放性、"私享"范围的增大①。而第一千零三十四条第二款对于个人信息范围的界定更是采用开放性表述,以方便在实践中不断丰富和发展个人信息保护的范围。

《民法典》人格权编将实践中出现的对于人格权利保护的新的需求直接纳入人格权保护范围,进一步明确了人格权享有范围的广泛性,人格权编构建的完整而又富有张力的人格权体系,为人格权利界定、人格权益周全保护提供了充分依据。

(三)构建事前、事后多层次权利救济体系

人格权保护方面,侵权责任编第二章为损害赔偿规则,该编主要针对侵权行为对受害人遭受的损失进行损害赔偿的救济方式。但人格权的损害后果难以弥补,人格权益的保护最重要的环节之一是预防损害后果的发生,因此,人格权编区分了人格权绝对权请求权与侵权损害赔偿请求权体系,使救济请求权体系层次更加分明。正所谓:《民法典》设置独立的人格权编被视为《民法典》的重大创新和最大亮点,其重大意义不仅在于它从价值层面为人格权的强力保护提供了法典的体系结构支撑,更在于从技

---

① 王利明:《民法典人格权编的亮点与创新》,载《中国法学》2020年第4期。

术层面为涉及人格权案件的法律适用提供了人格权请求权的工具支撑，从而使我国宪法关于"人格尊严"的基本权利规范，得以通过民法规范得到落实①。

1. 人格权请求权与侵权请求权

《民法典》第九百九十五条规定"人格权受到侵害的，受害人有权依照本法和其他法律的规定请求行为人承担民事责任。受害人的停止侵害、排除妨碍、消除危险、消除影响、恢复名誉、赔礼道歉请求权，不适用诉讼时效的规定"。该条在规定人格权请求权的同时，也对人格权请求权与侵权请求权进行了区分。在人格权遭受侵害时，权利人有权选择依据人格权请求权或者侵权请求权向行为人提出请求。在权利人主张人格权请求权时，只需要证明其人格利益的圆满支配状态受到了不当妨害即可，并不需要证明行为人的行为符合侵权责任的构成要件②，此即构成人格权请求权与侵权请求权的区分。侵权赔偿请求权以过错责任为最基本的归责原则，而无过错责任或过错推定责任均须有法律的明文规定。同时，适用侵权损害赔偿请求权时，必须要有损害，没有损害就没有赔偿。但是，在适用人格权请求权时，既不要考虑是否有损害（只要构成对人格权的侵害或者存在侵害的危险即可），也无须考虑侵权人有无过错。即便没有过错，构成对人格权的侵害、妨碍或侵害之危险时，权利人也可以行使停止侵害、排除妨碍、消除危险等人格权请求权③。

同时，在归责原则上，人格权编确立了精神性人格权动态系统论归责原则。《民法典》第九百九十八条规定："认定行为人承担侵害除生命权、身体权和健康权外的人格权的民事责任，应当考虑行为人和受害人的职业、影响范围、过错程度，以及行为的目的、方式、后果等因素。"该条改变了以前以构成要件认定责任的做法，而是运用了动态系统论的方式。

---

① 丁宇翔：《民法典保护个人信息的三种请求权进路》，载《人民法院报》2020年9月25日。
② 王叶刚：《民法典人格权编的亮点与创见》，载《中国人民大学学报》2020年第4期。
③ 程啸：《我国民法典中的人格权请求权》，载《人民法院报》2020年10月22日。

这种做法也借鉴了《欧洲侵权法原则》(PETL)等立法范式①。动态系统论试图通过抽取一些因素或因子,引导法官考虑该因素或因子的权重,在个案中通过判断不同变量的强弱效果,并结合因素之间的互补性,最终得出案件裁判的结论。精神性人格权责任认定及损失计算并无固定范式,动态系统论的引入,为法官裁判提供了明确依据与指引。

2. 人格权禁令制度

《民法典》第九百九十七条规定"民事主体有证据证明行为人正在实施或者即将实施侵害其人格权的违法行为,不及时制止将使其合法权益受到难以弥补的损害的,有权依法向人民法院申请采取责令行为人停止有关行为的措施。"禁令制度是在侵害他人权益的行为已发生或将发生时,若未及时制止,将导致损害后果迅速扩大或难以弥补之时,受害人有权请求法院责令行为人停止相关行为②。人格权益的损害后果一般具有不可逆转性,注重事前预防和防范对人格权保护具有重要意义。

同时,应当注意的是,禁令制度属于临时性紧急救济措施,法院禁令可因权利人的错误主张而失效,被申请人因此遭受的财产损失应由申请人予以赔偿。

二、责任保险创新发展与民事立法及司法的发展相辅相成

责任保险是以被保险人依法应向第三者承担的赔偿责任为标的的保险,责任保险转嫁的是责任风险。责任风险与一般财产损失风险不同,它是由法律规定而引起的一种民事责任,这种民事责任系因公民或法人在不履行自己的民事义务或者侵犯他人的民事权利时按照民法的规定而产生的法律后果③。可见,责任保险的存在,源于民事赔偿责任的存在,而民事赔偿责任之所以发生,归因于民事法律对民事权利义务关系的规定,可以说,离开了法律规定及司法实践,责任保险就无从谈起。

---

① 王利明:《民法典人格权编中动态系统论的采纳与运用》,载《法学家》2020年第4期。
② 王利明:《论侵害人格权的诉前禁令制度》,载《财经法学》2019年第4期。
③ 郭颂平:《责任保险》,南开大学出版社2006年版,第2页。

（一）责任保险承保范围发展历程：从与《侵权法》的共生发展到其他民事责任

责任保险最初产生发展的基础为《侵权法》，随后成为责任保险互为发展的重要支柱，至今，侵权责任仍是责任保险扩张需求的主要领域。

责任保险起源于欧洲，19世纪前半叶，法国拿破仑法典中出现了损害他人身体或财产需承担赔偿责任的规定，责任保险随之率先开办。1857年，英国开办承运人责任保险承保铁路承运人侵害他人权利时的法定赔偿责任；1880年英国颁布《雇主责任法》，当年即有专门的雇主责任保险公司开发了承保雇主在经营过程中因过错致使雇员受到人身伤害或财产损失时应负的法律赔偿责任的雇主责任保险产品。从责任保险的起源来看，侵权责任制度的立法发展为责任保险的启蒙发展奠定了基础。

长期以来，作为侵权责任制度基础上的衍生物，责任保险的扩张几乎是寄居在侵权责任制度之上而得以实现的，责任保险的生命力是由侵权责任制度赋予的。当侵权责任风险的范围越来越大，侵权行为范围越来越广，责任保险的适用空间也随之得以扩张。如1965年美国《第二次侵权行为法重述》对无过失侵权责任原则的进一步完善，将美国产品责任保险推向鼎盛发展时期。比较各国，侵权法律制度的完善在很大程度上决定着责任保险市场的发达程度，如美国、加拿大、英国、法国、德国、澳大利亚等侵权法律制度较为完备，它们同样是责任保险业的发达国家。

随着责任保险行业规模的不断扩大，承保范围开始逐渐由侵权赔偿扩大到其他民事责任。英国各类责任保险最开始仅以被保险人对第三人的侵权赔偿责任为标的，1974年《保险公司法》则将违约损害赔偿责任纳入承保范围："责任保险的标的包括侵权损害赔偿责任、违约损害赔偿责任以及其他依法应当承担的民事责任。"美国早先的判决对责任保险标的包括合同责任一直持抵制，但在20世纪开始出现支持违约责任保险合同有效的判例。[①]

---

① 罗璨：《责任保险扩张的法学分析》，西南政法大学2014年博士学位论文。

从责任保险承保范围发展历程不难看出，责任保险的发展以各国立法、司法的发展为基础，责任保险伴随着立法、司法的动态发展而不断创新。

（二）我国责任保险承保范围：依法应负的赔偿责任

我国《保险法》第六十五条规定"责任保险是指以被保险人对第三者依法应负的赔偿责任为保险标的的保险"，而根据《侵权责任法》规定，侵害民事权益，应当依法承担侵权责任，故而侵权责任构成了我国责任保险的一般基础。

以《侵权责任法》为基础，我国责任保险形成了雇主责任险、公众责任险、产品责任险、职业责任险、机动车三者责任险等传统责任保险产品。近年来，责任保险产品体系亦在不断寻求创新发展，逐渐探索其他责任保险，比较典型的如产品延长保修责任险、航班延误责任险等；另外，在侵权责任领域也兴起了新形式的责任保险，如诉讼财产保全责任险。根据《最高人民法院关于人民法院办理财产保全案件若干问题的规定》（法释〔2016〕22号）第七条规定，保险人可通过与申请保全人签订财产保全责任险合同的方式为财产保全提供担保，诉讼财产保险责任险成为责任保险创新发展的典范。

但整体而言，责任保险如何发展，保险行业尚处在不断探索的过程中，目前亦未形成有效的指导意见，而根据责任保险的一般内涵，需以被保险人依法应承担的赔偿责任为责任基础，责任保险的创新发展很大程度上有赖于民事法律体系的不断发展和完善。

三、《民法典》人格权编对人的关注为责任保险发展提供有力支撑

（一）责任保险逻辑基础：从分散侵权人责任到保护受害人之重心转移

传统责任保险主要以被保险人损失为中心，以分散被保险人损失为基础，《民法典》以"保护民事主体的合法权益"为立法宗旨，以"保护人民的人身权、财产权和人格权"为逻辑主线，并以人格权单独成编，重点宣示和规定了民事主体在经济社会生活领域的各项民事权利。在各类各项

权利的配置上,《民法典》把人格权置于优先位置,突出了人权保护,凸显了立法机关以人为本的法理思维①。《民法典》对人格权的明确与关注,将有效引导社会进一步关注"人"本身,在创新发展人格权领域责任保险产品的过程中,可将责任保险从分散侵权人责任的逻辑基础向保护受害人的重心转移,进一步体现责任保险保护弱者的制度本性。

具体而言,《民法典》开放式列举了具体人格权外,还明确了一般人格权。"其他人格利益"如何确定,是否有具体标准,留给后续立法及司法实践无限的合理解释空间;同时,《民法典》对具体人格权范围的扩大保护为当下各类经济活动提供了新的产品创新切入点,如对姓名权、名称权、肖像权的扩大保护提高了文学艺术创作及广告宣传等活动的权益侵害风险;将声音纳入人格权保护为各类软件开发、视频音频制作提出了更高权利保护要求;对于隐私权范围的开放性界定为隐私权保护提供了更多可能。此外,《民法典》基于人格权利保护的全面性而采用的开放式的立法方式潜在地增加了民事主体在各类纷繁复杂的民事活动中的责任风险,进一步以责任风险为承保标的的责任保险提供了发展空间。责任保险可以此为契机,将其逻辑基础向保护受害人转移,在充分保护人们人格权益的过程中,进一步发挥其社会治理的重要价值。

(二)人权保护理念下维权意识增强为责任保险发展提供新的机遇

《民法典》对于人格权独立成编的精致制度安排,符合人权与物权关系的基本法理,即物权和其他民事权利因人而存在,来源于人权、附属于人权、服务于人权,随着人权而演进②。

从具体条款规范来看,《民法典》第九百九十一条明确"民事主体的人格权受法律保护,任何组织或者个人不得侵害。"强调了人格权属于绝对权、支配权,具有排他效力,相较于其他民事权利而言,具有优先保护的权能。同时《民法典》第一千零二条至第一千零四条"自然人享有生命权,自然人的生命安全和生命尊严受法律保护。"该条义进一步强化了对

---

① 张文显:《民法典的中国故事和中国法理》,《法制与社会发展》2020 年第 5 期。
② 同注①。

生命、身体、健康的优先保护，宣示了生命、身体、健康的优先地位。

以此为基础，《民法典》对人格权的完整的、相对独立的制度安排，强调对人权的关注、以人为本的宗旨，也为各民事主体，特别是自然人的权利保护意识的进一步增强奠定了坚实基础，也将进一步促进人们在经济社会生活中更加关注各项权利、积极维护权利。基于此，作为化解社会矛盾的重要工具之一的责任保险，也将随着公民维权、索赔意识的增强而迎来新的发展机遇。

（三）对人的生命健康权利的关注为强制责任保险发展奠定基础

强制责任保险是伴随着现代社会危险责任的产生和扩大而发展起来的，强制责任保险从某种意义上而言是国家对个人意愿的干预，因此强制责任保险的范围一般受到法律的明确限制。目前，我国已实施的强制性责任保险包括机动车交通事故责任强制保险、旅行社责任保险、船舶污染责任保险等，相比较而言，其他国家和地区强制责任保险的范围、社会覆盖面等均比我国更为广泛。如德国，职业责任、产品责任、雇主责任等均被纳入强制责任保险范围。台湾强制公众意外责任保险、食品产品责任保险等也属于强制责任保险范围。

《民法典》以人为本的核心理念，强调社会生活中对人的生命、身体、健康及各类人格权益的优先保护，这为我国"生态环境污染、高危行业安全生产、疫苗、医疗"等与人的生命、身体、健康密切相关联的强制责任保险的发展奠定了基础。

四、《民法典》人格权编立法为强制责任保险发展提供新的基础支撑

（一）对"侵害个人信息"提供信息安全责任保险保障

在大数据加持的互联网时代，个人信息的保护已经成为保护自然人人格尊严的世界性课题，法与时转则治，个人信息的保护成为我国《民法典》人格权编的一大亮点与成果。人格权编规定了信息处理者的禁止性行为："不得泄露或者篡改其收集、存储的个人信息；未经自然人同意，不得向他人非法提供其个人信息"；明确了信息处理者应当采取技术措施等以保障个人信息安全，并对信息泄露事件及时采取补救措施并向有关主管部门报告；同时还明确了国家机关对于履行职责过程中知悉的自然人隐私和个人信息负有保密义务。

实践中，信息泄露事件时有发生，基于信息泄露引起的民事索赔亦不鲜见，且呈现规模大、范围广等特征。在信息化高速发展的当下，技术更新迭代迅速，信息的收集、存储即便再谨慎也难以避免存在信息泄露引起法律责任的风险，为此，各主体可以选择通过保险的方式进行风险分散与转移。信息安全责任保险在境外各国保险市场均已有较长时间的实践发展，如美国、英国、瑞士、德国甚至印度的保险公司，都有丰富的实践经验。而我国的保险公司对网络信息保险依旧持谨慎保守的态度[①]。保险公司可以以此为契机，进一步探索个人信息安全相关责任保险产品，创新业务模式，以实现在信息泄露事件中能及时、有效地进行救济；避免或减少信息泄露对当事人合法权益造成重大影响；给当事人造成的物质或精神损害予以合理赔偿与补偿；在最大限度维护个人信息安全的同时，分担企业发展过程中信息安全的相关法律风险。

（二）对"超出人格权合理使用范围的行为"，提供新闻媒体责任保险保障

《民法典》第九百九十九条"为公共利益实施新闻报道、舆论监督等行为的，可以合理使用民事主体的姓名、名称、肖像、个人信息等；使用不合理侵害民事主体人格权的，应当依法承担民事责任"。基于人格权与社会公共利益的权利均衡考虑，人格权编明确了人格权合理使用免责，但同时也明确"使用不合理侵害民事主体人格权的，应当依法承担民事责任"。对社会公共利益的优先考虑不应当是无限的，而应当结合具体场景评估其必要性、合理性，如超出"合理使用"的范围，则使用人应当承担相应的民事赔偿责任。如何理解"合理使用"的范围，法律对此并没有明确标准，需结合具体场景进行个案判断。然而，每一个人的理解存在不

[①] 王天凡：《信息安全责任保险制度比较研究》，载《重庆邮电大学学报（社会科学版）》2018年第3期。

同,评估人员与法官的理解也存在差异,这在一定程度上给信息使用人如新闻媒体、网络信息平台带来了潜在的责任风险。

在信息时代,信息的及时性成为新闻媒体、网络信息平台竞争的关键要素,而信息一旦发布即呈指数级传播,因此新闻媒体等应当高度关注权益侵害的责任风险。对于超出"合理使用"范围给当事人造成影响、损害的,可以尝试通过责任保险转嫁和分散风险。

(三)对"职场性骚扰"提供专门雇主责任保险保障

《民法典》第一千零一十条明确了性骚扰的民事责任,也规定了机关、企业、学校等单位负有预防性骚扰的义务。规定这些单位承担预防义务,是为了保护在工作中受害的弱者,也是因为利用职权、从属关系实施性骚扰是性骚扰的主要类型。对职场性骚扰而言,通过用人单位事前预防、事中监管和事后处置等手段可以在一定程度上预防和控制性骚扰。但是,该等措施无法从源头完全杜绝性骚扰的发生。

《民法典》对职场性骚扰发生后,单位是否应当承担严格责任并未明确。有学者依据工作环境权理论认为,在发生职场性骚扰时,用人单位因为与员工之间的权利义务关系而应当直接承担责任,如美国法中性骚扰案件中的雇主严格责任;也有观点认为应当依据过错原则进行确定[①]。无论何种归责方式,妥善保障受害人权利的同时分散用人单位的相关风险,对于单位应承担的责任,可通过相关责任保险予以承保。

(四)对"人格权禁令申请错误"提供人格权禁令申请损害赔偿责任保险保障

《民法典》对正在发生的侵害人格权的行为设置了人格权禁令制度,权利人可申请法院责令行为人停止相关行为。人格权禁令制度系基于对权利人避免人格权益被侵害而无法救济时采取的优先性权益保护。在各类民事活动中,因权利人申请人格权禁令导致其他民事主体停止相关行为,存在行为人因权利人申请错误,导致其正常民事活动受到影响、民事利益受

[①] 王利民:《民法典人格权编性骚扰规制条款的解读》,载《苏州大学学报(哲学社会科学版)》2020年第4期。

到损害的风险。

就此,保险公司可以结合风险情况,针对人格权禁令制度开发因权利人申请禁令不当或错误导致被申请人遭受损失的责任保险,为权利人正当行使其人格权禁令请求权提供保障。

(五)责任保险创新发展过程中应关注的风险

《民法典》人格权独立成编为责任保险创新发展提供了良好的发展机遇,当然,也应当关注到责任保险的潜在风险。责任保险的创新开发;应当遵循《保险法》的基本原则,应当符合保险的基本原理,对于不符合社会基本道德的故意侵犯他人权利的行为不予承保,防范道德风险。另外,鉴于责任保险与司法裁判具有强关联性,产品设计时需关注司法裁判规则与倾向,防范系统性保险技术风险。

20 《民法典》隐私权和个人信息保护对健康保险的影响探析

聂 锐[①] 张艳秋[②]

[①] 聂锐,阳光保险集团股份有限公司合规负责人、首席风险官。
[②] 张艳秋,阳光保险集团股份有限公司合规法律部副总经理。
  阳光保险集团及阳光人寿保险公司"民法典与健康保险"专项课题研究小组对本文亦有贡献。

摘要：本文从保险的最大诚信原则出发，分析《民法典》隐私权和个人信息保护及相关规定对健康保险产生的影响，并提出健康保险业务如何合规收集和处理个人信息的举措建议。大数据时代保险合同当事人和利益相关方的博弈过程，各主体权利和义务趋于失衡状态下，对作为保险基础的大数法则和风险分摊机制重新深入思考，提出对法律机制建构和行业未来发展的几点展望。

关键词：隐私权；个人信息保护；最大诚信；健康保险

2020年11月3日发布的《中共中央关于制定国民经济和社会发展第十四个五年规划和二〇三五年远景目标的建议》（以下简称《建议》），再度将保险纳入国家长期规划中，与民生密切相关的健康险，近年持续保持较高的保费增速，并有望迎来新的发展机遇，成为具有中国特色医疗保障体系的重要组成部分。《建议》提出："健全重大疾病医疗保险和救助制度，落实就医结算，稳步建立长期护理医疗保险制度，积极发展商业医疗保险。"2013年以来健康保险业务持续快速增长[①]，特别是以重大疾病保险和"百万医疗"代表的爆款短期医疗险为主体的商业健康保险已经占人身险保费20%以上，构成我国商业医疗保险的重要组成部分。2020年，《民法典》将人格权独立成编，其中关于隐私权和个人信息保护是此次编纂的重点内容。顺应国内外加大保护个人信息力度的潮流，对正在迅速发展的健康保险将产生什么影响，健康保险行业如何做好应对，我们有必要认真研究，把握新的发展机遇。本文主要从隐私权和个人信息保护角度，对健康保险的发展和创新进行探析。

一、隐私权和个人信息保护与保险"最大诚信原则"的冲突与平衡

现代保险起源于14世纪意大利的海上贸易，是现代社会对风险分摊

---

① 2013—2019年每年健康险保费同比增速分别为30.22%、41.27%、51.87%、67.71%、8.58%、24.14%、29.70%。资料来源：《金融时报》2020年11月11日第九版保险周刊。今年由于疫情的影响，在人身保险市场低迷的情况下，人身保险公司健康保险保费前三个季度同比增长14.5%，财险公司同比增长38.3%，保持快速势头。

最基本的制度安排之一。保险的原理是基于大数法则，即由广泛的投保个体参与，为发生风险的少数个体的损失进行风险分摊。保险合同在法律性质上属于射幸合同，在发生风险时，投保人以较小的成本可以获得较大的收益。每个投保人只需交纳平均分摊的保费，出险的少数人可以拿到其他未出险投保人交纳的保费作为损失补偿。保险公司的精算师则根据风险发生的概率等因素对保险合同进行定价。健康保险出现的较晚，根据美国健康保险学会（HIAA）的定义，是"为被保险人的医疗服务需求提供经济补偿的保险，也包括为因疾病或意外事故导致工作能力丧失所引起的收入损失提供经济补偿的失能保险"。我国对健康保险的定义，是指"由保险公司对被保险人因健康原因或者医疗行为的发生给付保险金的保险，主要包括医疗保险、疾病保险、失能收入损失保险、护理保险以及医疗意外保险等"①。保险公司厘定费率时，按照健康体作为收取保费的标准，如果个体存在着高于健康体的风险，保险人则通过增加保费进行承保，或者认为风险太高而不予承保。保险公司采取核保手段进行查验或询问了解被保险人的健康状况，从而确定该个体是否符合健康体的定价标准；同时，被保险人应接受保险公司安排的体检并如实告知个人身体状况等信息，以获得保险保障。双方意思一致，投保人交纳保费，保险合同成立并生效。在未来发生合同约定的保险事故（风险）时，保险公司则按照约定承担赔偿或给付责任。从保险合同的射幸性质看，保险是对未发生的风险进行承保，如果是已经发生的事故（风险），该风险的确定性使得保险共同体交纳的保费偏离了保险定价的基础，则不能进行承保。因此，健康保险的保险人在承保前会详细询问被保险人的身体状况，一定保额以上的会安排体检，并且大多数保险公司都会对已经发生的疾病责任（既往病症）进行排除。

问题是：投保人是否有动力将个人信息全部、无保留、真实地告知保险人？根据医学数据，人的身体机能在 18~35 岁到达巅峰后随着年龄增长逐渐老化，现代生活压力和环境等因素，使成年人的不健康和亚健康情

---

① 中国银行保险监督管理委员会令 2019 年第 3 号《健康保险管理办法》第二条。

况比较普遍。这样产生的结果是,投保人对健康信息告知的越详细,保险公司按照标准体进行承保可能性越低。从理性经济人的假设,对投保人来说,没有动力去主动说明一些仅仅自身有察觉或者未确诊疾病症状等健康信息,而采取隐瞒且未被保险公司发现,将可能是最优结果。当保险市场存在信息不对称时,保险公司往往难以完全区分不同风险类型的消费者,只能根据平均损失情况设定费率。此时高风险消费者更愿意购买保险,而低风险的消费者倾向于不买保险,最终使得保险市场出现"市场失灵"。通过数据实证研究也印证了,拥有慢性病这一健康风险特征的个体更倾向于参加保险[1],保险公司更希望承保更多的优质健康体,以保证定价不至于过度偏离而导致产品的亏损。

为了纠正保险市场信息不对称的经典难题,各国保险法律中设立了"最大诚信原则"。对投保人要求如实告知,对于故意或者重大过失不如实告知的,保险公司有权拒赔并不退回保险费作为惩罚。同时,为了限制保险人滥用和无限放大解除合同的权力,法律规定了询问告知主义的原则,即只有保险人明确询问的问题投保人才有义务告知。即便如此,仅仅通过询问和回答是难以了解投保个体的真实身体状况的,保险公司还要通过进一步体检作为核保手段之一,再做出承保决定。由于体检是保险公司承担费用,为控制成本仅做一般性体检,另外目前医疗检验手段也难以发现隐藏的疾病因素,因此,即使体检后承保但后来发现有未如实告知的疾病情况而拒赔,导致纠纷的案例也屡见不鲜。下面是一个"未询问则未告知"的案例:(2017)最高法民申 1447 号"最高人民法院审理的中国平安人寿保险公司临汾中心支公司与吕建斌保险合同纠纷案",再审法院认为:申请人平安人寿公司所做的健康检查表中甲状腺一项为空白,可以说明平安人寿公司对该项检查疏于进行,自身存在重大过失,足以反映出本案二审判决中平安人寿公司"询问内容不详细"等情况。平安人寿主张吕建斌在投保时故意未尽如实告知义务的申请理由不成立。另一个案例是"体检正

---

[1] 薄海、张跃华:《商业补充医疗保险逆向选择问题研究——基于 Charls 数据的实证研究》,载《保险研究》2015 年第 9 期。

常但未告知"的情况：（2016）吉民终 1142 号"太平洋人寿保险股份有限公司白城中心支公司与霍某某人身保险合同纠纷案"。本案中，被上诉人对上诉人投保前，由上诉人组织被上诉人到大安市第一人民医院进行了体检，体检报告中心诊断为正常心电图。现上诉人仍以被上诉人曾患有冠心病为由拒绝理赔，白城中院不予支持，且被上诉人所发生的保险事故是肺癌，并非冠心病所导致保险事故的发生，故太平洋人寿应赔付保险金[①]。对于保险公司因为投保人未如实告知的理由进行拒赔而产生的争议，司法实践中基本确定的原则是，投保人要对个人健康状况特别是已患有或发生的疾病进行如实告知，不因保险人体检而免除此义务；但保险人知道被保险人的体检结果，仍以投保人未就相关情况履行如实告知义务为由要求解除合同的，人民法院不予支持[②]。

通过以上案例和分析可以看到：个人信息特别是健康信息，是保险人判断是否承保的重要依据；个人信息的集合，对于保险公司基于大数法则进行精算定价非常重要。保险公司努力了解被保险标的的风险状况，而个人出于趋利避害的人性弱点，更愿意隐瞒不利信息以获得按照健康体的标准费率价格，从而一旦发生风险时可以占有其他未出险的人交纳的保费优先受偿（经济学上称为"搭便车"行为）。近年互联网上火爆的网络互助行为（例如轻松筹、水滴筹、相互宝等，监管部门一直强调其并非持牌经营的保险业务），是最直接的分摊风险功能的保险雏形，或者说是一种特殊的类保险活动，同样也面临信息不对称的难题。它们和保险最重要的区别是，保险公司会对投保人承担偿付责任，而互联网互助的管理平台只收取管理费，对互助计划的参与者不承担偿付责任，发生的赔偿全部由其他人分摊，分完为止。无论保险还是类保险，由于信息不对称而产生的博弈难点在于：如果提供自身信息对自己获得便宜的保障明显不利的情况下，如何对参与博弈的诚信的行为进行激励，而对不诚信的行为进行约束和处

[①] 詹浩主编：《中国保险诉讼裁判规则集成》，法律出版社 2019 年版，第 546–547 页。
[②] 最高人民法院关于适用《保险法》若干问题的解释（三）第五条（法释〔2015〕21 号，简称"保险法司法解释三"）。

罚（负向激励）？

关于如何解决上述问题，似乎已经有了很好的制度安排。例如，《保险法》除了要求投保人的最大诚信原则，如实告知关于保险标的的风险状况，限制逆选择之外，还规定不如实告知承担的法律后果。同时，为了平衡保险人和被保险人的不平等地位，还规定了弃权与禁止反言的条款，即如果保险人已经知悉相关情况的，不可以解除保险合同，或者合同生效成立两年之后，即使当时存在带病投保的情况，保险公司也不能拒赔，并加重了保险人保护个人信息的义务。

但是，随着经济社会发展以及互联网科技的广泛运用，以上平衡机制已经难以应对互联网巨头对大数据资源的挖掘开采和商业机构对个人信息的强烈渴望。从20世纪末流行语"互联网上谁也不知道你是一条狗"，到现在个人变得完全透明，隐私无处藏身，任何行踪和记录都会通过设备登录或者面部扫描识别等方式留下记录。个人信息被大量收集、窃取或转卖，甚至酿成刑事犯罪和人生悲剧（徐玉玉案件[①]）。大规模的数据泄露成为海内外商业巨头的丑闻，例如Facebook[②]和中信银行[③]的案例。在信息

---

① 徐玉玉案：2016年8月21日，徐玉玉因被诈骗电话骗走上大学的费用9 900元，伤心欲绝，郁结于心，最终导致心脏骤停，经医院抢救无效不幸离世。主犯陈文辉以侵犯公民个人信息罪被判处有期徒刑五年，并处罚金人民币三万元，合并诈骗等罪被判处无期徒刑。2017年9月15日，山东省高级人民法院裁定驳回陈文辉、黄进春、陈宝生的上诉，维持原判。2018年2月1日，案件入选"2017年推动法治进程十大案件"。

② 2018年3月，美国媒体曝光一家政治数据分析公司Cambridge Analytica在2016年美国总统大选前获得了Facebook约5 000万用户的数据，并进行违规滥用，当日Facebook股价大跌7%。Facebook的创始人扎克伯格4月11日接受美国国会两次听证，并承认"Facebook在防止这些工具被滥用和产生伤害等方面仍做得不够，没有全面地评估我们的责任，这是一个严重的错误"，同时表示自己创建了Facebook，经营这个平台，对Facebook当前发生的问题负责，并提及了相关整改计划。

③ 2020年5月6日，脱口秀演员王越池（艺名"池子"）在微博上发文称，中信银行上海虹口支行在未经其授权、未经任何司法机关合法调查程序的情况下，将其个人银行账户交易明细提供给与其发生经济纠纷的笑果文化公司，侵犯了个人隐私。中信银行7日凌晨致歉并回应，"经核实，有员工未严格按规定办理，向第三方提供了客户的收款记录，已按制度规定对相关员工予以处分，并对涉事支行行长予以撤职"。此事引发关于个人金融信息保护的重大舆情，监管介入调查目前尚无处罚。

时代大变革背景下，个人信息安全变得异常脆弱。社会公众和有识之士呼唤法律层面更强有力地保护个人隐私和信息安全，各国都先后收紧了对个人信息和数据隐私保护的政策，合理利用数据资源与加强保护成为这个时代必须面对的选择。

2020年5月通过的《民法典》，将"人格权"独立成编并对"隐私权和个人信息保护"设立了专章进行规定，首次对隐私权和个人信息保护进行了较为完整的法律规定，体现了"以人为本""以人为中心"的立法理念，解决了隐私权和个人信息保护民事法律缺失的问题，具有非常重要的现实意义和指导意义。《民法典》第一千零三十二条规定，自然人享有隐私权，享有私人生活安宁权，享有不愿为人所知的私密空间、私密信息、私密活动不受人刺探、打扰等权利。根据前述规定，以电话、短信、即时通信工具等方式营销的行为，偷拍、偷窥、窃听及未经许可收集他人行踪信息的行为都将被视为侵犯个人隐私权。《民法典》第一千零三十四条规定，个人信息是以电子或者其他方式记录的能够单独或者与其他信息结合识别特定自然人的各种信息。在个人信息保护方面，还规定了个人信息主体享有的查阅复制权，更正权及删除权；个人信息处理者在信息处理过程中应承担的义务，要求信息处理者不得泄露或者篡改其收集、存储的个人信息；未经自然人同意，不得向他人非法提供其个人信息，但经过加工无法识别特定个人且不能复原的可以向他人提供。除此之外，《民法典》要求信息处理者还应当采取必要措施，确保其收集、存储的个人信息安全，防止信息泄露、篡改、丢失；一旦发生前述情况的，应当及时采取补救措施，并按照规定告知自然人并向有关主管部门报告。

关于个人信息的定义，从整体上看，"个人信息"所涵涉的范围呈现逐渐扩张的趋势。《民法典》的定义范围相比《网络安全法》更为宽泛，采取了列举的方式明确个人信息的范围，除了在《网络安全法》中已列举的信息内容（自然人的姓名、出生日期、身份证件号码、个人生物识别信息、住址、电话号码）之外，还将电子邮箱、行踪信息、健康信息纳入个人信息的范围中，并将个人信息数据全生命周期管理的核心行为纳入到"个人信息处理"定义范畴，取消以往立法中将"收集"行为独立于"处理"

行为的规定，将个人信息的收集、存储、使用、加工、传输、提供、公开等行为统称为个人信息的处理。同时要求在处理个人信息的过程中，应当遵循合法、正当、必要原则，不得过度处理。

个人信息对保险行业的生存和发展尤为重要，因此保险行业应高度重视《民法典》及相关法律法规对个人信息保护的规定，积极研判国内、国际对个人信息和数据保护的趋势，认真做好应对。

二、健康保险业保护个人信息和隐私权的应对举措和实践

健康保险作为人身保险的主要组成部分，是指由保险公司对被保险人因健康原因或者医疗行为的发生给付保险金的一种人身保险。相对于其他保险产品，健康保险经营风险影响因素较多，逆选择和道德风险较严重，也较难控制，对核保和理赔提出更高要求，同时风险评估除了个人的基本身份信息外，还需要健康信息数据、医学专业支持。健康保险业对涉及健康风险状况的信息，如健康信息、医疗信息、个人信用信息等，以及公共信息如人口健康信息、疾病发生率、医保信息和费用支付信息有更加明确的收集和使用的需求。另外，随着监管对于保险实名制要求的日趋严格，保险机构收集和处理个人信息也是业务经营的必要性要求。在这样的形势背景下，如何合法合规地收集和处理个人信息，并对个人信息加以合理使用，更好地保护消费者个人信息和隐私权，并充分挖掘健康信息数据的价值，壮大保险业发展基础，丰富医疗保障体系，是摆在健康保险业面前的极为重要的课题。本文结合当前的行业实践提出以下几个方面的举措建议：

（一）健康保险业务应合规收集和使用个人信息并严格保护客户隐私

保险机构在销售健康保险产品、承保理赔、为客户提供与健康保险相关的服务等环节，以及通过其他触点收集和处理个人信息时，应遵循以下原则和要求。

1.合法性原则

合法性的要求，指的是不违反法律、行政法规的禁止性规定。从获取方式上，保险机构不应以欺诈、诱骗、诱导的方式收集个人信息，亦不应

隐瞒销售健康保险产品或提供与健康保险相关的服务所需要收集个人信息的范围；从获取渠道上，保险机构不应从非法渠道获取个人信息用于保险经营环节；从获取范围上，除法律法规另有规定或当事人同意外，保险机构不应获得属于个人隐私的信息内容。

2. 最小必要原则

保险机构收集的个人信息应与其销售的健康险产品或服务有直接关联，换言之，如果没有收集该信息，则无法提供保险产品或服务。在这一要求下，获取个人信息具有合理性和必要性，对于"打包授权"的行为，即不管服务内容是什么，都要求用户授权企业获取其全部信息的行为，显然是不合理的，超出了最小和必要的原则。

3. 授权同意原则

保险机构在收集个人信息前，应向客户明示收集、使用个人信息的规则（例如收集和使用个人信息的目的、收集方式和频率、存放地域、存储期限、自身的数据安全能力、对外共享、转让、公开披露的有关情况等），并获得个人信息主体的授权同意。如需要对个人信息主体进行画像分析或二次开发，需要客户明确授权同意，同一集团内部不同法人主体对客户信息的共享使用，也需事先征得客户的同意。需要注意的是，在通过合作第三方获取个人信息时，应要求第三方说明个人信息来源，并对其个人信息来源的合法性进行确认，应了解第三方已获得的个人信息处理的授权同意范围，包括使用目的、个人信息主体是否授权同意转让、共享、公开披露、删除等；如提供保险服务所需进行的个人信息处理活动超出已获得的授权同意范围的，应在处理个人信息前，征得个人信息主体的明确同意，或通过第三方征得个人信息主体的明确同意。

4. 脱敏化原则

《民法典》前瞻性地为信息转让和共享预留了一定的空间，但前提是"脱敏化"（Data Masking）。第一千零三十八条规定，信息处理者未经自然人同意，不得向他人非法提供其个人信息，"但是经过加工无法识别特定个人且不能复原的除外"。对于敏感信息通过脱敏规则进行变形和改造，是保护个人隐私和信息安全的重要手段。

保险公司对客户提供健康管理服务时，获取客户健康数据应当获得客户授权同意，未经客户授权不得对外提供客户个人信息或任何健康数据，依法保证数据安全和保护个人隐私。保险公司应主动告知客户健康管理服务的内容、流程、标准、期限以及注意事项和可能发生的风险，并获得客户的知情同意。如有第三方服务合作机构参与，须一并告知[①]。

保险公司作为金融机构，必须严格遵守国家有关部门的规定。国家有关部门对于通过移动互联网应用 App 收集个人信息和移动金融客户端应用软件收集和使用个人信息都制定了相应的标准规范[②]，对收集和使用的合法、必要和正当的原则进一步明确规定，同时规定了信息安全的责任。

由此可见，保险机构及其委托的第三方在健康保险经营各环节收集、处理客户个人信息时，要高度重视对客户隐私和信息安全的保护，严格遵守法律法规和监管的规定，采取有效措施加强对客户信息的保护，不得违法收集、泄露和非法出售或非法向他人提供。合规经营是金融保险行业健康发展的前提，即使是客户授权使用的合法信息也不能滥用。由于过度收集、滥用个人信息，或者泄露客户隐私导致的风险事件或者重大负面舆情，会严重损害保险行业的声誉，甚至引发系统性风险。

（二）与政府健康大数据平台合作，开发精准定价的保险产品，让利于民

在依法合规保护好客户隐私权和个人信息安全的前提下，充分运用健康大数据资源，开发精准定价的保险产品，则是利国、利民，促进保险业务发展不可错失的机遇。数据是国家重要的战略资源，应取之于民，用之于民。2019 年，国家医疗保障局医疗保障信息平台建设工程启动，建成后将覆盖我国近 14 亿人口、3 260 个医保经办机构、12 万各级医保工作人员、

[①] 《中国银保监会办公厅关于规范保险公司健康管理服务的通知》（银保监办发〔2020〕83 号）。

[②] 《移动金融客户端应用软件安全管理规范》（JR/T 0092—2019）人民银行发布；《信息安全技术 个人信息安全规范》（GB/T 35273—2020）国家市场监督管理总局 国家标准化管理委员会发布；国家网信办等四部委《App 违法违规收集使用个人信息行为认定方法》（国信办秘字〔2019〕191 号）。

99万家医疗机构……以及 3 000 万家参保单位[①]。近年来，随着政府数据市场化进程，部分省、市有序开放医保数据项目，医疗与保险数据系统对接逐步变为可能。个人信息构成了医疗健康大数据的重要组成部分，数据主体通过让渡一部分权利，理应获得更加丰富的产品、更加完善的服务以及更加充分的医疗保障。从政策环境来看，"医疗大数据 + 健康险"理念得到了国家相关部委和监管部门的大力支持，相继出台了很多政策文件，鼓励保险公司借助大数据等技术手段开发差异化健康保险产品，满足客户个性化的保险需求，同时细化责任设计，进行更精准的定价、理赔风险管控，解决健康险同质化严重、保障范围受限等问题。死亡风险方面，可以结合行业数据和自身的理赔数据，选取客户投保必须填写的常规字段，包括职业、收入、教育和常住地址，研究解析死亡率差异程度。同时基于指标获取的便利性、死亡率的影响以及指标的稳定程度，进行人群与市场的细分，制定精算规则，开发受市场欢迎的寿险产品。重疾风险方面，可以与医疗机构或体检机构合作，根据体检数据和行业重疾理赔数据，基于健康医疗大数据，包括疾病人群的统计、疾病风险因素和诊疗路径的分析，构建基于医疗大数据的疾病风险模型，筛选疾病影响因子。根据可解释性因子及在实际人群中的优选人群区分能力，设计出在特定地区销售的优选重疾产品、定制化产品的条款和相应的医疗服务，满足客户不同健康情景下的保障需求。如 2018 年，阳光人寿与四川卫健委合作，成立健康大数据联合实验室。三年期间，联合成都电子科技大学及第三方科技公司，持续投入医学领域专家、保险业务专家、大数据专家参与共同研发。依托四川省全境 9 000 万人的 2015—2020 年近 3 亿条住院数据，研发出 30 种高发重疾的健康风险评估模型，实现健康人群优选和个体健康风险评估能力，其中健康优选人群的实际重疾发生率较地区人口统计重疾发病率低 30% 以上，能够有效支持产品精算、两核风控、精准营销和健康管理服务的应用落地。2020 年 4 月在四川地区推出大数据产品臻欣关爱版，价格不变，60

[①] 媒体数据，转引自《2017 年我国健康卫生事业发展统计公报》，中华人民共和国国家卫生健康委员会网站 2018 年 7 月 4 日发布。

周岁前保额增加25%,产品受到渠道、机构和客户好评。

(三)投资设立医疗机构或介入医疗健康产业链,参与医疗保障体系建设

2014年《关于加快发展现代保险服务业的若干意见》(新"国十条")发布后,国家政策鼓励保险资金进入医疗健康领域,国务院办公厅在《关于加快发展商业健康保险的若干意见》中指出,"引导保险机构投资健康服务产业,以出资新建等方式新办医疗、社区养老、健康体检等服务机构,承接商业保险有关服务"。

近年来多家保险公司纷纷在医疗健康领域进行投资布局,通过直接设立或者控股医疗机构、投资医疗健康相关产业、与医疗或者健康管理服务机构进行合作等途径,全面介入医疗健康产业链。阳光人寿与政府合作成立第一家险资控股的阳光融和医院;泰康投资控股南京仙林鼓楼医院、拜博口腔、武汉泰康医院、西南医院以及宁波医院;平安成立平安医疗健康管理公司并开发平安好医生App;中国人寿收购头部医疗信息技术上市公司万达信息并签订战略协议,深度开展医疗大健康数据挖掘与应用,实现资源共享。2020年5月,在国家卫健委部署下,由中移动、太平洋保险等成立联仁健康医疗大数据科技公司,更是国内第一家健康医疗数据领域里的"国家队",宗旨是"通过建设国家级医疗大数据基础设施,市场化运营数据平台和应用,提供公共卫生、保险创新、精准医疗、互联网医院等多种健康医疗数字化服务"。

通过在医疗和大健康产业领域进行投资布局、与其他专业机构深度合作,保险机构可以更加有效地利用资金、分支机构、网络、专业服务、数据资源等优势,整合健康保险业务的上下游产业资源,将健康保险产品和与健康保险相关的服务深度融合嵌入医疗和大健康产业链中,助力国家医疗保障体系建设,开拓健康保险行业新疆域。

(四)集团内部和行业加强数据治理和信息共享,提高保险客户经营和服务能力

在充分开发利用政府健康大数据平台公布的公共数据的同时,保险公司经营过程中每天都在产生大量的数据和信息,如何利用和处理好海量的信息数据,让沉睡的数据发挥价值,也是当前需要解决的课题。不仅集团

的子公司之间存在数据孤岛现象，子公司内部跨渠道或者系统之间也由于产品不同的时间、厂商、软硬件系统、技术架构和数据存储方式等差异，难以充分实现数据共享。特别是健康医疗领域，由于数据的来源和组成非常复杂，来自各系统平台，有结构化的和非结构化的数据，类型多、动态性强、标准化程度不足、监管主体不同、整合难度大。由于数据壁垒、数据质量标准不一等，都是大数据的分析和利用所面临的困难。例如，医疗监管部门对于个人病历信息的共享规定了一定的限制，保险机构仅可以因商业保险审核和理赔需要才可以持个人授权向医疗机构申请查阅。医疗机构及其医务人员应当严格保护患者隐私，禁止以非医疗、教学、研究目的泄露患者的病历资料[①]。那么如何在不违反医疗健康数据管理规则的前提下共享数据资源，就是摆在健康保险从业者面前的一个紧迫课题。

集团内部数据的共享，如果缺少统一管理，容易产生客户的投诉和纠纷，甚至产生数据和个人信息的泄露。在集团公司架构下，要坚持数据统筹管理、合规安全、可持续的原则，集团负责建设基础客户信息管理平台，制定统一客户授权协议和隐私政策，明确数据治理标准，加强系统内信息安全的管理措施，切实保护好数据资源和客户权益。

保险行业也在积极发声，探索和推进行业数据共享。中国保险行业协会2020年底发布了《2020年"后疫情"时期商业健康保险发展情况调研报告》，建议在行业层面，"推进健康保险信息化基础建设，建立行业数据归集和使用的自律体系，加强健康保险诚信体系建设，积极探索推进全行业医疗健康记录数据共享，推动基本医保和商保之间的数据共享，促进行业风险防控和经营能力不断提升"。

三、对未来行业发展的几点思考和浅见

2020年10月24日，马云在外滩金融论坛上关于金融体系的发言引起了轩然大波。尽管马云所代表的互联网金融科技的"新金融"对于传统金融

---

① 《医疗机构病历管理规定》（国卫医发〔2013〕31号）第六条、第二十条。

体系的挑战，在当前强调监管和秩序的语境下暂时偃旗息鼓，但其中反映的趋势对于金融行业的影响依然是长远的。没有任何人可以阻挡大数据时代的来临，我们被信息洪流裹挟着奔涌向前。数字经济给社会带来便利的同时，也蕴藏着机遇和风险。保险人，尤其是保险业中合规、法律专业人员的使命在于在热潮中进行冷静思考，寻找促使社会公平和效率的平衡的解决方案。我们需要从保险的本质出发，追根溯源，以探求在数字时代的生存之道。

第一，保险法律确立的最大诚信原则和如实告知义务受到了挑战。最大诚信原则是基于保险活动参与者信息不对称而设计的制度安排，隐含的前提是：投保人应该最了解自身的风险状况，而保险人应该知道总体的风险状况（理论上），但是不如个人更清楚个体的风险状况，因此需要强调个体的告知和最大诚信义务，这样保险公司可以根据精算模型估算出总体的风险状况从而确定实现风险分摊的价格。在信息技术发展到一定程度，保险公司掌握了大量数据和算法的情况下，投保人不一定比保险公司更了解自身的风险状况，基因检测技术和各种可穿戴设备信息收集不需依赖传统的健康告知和询问模式，甚至个人信息、选择偏好和记录都可以被利用并进行针对性的定价和营销，最大诚信的原则应被新科技赋予新的含义。随着时代的演进，如实告知义务可能从仅针对投保人和被保险人的强制义务要求变为对保险合同的缔约双方建立更加透明和平等的关系。保险公司不再是由精算师按照统一标准体费率进行定价，而是根据细分的保险风险组别，针对具体的被保险的个体，去开发千人千面精准定价的个性化保险产品，满足个性化的需求。保险公司通过大数据进行专属产品研发和精准定价营销时，要特别注意客户作为保险产品和保险服务的消费者，应该享有知情权和不受价格歧视权①，作为相对弱势的群体，应该受到公平对待

---

① 例如 2018 年社会关注的"大数据杀熟"现象，是指基于大数据和算法，根据交易相对人的支付能力、消费偏好、使用习惯等，实行差异性交易价格或者其他交易条件；基于大数据和算法，对新老交易相对人实行差异性交易价格或者其他交易条件，均是分析是否构成差别待遇的考虑因素。参见相关新闻报道及《关于平台经济领域的反垄断指南（征求意见稿）》（国家市场监管总局 2020 年 11 月 10 日发布）。

和充分尊重。

第二，如何让保险公司的保险经营行为在商业盈利性和社会普惠性方面获得平衡？仍然以蚂蚁金服为例，互联网贷款平台通过强大数据信息收集处理能力，使其在营销获客、风控审批和放款回收等方面的经营管理效率远远高于传统银行机构，精准地选择了银行认为信用不足的长尾客户群体。但是引起诟病的是，网络高利贷对底层人群是否真正带来幸福感？是否放纵了超前消费，使之陷入高负债的泥潭无法自拔？这已经不是经营的问题，而是上升到商业伦理层面。对于保险公司同样如此，特别是自身或者合作拥有了巨大互联网流量和科技能力的平台型保险公司，我们称之为"保险+科技"公司，在拥有精准选择客户的强大能力时，一定会选择优质的客户而不是劣质客户。如同俗话说银行"嫌贫爱富"一样，健康保险业也必须是"挑肥拣瘦"，这是企业经营之道，是公司获得盈利的基本保证。那么对于商业健康保险挑走低风险的客户而剩下的高风险的群体，如何提供保障？这个问题难以通过公司自身来解决，恐怕只能从政府公共政策的层面来解决。政府通过税收征缴、财政转移支付、建立基本医疗保险和大病保险制度很好地解决了多层次保障体系全面覆盖的问题，但是由于财政在医疗保障基金投入的有限性，人口老龄化、医疗费用逐步攀升，医保投入对财政沉重的负担等一直是世界性的难题。因此，政府鼓励商业保险公司参与到社会保险的保障体系中，作为重要的补充支柱。保险公司同样希望通过这样的合作机遇，扩大承保基数以对冲逆向选择和道德风险的影响，同时获得更多的数据和客户资源。近期疫情蔓延，政府和全社会都加大了对公共医疗健康卫生资源的投入，广大群众对健康保险和医疗健康服务的意识和重视程度更是前所未有。一个称之为现象级的健康保险产品城市定制型商业医疗保险产品"惠民保"由各地政府与商业保险机构合作推出，这类产品采取的模式是"政府主导、商保承办、自愿参保、多渠道筹资"的重特大疾病医疗保险。通常由政府提供一部分财政补贴，商业保险机构承办，这类产品价格低廉，对投保人群要求十分宽松，免体检、免告知、可带病投保，基本上实现了高覆盖的特点。如"北京京惠保"，统一保费79元，保额200万元，不限年龄职业户籍和病史。此类产品在各地上市之后，获得市民极大的认可和欢迎，截至 2020 年 11 月 22 日，70 个地区上线已经有 2 500 万人投保[1]。保险公司承办普惠医疗保险，一方面可以加强与政府部门的合作和互信；另一方面也会充分扩大承保基数，获得更广泛的客户数据资源，用大数法则来减少高风险的个体参保对赔付率的影响，从而实现政府倡导的保险公司"保本微利"的目标。但是，由于普惠型产品是主动自愿投保，和医保强制全民加入是有本质区别的，虽然价格便宜，但还是有病的投保，没病的不投，如果保险公司无法有效控制经营成本可能会造成越做越亏的局面。为此，监管部门紧急下发征求意见稿，对可能出现的风险和问题进行提示，要求保险公司不得恶性竞争、拖赔惜赔，也不得泄露参保人信息或擅自用于其他用途[2]。

第三，如何更好地兼顾和平衡健康保险的金融属性和服务属性？当前健康保险的主流产品是重疾险和医疗险。重疾险的设计初衷是死亡险的提前给付。对于发生了重大疾病的患者，通常已经是生命终末期，为改善医疗和生存条件，可以获得重大疾病保险金。目前新的重疾定义对疾病进行分级，包括了轻症给付，解决"人死了，钱没花完"的问题。而医疗险，是对疾病或者意外事故导致的医疗行为产生的费用或经济损失进行补偿。总体上，保险的金融属性就是提供资金支持，换言之，是事后的补偿。近些年来，保险公司积极开展健康管理服务，为客户提供疾病前的管理、问诊、咨询、教育等服务，作为健康保险附加的健康增值服务，实现从"治病"到"治未病"的转变，提高客户的满意度，同时起到减少保险风险的发生，控制疾病治疗费用的目的。保险公司也可以通过健康管理增加客户触点，提升客户黏性，获得更多的数据，与医院和药企合作构建医疗健康服务生态圈和互利共赢经营模式及经营理念，优化配置不平衡的医疗资源，提高保险普惠和覆盖率，践行保险的社会保障和服务功能。

正如本文第一部分所述，保险的源起是由于风险发生的不确定性使得个人有必要通过参与一个保险共同体进行互助和救济，使之成为高度或

---

[1] 《北京商报》2020 年 11 月 22 日。

[2] 《关于规范保险公司城市定制型商业保险业务的通知（征求意见稿）》。

然性的射幸或者说博弈行为，那么如果改变保险，特别是健康保险的射幸性质，而将健康保险的价值和功用定位于对人的生命全周期的健康管理服务，这样的转变将极大降低信息不对称导致的高额的交易成本，也将由于保险人和被保险人的利益目标趋同（共同致力于追求和维护被保险人的健康），从而使保险"最大诚信原则"得以更加良性地实现。当然，之所以难以快速实现上述美好愿景，其最大的制约不在于保险业本身，而是长寿时代、医疗体系、通货膨胀、人工服务、技术进步等一系列难以预测的因素，保险公司依然要长期扮演资金融通和风险转移的金融角色。但随着社会的发展和科技的进步，我们依然乐观地预测健康保险产业的大趋势将会从被动理赔向全流程健康管理服务转变。因为从人性出发，在生命和健康遇到风险时，人更需要的是有温度的服务而不是冷冰冰的钱。保险公司最擅长的是长期风险管理和持续性经营，它的服务周期可以贯穿客户人生旅程的全流程，可以在健康管理上更多地发挥服务者的角色。

第四，建议加快立法，明确数据产权各主体的法律定位，开发利用数据资源，促进国家、企业和个人福祉共同提升。根据得到App《邵恒头条》节目，郭毅可教授提到一家著名的制药公司曾经以上百万英镑的巨资，购买了一个罕见的癌症患者的数据。这家公司之所以愿意花这么多钱，是因为该患者患有6种癌症，他的数据在世界上几乎有独一无二的价值。数据是重要的资源，只有流动才能产生价值。对于数据主体、数据控制者、数据使用者来说，建构数据法律体系，明确产权各主体在其中的法律地位，有利于交易的稳定性和实现价值增长。在《民法典》起草过程中，关于人格权独立成编、隐私权与个人信息之间的关系、个人信息和数据的关系、个人信息到底属于民事权利还是权益，学界都有过激烈争论，也体现出社会公众对于新的环境下各方面利益的重新认识和评估。从传统隐私观念到民法上的隐私权观念再到公法上的个人信息保护观念以及大数据时代的个人数据观念[1]，是一个逐渐演进的过程。对于新事物，法律体系的建构需

---

[1] 周汉华：《个人信息保护观念演变的四个阶段》，转引自何渊主编：《数据法学》，北京大学出版社2020年版。

要时间和实践的积累，而且任何法律条文不可能事无巨细规定得非常具体清晰，在此情况下，需要依靠公平、诚信等法治的基本原则和各方形成的共识，规范并指引我们继续迈开探索和创新的步伐。数据资源如是，其他社会经济活动亦如是。

第五，展望未来，随着"健康中国 2030"规划纲要的进一步实施和落地，健康保险行业如果能够把握时代机遇，在数据平台建设、保险科技运用、健康管理服务质量等方面取得突破性进展，未来商业健康保险有望成为巨大的蓝海市场。

21 《民法典》对我国互联网保险业务带来的影响与挑战

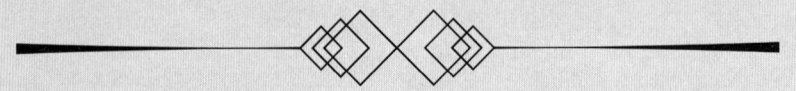

王西刚[1]

---

[1] 王西刚,新华人寿保险股份有限公司法律合规部总经理(公司总监级)、合规负责人。

摘要： 传统保险行业借助于互联网的发展孕育出互联网保险这一新型发展模式，但其迅猛发展的背后不断增长的投诉量也不容忽视。《民法典》作为民事基本法律，这部"百科全书式"的法典囊括了人们生活的方方面面，对一些原本处于边缘化的问题做出了明确的界定，积极回应社会生活的热点问题，也对互联网保险行业的发展提出了更高的要求。本文在《民法典》即将生效的大背景下，从合同成立、格式条款的提示与说明义务、个人信息保护三个角度，分析《民法典》对互联网保险领域带来的影响与挑战，并提出相应的对策建议。

关键词：《民法典》；互联网保险；合同成立；提示与说明义务；个人信息

2020年5月28日，全国人民代表大会审议通过了《中华人民共和国民法典》(以下简称《民法典》)，并于2021年1月1日起实施。《民法典》的颁布标志着在全面推进依法治国的框架下，我国民事法律制度建设在历经长期探索、实践与完善之后，将开启一个全新的时代。同时，《民法典》的颁布与实施是响应新时代中国特色社会主义发展战略、加快完善社会主义市场经济体制、推动治理体系和能力现代化的历史背景下推出的，具有特殊的时代意义和时代背景。同时，保险行业正在深化供给侧结构性改革、推动行业转型升级，《民法典》的出台无疑将成为推动保险行业转型升级的一个重要契机、推手和动力。

保险作为风险管理工具，是对人的生命、身体健康或财产等进行保障，本质上仍是特殊的民事经济活动，受到《民法典》的调整与规范。因此，保险与《民法典》的关系十分密切，《民法典》的适用将影响保险业的方方面面。随着数字化、信息化等技术持续发展，我国保险业数字化转型驶入"快车道"，互联网保险也迎来新的发展阶段。站在新的交汇点上，本文主要探讨《民法典》对我国互联网保险业务带来的影响与挑战。

一、我国互联网保险发展现状

（一）定义及特征

根据《互联网保险业务监管暂行办法》（保监发〔2015〕69号）和《互联网保险业务监管办法（征求意见稿）》，互联网保险是指保险机构依托互联网订立保险合同、提供保险服务的保险经营活动。即互联网保险是建立在互联网技术之上，为客户提供保险服务的新型业务模式。其具有如下特点：一是即时性。互联网突破了时间和空间的限制，能够随时随地为客户提供服务。二是精准性。保险机构可以充分利用互联网技术，在与客户高频次的接触中，获取大量的用户数据，并对数据进行分析，以达到精准营销的目的，该技术的应用也将提高用户的黏性，最终降低公司的成本。三是效率性。互联网能够利用低成本的信息展现和传播能力，降低信息不对称现象，提高产品的透明度；通过线上的各种服务提高运行效率；运用大数据完善保险机构的风险预测、客户用户特征分析、用户偏好预测、产品运行功能等，提高运用效率。四是自主性。通过互联网技术，可以提高客户的自主选择权以增加对保险公司的信任度，使交易双方的交流更加流畅、便捷，拉近保险公司和客户的距离。

（二）近年来的发展态势及存在的问题

近年来，我国互联网保险市场发展势头迅猛，销售渠道变革加快，对整个保险行业业务发展的重要性也越来越高。2014年至2015年，互联网保险迅速兴起并飞速发展；2016年，车险费改深入，互联网财产险进入低迷时期，连续两年负增长；2017年至2018年，人身险监管从严，互联网人身险调整；2019年，互联网保险恢复增长，全年累计实现规模保费1 857.7亿元，较2018年同比增长55.7%；互联网财产保险保费收入838.62亿元，同比增长20.60%。

2020年突发的新冠肺炎疫情对线下传统销售模式带来不小的冲击，各保险公司利用科技赋能，加速布局线上保险业务，推动"线上+线下"相融合，无疑又为互联网保险业务的高速发展提供了一个契机。中国保险行业协会发布的《2020年上半年互联网人身保险市场运行情况分析报告》[①]和《2020年上半年互联网财产保险市场业务数据通报》[②]显示，上半年，共有59家公司经营互联网人身险业务，累计实现规模保费1 394.4亿元，较2019年同期增长12.2%，36家公司规模保费实现不同程度正增长；共有72家财产保险公司开展互联网保险业务，受商业车险改革影响，累计保费收入共371.12亿元，同比负增长2.73%。在快速发展的同时，互联网保险业务也暴露出一些问题和风险隐患，给行业和监管带来了新课题、新挑战。

第一，互联网降低了准入门槛，大量未取得经营资质的保险机构和未经审批的产品浑水摸鱼，导致互联网保险野蛮生长。相较于传统保险行业，互联网平台成本低、传播广、溯源难，大量原本从事信息技术中介服务的第三方网络平台游走在监管灰色地带，在无保险牌照、无代理资质的情况下，从事非法保险中介业务，违规开展保险代理，互联网平台成为非法商业保险活动滋生的温床和重要载体。数据显示，2019年，银保监会接到互联网保险消费投诉共1.99万件，同比增长88.59%，是2016年投诉量的7倍，成为投诉重灾区。

第二，消费者基本权利未得到有效保障。互联网保险与电子商务存在一定相似性，其初衷仅在于借助互联网技术优化传统的保险产品销售形式，将线下销售迁移至线上，一方面降低交易成本、另一方面吸引价格敏感用户。但随着越来越多的用户通过互联网购买保险，面对保单件数的剧增和保费规模的上升，互联网保险未能及时完善对消费者权益的保护措施，导致消费者知情权、自主选择权和公平交易权等基本权利未能得到有效保障。

---

① 中国保险行业协会发布《2020年上半年互联网人身保险市场运行情况分析报告》，载中国保险行业协会官网，http：//www.iachina.cn/art/2020/8/14/art_22_104594.html，2020年11月22日访问。

② 中国保险行业协会发布《2020年上半年互联网财产保险业务数据通报》，载中国保险行业协会官网，http：//www.iachina.cn/art/2020/8/31/art_22_104618.html，2020年11月22日访问。

第三，信息披露不充分。保险活动具有极强的专业性和技术性，互联网保险业务通常依托保险人和第三方平台的合作，保险人作为掌握着大量信息的一方并不直接接触投保人，而是通过第三方平台进行保险产品的展示。在这个过程中，第三方平台从保险公司了解到保险产品的基础信息之后，对保险产品的情况进行再次说明与提示，这难免会影响到信息的准确性。同时，互联网保险销售过程中，保险人与投保人无法直接交流，投保人对产品的了解通常取决于第三方平台的展示，导致投保人对信息的获取也会产生遗漏和偏差，从而导致权益无法得到有效保障，因此需要对第三方平台设定更严苛的信息披露义务。

第四，外部风险大。消费者权益易受侵害，主要表现在：一是客户信息安全。保险活动具有极强的私密性，投保过程中保险人不可避免地会获取大量有关当事人的诸多隐私。在传统保险产品销售过程中，保险代理人与投保人面对面讨论有关事宜。而在互联网保险的销售中，在保险人与投保人之间介入了互联网平台，相应地提升了信息泄露的风险。此外，互联网保险是"互联网＋保险"的产物，这就对平台提出了更高的要求，平台的运营者既要了解保险的经营运作，又要熟练掌握网络技能，而现实情况却是互联网保险行业内人才匮乏。由于平台运营人员不具备相应的保险专业知识，也对消费者的信息安全带来一定的隐患。二是网络安全。互联网信息安全问题是当前的热点问题，在互联网保险行业更是如此。相较于线下面对面交易及实物性资料保存，互联网信息的安全保障面临更多挑战。互联网保险系统遭遇人为恶意攻击，造成客户信息被泄露、窃取、篡改等事件时有发生。一旦病毒侵入计算机系统，如果没有完善的风险防控制度及措施，将会引发客户信息的大量泄露。三是支付安全。互联网保险的支付依赖于第三方支付平台，近几年支付宝、微信为代表的第三方支付平台发展迅速，但与之对应的信息与安全保障措施尚不完善，消费者在支付过程中发生的信息泄露和盗刷事件也屡见不鲜，用户信息安全与隐私保护是第三方平台必须注意的问题。

第五，互联网保险产品体系不够健全。当前我国主流的保险产品同质化严重，市场中存在过多类型重叠的产品，保险业之间普遍存在相互竞争、相互抄袭的现象，造成用户在产品和服务选择方面的困扰。由于这些保险产品的"标准化、低价值、低黏度"等特点，众多互联网保险平台单纯追求发展效益，在对保险产品进行介绍时通常模糊险种的具体特点，不考虑被投保人的实际情况，造成我国互联网保险投保市场混乱。当前真正的互联网保险产品只有简单险种，更多个性化的、复杂的保险险种没有在互联网保险中广泛应用，用户对保险险种的咨询、支付、投保、后期理赔等环节在互联网上还没有得到智能化、自动化。

（三）监管现状

1.我国互联网保险监管现状

我国互联网保险监管历程大致为：2011年9月，《保险代理、经纪公司互联网保险业务监管办法（试行）》开始施行，《互联网保险业务监管暂行办法》（保监发〔2015〕69号）施行后该文件废止；2015年10月，《互联网保险业务监管暂行办法》开始施行，规定有效期3年；2019年12月，中国银保监会就《互联网保险业务监管办法（草稿）》征求意见；2020年9月，中国银保监会再次就《互联网保险业务监管办法（草稿）》征求意见。

2.域外监管经验

（1）美国

美国是互联网保险的开拓者，其认为互联网保险是一种有利于降低成本、提高效率的互联网金融创新。秉持着超越职权范围不予干涉的原则，美国通过不断修改、完善法律法规，将互联网保险纳入保险监管体系，适用同样的保险监管原则，未进行更严格的规则制定。1998年，美国保险管理委员会（National Association of Insurance Commissioners，NAIC）颁布的《互联网营销保险》（*Marketing Insurance over the Internet*），对互联网保险合同形式、隐私保密、电子签名等做了详细阐述。2001年，纽约州政府发布的《第五号函件》，对互联网保险销售业务的保险人和保护人做出规范准则。同时，美国对互联网保险本着审慎而适度监管的原则，及时更新调整监管方式鼓励互联网保险创新。2018年6月28日，美国加利福尼亚州议会全票通过《2018加州消费者隐私法案》（*California Consumer Privacy Act of 2018/Assembly Bill No. 375*），定于2020年1月1日生效。该法案被称为美国"最严厉、最全面的个人隐私保护法案",广泛适用于收集加州消费者个人信息的企业。法案赋予了消费者对公司收集和管理其个人信息更多的控制权,规范了企业收集处理数据的方式。

（2）英国

英国的保险行业历史悠久,互联网保险监管经验丰富。其对互联网保险的监管以偿付能力为核心,通过政府监管和行业自律相结合的方式,防范互联网保险风险,推动行业良性发展。政府先后制定一系列法律法规和规章制度规范互联网保险市场,如《消费者保险法》《电子商务条例》《远程销售条例》《数据保护法》等。英国金融行为监管局（Financial Conduct Authority, FCA）、互联网监察基金会等则牵头制定行业规范准则,积极打击网络犯罪行为,例如规定电子保单与传统保单拥有同样的法律效力。通过法律法规与行业规范相结合的方式,将互联网保险纳入与传统保险同样的监管体系之下。

（3）日本

日本通过出台的《保险业法》《金融商品销售法》《消费者契约法》等法律规范奠定互联网和保险业的发展基础,也为监管部门提供了制定监管政策的法律依据。一是注重分类管理。对不同资质的金融机构设定不同准入门槛,不同经营主体只有通过资质鉴定方可开展互联网保险业务。二是是注重信息披露。《保险业法》要求从事保险的公司应公开尽公开,促进信息的透明化。

二、《民法典》涉及互联网保险业务的相关内容

《民法典》第一百二十八条规定："法律对未成年人、老年人、残疾人、妇女、消费者等的民事权利保护有特别规定的,依照其规定。"《民法典》郑重宣告了消费者与未成年人、老年人、残疾人、妇女一样,均属于法律上的弱势群体,其民事权利受到法律的特别保护。消费者也由此成为与未成年人、老年人、残疾人、妇女并列的第5类民事权利受特别保护的法律主体,具有了民事基本法上的明确法律地位。该规定不仅表明,消费者作为一个弱势群体的法律地位和民事权利在民事基本法层面得到了确

认，而且使得原散见于各种民事特别法中的有关消费者权益保护的规范，获得了总的引领，从而在立法体系上，形成了一个从民事基本法到民事特别法的完整规范体系。同时意味着消费者权益保护上升至更高的立法层面，对消费者权益保护工作亦提出更高的要求。

消费者通过互联网渠道购买保险产品时，其权益保护也应得到足够的重视。特别是在《民法典》即将实施的背景下，保险机构应适时采取相应举措，以适应新的消费者权益保护要求与标准。

（一）电子合同管理

1.《民法典》规定：第四百九十一条（成立时间）、第四百九十二条（成立地点）、第五百一十二条（提供服务的时间、方式）

《民法典》合同编第一分编通则中，第四百九十一条规定："当事人一方通过互联网等信息网络发布的商品或者服务信息符合要约条件的，对方选择该商品或者服务并提交订单成功时合同成立，但是当事人另有约定的除外。"由此看来，除另有约定外，在互联网保险销售过程中，客户在完成保险产品选择、完成支付保费等一系列动作后，合同即行成立。依法成立的合同，对当事人具有法律约束力。表明双方当事人对合同的主要条款已达成一致意见，达到双方约定的时间点时合同即生效，期间不得因为身体健康问题等原因拒保。

2.法理基础分析

根据《民法典》第四百七十二条规定："要约是希望与他人订立合同的意思表示。"可见，要约是一方当事人缔结合同为目的的意思表示。要约应当符合下列条件：（一）内容具体确定；（二）表明经受要约人承诺，要约人即受该意思表示约束。

根据《民法典》第四百七十三条规定[①]："要约邀请是希望他人向自己发出要约的表示。"一般认为，在区分要约与要约邀请时，应当综合考虑当事人是否有订约意图、订约提议的内容是否包含合同主要条款、意思

---

① 王利明、杨立新、王轶、程啸：《民法学》，法律出版社2018年版，第570页以下。

表述是否向特定人发出等因素。

根据《民法典》的精神，保险公司在互联网平台上展示、销售保险产品时，披露了保险产品的承保公司、销售主体及承保公司设有分公司的省、自治区、直辖市清单；保险产品条款；投保、承保、理赔、保全、退保的办理流程及保险赔款、退保金、保险金的支付方式；投保咨询方式、保单查询方式及客户投诉渠道等方式等，显示了保险公司与消费者订立保险合同的义务，也展示了保险合同的主要条款，消费者提交订单的行为相当于进行承诺，表示同意保险合同的主要条款内容，就保险责任承担达成了一致意见。一方面，保险公司必须按照保险合同的约定承担保险责任，没有了核保环节。另一方面，对于一年期以下的保险合同，客户在提交订单成功后没有反悔的时间，如果要求退保会造成一定的资金损失①。

3. 对互联网保险业务的影响

按照《保险法》第十三条的规定，投保人提出保险要求，经保险人同意承保，保险合同成立。保险人应当及时向投保人签发保险单或者其他保险凭证。即传统的业务方式是投保人提出投保申请，视为发出要约，保险人同意承保的意思表示视为作出承诺。新型互联网保险交易方式是保险人通过互联网发布产品信息视为发出要约，投保人选择产品并成功提交订单视为作出承诺。此变化一定程度上突破了《保险法》的规定，树立了新的业务模式。为了适应新的互联网消费场景，保险公司应顺势行动，做出相应调整。

（1）调整销售产品种类

鉴于互联网销售场景中，一般情况下消费者下订单合同即成立，省去了核保环节，不适合根据健康情况进行差异定价的含有疾病给付责任的健康保险、人寿保险。相比之下，年金保险、意外伤害保险受影响较小。因此，年金保险、意外伤害保险相对更适合在互联网平台进行销售。

---

① 孙良国：《合同成立时点的确定与合同法的价值判断——以"夏伟诉亚马逊卓越擅自删除订单案"为例》，载《华东政法大学学报》2018年第2期。

（2）调整产品特别约定

《民法典》第四百九十一条并未"一刀切"地规定互联网合同成立的时间，而是允许当事人对合同成立时间进行约定。因此保险机构如若有其他考虑，想另行约定合同成立时间时，则须以特约的方式与客户进行约定，同时应在销售过程中对该条款进行提示与明确说明义务。

根据《民法典》第五百零二条：依法成立的合同，自成立时生效，但是法律另有规定或者当事人另有约定的除外。根据保险行业的惯例，合同生效日一般从某日的零时起开始计算，故合同生效日须另行约定，否则按照成立时即生效的规定。

（二）互联网环境下保险人明确说明义务的履行

1.《民法典》的规定

《民法典》第四百九十六条规定："采用格式条款订立合同的，提供格式条款的一方应当遵循公平原则确定当事人之间的权利和义务，并采取合理的方式提示对方注意免除或者减轻其责任等与对方有重大利害关系的条款，按照对方的要求，对该条款予以说明。提供格式条款的一方未履行提示或者说明义务，致使对方没有注意或者理解与其有重大利害关系的条款的，对方可以主张该条款不成为合同的内容。"

因此，格式条款提供方对与对方有重大利害关系的条款应履行提示与说明义务，否则该条款可以不成为合同内容。有重大利害关系的条款的范围包括但不限于免除责任的条款。

2. 与其他法律法规中明确说明义务的对比

《保险法》第十七条规定："保险机构应当向投保人说明合同的内容。保险机构对免除保险人责任的条款应进行提示和明确说明义务，否则该条款不产生效力。"从《保险法》的规定来看，保险机构对保险合同全部内容具有说明义务，对于免责条款的要求更为严格，具有提示和明确说明的义务。

3. 对互联网保险业务影响

综合《民法典》和《保险法》的内容，保险合同的条款可以分为三类，相应要求也不尽相同（具体情况详见表格）。为了更好地保护消费者权益，在《民法典》生效后，应综合二者的要求对格式条款进行提示或说明。具体来说，对于免除或减轻保险人责任的条款，保险机构应履行提示和明确说明的义务；对于其他与保险消费者有重大利害关系的条款，保险机构应履行提示和说明的义务；对于与保险消费者无重大利害关系的条款，应履行说明义务。

表1　　　　《民法典》与《保险法》涉格式条款规定之对比

格式条款类型	《保险法》	《民法典》
免除或减轻保险人责任的条款	提示+明确说明	提示+被动说明
其他与保险消费者有重大利害关系的条款	说明	提示+被动说明
与保险消费者无重大利害关系的条款	说明	无要求

2020年10月1日生效的《中国银保监会关于规范互联网保险销售行为可回溯管理的通知》（银保监发〔2020〕26号），也对保险机构的提示与说明义务进行了规定，其中体现出的监管精神也与《民法典》《保险法》保持了一致。其要求保险机构的销售页面应当展示保险条款或提供保险条款文本链接，说明合同内容；对保险合同中免除保险公司责任的条款内容，以足以引起投保人注意的文字、字体、符号或其他明显标志，并以网页、音频或视频等形式予以明确说明。对于重要条款内容，要求单独设置页面展示，且由投保人自主确认，保护消费者知情权。

（三）隐私和个人信息保护

1.《民法典》的规定

《民法典》在第四编第六章对"隐私权和个人信息"进行专章规定，在现行有关法律规定的基础上，进一步强化了对隐私权和个人信息的保护。一是将"私人生活安宁"写入法条。《民法典》第一千零三十二条规定："自然人享有隐私权。任何组织或者个人不得以刺探、侵扰、泄露、公开等方式侵害他人的隐私权。隐私是自然人的私人生活安宁和不愿为他人知晓的私密空间、私密活动、私密信息。"二是明确了处理个人信息应遵循的原则和条件。处理个人信息的，应当遵循合法、正当、必要原则，不得过度处理，并须符合法律规定的条件。

2. 对互联网保险业务的影响

（1）影响销售模式

《民法典》明确要求未经权利人明确同意，任何人不得以电话、短信、即时通信工具、电子邮件、传单等方式侵扰他人的私人生活安宁。这意味着，在没有得到权利人同意的情形下，随意拨打销售电话、发送营销短信或邮件可能会被认为侵扰他人私生活安宁，进而侵犯了他人隐私权。保险机构通过拨打电话、发送短信或邮件推销保险产品是一种常见的营销方式，因此在形势趋严的情形下，保险公司须另辟蹊径或者进行电话营销前征得权利人同意。

（2）影响信息安全

无论是进行风险评估，还是提供个性化服务，保险经营过程均涉及大量客户信息的获取和利用。保险合同的射幸特征也决定了保险机构需要在更大程度上获取和利用客户信息。但获取和利用客户信息的前提是尊重和保护客户隐私和利益，否则可以说，保险经营也丧失了存在的合理性和正当性。因此在《民法典》全面强化对隐私权和个人信息保护的背景下，也对保险机构的信息技术安全提出了更高的要求。保险行业将面临如何"依法取数""依法用数"的巨大挑战。

三、互联网保险风险防控应对策略

（一）立法/监管层面

互联网保险销售作为数字时代的产物，是一种新兴的销售模式，随之带来的是金融活动、金融主体以及金融市场之间的关系变化，新发展背后也隐藏着新的风险。

金融监管作为政府调控金融秩序、金融活动的有效工作，具有预防金融风险的发生与避免经济危机的爆发、减少市场调控失灵的负面影响的职能，同时具有推动市场经济参与者的活力、引导经济社会的繁荣发展的职能。因此，在制定金融监管措施制度时，政策制定者应在鼓励创新与加强监管中取得平衡，政策的制定要随着产品创新与经济社会发展变化而做出相应的改变，要积极体现对于创新与发展的促进与推动作用以及对于风险的适度规制和防范机能。

1. 健全配套规则，强化信息披露义务

现行法律法规多是用于规范线下保险业务，随着金融科技在保险行业的应用，为了对新型主体实行有效监管，应建立健全的配套规则，完善法律法规，特别是信息披露制度。由于互联网平台的介入，消费者不是直接与保险机构面对面签订合同，而是在网络上完成合同签订、申请理赔、保单投诉等一系列行为，消费者只能通过互联网平台的展示了解保险产品信息，与传统保险业务模式相比较，双方的信息不对称更加明显。在此种情况下，对于第三方平台的信息披露义务要求更加严格，保险监管机构应当制定详细的信息披露规则对第三方平台加以引导，强化第三方平台的说明和提示义务，并对违法违规行为进行严惩。

2. 强化技术监管力度

面对互联网技术在保险业务范围内的大量运用，监管机构也应当探索应用科技提升监管效率的路径。一是在现有保险监管设施基础上，借助大数据与云计算技术构建保险监管的基础设施平台，为非现场监管、风险预测等搭建操作平台。二是引导保险公司利用科技加强企业自我监管的能力，通过自动收集、整理和精确分析公司内部数据以降低人工错误率，促进风险筛查。三是在现有监管指标上，新增保险公司信息技术水平作为监测指标，掌握保险公司的信息技术能力，对于信息技术水平不达标的保险公司进行督促整改。

3. 构建多元化互联网保险纠纷解决机制

当前互联网保险业务投诉量居高不下，维权案件层出不穷，为妥善化解纠纷，需构建多元化互联网保险纠纷解决机制。

一是建立第三方解决机制。设立专门的金融机构或者相关协会作为独立第三方，参与互联网保险纠纷的调解，同时配备专业的调解人员，建立相应的配套机制，实现纠纷的内部解决。探索并建立第三方解决机制也能够降低诉讼成本，减轻消费者维权难度，化解风险的同时使消费者权益得到更好的保护。

二是举证责任倒置。保险机构作为保险法律关系中的强势一方，掌握了较多的资源和优势，故常常出现消费者举证不能、维权成本过高的问题。传统模式下的"谁主张、谁举证"也容易让消费者望而却步，打消维权的念头。因此这种形式需要作出调整，需要将责任适当分予保险经营者，以减轻消费者维权难度。

三是完善互联网保险诉调对接机制。为了提高纠纷解决效率，可以加强各个监管部门机构及行业协会的合作，发挥各自所长，共同致力于消费者权益保护。

（二）从保险公司层面

面临《民法典》带来的风险与挑战，保险行业既要解决认识问题，也要解决能力问题。只有两手抓、两手硬，才能从容应对。

1. 保障信息安全

一是面对数据风险挑战。一方面，保险业要树立信息安全意识，深刻理解"只有管好数据才能得到数据""保护客户就是保护自己"的深刻内涵，将重视个人信息保护转化为行业的自觉行动。另一方面，要加强信息安全建设。首先，硬件或软件建设应加大资金投入，采购先进产品，定期更新设备，高标准地进行运营维护管理；其次，应积极引进高素质的信息化科技人才，灵活借鉴互联网公司的人员管理模式，做到引得进和留得住；同时做好老员工的信息化培训工作，提升技术水平；最后，加强客户隐私信息的管理建设，按照接触客户信息权限最小化的原则对待客户信息，严格限制使用场景，做到权责严格匹配。

二是加强互联网安全技术。互联网是技术复杂的系统，强有力的技术支撑和过硬的驾驭大数据的能力对于互联网保险的发展至关重要。保险公司需要积极开发互联网保险各流程的专业系统，真正做到为客户服务。同时，保险公司应该引入欺诈检测环节，利用大数据技术自动识别出理赔中可能的欺诈，再将可疑的理赔请求交付具有专业能力的人工审阅，从而减少理赔诈骗的发生。

2. 提升全流程服务能力

随着互联网保险在生活中的不断应用，其概念也在不断演变。有专家指出：真正的互联网保险不仅仅是销售渠道的线上化，更重要的是运用互联网思维（大数据、云计算、区块链）对现有的产品、运营以及服务模式进行重构。这一概念更加强调了互联网技术在保险创新中的应用。互联网保险市场更像是个买方市场，客户拥有更多的主动权，要想获得广泛的认可和购买，就离不开从场景到流程的全方位运营以及服务能力的提升。

（1）注重产品研发

互联网销售有自己独特的优势和规则，因此应根据互联网保险销售的特点，研发适合互联网、甚至是专属于互联网渠道的保险产品。一是在产品定位上，根据不同群体、不同场景、不同需求进行市场调研和分析，找准产品研发方向。二是在定价上，根据实际情况，多运用现代化的数据分析手段进行定价，可适当与传统保险的定价方式相区分。三是充分利用互联网的交互性和便捷性，让潜在客户参与到产品的研发设计中，倾听客户诉求，吸纳客户建议，增强产品适应市场的能力。

（2）完善客户服务流程

保险机构在提供良好保险产品的同时也需要为客户营造更好的用户体验。在提交订单互联网保险合同即成立的情形下，投保流程的合理性设置就显得格外重要。一方面要细化互联网保险投保流程，在符合法律及监管规定的前提下提升用户体验；另一方面要增强服务意识，充分利用AI、大数据、云计算等互联网技术，实现从客服咨询、投保、支付、理赔等各环节的布局优化，保证随时可以匹配到相应的服务，提高客户对品牌的认可度，以实现更加长久的发展。

（3）营销策略多样化

在数字技术发展日新月异的当下，互联网保险销售也应当随机应变，充分利用互联网技术进行科技赋能，丰富营销手段，实现销售策略多样化。一是信息透明化，通过网络平台，主动公开公司的经营状况、征信状况等信息，树立正面形象，提高信誉水平。二是开发多样化的销售渠道，根据产品特点有选择地通过各种合适的社交平台和信息网络进行宣传销售，做到有的放矢。

3. 促进保险与科技深度融合

保险与科技深度融合是新时代互联网保险高质量发展的基石，将给互联网保险产业带来突破性的发展机遇，因此应推动保险与科技深度融合，向纵深发展。一方面，用科技助推保险供给侧改革。用科技的力量，使保险经营模式从粗放式向集约式的转变，从数量式增长到内涵式提升的发展，而不是简单的"换个平台"或"换个渠道"卖保险。另一方面，要加深新技术在保险领域的应用深度。用技术创新所带来的新产品、新技术为互联网保险市场的发展源源不断地注入活力，推动互联网保险市场的健康发展，形成保险科技的新生态。

四、结语

《民法典》不仅是"社会生活的百科全书"，也是市场经济的基本法和民事权利保护的宣言书，在民事领域具有基础性和引领性的法律定位。其史无前例地将消费者保护提升至与未成年人、老年人、残疾人、妇女保护同等重要程度，充分体现以人为中心的法治理念。近年来，《中国人民银行金融消费者权益保护实施办法》（中国人民银行令〔2020〕第5号）、《最高人民法院关于印发〈全国法院民商事审判工作会议纪要〉的通知》（法〔2019〕254号）等注重保护消费者权益的金融法律规范也相继出台，与《民法典》一起，将开启权利保护的新时代。

以贯彻实施《民法典》为契机，保险行业应不忘保障人民美好生活的初心，永存客户利益至上的爱心，秉持对法律、对市场的敬畏之心，以注重消费者体验为核心，悉心深耕互联网保险市场，提升精细化服务水平，以互联网保险的高速发展助力整个保险行业的转型与发展，满足人民美好生活的保险需求。

22 《民法典》视阈下电子保单规制研究
——基于司法实践中电子保单"类案不同判"典型判例视角

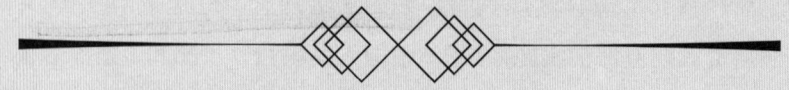

聂 勇[①]

---

① 聂勇,法律硕士、高级经济师、公司律师,英大泰和财产保险股份有限公司法律合规部。

摘要：《民法典》是一部现代社会生活"百科全书"和私法领域民商事活动"万法之母"，现代社会是风险社会，保险机制是现代风险社会中经营风险的组织业态，与《民法典》息息相关，受《民法典》影响和调整极深，《民法典》必将深刻地影响着、改变着保险法律规则、保险监管规则及保险业务行为。电子保单是 AI 保险业务行为的契约载体，也是保险合同的表现形式，更是典型的格式条款，承受着最为深刻的影响。本文以类案不同判司法案例为视角，探讨《民法典》视阈下电子保单中基本要素及保险人明确说明义务的履行路径，构建电子保单中立法、司法、监管、技术等运行规制。

关键词：《民法典》；电子保单；保险期间；明确说明；司法规制；技术规制

我国近代《民法典》的编纂之路从 1911 年《大清民律草案》算起跨越一个多世纪，法学界先辈们"念念不忘"从未停歇编纂一部自己国家的民法典。2014 年 10 月 23 日，中共十八届四中全会通过了《中共中央关于全面推进依法治国若干重大问题的决定》，其中明确提出了"加强市场法律制度建设，编纂民法典"，历经近 6 年"比较、整理、梳理、创新"的编订篡修历程，2020 年 5 月 28 日，第十三届全国人民代表大会第三次会议通过《中华人民共和国民法典》(以下简称《民法典》)，将于 2021 年 1 月 1 日起正式实施，现行的《民法通则》《民法总则》《合同法》《物权法》《担保法》《婚姻法》《继承法》《收养法》《侵权责任法》等相关法律同时废止，这部"九法归一"的厚重的《民法典》，是新时代我国社会主义法治建设的重大成果，是新中国第一部以"法典"命名的法律，第一部超过 1 000 条的法律，第一部超过 10 万字的法律，具有"全面依法治国支柱、构筑市场经济法权基础、追求民法再现代化"立法价值，形成"体系性、人民性、继承性、时代性、开放性"立法特色，为我国国家治理体系和治理能力现代化建设提供坚强的法治保障，为实现人民美好幸福生活提供坚强的法治保障。

我国《民法典》作为一部现代社会生活"百科全书"和私法领域民商事活动"万法之母"，涵盖了现代社会生活的方方面面，而现代社会是风险社会，风险无处不在，保险作为经营风险的组织业态，受《民法典》影响和调整"极深"，甚至可以说没有一个行业像"保险业"深受《民法典》影响之大，可见《民法典》与保险机制"息息相关"，必将深刻地影响着、改变着保险法律规则、保险监管规则及保险业务行为。在AI技术引领下，保险业务行为的电子化进程快速发展，其中电子保单是AI保险业务行为的"契约载体"，也是保险合同的"表现形式"，更是典型的格式条款，承受着"最为深刻"的影响，《民法典》关于电子合同及格式条款等规制的修订，必然影响电子保单的效力、效能。

AI技术催生电子保单。我们已经进入人工智能时代，大数据和人工智能的发展深刻地影响着我们的社会生活，改变了我们的生产和生活方式，也深刻地影响着社会的方方面面①。从1997年我国诞生第一张通过互联网销售的保险单开始，互联网保险在我国发展已有23年的历史，印证了科技创新在互联网保险中的技术支撑作用突出，电子保单作为保险科技创新技术应用中保险合同的"表现形式"，更是机动车险等保险产品"互联网＋"流程的"保障载体"，但电子保单在实践中仍然面临着管辖权异议②、互联网乱象③等诸多挑战，其中电子保单成立生效时间、保险人履行提示说明

---

① 王利明：《人工智能时代提出的法律问题》，载《中国民商法律网》2018年12月7日。
② 管辖权异议：保险人在电子保单中关于管辖权条款时常约定为："因履行本合同发生的争议，由当事人协商解决，协商不成的，依法向被告所在地人民法院起诉"，此时是否公平，可能仅仅是"形式上的公平"，实质对投保人、被保险人极为不利，缩减了保险消费者的选择权。我国《民事诉讼法》第二十四条规定："因保险合同纠纷提起的诉讼，由被告住所地或者保险标的物所在地人民法院管辖"，可见被保险人还可以选择在保险标的物所在地法院管辖，若是财产保险合同，则在物或者财产利益的所在地法院管辖，若是人身保险合同，则在被保险人的住所地法院管辖。因此电子保单作为格式条款，应本着公平原则，合理确定管辖权条款，建议采取"因履行本保险合同发生的争议，由当事人协商解决，协商不成的，依法向人民法院起诉"的表述，确保双方当事人的选择权，选择有利于己方的诉讼管辖方式。
③ 互联网乱象：《中国银保监会办公厅关于开展银行保险机构侵害消费者权益乱象整治工作的通知》(银保监办发〔2019〕194号）文件指出"互联网保险"方面存在"互联网业务中重要信息披露、风险提示、客户告知不够标准、清晰，如销售页面所载条款或保险责任不全，重要内容未采取字体、颜色等特别提示，易使消费者忽视产品重要信息"乱象，电子保单设计中应规避和防范此种行为及乱象。

及明确说明义务是"核心环节"和"重中之重"。《民法典》关于电子合同及格式条款的法律规制是规范电子保单的基本渊源，本文以电子保单"类案不同判"司法案例为视角，着重探讨《民法典》视阈下电子保单中"基本要素"及"保险人明确说明义务"的履行路径，着力构建电子保单中"立法、司法、监管、技术"等运行规制，以期对保险业界的实务操作及风险防范的探讨有所启迪、有所裨益、有所借鉴。

一、《民法典》中电子合同规制

数字经济发展推动传统纸质合同"电子化"，电子合同"蓬勃发展"，表1为《民法典》与《合同法》《中华人民共和国电子签名法》（以下简称《电子签名法》）关于电子合同中形式及内容的规制变化。

表1　　　　　　　　　　"电子合同"对照表

《合同法》《电子签名法》规定	《民法典》规定
《合同法》第十一条 书面形式是指合同书、信件和数据电文（包括电报、电传、传真、电子数据交换和电子邮件）等可以有形地表现所载内容的形式。 《电子签名法》第四条 能够有形地表现所载内容，并可以随时调取查用的数据电文，视为符合法律、法规要求的书面形式。	第四百六十九条第二款　书面形式是合同书、信件、电报、电传、传真等可以有形地表现所载内容的形式。 第四百六十九条第三款　以电子数据交换、电子邮件等方式能够有形地表现所载内容，并可以随时调取查用的数据电文，视为书面形式。 第四百九十一条　当事人采用信件、数据电文等形式订立合同要求签订确认书的，签订确认书时合同成立。当事人一方通过互联网等信息网络发布的商品或者服务信息符合要约条件的，对方选择该商品或者服务并提交订单成功时合同成立，但是当事人另有约定的除外。 第五百一十二条　通过互联网等信息网络订立的电子合同的标的为交付商品并采用快递物流方式交付的，收货人的签收时间为交付时间。电子合同的标的为提供服务的，生成的电子凭证或者实物凭证中载明的时间为提供服务时间；前述凭证没有载明时间或者载明时间与实际提供服务时间不一致的，以实际提供服务的时间为准。 电子合同的标的物为采用在线传输方式交付的，合同标的物进入对方当事人指定的特定系统且能够检索识别的时间为交付时间。 电子合同当事人对交付商品或者提供服务的方式、时间另有约定的，按照其约定。

《民法典》清晰界定电子合同的属性规则、成立规则及交付规则三个关键规则，[①]电子保单应当符合这三个关键规制。

（一）电子保单符合电子合同的属性规则

我国《合同法》第十一条曾直接将电子合同作为书面形式的一种类型，而《民法典》第四百六十九条第二款规定书面形式是指合同书、信件、电报、电传、传真等可以有形地表现所载内容的形式，电子合同不属于书面形式。但若电子合同同时满足能够"有形地表现所载内容、可以随时调取查用"双重基本属性规则，《民法典》第四百六十九条第三款规定可"视为"书面形式，与《电子签名法》第四条保持一致。

就电子保单而言，这是其存在的法律基础。一是在"互联网+"及AI技术应用下，电子保单成为保险业务行为中保单载体的未来发展模式，保险单以电子数据的形式呈现，电子保单符合两项基本属性，可视为书面形式。二是我国《电子签名法》曾确立了可靠电子签名与手写签名的同等法律效力，为电子保单的现实应用提供了法律依据和技术基础。三是《最高人民法院关于互联网法院审理案件若干问题的规定》第十一条规定"当事人提交的电子数据，通过电子签名、可信时间戳、哈希值校验、区块链等证据收集、固定和防篡改的技术手段或者通过电子取证存证平台认证，能够证明其真实性的，互联网法院应当确认"，这是我国首次以司法解释形式对可信时间戳及区块链等固证存证手段进行法律确认，意味着电子固证存证技术在司法层面的应用迎来重要突破。

（二）电子保单符合电子合同的成立规则

电子合同亦有特殊性，若电子合同的双方当事人选择确认书形式订立合同，则签订确认书时合同成立；若双方没有选择签订确认书，则需判断双方意思表示是否符合要约、承诺的要求，如当事人一方通过互联网等信息网络发布的商品或者服务信息内容具体确定，且表明一经承诺即受约束的意思，则该商品或服务信息符合要约条件，对方选择该商品或者服务并

[①] 《〈民法典〉买卖合同的10大内容变化＆合同编通则12处修改要点汇览》，载微信公众号"最高人民法院司法案例研究院"，2020年8月14日上传。

成功提交订单时合同成立。

就电子保单而言，没有采取"确认书"的形式，但需要投保人履行"投保确认""发送验证码"及"刷卡付费"三个环节后，电子保单即成立。但电子保单成立后不一定立即生效，电子保单生效时间依据投保车辆"新保、续保、脱保"等情形及投保人自身意愿选择"即时生效"还是"约定生效"。在电子保单投保流程中，需要在 AI 投保界面对"生效时间"作出特别提示，并说明具体生效规则。

（三）电子保单符合电子合同的交付规则

《民法典》第五百一十二条根据给付标的的差异，将电子合同的交付时间分为三种情形：一是若电子合同的标的为交付商品并采用快递物流方式交付的，收货人的签收时间为交付时间；二是若电子合同的标的为提供服务的，生成的电子凭证或者实物凭证中载明的时间为提供服务时间；若电子凭证或实物凭证没有载明时间或者载明时间与实际提供服务时间不一致的，以实际提供服务的时间为准；三是电子合同的标的物为采用在线传输方式交付的，合同标的物进入对方当事人指定的特定系统且能够检索识别的时间为交付时间。

就电子保单而言，投保人可与保险人约定保险期间的起止时点，但起保时点必须在保险人接受投保人的投保申请且确认全额保费入账时点之后。电子保单的服务时间（即保险期间）应为收款确认时间及保单生成时间（这两个时间完全一致）为"起算点"的以后时间，新保及脱保车辆一般会采用"即时起保制"，保险实务中会要求验车承保，续保车辆一般会采用"延续/零时起保制"，防范道德风险及欺诈风险。

二、《民法典》中格式条款规制

《民法典》第四百九十六条、第四百九十七条、第四百九十八条是关于格式条款的制定、解释及适用的法律规制。从表 2 中考察《合同法》与《民法典》关于格式条款的规制变化（右栏黑体部分为修改内容，两栏下画线部分为增加内容）。

表2　　　　　　　　　　"格式条款"对照表

《合同法》及司法解释（二）的规定	《民法典》规定
《合同法》第三十九条　采用格式条款订立合同的，提供格式条款的一方应当遵循公平原则确定当事人之间的权利和义务，并采取合理的方式<u>提请</u>对方注意免除或者<u>限制</u>其责任的条款，按照对方的要求，对该条款予以说明。 格式条款是当事人为了重复使用而预先拟定，并在订立合同时未与对方协商的条款。 《合同法司法解释（二）》第九条　提供格式条款的<u>一方当事人违反合同法第三十九条第一款</u>关于提示和说明义务的规定，<u>导致</u>对方没有注意免除或者限制其责任的条款，对方当事人申请撤销该格式条款的，人民法院应当支持。	第四百九十六条　【格式条款】格式条款是当事人为了重复使用而预先拟定，并在订立合同时未与对方协商的条款。 采用格式条款订立合同的，提供格式条款的一方应当遵循公平原则确定当事人之间的权利和义务，并采取合理的方式提示对方注意免除或者**减轻**其责任**等与对方有重大利害关系**的条款，按照对方的要求，对该条款予以说明。提供格式条款的一方**未履行**提示**或者**说明义务，**致使**对方没有注意**或者理解与其有重大利害关系**的条款的，对方可以主张该条款不成为合同的内容。
《合同法》第四十条　格式条款具有<u>本法第五十二条和第五十三条规定情形的</u>，或者提供格式条款一方免除其责任、加重对方责任、排除对方主要权利的，该条款无效。	第四百九十七条　【格式条款无效的情形】有下列情形之一的，该格式条款无效： （一）具有本法<u>第一编第六章第三节和本法第五百零六条规定</u>的无效情形；（二）提供格式条款一方**不合理地**免除**或者减轻**其责任、加重对方责任、**限制对方主要权利**； （三）提供格式条款一方排除对方主要权利。
《合同法》第四十一条　对格式条款的理解发生争议的，应当按照通常理解予以解释。对格式条款有两种以上解释的，应当作出不利于提供格式条款一方的解释。格式条款和非格式条款不一致的，应当采用非格式条款。	第四百九十八条　【格式条款的解释】对格式条款的理解发生争议的，应当按照通常理解予以解释。对格式条款有两种以上解释的，应当作出不利于提供格式条款一方的解释。格式条款和非格式条款不一致的，应当采用非格式条款。

在格式条款立法体例方面，《民法典》形成订入规则（第四百九十六条）、效力规则（第四百九十七条）、解释规则（第四百九十八条）三重规制，弥补了《合同法》及相关司法解释的不足，最突出的变化体现在格式条款订入规则。最高院研究机构指出："有重大利害关系的条款"主要包括但不限于格式条款提供方免除或者减轻其责任、加重对方责任、限制或者排除对方主要权利等的条款。一般而言，关于"有重大利害关系的条款"的认定，要视不同行业所使用的格式条款的具体情况而定，不能一味地认为就是法条中"免除或者减轻其责任"的条款。

《民法典》格式条款三重规制及"有重大利害关系的条款"的新表述对电子保单的 AI 业务行为及业务流程产生重大影响，需要理性判断和分析，完善保险 AI 业务操作规范。

（一）保险条款中"重大利害关系的条款"的梳理规则

"有重大利害关系的条款"是《民法典》中一个更有利于格式条款相对方权益保护的新规制，此为《民法典》新增内容，如何理解重大利害关系条款？我们需要深入理解"重大利害关系的条款"，如何在保险实务中界定"免除保险人责任的条款"与"重大利害关系的条款"的内涵与外延，以进一步指导保险条款及保险实务操作流程的合法合规性，如何在保险条款中界定哪些属于"重大利害关系的条款"，这些需要在保险条款中予以明确和界定。笔者以为"重大利害关系的条款"的外延明显大于"免除保险人责任的条款"的外延，可将格式条款划分为"免除或减轻其责任的条款、有重大利害关系的条款、无重大利害关系的条款"三类条款类型及三层逻辑结构。

1. 保险条款中"免除或者减轻其责任的条款"的梳理

按照立法位阶而言，《民法典》表述为"免除或减轻其责任等与对方有重大利害关系的条款"，原《合同法》表述为"免除或限制其责任的条款"，《保险法》表述定为"免除保险人责任的条款"，从形式上看此类法条外延呈现"缩小"态势。但《〈保险法〉司法解释（二）》第九条对"免除保险人责任的条款"的解释呈现"扩张"态势①，据此，《保险法》中"免除保险人责任的条款"即为《民法典》中"免除或减轻其责任条款"，但仅是《民法典》中"重大利害关系条款"的部分内容，当然属于"主要内容"即"免除或减轻其责任条款"。据此保险条款中"免除保险人责任的条款"的外延不等同于、绝对小于《民法典》中"免除或减轻其责任等与对方有重大利害关系的条款"的外延。由此可见，在保险条款中，现行的责任免除条款、免赔额、免赔率、比例赔付或者给付等"免除保险人责任的条款"当然属于《民法典》中"免除或减轻其责任条款"。

---

① 《〈保险法〉司法解释（二）》第九条：保险人提供的格式合同文本中的责任免除条款、免赔额、免赔率、比例赔付或者给付等免除或者减轻保险人责任的条款，可以认定为保险法第十七条第二款规定的"免除保险人责任的条款"。

保险人因投保人、被保险人违反法定或者约定义务，享有解除合同权利的条款，不属于《保险法》第十七条第二款规定的"免除保险人责任的条款"。

2.保险条款中"与对方有重大利害关系的其他条款"的梳理

首先"免除或减轻其责任的条款"肯定属于"与对方有重大利害关系的条款",其次还有哪些条款属于"与对方有重大利害关系的其他条款"呢?有观点认为保险条款中保险期间、保险金额、保险责任、责任免除、保险事故通知、保险金申请、保险金给付、保险费支付、宽限期、解除合同的手续及风险等条款,均有可能会被列入上述"与对方有重大利害关系的其他条款"范围,若如是,保险条款中所有内容均为"与对方有重大利害关系的条款",那么这样的规定还有什么意义呢?因此合理界定"与对方有重大利害关系的其他条款"的外延极其重要。笔者以为应当严格限制该类条款,当前根据《〈保险法〉司法解释(二)》第九条第二款的规定,保险人因投保人、被保险人违反法定或者约定义务,享有解除合同权利的条款,不属于《保险法》第十七条第二款规定的"免除保险人责任的条款",但"合同解除权"条款及保险人义务条款等可以纳入"与对方有重大利害关系的其他条款"。诚然在保险条款及保险实务中,我们还需要进一步斟酌、细化"与对方有重大利害关系的其他条款"。

3.保险条款中"无重大利害关系的条款"的梳理

保险条款中"无重大利害关系的条款"即为一般条款,保险条款作为极其特殊的格式条款,其内容主要是围绕"投保标的、投保方式、是否赔偿、怎样赔偿"等关乎被保险人利益的条款,如何判断为一般条款,极其困难。以《中国保险行业协会机动车商业保险示范条款(2020版)》(以下简称《示范条款(2020版)》)为例,在"机动车损失保险、机动车第三者责任保险、机动车车上人员责任保险"三个主要险种的体例结构中,包括"保险责任、责任免除、免赔额、保险金额、责任限额、赔偿处理"等,另外还有"总则、通用条款、附加险"等体例结构,如何从中筛选出一般条款?在现行的《示范条款(2020版)》体例结构中,三种条款类型融合交织在一起,难以严格区分,笔者以为应根据司法实践中保险案件主要争议点所涉及的具体条款作为"与对方有重大利害关系的条款",其他均归纳为"无重大利害关系的条款"即"一般条款",如司法实践中时常发生"车上人员可能转化为第三者"的争议点,此时应将《示范条款(2020版)》中关于"第三者"及"车上人员"

的定义作为"与对方有重大利害关系的条款"。

（二）保险条款中"重大利害关系的条款"的履约规则

根据《民法典》第四百九十六条第二款规定，格式条款提供方应履行"主动提示义务"与"被动说明义务"。"主动提示义务"是指采取合理的方式提示对方注意免除或者减轻其责任等与对方有重大利害关系的条款。"被动说明义务"是指按照对方的要求，对该条款予以说明。但《保险法》第十七条采取的是"主动提示义务"与"主动说明义务"①，即《保险法》对保险人提出更为严格的履约规则。

就电子保单而言，在 AI 业务流程中，应根据《民法典》将格式条款划分为"免除或减轻其责任的条款、有重大利害关系的条款、无重大利害关系的条款"三类条款类型及三层逻辑结构，对保险条款采取分层的提示方式及说明方式。

1. 履行主动提示义务

根据《〈保险法〉司法解释(二)》第十一条及第十二条规定，②保险人"以足以引起投保人注意的文字、字体、符号或者其他明显标志作出提示"及"通过网络方式订立保险合同时，以网页、音频、视频"等形式作出主动提示及主动说明的，人民法院可以认定其履行了提示义务及提示和明确说

---

① 《保险法》第十七条　订立保险合同，采用保险人提供的格式条款的，保险人向投保人提供的投保单应当附格式条款，保险人应当向投保人说明合同的内容。

对保险合同中免除保险人责任的条款，保险人在订立合同时应当在投保单、保险单或者其他保险凭证上作出足以引起投保人注意的提示，并对该条款的内容以书面或者口头形式向投保人作出明确说明；未作提示或者明确说明的，该条款不产生效力。

② 《〈保险法〉司法解释（二）》第十一条　保险合同订立时，保险人在投保单或者保险单等其他保险凭证上，对保险合同中免除保险人责任的条款，以足以引起投保人注意的文字、字体、符号或者其他明显标志作出提示的，人民法院应当认定其履行了《保险法》第十七条第二款规定的提示义务。

保险人对保险合同中有关免除保险人责任条款的概念、内容及其法律后果以书面或者口头形式向投保人作出常人能够理解的解释说明的，人民法院应当认定保险人履行了《保险法》第十七条第二款规定的明确说明义务。

第十二条　通过网络、电话等方式订立的保险合同，保险人以网页、音频、视频等形式对免除保险人责任条款予以提示和明确说明的，人民法院可以认定其履行了提示和明确说明义务。

明义务。一是对于免除或减轻其责任的条款,可以采取加黑加粗的传统方式,也可以采取红色、蓝色等醒目颜色的 AI 改进方式;二是对于有重大利害关系的条款,可以采取下画线、斜体字等方式;三是对于无重大利害关系的条款,无须采取任何方式,保持正常字体即可。但需要在保险条款"醒目处"详细说明三类条款采取何种方式来履行"主动提示义务"。

2. 履行主动说明义务

根据《保险法司法解释(二)》第十二条规定,保险人通过网络销售保险产品时,履行"主动说明义务"极大方便快捷,鉴于 AI 实现方式的多样性,对"免除或减轻其责任的条款、有重大利害关系的条款"的明确说明可以采取 AI 技术,以"音频、视频"特别链接方式来推广,极大减少经济成本,并能及时锁定证据,减少纠纷及诉讼。如对于"饮酒"免责条款,可以链接表述为"指驾驶人饮用含有酒精的饮料,驾驶机动车时血液中的酒精含量大于或等于 20 mg/100mL 的行为,一般以公安机关等执法机构出具的证明为准,但也可以当事人在场所的饮酒视频等途径来证明"的表述;再如对于"家庭成员"界定范围,可以链接表述为"根据《民法典》第一千零四十五条第三款规定:家庭成员指配偶、父母、子女和其他共同生活的近亲属。近亲属根据《民法典》第一千零四十五条第二款规定,是指兄弟姐妹、祖父母、外祖父母、孙子女、外孙子女"的表述。在 AI 技术助推下,还可以通过动画等多种形式来履行主动说明义务。

(三)保险条款中"重大利害关系的条款"的违约规则

《民法典》第四百九十六条第二款规定若格式条款提供方未履行提示或者说明义务,致使对方没有注意或者理解与其有"重大利害关系的条款"的,其法律效果是"对方可以主张该条款不成为合同的内容"[①],在实际

---

① 关于"对方可以主张该条款不成为合同的内容":《合同法司法解释(二)》第九条规定,违反提示说明义务导致对方没有注意免除或者限制其责任的条款,对方当事人可以申请法院撤销该条款,《民法典》第四百九十六条第二款后段在法律效果上进行了修正:违反提示或者说明义务,致使对方没有注意或者理解与其有重大利害关系的条款的,对方可以主张该条款不成为合同的内容。其原理在于,因缺少有效的提示或说明,双方对相应内容并未形成真实的意思合致,相应格式条款内容不应构成合同的组成部分。

效果上更有利于保护相对方,在逻辑上也符合整个制度体系,但"该条款不成为合同的内容",只能由相对方主张,格式条款提供方无权主张,这也是从制度设计上对相对方所作的倾斜性保护。

1. 违反"重大利害关系的条款"的分析

《民法典》扩大格式条款提供方法定义务,《合同法》及《合同法司法解释(二)》规定格式条款提供方违反义务导致对方没有注意免除或者限制其责任的条款的,对方有权向人民法院请求撤销该格式条款。《民法典》在"注意"的标准之外新增"理解"的标准。即格式条款提供方违反义务导致对方没有注意到该格式条款,或者导致对方没有理解该格式条款,对方可以主张该格式条款不成为合同的内容。

2. 违反"重大利害关系的条款"的认定

应以《保险法》优先于《民法典》来认定是否违反"重大利害关系的条款",《保险法》未规定的应适用《民法典》。一是对于"免除或减轻保险人责任的条款",若保险人未履行提示或明确说明义务,根据《保险法》第十七条的规定,保险人未对"免除或减轻保险人责任的条款"进行提示或者明确说明的,该条款不产生效力。二是"其他与投保人有重大利害关系的条款",应适用《民法典》第四百九十六条的相关规定,即提供格式条款的一方未履行相应提示或者说明义务,致使对方没有注意或者理解与其有重大利害关系的条款的,投保人可以主张该条款不成为保险合同的内容,即投保人可以主张该等条款"未订入合同"。三是"与投保人无重大利害关系的条款",应视该条款是否影响合同目的的实现、是否导致显失公平的后果等情形,并结合具体案件、具体案情分析处理。

(四)保险条款中"重大利害关系的条款"的竞合规则

《民法典》与《消费者权益保护法》《保险法》之间的关系,就格式条款来说,《民法典》与《消费者权益保护法》《保险法》均是一般法与特别法的关系。《保险法》《消费者权益保护法》有特别规定的,要适用《保险法》《消费者权益保护法》的规定。例如,《保险法》第十七条"主动履行说明义务"优先于《民法典》第四百九十六条"被动履行说明义务";再如《消费者权益保护法》第二十六条第一款规定:经营者在经营活动中使用格式条款的，应当以显著方式提请消费者注意"商品或者服务的数量和质量、价款或者费用、履行期限和方式、安全注意事项和危险警示、售后服务、民事责任等与消费者有重大利害关系的内容"①，据此对消费者权益有"重大影响的内容"都要提示、说明。

那么《消费者权益保护法》第二十六条第一款的规定是否适用于保险条款？我们更需要高度关注《保险法》与《消费者权益保护法》之间的竞合适用规则。从国内立法实践及发展趋势来看，除单独制定《保险消费者权益保护法》外，《保险法》与《消费者权益保护法》应都适用保险消费者权益保护，《消费者权益保护法》是所有消费者保护的普通法；《保险法》中的消保规定是消费者保护特别法。保险消费者是消费者的下位概念，应符合《消费者权益保护法》对消费者的界定（即"生活消费＋个人"），同时接受《消费者权益保护法》和《保险法》的规范。组织体不属于消费者，非为生活消费者也不属于消费者，他们可受《保险法》的保护，但不受《消费者权益保护法》的保护。

三、电子保单之实践价值

电子保单是由保险公司向保险消费者签发的以数据电文形式存在的证明机动车保险等险种的保险合同关系的电子文件，具备与传统纸质保单同样的内容和同等法律效力，具有便捷、高效、加密防伪、防篡改、低碳环保等核心优势。

电子保单以车险为"先行者"，根据中华人民共和国公安部与中国银保监会联合发布的《关于加强警保合作进一步深化公安交通管理"放管服"改革工作的意见》（公交管〔2018〕485号）文件精神，积极落实"减证便民"要求，为广大人民群众提供更加便捷、高效的保险服务。各省份正在陆续推出商业车险"电子保单"服务，拉开车险保单"无纸化"即电子保单的序幕。

电子保单与纸质保单从保险保障功能上没有区别，将给消费者带来许

---

① 《〈民法典〉十大重大修订详解》，载微信公众号"最高人民法院司法案例研究院"，2020年8月12日上传。

多便利。一是便捷，消费者可不受时间和空间限制，随时、随地、随心快速完成车险承保，保单生成后，保单将以短信及邮件形式发送给投保时预留的手机号和电子邮箱。二是安全，保险公司运用数字证书等技术手段，对商业车险电子保单进行加密认证，使其具有防伪造、防篡改特性；同时，可有效避免保单被损毁或遗失。三是高效，在办理商业车险批改、理赔等业务时，只须携带有效身份证件即可办理，简化流程，提高效率，实现了"让数据多跑路，消费者少跑路"的极简服务体验。

电子保单推广的重要价值与意义在于贯彻绿色原则及绿色金融理念，大幅降低保单运营成本[①]，传统纸质保单从造纸、印刷到仓储、物流等环节，需要大量的人力和财力成本。2015年全行业车险保费收入6 199亿元，其中承保利润34.46亿元。除去管理单证存储和人力成本，行业单证使用成本合计估算23亿元，占当年总保费的0.37%，相当于当年承保利润的66.74%。从长远来看，电子保单的应用将极大程度上减少保单从生产到消费者手中的边际成本，大幅降低行业运营成本。

四、电子保单之要素考察

纵观保险业30家财险公司商业车险电子保单，都具备保险合同基本要素，但也存在"险种名称、三个时间、特别约定、重要提示"等方面的差异性。

（一）险种名称的差异性

经比较"险种名称"，商业车险电子保单存在"机动车商业保险保单、机动车商业保险示范保险单、机动车综合商业保险、机动车综合商业保险保险单、机动车商业保险单、神行车保机动车保险单、机动车商业保险电子保单、机动车保险单、机动车商业保险电子保险单"等九个险种名称，险种名称的随意性及差异性是典型的"各自为政"的粗放式管理形态。

笔者以为这种差异性不利于险种名称的规范性、非示范条款的创新

---

① 中国保险信息技术管理有限责任公司：《电子保单的国内外实践情况及政策建议》，中国保监会办公厅《保险监管参考》2017年第4期（总第929期）。

性，应当依据《示范条款（2020版）》的商业性或示范性，统一称为"机动车商业保险示范保险单或机动车商业保险单"较为合适，突出"商业"及"示范"的特性。若考虑今后车险市场产品供给的多样性，最好也不突出"示范"，直接统一称为"机动车商业保险单"更为合适。

（二）三个时间的差异性

经比较"三个时间"，商业车险电子保单有的显示为"缴费确认时间、保单生成时间及保单打印时间"，其逻辑关系为缴费确认时间早于保单生成时间几秒钟，保单生成时间早于保单打印时间。有的显示为"投保确认时间、收费确认时间、电子保单生成时间"，有的显示为"收费确认时间、生成保单时间、电子保单生成时间"，有的显示为"收付确认时间、投保确认时间、保单打印时间"，有的显示为"收费确认时间、投保确认时间、电子保单生成时间"，有的不显示任何时间。三个时间的称谓不统一，有的甚至是时间顺序前后倒置。

笔者以为应根据"商业车险保险单必须在系统根据全额保费入账收费信息实时确认并自动生成唯一有效指令后，方可出具正式保险单"的商业车险见费出单监管制度，其逻辑顺序应是"核保早于收费，收费早于保单"规则，应以保险投保流程为视角，应统一设置为"核保确认时间、收费确认时间、保单生成时间"三个时间的称谓及先后顺序，删除模糊不清及易歧义的"投保确认时间"即"自动生成唯一有效指令的时间"，取之为"保单生成时间"，规范电子保单的行业规则及管理。

（三）特别约定的差异性

经比较"特别约定"，商业车险电子保单"特别约定"栏目存在记载"业务来源渠道及佣金比例、保单查询方式、赔偿方式、偿付能力情况、赔款支付对象、车辆投保前损伤情况、增值服务项目、保险纠纷解决中心联系方式、重复险种投保情况、重复除外责任条款、载仲裁机构名称"等"五花八门"事项，如关于"保险期间内，如发生本保险合同约定的保险事故，造成被保险车辆损失或第三者财产损失，保险人可采取实物或修复方式进行保险赔付"的赔偿方式约定，可见不同财险公司记载事项的差异性极大，极少数财险公司未记载任何事项，"特别约定"成为"万花筒"。在记载事项中，最为重要是关于免责条款的约定，主要包括行驶证件、使用性质、医疗费用及其他事项四类约定。

1. 关于行驶证件的免责约定

电子保单中，有的记载"发生保险事故时被保险机动车行驶证、号牌被注销的，保险公司不负责赔偿"；有的记载为"本保单承保车辆的驾驶人员在发生交通事故时存在无证（包含准驾车型不符）、饮酒、酗酒、肇事逃逸等行为的，保险人不承担赔偿责任"；有的记载"行驶证车主为王×、该车实际归张×所有，归李×使用"。

2. 关于使用性质的免责约定

电子保单中，有的记载"此车按非营业投保，如用于营业，发生保险事故，保险人不承担赔偿责任"；有的记载"非营业车辆特别约定保险车辆如从事营业性用途，发生保险责任范围内的事故，保险人不承担赔偿责任"；有的记载"非营业车辆因从事营业性运输而导致的事故，我公司不承担赔偿责任"；有的记载"家庭自用及非营业车辆从事营业性运输导致危险程度显著增加，被保险人应当及时通知保险人并增加保险费，否则，因危险程度显著增加而发生保险事故的，保险人不负责赔偿"；有的记载为"本保险单承保车辆为非营业性质，如用于营业运输或出租、租赁，并在此期间发生事故，保险人对事故损失不负赔偿责任"；有的记载为"从事营业运输且未提前通知保险人的，发生保险责任范围内的事故，本公司不负责赔偿"；有的记载为"本保险标的如从事营业运输，保险人不承担赔偿责任"；有的记载为"兹经双方同意，本被保险车辆为非营业性质的车辆，如果用于出租、租赁、网约等营业性质用途，在保险期间内，发生保险责任范围内的保险事故，保险人拒绝赔偿"。这些免责约定差异性之大，预示着隐患及操作风险之大。

3. 关于医疗费用的免责约定

有的记载"医疗费按《国家基本医疗保险政策》规定赔付"，关于医疗费的免责约定极不规范，没有任何意义及约束力，甚至会产生负面效力。

4. 关于其他事项的免责约定

有的记载"收到本保单请立即核对，如与投保事实不符，请立即通知本公司采用保险批单更改，其他方式更改无效，如超过48小时未提出疑义，即视为同意合同条款及约定的全部内容"，此免责约定对当事人属于"强人所难"式"被接受"效果，对当事人无约束力。

综上所述，以上四类免责约定属于"画蛇添足、多此一举"，商业车险条款中已有明确规定，在"特别约定"栏中再强调这些免责条款，那么其他免责条款为什么不强调？再者这些免责约定表述极为"不严谨、不规范"，极易造成免责条款的理解解读混乱。

笔者以为应当规划好"特别约定"栏的功能及主要记载事项，遵循"对保单中未详尽事项的明确和补充，法律效力优于条款内容，保险人在增加特别约定时应遵守合法合规的原则，约定内容不得与条款相悖，不得损害投保人及被保险人的合法权益，不得缩小或扩大保险责任，不得赠送险种"功能范围及定位，据此对于监管要求及行业自律的事项，应当设置在电子保单的固定栏目中，如销售渠道及相关信息、理赔服务承诺、增值服务及救援项目、保险信息查询渠道等，对于商业车险条款的事项，应当严格执行双方合意，严格执行监管规则。

（四）重要提示的差异性

经比较"重要提示"，商业车险电子保单"重要提示"栏目主要记载：①本保险合同由保险条款、投保单、保险单、批单和特别约定组成。②收到本保险单、承保险种对应的保险条款后，请立即核对，如有不符或疏漏，请及时通知保险人并办理变更或补充手续。③请详细阅读承保险种对应的保险条款，特别是责任免除、投保人被保险人义务、赔偿处理和通用条款等。④被保险机动车被转让、改装、加装或改变使用性质等，导致被保险机动车危险程度显著增加，应及时通知保险人。⑤被保险人应当在保险事故发生后及时通知保险人。⑥被保险人可通过保险人网站自主查询承保理赔信息。

笔者以为关于这些习惯性提示及表述，应当重新梳理，遵循监管要求，规范表述。对于上述六点提示：①应增加"免责事项说明书"，宜删除"特别约定"，因为"特别约定"本身就属于保险单中的具体内容。②应将"请及时核对"修改为"请再次核对"，在投保环节已经履行此"规定动作"。③建议删除,这是投保环节"规定动作",在保险单中如此表述不符合投保流程。④建议删除,保险条款中已经有表述,在效果上可能"适得其反"。⑤、⑥应根据本公司实际情况调整为具体联系电话、网站等自有信息。

五、电子保单之判例考察

电子保单中依靠保险科技创新技术设置的"保险人履行明确说明义务"核心环节能否得到司法机关的认可?这是电子保单"价值"所在。近期,北京一中院裁判两个涉及电子保单的机动车险案件,在投保流程中,都是投保人(被保险人)将保险平台发给自己的短信验证码转发给保险公司代理人或业务员完成投保流程,但在诉讼中,北京一中院作出完全不同的判决:在案件1中,法院认为采用电子方式经营,不能因此降低保险人向投保人就免责条款予以提示与明确说明的义务,保险人主张的已经履行明确说明义务不能成立;在案件2中,法院认为在车险电子投保过程中,投保人在操作中会有保险条款的阅读、告知与提示环节,投保人收到验证码后将应由自己操作的事项交由保险业务员输入并完成电子投保流程,投保人应承担相应责任,投保人主张其未收到保险条款以及保险人未尽提示说明义务不能成立。

(一)案件1:裁判机关不认可电子保单投保中代操作行为案件[①]

1. 案情简介

2018年7月4日,西安临潼区出现大到暴雨天气。当日8时50分,曲××驾驶涉案车辆在行驶过程中驶入积水路段突然发生熄火。曲××随即报案并等待救援,支付施救费5 000元。后曲××将车辆拖至太原之星汽车销售服务有限公司进行定损,定损金额为343 132.06元。2018年9月20日,A保险公司对曲××出具《机动车保险拒赔通知书》,告知被保险车辆未承保"发动机涉水损失险",不属于保险责任,对此公司不能给

---

① 北京市一中院(2019)京01民终10869号民事判决书。

予赔付。拒赔情况备注：根据《中国保险行业协会机动车综合商业保险示范条款（2014版）》（以下简称《示范条款（2014版）》）机动车损失保险责任免除第十条第（八）款"发动机进水后导致的发动机损坏"。因该争议，至今曲××未维修车辆。双方当事人对于涉案车辆的维修费及保险条款是否尽到提示和说明义务存有争议。

2. 双方观点

关于提示和说明义务。A保险公司主张在办理投保后发送的电子保单中，《示范条款（2014版）》第一章"机动车损失保险"第十条第（八）款已写明发动机进水后导致的发动机损坏保险人不负责赔偿。关于发动机涉水险的解释说明是加黑加粗条款，电子保单首页下方有栏目是明示告知。曲××则认为其投保机动车损失险应包含发动机损失，A保险公司亦未在投保前就免责条款向曲××解释说明；曲××称通过保险公司业务员办理投保事宜，其将款项打过去后，业务员将保单发送至个人邮箱，整个过程并没有提示和说明内容。诉讼中，曲××提供A保险公司保险代理人徐××证人书面证言，内容为："投保人曲××所有的车辆×××奔驰车于2017年9月20日通过我在A保险公司投保机动车交通事故责任强制保险和机动车商业险。投保时，我用神行太保手机App录单，曲××未到场，通过电话沟通确认投保的车险险种后，其手机收到了保险平台发来的短信验证码，然后把验证码转发给我。因北京车险现在实行的是电子保单，故我没有将相关的保险条款当面交付给曲××，也没有就相关免责条款向曲××当面进行明确的说明和提示。投保后，通过在网上打印电子保单后，将该电子保单邮寄给曲××。"徐××亦出庭作证上述内容。A保险公司对于书面证言持有异议，根据证人陈述也明确曲××没有投保发动机涉水险，并已发送电子保单，故保险公司有理由对曲××拒赔。

3. 法院裁判

一审法院认为A保险公司虽然称涉水险应属于保险人自行投保内容，且在电子保单中已加黑加粗说明。但根据曲××提供的证人证言，能够确认曲××在购买保险时，A保险公司保险经纪人并未将相关保险条款当面交付给曲××，也没有就相关免责条款向曲××当面进行明确的说明和提示。故一审法院认定 A 保险公司未尽到提示和说明义务,相应免责条款不产生效力,其拒赔事由不成立,其应当向曲××赔偿相应车辆维修款。二审法院认为就提示与明确说明义务,A 保险公司上诉主张因采用电子投保,且已在曲××投保过程中向其释明,故不应承担本案赔偿责任。但本院认为,首先,就 A 保险公司已向曲×× 释明免责条款之主张,与在案证人证言不符,应不予采信。再者,上诉人采用电子方式经营,但不能因此降低其向被上诉人就免责条款予以提示与明确说明的义务,据此判决保险人承担赔偿责任。

4. 裁判规则

尽管保险人在电子保单中通过特殊字体等形式对免责条款进行了注明,但有证据证明其未将相关的保险条款当面交付给投保人,也没有就相关免责条款向投保人当面进行明确的说明和提示,保险人以免责条款拒赔的,人民法院不予以支持。

(二)案件 2:裁判机关认可电子保单投保中代操作行为案件①

1. 案情简介

2017 年 7 月 12 日,李×在 B 保险公司为涉案车辆投保商业险,《机动车商业保险保险单(电子保单)》载明李×承保的险种包括机动车损失保险、第三者责任保险、车上人员责任险(司机)、车上人员责任险(乘客)、玻璃单独破碎险(进口)及机动车损失保险无法找到第三方特约险。2018 年 7 月 13 日,该车发生火灾,起火点位于该车左前部,起火原因为汽车左前部设备故障引发火灾。事故发生后,李×联系 B 保险公司要求理赔,保险公司短信回复称其反映的车辆自燃情况,因涉案车辆没有投保车辆自燃险,应不予理赔。

2. 双方观点

B 保险公司已在保险单中书面提示投保人对其承保险种对应的保险条款及免责条款等进行及时阅读和核对,且保险条款中的释义部分也通过

---

① 北京市一中院(2019)京 01 民终 7536 号民事判决书。

"【 】"符号加以标注，免责条款等也通过加粗字体进行标注，B保险公司已尽到提示、说明义务。李×认为B保险公司并未将保险合同、保险条款送达或交付给李×；B保险公司也没任何证据证明其对保险合同、保险条款中的免责事项作过提示且明确说明，因此保险合同、保险条款中的免责事项对李×不发生法律效力，因此B保险公司应承担赔偿责任。

3. 法院裁判

一审法院认为B保险公司已尽到提示、说明义务，李×未投保车辆自燃附加险，不能依据机动车损失保险条款主张对车辆自燃情形予以赔偿。综上所述，现对于李×要求B保险公司依照财产保险合同向其赔偿各项费用的诉讼请求，缺少依据，一审法院不予支持。二审审理中，李×提供了微信聊天记录，通过李×的陈述以及微信聊天记录表明，李×的投保系通过B保险公司业务员刘×代为操作，刘×代李×进行电子投保中，李×将其手机号码收到的关于投保确认的短信验证码通过微信发送给刘×，由刘×完成投保流程。二审法院认为在车险电子投保过程中，投保人在操作中会有保险条款的阅读、告知与提示环节。本案中，李×收到验证码后将应由自己操作的事项交由保险业务员输入并完成电子投保流程，李×应承担相应的后果。因此，李×主张其未收到保险条款以及保险公司未尽提示、说明义务不能成立，本院不予支持。此外，在一审庭审笔录中，李×对于B保险公司提供的保险条款真实性无异议；投保人亦可在保险人的网站上下载保险条款，在本案李×投保后生成的电子保单中"重要提示"部分对保险合同的组成、查阅等进行了说明，李×在2018年还进行了续保，没有对保险条款提出异议，以上均表明投保人可以查看保险条款并对保险合同条款已经了解和同意遵守。因此，对于李×称其未收到保险条款的主张本院不予采信。同时，提示与说明义务的前提是免责条款，李×请求保险金的依据是保险条款中的"火灾"，依据本案保险单及保险条款，火灾损害情形为"被保险机动车本身以外的火源引起的、在时间或空间上失去控制的燃烧（即有热、有光、有火焰的剧烈的氧化反应）所造成的灾害"。本案中，涉案车辆系因车辆本身设备故障引发火灾，系自燃，而李×未投保车辆自燃险的附加险，也即涉案车辆的损害不属于保险公司保险责任范围，因而不存在就免责条款进行提示和说明的义务。因此，对于李×的上诉主张本院不予采信。

4. 裁判规则

在车险电子投保中，投保人在操作中会有保险条款的阅读、告知与提示环节。保险人在收到验证码后将应由自己操作的事项交由保险业务员输入并完成电子投保流程，应承担相应的后果。因此，投保人主张其未收到保险条款以及保险公司未尽提示、说明义务不能成立。

六、电子保单之流程考察

考察保险业 AI 投保流程，各保险主体的差异主要体现在"保险人履行提示说明及明确说明义务"AI 投保程序的设置方面，主要有以下三种模式①。

第一种模式：以 MY 保险为例，在投保界面中设置投保人声明，并将保险人需要履行提示说明义务的内容置于其中，但上述内容为投保人默认同意的事项，保险公司也没有设计需要投保人主动勾选确认的按钮，投保人可以不经过阅读直接点击继续按钮进入缴费环节。

第二种模式：以 AX 保险为例，与第一种模式存在细微的差异，虽然二者均通过链接方式隐藏提示说明义务条款，但该模式下保险机构会设置需要投保人主动勾选的确认按钮。投保人在进入投保界面选购保险产品后，需要主动勾选"我已阅读并同意保险条款、投保须知、保障详情、健康告知、投保声明"后才可以进行下一步保险流程的操作。

第三种模式：以 BJ 保险为例，即在投保界面中设置投保人声明，但尽量避免使用链接导入嵌入式网页的方式隐藏提示说明义务的内容，而是将保险人需要履行提示说明义务的内容以条款的方式全部呈现于投保界面中，并设置需要投保人主动勾选的确认按钮，之后还要对阅读的完整性进行一次确认，若不点击则无法进行下一项具体投保事项的填写，投保完成

---

① 田宇申：《保险科技创新营销法律合规问题报告》，中国法学会保险法学研究会保险科技创新营销法律合规问题研讨会，2020 年 9 月 27 日。

后会自动生成电子保险单。主要体现为两个步骤。

步骤一:"投保人通过投保页面在线阅读费率浮动告知单、保险条款、免责事项说明书和投保信息等告知事项。阅读告知事项设计为必经环节,保险公司系统应设定相关控制,未进行阅读的无法进行后续投保操作,同时记录投保人阅读相关内容后的确认时间,确认按钮应设计在阅读内容的最下方,点击确认以后方可继续投保。保险公司需在页面中添加投保人存疑的解决方式,将咨询途径告知投保人,并留存相关内容。"

步骤二:"保险公司投保页面需提示投保人认真、完整阅读费率浮动告知单、保险条款、免责事项说明书等告知事项内容以后,方可完成投保。投保人阅读告知事项以后,须点击确认按钮获取告知短信。保险公司系统根据实际情况生成短信文字内容,告知短信至少包括:投保人姓名、车牌号码、投保验证码及回填验证码需要承担的法律责任等内容。保险公司将告知短信内容发送平台,由平台统一添加投保验证码及保险公司名称后,向投保人手机发送告知短信。投保人回填投保验证码后方可进行后续投保操作。"

这两个关键步骤完成后,保险人履行完毕"提示、说明及明确说明义务"程序。AI技术助力保险公司实现机动车险投保环节全流程"电子化",完善机动车险承保流程中"法律证据"留存痕迹,有望减少乃至杜绝"代签名、不签名"及"提示、说明、明确说明"等易发、频发类诉讼风险。可以说保险科技创新技术的发展,为保险合同诉讼中"争议点"最多的承保行为带来"操作规范"及"合规规程",将大幅度减少保险诉讼案件。

综上所述,笔者以为第三种模式"更加规范、更加合规",在技术层面,可以实现《民法典》及《保险法》中关于"提示、说明及明确说明"的 AI 分层设置,防范法律风险。

七、电子保单之裁判比较

司法实践对于电子保单的 AI 投保流程的司法裁判,经梳理主要存在五种裁判观点①：

第一种裁判观点：以口头方式明确说明免责条款的，应提供口头向投保人明确说明的笔录、音像资料等；主张以书面方式明确说明的，保险人应提供投保人阅后签字的明确说明内容。即便是互联网保险，也要和线下标准一致。

第二种裁判观点：符合一项标准即可认定。在网络保险中，关于保险条款、限责、免责条款等投保告知事项应体现加黑加粗的形式，并主动出示。保险人只需要尽到提示义务即可。

第三种裁判观点：符合两项标准即可认定。（1）对保险合同的免责条款进行加黑、加粗处理。（2）通过投保环节作出提示框，要求投保人仔细阅读协议内容。

第四种裁判观点：符合三个标准即可认定且缺一不可。（1）为采用了与其他条款字体不一样的足以引起投保人注意的黑体字和专门章节等予以特别标识。（2）为网上销售页面上设置投保节点和窗口供投保人点击确认和打开阅览投保人声明（承认链接导入嵌入式网页的效力）。（3）投保人必须阅读投保人声明并打钩点击"本人接受以上投保声明"。

第五种裁判观点：符合三个标准即可认定且缺一不可。①以特殊字体、颜色或者符号等特别标识对相关免责条款进行提示。②以弹窗的方式或在投保页面强制要求原告阅读投保须知及健康告知全部条款，不得加以隐藏（不承认链接导入嵌入式网页的效力）。③要求投保人在确认并支付之前必须勾选"了解责任免除在内的保险条款内容"或"本人接受以上投保声明"。

本文中两个判例系同一中院的司法判决，裁判者需要认定投保人在操作中保险条款的阅读、告知与提示环节是否合法合规，据此判断保险人的行为后果，更需要统一的裁判标准，杜绝"类案不同判"现象。对于投保人委托第三人或者保险销售人员代为完成网络投保行为，根据委托法律关

---

① 田宇申：《保险科技创新营销法律合规问题报告》，中国法学会保险法学研究会保险科技创新营销法律合规问题研讨会，2020年9月27日。

系，受托人行为的法律后果，应由委托人自行承担，因此若委托人委托受托人进行网络投保，在网络投保过程中受托人阅读了保险条款、责任免除条款等保险合同的内容，该行为的后果应由委托人承担，保险人已完成了明确说明义务。

综上所述，笔者以为第五种裁判观点"更加平衡、更加公平"，符合电子保单 AI 投保流程中"第三种模式"，能够更好平衡保险当事人在 AI 投保流程中权利义务关系，也能够更好实现《民法典》及《保险法》中关于"提示、说明及明确说明"技术路径及履行方式的公平性。

八、电子保单之规制构建

在 AI 投保流程中，保险人已经使出"洪荒之力"来设置"保险人履行提示、说明及明确说明义务"核心环节，若司法机关再不认可，保险人也是"束手无策"了。据此，应严格遵循《民法典》《保险法》等法律法规，构建电子保单的多重运行规制。

（一）构建电子保单的立法规制

当前《〈保险法〉司法解释（二）》第十二条规定：通过网络、电话等方式订立的保险合同，保险人以网页、音频、视频等形式对免除保险人责任条款予以提示和明确说明的，人民法院可以认定其履行了提示和明确说明义务。这是电子保单的法律基础条件。但《〈保险法〉司法解释（二）》仍是司法层面的解释适用，并未上升到立法层面。

我国《民法典》和《保险法》中格式条款存在规制模式过于单一、规制内容极为简略、立法技术较为欠缺等缺陷，尚未形成规范的顶层设计原则、内容和体系，不适应 AI 技术演变进程。应着重于长远规划和考虑，构建以电子保单中履行主动说明义务为核心的顶层设计规制。鉴于此，在中国人民银行启动《保险法》再次修订之际，应适应 AI 技术发展，明确规定通过网络、电话等方式订立的保险合同，保险人可以网页、音频、视频、邮件、即时通信工具等形式对免除保险人责任条款予以提示和明确说明。对于提示的方式，也明确规定采取分层提示及明确说明的方式。正向引导裁判者不应将此形式要件作为判定责任免除条款是否生效的主要手段，确定以实质要件即免责条款本身的价值判断来裁判是否生效。

（二）构建电子保单的司法规制

保险领域"类案不同判"的现象极为严重，其背后实质上是法律适用标准不统一。最高人民法院开展完善、统一法律适用标准工作机制[1]，为解决电子保单"类案不同判"裁判标准不统一问题提供契机。应完善、统一法律适用标准，完善审判权力制约监督，通过制定司法解释、发布指导性案例、完善司法指导性文件等措施，解决法律统一适用问题。

司法机关统一法律适用标准的技术支撑，完善类案智能化推送和审判支持系统，加强类案同判规则数据库和优秀案例分析数据库建设，为审判人员办案提供裁判规则和参考案例，并加大对审判人员政治素质和业务能力的培训，强化与统一法律适用标准相关的法律解释、案例分析、类案检索、科技应用等方面能力的培养，全面提高审判人员统一法律适用标准的意识和能力。多措并举将有助于减少保险领域"类案不同判"的现象。

（三）构建电子保单的监管规制

监管者规范监管极其重要[2]，特别是规范 AI 保险的监管。有监管者[3]认为对互联网保险监管采取相对开放的态度，对于互联网保险作业模式与原有监管规则之间的冲突，不能简单从合规的层面予以否定，应该从更深层面查找规则的逻辑基础，以风险防范为最终目的，通过规则解释等方式，寻求规则适应与鼓励创新之间的平衡。结合互联网保险业务特点，完善互联网保险产品设计、宣传销售、信息披露和风险提示等方面的监管要求，明确保险公司、中介机构、第三方平台等相关方在互联网保险经营中的责任，实现保险监管制度"线上线下"全覆盖，监管效果协调一致，切

---

[1] 最高人民法院：《最高人民法院关于完善统一法律适用标准工作机制的意见》，载最高人民法院网，http://www.court.gov.cn/fabu-xiangqing-258001.html，2020 年 9 月 24 日访问。

[2] 中国保险信息技术管理有限责任公司：《电子保单的国内外实践情况及政策建议》，载中国保监会办公厅《保险监管参考》2017 年第 4 期（总第 929 期）。

[3] 罗胜：《互联网保险的突破与监管》，载《中国金融》2017 年第 14 期。

实维护保险消费者的合法权益①。

监管者加强保险业电子保单发展规划和顶层设计，研究制定电子保单的发展规划，出台电子保单监管办法，对电子保单的法律效力、保险公司责任、业务流程、技术标准、查询与验真、信息安全等进行明确的规定，促进电子保单的推广、使用和价值发挥；适时向社会公告电子保单的法律有效性，加强与公安、司法、银行等行业外单位的协调沟通，扫除电子保险单证的跨行业使用障碍，推动全社会对电子保单的普遍接受。

（四）构建电子保单的技术规制

保险人应确保电子投保的流程合法性及操作合规性。AI投保流程应符合《保险法》规定的保险销售流程（如双录）及保险实务规程，明确投保人"阅读保险条款、责任免除条款"等保险合同中核心条款的AI技术控制，设置阅读时限、特别标注等合理控制，合理设置免责条款的释疑解惑的AI途径或人工途径，确保符合乃至严于相关法律及监管规定，保证AI投保流程的合法合规性。至少设置五个方面的技术规制及技术控制：一是AI界面提示进入投保流程页面应当包含提示投保人即将进入投保流程、需仔细阅读保险条款、投保人在销售页面的操作将被记录等内容。二是AI界面销售页面应当展示保险条款或提供保险条款文本链接，说明合同内容，并设置由投保人自主确认已阅读的标识。三是AI界面销售页面应以足以引起投保人注意的文字、字体、符号或其他明显标志，对保险合同中免除保险公司责任的条款内容进行逐项展示，并以网页、音频或视频等形式予以明确说明。四是AI界面销售页面应将相关内容设置为单独页面展示，并设置由投保人或被保险人自主确认已阅读的标识。投保人或被保险人未自主确认的，不得接收投保人的投保申请、收取保费。五是AI界面应当记录和保存投保期间通过在线服务体系向投保人解释说明保险条款的有关信息。

---

① 保监会保险消费者权益保护局：《互联网保险业务消费投诉情况分析及建议》，载《保险监管参考》2017年第43期（总第968期）。

九、结语

在 AI 技术引领下，电子保单的推广有利于节约资源、保护生态环境，推进 AI 保险"生态环境"健康发展，电子保单的"生态价值"正是践行《民法典》"绿色原则"的重要载体和具体体现。在电子保单的 AI 投保流程中，需要对如实告知、明确说明等保险法律规则的准确适用及司法认可，实现 AI 技术、保险实务及法律规则的良性互动及利益平衡，预防步入"内卷化""绕圈圈"的司法困境中，减少并跳出司法消耗及保险困境的"圈圈"状态，应根据情势变更及事势发展"演化"电子保单 AI 涉法规则规程，以"立法、司法、监管及技术"等主要规制提升监管效率，改善营商环境，使保险机制的商业性规则更透明、更讲法治，有利于保险机制更好地融入国家治理体系及治理能力建设，提供损失补偿、防灾防损及社会管理等功能，发挥"稳定器"及"减震器"效能，从而推动我国保险市场"高质量、高品质"的发展。

23 论《民法典》实施对保险资管合同效力的影响

——以违反部门规章、规范性文件中强制性规定为重点

曹顺明[1] 范令箭[2]

---

[1] 曹顺明,中国再保险(集团)股份有限公司。
[2] 范令箭,中国再保险(集团)股份有限公司。

摘要：保险资产管理（以下简称"保险资管"）作为典型的商事活动，合同贯穿其募、投、管、退各个环节，合同有效是保险资管活动正常开展的前提条件，合同效力瑕疵为保险资管参与方面临的重大法律风险之一。在《民法典》已实施的背景下，本文结合我国保险资管行业受高度监管的特征，以违反部门规章、规范性文件中强制性规定对保险资管合同效力的影响为突破点，分析《民法典》实施对保险资管合同效力的影响。

关键词：《民法典》；保险资管合同效力；强制性规定；公序良俗

自 2021 年 1 月 1 日起，《民法典》正式实施。① 《民法典》是在我国原《民法总则》《民法通则》《物权法》《合同法》《担保法》《侵权责任法》《婚姻法》《继承法》《收养法》等九部法律的基础上，通过系统整合、编订纂修而成的，规范了各类民事主体的各种人身关系和财产关系，涉及社会和经济生活的方方面面，特别是其总则编②和合同编③共同组成的合同法律制度体系，对我国民商事活动中用以确定各方民事法律关系的合同的成立、生效、变更和终止等起到全面规范作用，从而深刻地影响我国民商事各个领域。

其中，保险资产管理（以下简称"保险资管"）作为典型的商事活动，从保险资金的委托管理到投资运用，从保险机构与保险资管机构、资金托管机构委托代理关系的建立到保险资管机构投资管理活动的具体开展，都离不开合同的约束和支持，合同有效是保险资管活动正常开展的前提条件。因此，《民法典》实施对保险资管合同效力的影响是其对我国保险资管行业最重大的影响之一。

同时，我国保险资管行业属于受高度监管的行业，其经营活动的开

---

① 自《民法典》施行之日起，我国原《婚姻法》《继承法》《民法通则》《收养法》《担保法》《合同法》《物权法》《侵权责任法》《民法总则》同时废止。

② 《民法典》总则编共 10 章、204 条，规定了《民法典》的立法目的和依据、民事主体、民事权利、民事法律行为和代理、民事责任以及诉讼时效和期间计算的具体规则。

③ 《民法典》合同编共 3 个分编、29 章、526 条，规定了合同的订立、效力、履行、保全、转让、终止、违约责任、19 种典型合同以及无因管理和不当得利 2 种准合同的一般性规则。

展不仅需遵守《民法典》等法律、行政法规的规定，也受到以中国银行保险监督管理委员会（以下简称"中国银保监会"）为代表的监管机构制定的部门规章、规范性文件的严格约束。保险资管行业部门规章、规范性文件不同程度地引导和规范着我国保险资管行业的发展，《民法典》作为更高阶的法律在规范保险资管行业的同时，也规范着部门规章、规范性文件对保险资管行业的约束效果，包括部门规章、规范性文件对保险资管合同效力的影响等。因此，本文将结合相关法律、行政法规和司法实践，分析《民法典》下，保险资管行业部门规章、规范性文件对保险资管合同效力的影响。

一、我国保险资管行业发展简况

（一）我国保险资管行业发展历程

我国保险资管行业年轻而充满活力，自其诞生至今，经过数十年的发展，其经营模式已从过去的封闭、单一、被动转向开放、全面、主动，保险资金的投资渠道、投资领域以及保险资管产品形式、交易结构等都更加灵活多样。

从保险资金运用形式来看，过去银行存款、买卖债券的单一形式已拓展至买卖债券/股票/证券投资基金份额等有价证券以及投资不动产等国务院规定的多种形式；从保险资管机构数量来看，自2003年我国第一家专业保险资管公司"中国人保资产管理有限公司"成立以来，截至2019年底，我国已有35家保险资管机构；从保险资管规模来看，虽占整体资管市场的份额相比其他行业较小，但近年来也保持不小的增幅，截至2020年底，我国保险资产总额达232 984亿元，保险资金运用余额达216 801亿元，其中投资银行存款25 973亿元、债券79 329亿元、股票和证券投资基金29 822亿元。

（二）我国保险资管活动开展面临的法律合规风险

我国保险资管行业虽然处在成长的黄金时代，但其发展也面临着一定的法律合规风险。其中，保险资管合同的效力瑕疵便是保险资管机构等保险资管活动参与方共同面临的一个重大法律合规风险。

因保险资金运用的稳健性需求以及防范系统性金融风险的宏观监管背景，中国银保监会等监管机构在鼓励市场创新、不断放开对保险资金运用范围的限制的同时，也对保险资管行业施加了严格的监管。如原中国保险监督管理委员会（以下简称"原中国保监会"）于2018年1月26日印发的《保险资金运用管理办法》（保监会令〔2018〕1号）规定，除中国银保监会另有规定以外，保险集团（控股）公司从事保险资金运用，不得有存款于非银行金融机构、直接从事房地产开发建设等中国银保监会禁止的投资行为。又如中国银保监会于2020年10月10日印发的《关于优化保险机构投资管理能力监管有关事项的通知》（银保监发〔2020〕45号），对保险机构开展投资管理业务规定了详细的投资管理能力要求。

虽然保险机构特别重视合规管理，但仍不免有违反前述部门规章、规范性文件中强制性规定的保险资管行为发生，从而引发法律纠纷，其中便涉及违规保险资管合同的效力问题。保险资管合同有效与否将直接影响到保险资管活动各方当事人的权益，同时对该问题的判定规则也将间接地引导我国保险资管行业的业务开展。在《民法典》已实施的背景下，我们应更加重视违反部门规章、规范性文件中强制性规定对保险资管合同效力的影响。

二、《民法典》关于合同效力的规范

（一）《民法典》关于合同效力的一般规范及发展创新

关于合同效力的规范，《民法典》合同编第三章"合同的效力"规定了合同生效时间、被代理人对无权代理合同的追认，以及越权订立的合同、超越经营范围订立的合同、免责条款、争议解决条款的效力规则，同时其第五百零八条规定"本编对合同的效力没有规定的，适用本法第一编第六章的有关规定。"因此，《民法典》解决了原《民法总则》和《合同法》关于合同效力方面的分歧，有利于统一对合同效力的判断规则。此外，《民法典》总则编承继并发展了原《民法总则》和《合同法》的相关规定，其第一百四十三条规定了民事法律行为有效应具备的三个条件①，第一百四十四条、第一百四十六条、第一百五十三条、第一百五十四条规定了五种无效的民事法律行为②，第一百四十五条、第一百四十七条至第一百五十一条则规定了六种可撤销的民事法律行为③。

结合《民法典》合同编，《民法典》相比原《合同法》，在关于合同效力的规范上作了一定调整：一是将一方以欺诈或胁迫手段订立的、损害国家利益的合同效力变更为可撤销；二是"以合法形式掩盖非法目的"、"损害社会公共利益"的合同无效事由分别变更为"虚假的意思表示"、"违背公序良俗"；三是删除了关于无处分权人订立的合同的规定；四是规定合同未依照法律、行政法规的规定办理批准等手续的，不影响合同中履行报批等义务以及相关条款的效力；五是明确超越经营范围订立的合同不得仅以超越经营范围为由确认合同无效。

（二）《民法典》关于违反强制性规定的合同效力的规范

1.《民法典》关于违反强制性规定的合同效力的一般规范

关于违反相关法律、行政法规中强制性规定的合同效力的规范，《民法典》第一百五十三条第一款规定"违反法律、行政法规的强制性规定的民事法律行为无效。但是，该强制性规定不导致该民事法律行为无效的除外。"针对可能导致合同无效的强制性规定的类型，原《最高人民法院关于适用〈中华人民共和国合同法〉若干问题的解释（二）》（法释

---

① 一是行为人具有相应的民事行为能力；二是意思表示真实；三是不违反法律、行政法规的强制性规定，不违背公序良俗。
② 一是无民事行为能力人实施的民事法律行为；二是行为人与相对人以虚假的意思表示实施的民事法律行为；三是违反法律、行政法规的强制性规定的民事法律行为（该强制性规定不导致该民事法律行为无效的除外）；四是违背公序良俗的民事法律行为；五是行为人与相对人恶意串通、损害他人合法权益的民事法律行为。
③ 一是限制民事行为能力人实施的民事法律行为；二是基于重大误解实施的民事法律行为；三是以欺诈手段实施的民事法律行为；四是受第三人欺诈的民事法律行为；五是以胁迫手段实施的民事法律行为；六是显失公平的民事法律行为。

〔2009〕5号)①将其限缩为效力性强制性规定。《最高人民法院关于当前形势下审理民商事合同纠纷案件若干问题的指导意见》(法发〔2009〕40号)则在肯定违反效力性强制性规定的合同应被认定为无效的同时,对比强调人民法院对于违反管理性强制性规定的合同应根据具体情形认定其效力。《民法典》行文虽然没有采纳上述关于"效力性强制性规定"和"管理性强制性规定"的分类,但从其第一百五十三条第一款的但书内容可以看出《民法典》吸纳了上述司法解释的思想,即《民法典》规定的对其违反将导致合同无效的强制性规定应指效力性强制性规定。因此,为论述简洁,除非特别说明,下文所讨论的相关法律、行政法规及监管规定中的强制性规定均指效力性强制性规定。

不过,《民法典》仍然未明确违反部门规章、规范性文件中强制性规定的合同是否无效。

2. 关于违反部门规章、规范性文件中强制性规定的合同效力的讨论

在学术界和司法实践中,针对违反部门规章、规范性文件中强制性规定是否会导致合同无效这个问题,存在两种不同的观点:一种是认为不会导致合同无效,另一种则认为可能会导致合同无效。

(1)违反部门规章、规范性文件中强制性规定不会导致合同无效

此种观点认为,应对"法律、行政法规的强制性规定"做严格解释,不应将"强制性规定"扩大至部门规章、规范性文件中的强制性规定。一是法律条文已十分明确地将强制性规定限定在"法律、行政法规"的范围中,无须更具体的说明,扩大解释会使该限定失去意义;二是部门规章、规范性文件的水平良莠不齐,扩大解释将增加影响合同效力的不确定因素,不利于交易的稳定;三是在民商事领域,"法无禁止即可为",扩大解释一定程度上侵犯了民事主体的权益。

对此种观点最有力的支持之一是原《最高人民法院关于适用〈中华人

---

① 《最高人民法院关于适用〈中华人民共和国合同法〉若干问题的解释(二)》(法释〔2009〕5号)自2021年1月1日起废止。

民共和国合同法〉若干问题的解释（一）》（法释〔1999〕19号）[①]即强调人民法院不得以地方性法规、行政规章为确认合同无效的依据。此外，众多司法判例也支持此种观点。如"西安市商业银行与健桥证券股份有限公司、西部信用担保有限公司借款担保合同纠纷案"中，最高人民法院认为部门规章不能作为认定合同无效的依据。又如"崂山国土局与南太置业公司国有土地使用权出让合同纠纷案"中，最高人民法院认为地方性法规和行政规章不能作为确认合同无效的依据，因此案涉合同不能因违反当地的地方性法规和部门规章而被认定为无效。

（2）违反部门规章、规范性文件中强制性规定可能导致合同无效

另一种观点则认为，不能因强制性规定属于部门规章、规范性文件，就认定违反该强制性规定不会导致合同无效。支持此种观点的理由又分为两派。

一派认为部门规章、规范性文件是在上位法（法律、行政法规）的授权下制定的，是对上位法的具体化，体现上位法的原则，在强制性规定方面应与上位法具有同等效力，进行扩大解释是应有之义，因此违反部门规章、规范性文件中强制性规定也会产生违反上位法强制性规定相同的效果，即导致合同无效。如"中国农业银行邵阳市分行与中国建设银行湖南省分行营业部同业拆借纠纷再审案"中，最高人民法院肯定了中国人民银行制定的《同业拆借管理试行办法》可作为认定案涉资金拆借合同无效的依据。

另一派认可部门规章、规范性文件是对上位法的具体化，但其同时认为不必通过扩大解释"法律、行政法规"来实现适用的目的，而可以在判定"违反部门规章、规范性文件中强制性规定"将构成"违背公序良俗"的前提下，直接适用"违背公序良俗的民事法律行为无效"来判定"违反部门规章、规范性文件中强制性规定将导致合同无效"，即将"部门规章、规范性文件中强制性规定"纳入"公序良俗"的范畴来考虑其对合同效力

[①] 《最高人民法院关于适用〈中华人民共和国合同法〉若干问题的解释（一）》（法释〔1999〕19号）自2021年1月1日起废止。

的影响。最高人民法院于2019年11月8日印发的《全国法院民商事审判工作会议纪要》(法〔2019〕254号)(以下简称《九民纪要》)即支持此派观点,其主张若合同违反的部门规章涉及金融安全、市场秩序、国家宏观政策等公序良俗的,则应当认定该合同无效。《九民纪要》虽不是司法解释,但对法院裁判有很大参考作用。同时,在支持第二种观点的司法判例中,也更多地体现了此派理由。如"安徽省福利彩票发行中心与北京德法利科技发展有限责任公司营销协议纠纷案"中,最高人民法院明确对于违反涉及公共利益保护的行政规章的效力性禁止性规定的合同,可以损害社会公共利益为由,认定该合同无效。又如"杨某国诉林某坤、常州亚玛顿股份有限公司股权转让纠纷再审案"中,最高人民法院认为案涉合同违反的部门规章涉及社会公共利益,是对广大非特定投资人利益的必要保障,因此案涉合同无效。

当然,也存在综合体现两派理由的司法判例。如"福建伟杰投资有限公司与福州天策实业有限公司公司营业信托纠纷上诉案"中,最高人民法院认为案涉合同违反部门规章在一定程度上具有与违反相关法律、行政法规一样的法律后果,同时存在对社会公共利益的危害后果,因此案涉合同无效。此案中,最高人民法院认定的案涉合同对社会公共利益的危害包括破坏国家金融管理秩序以及损害众多保险法律关系。

三、对违反部门规章、规范性文件中强制性规定的保险资管合同效力的分析

通过上文对相关法律、行政法规以及司法判例的分析,可以看出法院不再仅因合同所违反的强制性规定属于部门规章、规范性文件,而简单地排除其导致合同无效的可能性。相反,法院更多地会结合强制性规定的规范目的、违规行为的社会影响等,来综合分析"违反部门规章、规范性文件中强制性规定"是否落入了"违背公序良俗"的范畴,从而判定合同是否会因此无效。法院的此种说理方式既考虑到了部门规章、规范性文件中强制性规定与上位法的联系以及对维护经济秩序等社会公共利益的重要性,也避免了扩大解释可能引发的法律争议,因此近年来此种说理方式被

越来越多的法院采纳。

（一）部门规章、规范性文件中强制性规定与公序良俗

《合同法》未规定"公序良俗"，而是规定了"社会公共利益"，"社会公共利益"共出现3次；《民法总则》中，"社会公共利益"出现2次，"公序良俗"出现6次；《民法典》中，"社会公共利益"出现3次，"公序良俗"出现8次。无论是《民法总则》，还是《民法典》，都未对"社会公共利益"或"公序良俗"的内涵和范围作出明确规定，其具体适用，很大程度上依赖法官的自由裁量。

不过，从《民法典》对公序良俗的进一步强调以及上文的分析来看，虽然公序良俗因其内涵不明确、依赖法官自由裁量的特点，而导致在具体裁判中，法官会谨慎使用公序良俗这一工具，但依然可以表明公序良俗将在司法裁判中呈现越来越重要的地位，而部门规章、规范性文件中强制性规定也很可能被纳入公序良俗的范畴来作为判定合同效力的依据。

对于保险资管行业而言，部门规章、规范性文件对细化上位法政策、维护金融稳定和交易安全、保护投资者权益以及防范金融风险等起到了重要的作用，同时结合上文的司法判例可知，违反保险资管行业部门规章、规范性文件中强制性规定将可能被判定为违反公序良俗，而导致合同无效。

（二）违反部门规章、规范性文件中强制性规定对保险资管合同效力的影响

从字面理解，公序良俗中的"公序"是指国家社会的一般利益，"良俗"是指社会的一般道德，内涵广泛，因此对公序良俗更多的是类型化研究，即具体列举其可能包括的情况或结合具体案情分析判定。如《九民纪要》列出公序良俗的类型包括金融安全、市场秩序、国家宏观政策等，同时强调法院要兼顾监管强度、交易安全保护以及社会影响等因素来判断规章是否涉及公序良俗。

对我国保险资管行业而言，影响重大的监管规定主要包括《保险资金运用管理办法》（以下简称《办法》）和《关于规范金融机构资产管理业务的指导意见》（银发〔2018〕106号）（以下简称《资管新规》）等。我

们将主要以这两项监管规定为例,分析保险资管行业部门规章、规范性文件中强制性规定的主要类型,以及在法律、行政法规未明确的情况下,对相关强制性规定之违反是否会导致合同无效。

1. 关于投资机构资质的强制性规定

我国监管机构通常会对参与特定保险资管业务的保险公司和保险资管机构(以下统称投资机构)设定一定的资质条件,如偿付能力水平、资产规模和投资研究能力等。如《办法》规定,投资机构开展保险资金运用,应当具备相应的投资管理能力。此外,中国银保监会于2020年10月10日印发的《关于优化保险机构投资管理能力监管有关事项的通知》(银保监发〔2020〕45号),又进一步明确了投资机构自行或受托开展各类投资管理业务应具备的投资管理能力。

一般情况下,对投资机构的资质要求,是为了保证其能有效控制投资风险,并有足够的风险管理能力,避免超出投资机构承受能力的风险事件的发生,进而引发投资机构的经营危机。因此,关于投资机构资质的强制性规定更多是对投资机构的保护,未满足相应资质进行投资管理并不代表投资机构必然不具备相应的投资管理能力,更不代表一定会出现侵犯公众利益或影响金融稳定的情况。当投资机构违反关于投资资质的强制性规定时,监管机构一般会责令限期改正,或给予一定的业务限制,而非直接否定其交易和合同的效力。在此情况下,违反关于投资机构资质的强制性规定的保险资管合同不宜因此被认定为无效,否则有违《民法典》关于合同效力的规定以及充分调动民事主体的积极性和创造性、倡导契约精神的立法精神。

2. 关于保险资金运用范围的强制性规定

因保险资金运用的安全性原则,《保险法》等法律、行政法规对保险资金运用范围作出了严格的限制。由于我国监管的特殊性,监管机构有时会采取经国务院同意后以部门规章、规范性文件的形式来扩大保险资金运用范围。当投资机构的投资范围超出法律、行政法规以及部门规章、规范性文件允许保险资金运用的范围时,由于投资机构所投资产范围属于法律、行政法规以及部门规章、规范性文件严格限制的类型,超出保险资金运用范围的投资应属于违背"金融安全、市场秩序、国家宏观政策等公序良俗"的范畴,且投资机构和交易对手应推定知悉。因此,超出法律、行政法规以及部门规章、规范性文件规定的保险资金运用范围订立的保险资管合同,应被认定为无效,否则有违《民法典》立法精神。

3. 关于投资标的要求、投资比例的强制性规定

出于防范保险机构投资风险、落实国家宏观调控政策、促进保险机构稳健经营等考虑,监管机构对保险机构所投资的投资标的及投资比例通常会提出具体的强制要求。

在投资标的要求方面,如《办法》规定保险资金投资的债券,应当达到中国银保监会认可的信用评级机构评定的、且符合规定要求的信用级别。监管机构要求保险资管投资资产应达到一定标准或满足一定条件的目的,与要求投资机构应具备一定的资质条件的目的相似,也是为了降低投资机构的经营风险,保障保险资金运用的安全性。事实上,投资机构违反关于投资标的要求的强制性规定,其后果应是使投资机构承受更大的经营风险,一般不会侵害社会公众利益。此外,在投资标的并非法律、行政法规禁止投资的类型时,投资机构对其之选择若属于正常市场交易行为,则被投资主体或交易对手本身并无过错,让其承担合同无效的法律风险有失公平。因此,违反关于投资标的要求的强制性规定的保险资管合同不宜因此被认定为无效。

在投资比例方面,《办法》和《资管新规》都规定了对投资机构的比例监管,如《资管新规》规定固定收益类产品投资于存款、债券等债权类资产的比例不低于80%。与对保险资金运用范围和投资标的要求的限制相比,被实施投资比例限制的资产本身是被允许投资的资产,且对投资比例的调整较易执行,违反相关强制性规定的程度更轻,因此监管机构通常是要求违反投资比例限制的投资机构在一定期限内调整投资比例,而不会直接否认相关交易的有效性。在此情况下,违反关于投资比例的强制性规定的保险资管合同不宜因此被认定为无效,否则有违《民法典》维护市场秩序和稳定交易预期的立法精神。

4. 关于投资审批程序的强制性规定

关于投资审批程序的强制性规定,主要包括对投资机构内部审批程序

和外部审批程序的强制性规定。

针对某类投资业务，监管机构可能会要求投资机构需完成一定的内部审批流程。如《办法》规定投资机构决定委托投资，应当经董事会审议通过。对于此类关于公司内部管理的强制性规定，对其违反通常不会导致合同无效。《民法典》第五百零四条即规定，法人的法定代表人或者非法人组织的负责人超越权限订立的合同对法人或非法人组织仍然产生效力，除非相对人知道或者应当知道其超越权限。因此对于未履行公司内部审批程序签订的合同，该类合同不因越权订立而无效。如"招商银行股份有限公司大连东港支行与大连振邦氟涂料股份有限公司、大连振邦集团有限公司借款合同纠纷案"中，最高人民法院认为公司违反《公司法》规定，在未经过股东会或者股东大会决议的情况下，为公司股东或者实际控制人提供担保的，法院不能据此认定担保合同无效。因此，违反关于公司内部审批程序的强制性规定的保险资管合同不宜因此被认定为无效，否则有违《民法典》关于合同效力的规定以及稳定交易预期的立法精神。

而对于投资机构开展某项业务应履行如备案、核准、审批等外部审批程序的强制性规定，其目的通常是为便于监管机构执行监管政策、掌握信息、开展监督管理工作，其是否履行本身并不影响投资机构的投资能力、相关业务的投资风险等，因此违反关于外部审批程序的强制性规定的保险资管合同不宜因此被认定为无效。如"榆林市凯奇莱能源投资有限公司与西安地质矿产勘查开发院合作勘查合同纠纷上诉案"中，最高人民法院认为法律、行政法规要求涉案合同应履行的备案程序本身并不创设权利，因而也不是合同生效的要件，故该合同备案与否，并不影响其效力。同时，该观点也契合《民法典》关于未办理批准等手续影响其生效的合同，其中履行报批等义务以及相关条款的效力不受影响的规定。

5. 关于向受托人承诺保本保收益、多层嵌套和通道业务等保险资管业务开展方式的强制性规定

关于保险资管业务开展方式的强制性规定，《办法》《资产新规》都严禁投资机构向委托人承诺保本保收益，同时《资管新规》重点强调严禁投资机构开展多层嵌套和通道业务。

与上述三类强制性规定不同，监管机构对刚性兑付、多层嵌套和通道业务的禁止并不只是保护投资机构本身，更是维护整个金融市场的稳定，防止风险扩散。如保本保收益、刚性兑付承诺导致资管产品偏离其受托理财的本质，抬高无风险收益率水平，干扰资金价格，不仅影响发挥市场在资源配置中的决定性作用，还弱化了市场纪律。而资管产品多层嵌套，则增加了产品的复杂程度，造成底层资产不清，抬高了社会融资成本，也会导致杠杆成倍聚集，加剧市场波动。同时，投资机构承诺保本保收益、开展多层嵌套、通道业务等投资时，交易相对方对投资机构存在违反规章、规范性文件的情形均知情，即难言为善意。

因此，投资机构违反关于刚性兑付、多层嵌套和通道业务等业务开展模式的强制性规定，其签订的合同很可能会因为损害金融安全等公序良俗而被认定为无效。如在"李××与曹××、广东鑫泽投资管理有限公司委托理财合同纠纷一审民事判决书"和"应某某与张某某委托理财合同纠纷一审民事判决书"中，法院均认为当事人签订承诺保本保收益的合同条款违背了基本的市场经济规律和资本市场规则，因此判定相应的约定无效。

四、结语

相比其他资管业务，保险资管业务的重要区别之一是其通常为负债驱动，其用于投资的保险资金绝大部分来源于保费，属于带有给付与赔偿义务的有成本资金，因此保险资管更应关注资金的安全性和流动性，投资风格更加稳健，同时也面临着更加严格的监管约束，其业务开展受到法律、行政法规以及行业部门规章、规范性文件的严格规范。

对于保险资管业务的重要载体合同来说，在对《民法典》等法律、行政法规、相关司法判例以及保险资管行业部门规章、规范性文件分析的基础上，我们发现当保险资管合同违反部门规章、行政法规中强制性规定时，对合同是否会因此无效的认定存在多种可能：有的法院认为相关强制性规定不能作为判定合同效力的依据而否定其对合同效力的影响；有的法院认为相关强制性规定属于上位法授权制定，从而扩大解释为可据此判定合同无效；有的法院将该违规行为纳入违背公序良俗的范畴，从而认定合同无效。

在上述第三种情况下，出于促进经济发展、维护交易稳定以及保障市场秩序、防范金融风险的双重目的，法院会慎用公序良俗这一工具，通常会在充分考虑部门规章、规范性文件中强制性规定对金融安全、市场秩序、国家宏观政策等的影响之后，再作出判定。结合上述分析以及部门规章、规范性文件中强制性规定与公序良俗的辩证关系，从类型化分析的角度，我们认为违反部门规章、规范性文件中关于投资机构资质、投资标的要求、投资比例以及内外审批程序等强制性规定签订的保险资管合同，不宜因此被认定为无效；而违反部门规章、规范性文件中关于保险资金运用范围以及向委托人承诺保本保收益、多层嵌套和通道业务等开展方式的强制性规定签订的保险资管合同，为维护金融安全、市场秩序、国家宏观政策等公序良俗，很可能被认定为无效。

《民法典》相比原《民法总则》《合同法》对公序良俗更加重视。根据最高人民法院于 2020 年 6 月 12 日印发的《关于认真学习贯彻〈中华人民共和国民法典〉的通知》（法〔2020〕158 号），最高人民法院将会对所有的司法解释开展全面清理工作，尽快制定出台相关司法解释，以确保与《民法典》精神、规定保持一致。我们期待司法解释会对《民法典》关于违反法律、行政法规的强制性规定或违背公序良俗的民事法律行为无效的规范有更明确、具体的阐释和指导。届时，对违反规章、规范性文件中强制性规定的保险资管合同效力的判断将更加有法可循，相关主体在签署保险资管合同时对合同效力的预期将更为准确，保险资管行业持续健康发展的法制基础将更为稳固。

24
《民法典》时代我国保险中介行业的发展机遇

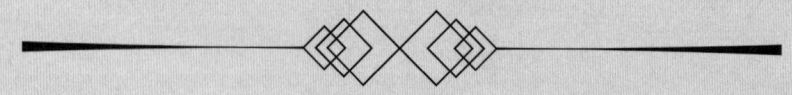

李政明[①]

---

① 李政明,北京市中伦文德律师事务所保险研究院院长、高级合伙人。

摘要：作为保险业的重要环节，保险中介行业在保险市场体系中有着举足轻重的作用。随着我国社会经济的发展，保险中介行业进入了新的发展时期，中介机构、中介从业人员的规模急速扩张，保险中介行业的监管尚待整合，实务中存在个人保险代理人法律定位不明确、保险中介诚信缺失、保险中介角色混淆等法律问题。《中华人民共和国民法典》的颁布完善了代理制度以及委托合同、中介合同等与保险中介行业息息相关的法律制度，为保险中介行业带来积极影响与新的历史机遇，为保险中介与保险公司间法律关系的明晰提供支撑，为保险中介行业诚信缺失提供解决路径，为保险中介角色区分提供保障，保险中介监管立法活动也将进一步完善。

关键词：《民法典》；保险中介；保险代理人；保险经纪人

2020年5月28日，第十三届全国人民代表大会三次会议表决通过了《中华人民共和国民法典》（以下简称《民法典》），宣告中国《民法典》时代的正式到来。《民法典》是对我国改革开放以来民事立法的全面总结，延续一贯的组织结构和法律体系框架，又根据时代发展要求，建立拓展新的法律制度体系，形成独具中国特色的民事法律制度。《民法典》的出台、实施和普及，无疑将深刻影响我国每一位公民及各行业的民商事活动，更好推进全面依法治国、建设社会主义法治国家，更好地保障人民权益。

保险作为社会经济保障制度的重要组成部分，是社会生产、生活的稳定器，发挥着分散风险、弥补损失的重要功效。《保险法》作为规范保险合同和保险监管的商法部门，其与《民法》《合同法》《侵权责任法》等关联紧密且影响深刻，而保险业的蓬勃发展更是离不开《民法典》的指引与规范，《民法典》将会为保险业发展营造良好环境[1]，保险业也亟须结合《民法典》规范和提升保险经营水平[2]。保险中介作为保险市场体系中不可或缺的纽带，对加快建设新时代现代保险服务业，推动保险业更好地服务现

---

[1] 王和：《民法典为保险业发展营造良好环境》，载《中国银行保险报》2020年6月11日。

[2] 王和：《结合〈民法典〉规范和提升保险经营水平》，载《中国银行保险报》2020年6月8日。

代化经济体系建设具有重要意义。同时，我国保险中介行业也面临着转型与升级。笔者将介绍我国保险中介行业现状与问题，结合《民法典》背景梳理保险中介行业的法律属性、争议解决路径以及相关监管规定，并展望《民法典》时代我国保险中介业的发展机遇。

一、我国保险中介行业的现状与问题

（一）保险中介行业的规模

现代意义上的保险最早出现在海上贸易发达的欧洲地区。早期的海上保险单大量由商人作为副业代保险公司向有需求的客户销售，这些商人逐渐承担起为保险公司介绍业务的职能，也出现了专门为客户挑选合适保险产品的商人。随着时间的推移，这些商人进一步发展为职业的保险代理人或者保险经纪人。保险中介伴随保险业产生与不断发展。保险中介在欧洲、北美等商业较发达的地区已有很长的历史，而我国大陆地区的保险中介始于1980年保险业恢复时中国人民保险公司的兼业代理模式，1988年相继成立的平安保险公司和太平洋保险公司也采取兼业代理模式。1992年美国友邦保险公司进入上海，作为在我国首家营业的外资保险公司，带来了个人保险代理人的寿险营销模式，国内各大保险公司纷纷效仿，采用个人保险代理人的寿险营销模式。

21世纪以来，我国保险市场不断扩大，竞争也日趋激烈，保险中介行业也进入了新的发展时期。2020年10月16日，中国银保监会中介监管部王磊处长[①]在《今日保》举办的"2020中国保险中介发展高峰论坛"上，介绍了我国保险中介的最新发展数据。截至2019年底，全国共有保险中介集团公司5家，专业代理机构1 771家，保险经纪机构496家，保险公估机构397家；保险兼业代理机构3.2万家，保险中介从业人员超过1 200万人；2019年我国75%以上的财产险保费、90%以上的人身险保费都是通过中介渠道实现的。王磊还介绍，截至2020年第二季度，全国签单保

---

① 《银保监会中介部王磊：保险中介市场和监管的3点认知》，载《今日保》微信公众号，2020年10月16日上传。

费收入 2.73 万亿元，其中保险中介渠道签单保费收入 2.38 万亿元，占保费收入的 87.03%；其中，个人代理渠道 1.32 万亿元，占比 48.39%；兼业代理渠道 0.78 万亿元，占比 28.39%；专业代理渠道 0.18 万亿元，占比 6.75%；经纪渠道 0.10 万亿元，占比 3.50%。全国保险专业中介机构主营业务收入 539.34 亿元，实现净利润 12.59 亿元。

受取消从业人员资格考试、保险机构业务转型、互联网社交营销等多重因素推动，保险机构执业登记人员大幅增长，但人员素质问题依然存在。2018 年 11 月 22 日，在"第四届中国保险业人才发展高峰会暨中国保险行业协会人力资源专委会、教育培训专委会 2018 年年会"会议现场，中国保险行业协会发布《2018 年中国保险行业人力资源报告》[①]。从报告呈现的数据子维度看，保险从业人员规模指标 140.5，较上年增长 16.4%，表明职工人数和营销员（含代理人）人数均有较大增长；从业人员素质指标 94.9，较上年降低 0.5%，从业者整体技术职称取得无变化，学历水平略有降低；人力资源效能指标 140.1，较上年增长 8.6%，人均保费、薪酬水平和人力成本控制均保持稳定发展；人力发展潜力指标 103.1，较上年降低 4.6%，培训费用相对投入减少。北京银保监局党委委员、二级巡视员陆玉华在 2019 年北京保险中介监管政策培训会上的讲话中提及，行业重规模、轻素质倾向没有根本转变；从业人员准入门槛低，营销队伍大进大出、高脱落率问题仍然严重突出；保险中介行业对从业人员的业务培训和合规培训缺失，从业人员专业知识不足、职业操守欠缺，销售误导问题依然严重。

从上述情况可以看到，我国保险中介行业正在蓬勃发展，保险中介渠道实现保费收入的比例较高，保险中介行业的从业人员随着整体保险从业人数的绝对增加而水涨船高。保险中介行业正成为我国保险业良性发展的不可忽视的力量。然而保险中介行业监管尚待整合，司法实践中法律关系认定容易发生混淆，许多法律问题较为尖锐，亟须解决。

---

① 《〈2018 年中国保险行业人力资源报告〉出炉，保险人力资源发展前景看好》，载中国保险行业协会网，http://www.iachina.cn/art/2018/11/22/art_22_103207.html，2020 年 7 月 27 日访问。

（二）我国保险中介行业面临的主要法律问题

1. 个人保险代理人法律定位尚未明确

我国《保险法》第五章对保险代理人和保险经纪人做出了专门规定。《保险法》将保险代理人定义为，根据保险人的委托向保险人收取佣金，并在保险人授权范围内代为办理保险业务的机构或者个人；保险经纪人则是基于投保人的利益，为投保人与保险人订立合同提供中介服务，并依法收取佣金的机构。

我国《保险法》对保险公司与保险中介的法律关系从文义解释上探讨得较为清晰。保险公司与保险代理人基于委托代理合同形成代理关系；保险经纪人则基于投保人的委托，提供与保险公司订立保险合同的媒介服务。保险公司与保险中介间是基于中介行为及相关中介类合同产生的平等主体间的民商事法律关系。

然则，在司法实践中，由于保险中介相关立法较为概括，具体监管体系暂时只涵盖保险代理机构和保险经纪机构，对个人保险代理人的法律定位问题尚不明确，加之实务中保险公司与保险中介商业活动灵活性较高，从而出现了个人保险代理人角色认定不统一、无资质挂靠、借用资质的现实问题。

（1）个人保险代理人角色认定不统一的问题

《保险法》规定保险经纪人仅能为机构，而保险代理人可为机构或个人。其中个人保险代理人在历史上存在未被法律承认的时期，保险代理人作为舶来品引入中国时为符合当时的法律规定，自然地渗入了类似劳动关系的特征。自1995年我国首部《保险法》第一次确立个人代理人制度至今，依旧有许多保险公司既有自己的销售工作人员，又存在大量个人保险代理人，并习惯性地将两者合称为"保险营销员"，共同组成了庞大的保险销售群体。保险公司在保险销售环节为提高效率、节约成本，常常在人力资源整合、营销培训、佣金支付等方面并不明确区分己方员工与个人代理人；这造成司法实践中，对保险中介从业者尤其是个人保险代理人的角色认定不统一的问题。

如果对个人保险代理人与保险公司纠纷相关内容进行案例检索，可搜索到一定量的劳动纠纷的案由信息；而法院在审理个人保险代理人涉嫌犯罪的案件中，对个人保险代理人身份的认定更是存在较大的非统一性。

一部分法院认为，个人保险代理人与保险公司之间是委托代理关系。例如在"马莉与新华人寿保险股份有限公司宁夏分公司侵占案"①中，法院认为，马莉系新华人寿宁夏分公司的保险销售员，双方为委托代理关系，马莉无视国家法律，将代为保管的他人财物非法占为己有，数额较大，拒不退还，其行为已构成侵占罪。

另一部分法院则认为，从实质上看，个人保险代理人系保险公司员工。如在"戴晓萍职务侵占案"中，②法院认为，被告人戴晓萍系太保公司的寿险营销业务人员，与太保公司签订的是《人身保险个人代理合同》，在形式上与太保公司之间形成委托代理关系；但从实质上看，则与保险公司的员工无异。首先，保险公司主要是由保险公司员工展业获得保费收入，通过理赔服务赚取保费收入与保险赔款支出的差额，而保险公司与代理人签订委托代理合同，约定由代理人为保险公司代办业务，由保险公司支付一定佣金，仍然是保险公司获取保费利益的手段，这与保险公司员工展业、获取保费在工作内容、形式上并无实质区别。其次，保险公司对个人保险代理人实施了严格的管理制度，并制定了具体的扣分、惩戒细则，保险代理人在保险公司，有具体的工作岗位，并按业务量获得劳动报酬，有晋升通道，受公司规章制度的管理，实质上已经与公司员工无异。故法院认为，被告人戴晓萍从签订个人代理合同时起，其即已被赋予了从事该公司保险展业及保险服务的职能，并接受公司的管理，符合职务侵占罪的主体要件。

（2）个人保险中介从业者利用他人资质的问题

实务中不仅存在个人保险代理人与保险公司间法律关系难以统一的问题，还存在个人保险中介从业者利用他人资质的情况。个人保险中介从业者缺乏相关资质，并非是合法的个人保险代理人，在其开展保险销售业务

---

① 吴忠市中级人民法院（2016）宁03刑终38号。
② 上海市虹口区人民法院（2015）虹刑初字第258号。

时，选择挂靠在有资质的保险中介机构，对外使用该机构的资质；或者被有资质的个人保险代理人委托，以个人保险代理人的身份对外活动；或者通过一定手段借用合法的保险中介工号等外观，利用他人身份开展销售工作。例如，在"福波诈骗案"①中，被告人为某信用社代办员，借用他人的资格证为某保险公司营销服务部承揽保险业务；在"王夕洪、宫本香诈骗、挪用资金案"②中，被告人王夕洪为某保险公司代理制保险营销员，私自将保险费用于购买个人理财或挪为他用；宫本香为某保险公司保险营销员，利用职务之便私自将保险费用于购买个人理财或挪为他用；证人证实，两人都不是保险公司的保险营销员，也不用自己的名字工作，而是挂靠在于某等保险代理人名下，并以于某的工号工作。

2. 保险中介诚信缺失

保险中介在民商事活动中位于保险公司与投保人之间，通过高效整合供求信息来实现或者促成双方的交易。这种交易应当是双向互惠的，其有效成立与其他民事法律行为一样，都需要遵从诚实信用原则。实务中存在一定的保险中介诚信缺失的问题，直接侵害了保险人或者被保险人的利益，最终影响保险中介业的良性发展。

保险中介面向保险人的诚信缺失体现在：①隐瞒保险标的情况，不向保险人如实告知被保险人的真实情况，为了争取更多保单和经济利益，把足以影响保险人承保决定或者显著提高保费的高风险信息隐藏，导致保险人承保风险加大，进而损害全体投保群体的利益。②挪用保费的情况，保险代理人将不易出险的短期财产保险的保单及其保费自我留存。③无权代理的情况，保险代理人未取得保险代理权却以保险人名义从事保险代理或者超越保险人授权范围从事的保险代理行为。④代签名的情况，保险代理人代投保人在保险相关的单证和合同上签名。

保险中介面向被保险人的诚信缺失则体现在：①夸大保单宣传的情况，为争取更多保单和经济利益，保险中介肆意夸大保险产品的功能和理

---

① 威海市中级人民法院（2015）威刑二初字第9号。
② 威海市文登区人民法院（2018）鲁1003刑初353号。

赔范围，不认真介绍除外条款和履行保险人的说明义务。②无权代理的情况，没有保险代理权的保险中介骗取投保人信任，出售假保单，出具假收据，虚构保单骗取保险费。如在"马志强诈骗案"①中，被告人以伪造保险公司保险单方式骗取他人钱款。

另外，近年来互联网保险中介业务快速发展，在保险中介诚信缺失问题上传播性、规模性、隐蔽性更强。依托互联网行业巨头的资本引入，部分保险中介寻求从"中介"到"平台"的升级，在保险中介业务的经营中带有互联网思维的惯性，对保险合规经营的红线不甚重视。部分互联网保险中介机构将互联网业务线上线下交叉混淆；有互联网第三方平台违规开展价格比较、产品推荐等活动，涉嫌非法从事保险中介业务；互联网保险中介业务还催生大量"在线业务员"，以简单注册进行执业登记，转发产品链接等方式参与保险销售，将传统个人保险代理人与保险销售人员的诚信风险推升到更高水平。

3. 保险经纪人与保险代理人角色混同

保险中介包含保险代理人、保险经纪人、保险公估人三大类，其中保险公估人的角色处于保险理赔阶段，与其他两者较易区分，笔者暂且不表。而保险代理人和保险经纪人更多处于保险销售环节，业务上有一定的交叉。

保险经纪人与保险代理人有许多差别，其基于投保人的利益而提供中介服务并收取一定佣金。就保险代理人而言，保险经纪人经营范围更广，包括为投保人拟定投保方案、选择保险公司及办理投保手续；协助被保险人或受益人进行索赔；在保险经纪业务，为委托人提供防灾、防损或风险评估、风险管理咨询服务等。在机构设置方面，保险代理人既包括机构又包括个人，而保险经纪人仅可为机构。从外观来看，两者似易区分。不过，在保险经纪人与保险人、投保人法律关系认定上存在一些学理分歧，目前有投保人代理人说、居间人说和保险人代理人说三种②。分歧来源主

---

① 泗水县人民法院（2019）鲁0831刑初78号。
② 樊敏：《论保险代理人与保险经纪人的区分》，载《经济研究导刊》2017年第19期，第182-183页。

要在于，保险经纪人的概念中内含为投保人利益服务的属性，然而实务中保险经纪人多依据合同从保险人处收取佣金。这导致在保险经纪人角色厘定上出现不同的理解，因而实务中存在将保险代理人与保险经纪人混同的现象，并将保险经纪人与保险人、投保人、被保险人之间的纠纷，按照保险代理相关规定进行处理。

二、《民法典》对我国保险中介行业的积极影响

（一）现行保险中介监管制度情况

1.已有监管制度的介绍

原中国保监会关于保险中介监管的生效法律文件主要有：① 2000 年 8 月 4 日发布的《保险兼业代理管理暂行办法》（保监发〔2000〕144 号）；② 2009 年 9 月 25 日发布的《保险专业代理机构监管规定》（保监会令〔2009〕5 号），该规定于 2015 年第二次修订；③ 2018 年 2 月 1 日发布的《保险经纪人监管规定》（保监会令〔2018〕3 号）。

《保险兼业代理管理暂行办法》用于规范受保险人委托在从事自身业务同时为保险人代办保险业务的单位，该暂行办法对兼业代理资格管理、代理关系管理、执业管理以及处罚规则进行了相应的规定；《保险专业代理机构监管规定》适用于保险专业代理公司及其分支机构；《保险经纪人监管规定》则为规范保险经纪人经营行为而制定。

另外，针对互联网保险中介业务的监管问题，2015 年 7 月 22 日，原保监会发布《互联网保险业务监管暂行办法》（2020 年第 13 号），针对保险机构依托互联网和移动通信等技术，通过自营网络平台、第三方网络平台等订立保险合同、提供保险服务的业务。其中该办法规范的保险机构，包含依法登记注册的保险公司和保险专业中介机构。

2.已有监管制度的不足

综而言之，中国银保监会对于现行保险中介机构的监管形成了一定规模的覆盖，仍存在一定的不足。在保险代理人监管方面，尚未有生效的法律文件规范个人保险代理人的监管；关于个人保险代理人的监管及违规转委托代理的责任范围及处罚方式，仅可以参考 2013 年 1 月 6 日发布的《保

险销售从业人员监管办法》（保监会令 2013 年第 2 号）中对保险销售从业人员违规转委托代理的规定，这就无法解决司法实践中对个人保险代理人法律关系理解不充分以及同案不同判的乱象。可喜的是，2020 年 11 月 23 日银保监会印发《保险代理人监管规定》（2020 年第 11 号），在一定程度上规范了个人保险代理人的监管。

（二）《民法典》对相关制度的完善

1. 总则编代理制度的完善

《民法通则》第四章"民事法律行为和代理"第二节"代理"，从第六十三条至第七十条对代理进行了较系统的规定。从该节条文的规定看，在代理的类型上仅承认直接代理，并实行严格的显名主义，体现了我国民事立法对大陆法系代理制度的继受。而 1999 年颁布的《合同法》在总则部分首先对代理作了一般性规定；第九条规定了当事人依法可以委托代理人订立合同；第四十七条规定了法定代理人对限制行为能力人订立合同的追认；第四十八条规定了无权代理、越权代理的事后追认与相对人的催告及撤销权；第四十九条规定了表见代理。2017 年《民法总则》正式实施，其基于《民法通则》和《合同法》的相关条款对"代理"一节进行了修改完善。

《民法典》总则编承继《民法总则》内容，将"代理"单列一章，在《民法通则》原有规定的基础上，以直接代理作为代理的基本形式对代理进行了全面系统的规定。《民法典》总则编第七章"代理"共分三节，第一节对代理进行了一般规定，第二节重点规定了委托代理，第三节规定了代理的终止。从实质保障权利的角度出发，《民法典》第一百六十四条第二款规定恶意串通损害被代理人合法利益的，代理人、相对人承担连带责任的情形；第一百六十七条规定故意实施或放任实施违法代理行为时被代理人、代理人承担连带责任的情形；第一百七十条规定，执行法人或非法人组织工作任务之人员，就其职权范围内之事项，以法人或非法人组织名义实施的民事法律行为，对法人或非法人组织发生效力，法人或非法人组织对执行其工作任务人员职权范围之限制，不能对抗善意相对人。

2. 合同编相关制度的完善

1999 年颁布的《合同法》在第二十一章专门规定了委托合同，其中

第四百零二条规定了隐名代理；第四百零三条规定了未披露本人的代理。《民法典》在合同编第二十三章对委托合同相关规定进行了完善，在第九百二十三条中增加转委托未经追认、受托人应当对转委托的第三人行为承担责任。在第九百三十三条中区分有偿和无偿委托任意解除权的赔偿范围。在第九百三十六条中规定，因委托合同终止将损害委托人利益，在委托人作出善后处理前，受托人的继承人、遗产管理人、法定代理人等应当采取必要措施。

《合同法》在第二十二章专门规定了行纪合同。行纪关系在制度设计上由两个互相关联的契约构成：第一个是在内部关系上委托人与行纪人之间的行纪委托契约；第二个是在外部关系上行纪人与第三人之间的行纪交易契约。这两个契约虽前后衔接但相对独立，依合同相对性分别履行，委托人对第三人不享有直接请求权。《民法典》在合同编第二十五章对行纪合同进行了规定，相较于《合同法》第二十二章没有实质区别。

《民法典》在合同编第二十六章对中介合同进行了具体规定，对应《合同法》第二十三章居间合同的内容。在有名合同的名称设计上，《民法典》考虑行业经营将居间合同更名为中介合同。在具体规则上，《民法典》第九百六十四条规范了中介人未促成合同成立的不得请求支付报酬，而《合同法》中使用"要求支付报酬"的表述，《民法典》"请求"的表达更为严谨。另外，该条还增加"按照约定"请求支付必要费用的表述，若无约定或约定不明则应按照合同编关于合同约定不明的方式处理。还有，《民法典》第九百六十五条新增委托人"跳单"的规定，进一步保护中介人的权利。

（三）《民法典》对我国保险中介行业的积极影响

1.《民法典》为保险中介与保险公司间法律关系的明晰提供了支撑

《民法典》对相关制度的完善、为保险中介行业的法律规范带来了强有力的支撑，在保险公司与保险中介的法律关系厘定上起到了原则定性的作用。根据《民法典》代理制度和合同编中介合同的规定，保险公司与保险中介之间或基于委托合同形成代理关系，或基于中介合同形成居间关系。

具体而言，保险代理人的代理权产生于保险人的授权行为，委托代理合同应当采用书面形式，并通过代理证书或授权资质的形式外现；被授权的保险代理人的行为是保险人意志的体现，法律效果最终归属于保险人。而保险经纪人则基于投保人利益考量，为保险人与投保人的交易提供中介服务，基于中介合同收取一定的佣金。

即使保险公司向保险代理人或者保险经纪人提供的业务培训、销售管理、佣金计划等具体商务制度与提供给自身员工制度近似或混同，保险公司与保险代理人之间的法律关系仍明确属于《民法典》中规定的直接显名代理行为；保险公司与保险经纪人之间的法律关系属于基于《民法典》中介合同的居间关系，应当适用委托代理或者中介合同相关规定处理纠纷，而不应通过保险公司员工的职务行为对外归属于法人行为来处理。

以前述"戴××职务侵占案"为例，保险公司向法庭提供了与戴××签订的《人身保险个人代理合同》，证明戴××为保险公司的个人保险代理人。保险公司根据《某保险公司寿险业务人员管理规定》《某保险公司寿险营销员品质处罚细则》以及《营销员品质处罚标准》等相关文件，对保险公司雇佣的业务营销员和个人代理员同时按照保险营销员的标准进行内部管理。保险公司对个人保险代理人进行每天指纹考勤，并且个人保险代理人需要定期到公司营业场所开晨会，而保险公司为其配有独立办公室供其办公使用。从保险公司经营角度可见，尽管保险公司向戴××提供的销售管理、业务培训等商业制度与提供给自身员工的制度相同，但根据《民法典》代理制度相关规定，戴××与保险公司之间基于委托代理协议形成直接显名代理关系，不应适用于《劳动合同法》规制；因此，在既有法律规定的基础上，不能进行所谓"形式上形成委托代理关系，而实质与公司员工无异，可认定为保险公司工作人员"的推断。对外戴××的代理效力由保险公司承接，对内戴××的滥用代理权或无权代理的行为可以通过代理制度解决；若涉嫌犯罪，则主体认定上应依据《民法典》和《保险法》的相关规定，严格认定戴××为个人代理人身份而非保险公司工作人员。

2.《民法典》为保险中介行业诚信缺失解决带来了路径

《民法典》的代理制度设计和中介合同的规定为解决保险中介业的诚

信缺失问题提供了路径。保险代理人应当正当行使保险代理权，不得滥用；而保险经纪人应当提供合法的中介服务。当保险代理人出现滥用代理权或者无权代理的行为，应当按照《民法典》的相关代理规则解决保险合同效力及责任主体问题。

当保险代理人未获得授权便以保险人名义从事保险代理行为，属于典型的无权代理行为，当然还存在保险代理人从事超越保险代理权授权范围的行为、保险代理权终止后的继续以保险人名义从事保险代理行为的情形。上述行为根本上违反了保险人的意志，但该保险代理行为的效力判断需要进一步考察交易安全以及被代理人的利益，即是否得到保险人的事后追认，是否构成表见代理。上述行为既没有事后追认亦不构成表见代理的，才能认定为无效。对内责任承担问题，则需要考察代理人以及相关人的主观过失情况，根据《民法典》相关规定，分析是否需要承担连带责任。

例如，司法实践中经常存在的个人保险代理人违规转委托代理的问题，转委托第三人与个人保险代理人之间是转委托代理关系，但该转委托代理未经被代理人保险公司的同意或追认，且不存在代理人紧急情况下需要维护保险公司利益的情形；笔者认为若保险公司未追认，个人保险代理人对保险公司而言构成无权代理，个人保险代理人应对转委托第三人的行为承担责任。在另一种情形下，转代理人虽无代理权，但若其使用代理人的资质开展保险公司的业务，为投保人办理保险公司的保险合同，投保人有理由相信转代理人有保险公司的代理权的，笔者认为这种无权代理行为构成表见代理，代理行为效力应为保险公司所承接。

3.《民法典》为保险经纪人与保险代理人区分提供了保障

《民法典》合同编对中介合同的规定也为保险经纪人与保险代理人精准区分提供了相应的法律保障。保险经纪人与保险代理人之间仅从外观区分尚不全面，需要一定的法律制度明确保险经纪人与保险代理人之间的本质区别。《民法典》总则编的代理制度以及合同编中介合同的完善，为保险经纪人与保险代理人的区分提供了强有力的保证。

具体而言，《民法典》合同编的中介合同一节，将该有名合同的名称从"居间合同"更名为"中介合同"，与实务联系更为紧密，明快地指向保险经纪业务的具体形式。保险经纪人基于投保人利益，利用自身的保险知识优势，促成投保人与保险人之间签订保险合同。保险经纪人在实施保险经纪业务时以自己机构的名义进行，行为后果由自己承担，法律地位相对独立。

保险经纪人虽然基于投保人利益开展业务，但从法律定位上说，保险经纪人的主观动机并不影响其客观的中介行为，保险经纪人的客观行为表现出独立性与居间性的特点，保险经纪人作为中介合同三方中的独立一方，既不是保险人的代理人，亦非投保人的代理人，而是作为居间人的角色存在，保险经纪人的权利义务受到《民法典》中介合同一节中居间人相关的法律规范的保护与制约。在实务中，中介合同应当设立专门条款对保险经纪人的佣金支付方式进行约定，无论是保险人向保险经纪人支付佣金，还是被保险人向其支付，都是三方意思自治的具体表现，并不影响保险经纪人与保险人、投保人之间的居间关系。这与保险代理人与保险人、投保人之间的法律关系截然不同。

三、《民法典》时代我国保险中介行业的发展前景

《民法典》时代我国保险中介行业各方面制度的不断完善与发展，将促进保险中介行业进一步释放市场活力。

（一）《民法典》时代保险中介监管立法活动的开展

《民法总则》作为《民法典》的总则编已于2017年生效，正影响着保险中介行业的方方面面。在这样的背景下，中国银保监会也早已加快了完善保险中介监管的步伐。2018年1月发布的《保险经纪人监管规定》（保监会令2018年第3号）是基于《保险经纪机构监管规定》（保监会令2004年第13号）、《保险经纪从业人员、保险公估从业人员监管办法》（保监会令2013年第3号）、《中国保险监督管理委员会关于修改〈保险经纪机构监管规定〉的决定》（保监会令2013年第7号）系列监管制度的整合修订而成。

紧接着在2018年7月，中国银保监会发布《保险代理人监管规定（征求意见稿）》。2020年4月中国银保监会再次发布《保险代理人监管规定（征

求意见稿）》。2020年8月19日银保监会中介部印发《关于保险公司发展独立个人保险代理人有关事项的通知（征求意见稿）》，就发展独立个人保险代理人向各银保监局和保险公司征求意见，意见反馈截至8月28日。伴随着《民法典》时代下《保险经纪人监管规定》的实施以及《保险代理人监管规定（征求意见稿）》《关于保险公司发展独立个人保险代理人有关事项的通知（征求意见稿）》征求意见的铺开，我国保险中介行业的规则制定与监管体系将更为清晰，对保险代理人与保险经纪人权利义务保障将更为有力，责任承担与风险防控会更为有效。

另外，针对互联网保险领域的保险中介业务监管问题，中国银保监会于2020年9月28日发布《互联网保险业务监管办法（征求意见稿）》。该征求意见稿第三章"特别业务规则"一章中，设置"保险中介结构"以及"互联网企业代理保险业务"两节，力求细致详尽地规范互联网保险中介业务。

2020年11月23日银保监会印发《保险代理人监管规定》（保监会令2020年第11号），把保险专业代理机构、保险兼业代理机构和个人保险代理人纳入同一部规章进行规范调整，有效地衔接《民法典》《保险法》等相关上位法的规定，建立了相对统一的基本监管标准和规则，涉及机构多、人员广。这标志着以《保险代理人监管规定》《保险经纪人监管规定》《保险公估人监管规定》三部规章共同构建的保险中介制度框架基本建立完成，形成了《民法典》为基础、《保险法》为统领，三部规章为主干、多个规范性文件为支撑的保险中介科学监管制度体系。

（二）《民法典》时代个人保险代理制度体系的形成

《民法典》时代个人保险代理人制度体系有了明晰的法律基础，体系的实施细则呼之欲出。2020年11月23日银保监会印发《保险代理人监管规定》，第二条设置为："本规定所称保险代理人是指根据保险公司的委托，向保险公司收取佣金，在保险公司授权的范围内代为办理保险业务的机构或者个人，包括保险专业代理机构、保险兼业代理机构及个人保险代理人。"其第三十八条第一款规定："保险公司、保险专业代理机构、保险兼业代理机构应当按照规定为其个人保险代理人、保险代理机构从业人员进行执业登记。"该监管规定吸收了《民法典》代理制度的相关精神和规定，首次明确将个人保险代理人写入监管文件，具体制定了个人保险代理人的能力培训、人员档案、执业登记以及转代理禁止、违规处罚方式等相关监管制度体系。

保险中介行业也应积极回应个人保险代理制度的建设。如，进一步规范个人保险代理人登记制度，对其资质进行自查，明确自身与保险公司间的代理关系，遏制违法转委托代理、借用资质的行为，积极进行行业培训等。

（三）《民法典》时代保险中介行业诚信缺失的监管与处理

《民法典》为保险中介行业的诚信缺失问题提供了纠纷解决的原则与路径，相关监管规定则从行政规章的方面加强保险中介行业行为的规范。《保险经纪人监管规定》用两章规定监督检查与法律责任的相关内容；《保险代理人监管规定（征求意见稿）》也保持与上述一致的体例，规定对保险中介行业的监管机构、监管办法、监管内容，以及若干违规行为的责任承担主体及处罚方式，细致地对保险中介行业可能存在的不诚信行为作出了行政处罚的规定，处罚涉及机构、主管人员、直接负责人员、其他责任人员等。各监管部门将重点查处保险公司中介渠道以及保险中介结构的管理失职、失责行为，强化整治互联网平台非法从事保险中介业务的行为。

政府监管部门主要从宏观上指导与监督，而保险中介行业自律组织则可以进一步结合《民法典》精神与规定进行自我管理与自我约束，包括进行中介资质的日常管理与公示、失信机构或个人的行业通报、诚信白名单制度等。保险中介行业应认真排查保险中介机构业务合规情况，强化中介机构内部管理，防止经营风险，关注保险中介业财务数据真实性等问题。

保险公司因为行业生态环境影响，在保险业务中处于较为主导的地位，可以为保险中介业提供必要的合同管理、培训管理、投诉管理和信息披露的便利，以提高保险中介行业的服务水平。《关于保险公司发展独立个人保险代理人有关事项的通知（征求意见稿）》中具体要求保险公司要把握独立个人保险代理人的定位；保险公司要严格独立个人保险代理人的条件标准；保险公司要规范独立个人保险代理人的甄选机制；保险公司要支持独立个人保险代理人的展业；保险公司要加强独立个人保险代理人的执业管理；保险公司要督促独立个人保险代理人遵守业务行为规范；切实加强监督管理。根据《民法典》代理一节的立法精神，保险公司应在日常工作中重视与保险中介机构或个人的法律主体关系问题，在管理上积极区分保险代理人、保险经纪人与本公司机构或员工，在佣金支付上也需要做出相应的制度调整；当出现保险中介诚信缺失情况时，应根据《民法典》提供的路径加以解决。

(四)《民法典》时代保险经纪人的权利保护

《民法典》合同编中介合同一节为保险经纪人提供了更多的保障，这为保险经纪人行业发展提供了更为广阔的前景。根据《民法典》第九百六十四条必要费用的请求以及第九百六十五条新增的委托人"跳单"行为的规定，保险经纪人若对保险人和投保人提供了必要服务，但最终未促成合同成立的，虽不可请求报酬，但可按照彼此约定，向委托人请求支付必要费用。另外，投保人或保险人接受保险经纪人的服务后，利用保险经纪人提供的交易信息、磋商机会或媒介服务，绕开保险经纪人直接订立合同的，保险经纪人拥有请求其支付报酬的权利。这两个法条为保险经纪人提供了更为全面的权利保护，提高保险经纪人的获偿能力，这也将促进保险经纪人提高自身专业素质的积极性，面向保险人和投保人提供更多精准性强、专业过硬、质量较高的中介服务，从而充分发挥保险经纪的专业性，在保险产业链条中发挥更加积极的作用，结合自身条件与资源情况，将专业化和差异化作为核心竞争武器，实现保险中介行业更好的发展。